Christina Holtz-Bacha (Hrsg.)

Wahlkampf in den Medien – Wahlkampf mit den Medien

Ein Reader zum Wahljahr 1998

Springer Fachmedien Wiesbaden GmbH

Die Deutsche Bibliothek – CIP-Einheitsaufnahme

1. Auflage 1999
durchgesehener Nachdruck 2000

www.westdeutschervlg.de

Umschlaggestaltung: Horst Dieter Bürkle, Darmstadt

ISBN 978-3-531-13419-2   ISBN 978-3-663-12440-5 (eBook)
DOI 10.1007/978-3-663-12440-5

Inhalt

Vorwort

Moderne Wahlkämpfe sind Medienwahlkämpfe. Der Bundestagswahlkampf 1998 hat das in besonderer Weise deutlich gemacht. Schon früh im
Jahr begann die Diskussion über die immer ausgefeilteren Strategien der
Parteien, die sich auf die Medien richten, um dort größt- und bestmögliche
Resonanz zu erzielen, so die Wählerschaft zu mobilisieren und für sich zu
gewinnen. Die Medien ihrerseits lavieren zwischen den – durchaus legiti-
men – Instrumentalisierungsversuchen der politischen Akteure, ihrer Kri-
tik- und Kontrollfunktion gegenüber dem politischen System sowie ihrer
Informationsfunktion gegenüber dem Publikum.

Für die Kommunikationswissenschaft bieten Wahlkämpfe wichtige Ge-
legenheiten, um Verfahren, Leistungen und Effekte politischer Kommunikation im Dreieck zwischen politischem System, Massenmedien und
Wählerschaft/Publikum zu untersuchen. Wie schon die Reader zu den
Bundestagswahlen 1990 und 1994 versammelt auch dieser Band Beiträge,
die unter verschiedenen Fragestellungen und mit verschiedenen Methoden
die Wahlkampfkommunikation während der Kampagne zur Bundestagswahl 1998 untersucht haben.

Sammelbände sind Gemeinschaftsunternehmungen, bei denen viele
zum Gelingen beitragen. Erwähnt seien daher hier an erster Stelle die Au-
torinnen und Autoren, die alle ihre Mitarbeit schnell zugesagt und sich
dann an Termin- und Formatvorgaben gehalten haben. Geduldig half
Anita Heil bei den Korrekturen der Manuskripte. Die schwierige Aufgabe,
die Kapitel zu einem einheitlichen Manuskript zu verarbeiten, übernahm
Angela Mindnich und erledigte sie mit unerschütterlichem Optimismus.
Mit unnachahmlicher Sorgfalt unterstützte Wolfram Peiser die Korrek-
turarbeiten am Druckmanuskript. Allen, die mitgemacht haben, sowie
nicht zuletzt meinem Mann, Salah Bacha, für seinen Rückhalt gilt mein
Dank.

Christina Holtz-Bacha
Mainz, im August 1999

Bundestagswahlkampf 1998 – Modernisierung und Professionalisierung

Christina Holtz-Bacha

"Boxkampf oder Oskarverleihung? Triumphierend wie ein Champion, bravourös wie ein Filmstar zog Gerhard Schröder in die Leipziger Messehalle zum SPD-Parteitag ein... Hollywood läßt grüßen. Ein mediengerecht inszenierter Wahlkampfauftritt, typisch für Amerika oder Großbritannien, an den wir uns hier erst noch gewöhnen müssen." So kommentierte Alexander Niemetz am 17. April 1998 im *heute-journal* des ZDF Bilder vom Sonderparteitag der SPD, auf dem die Partei ihren Kanzlerkandidaten für die Bundestagswahl nominierte. Ähnlich am gleichen Abend auch Heiner Bremer im RTL *Nachtjournal*, der die Sendung einleitete mit den Worten: "Die Veranstaltung erinnerte stark an eine Unterhaltungsshow oder ein großes Sportereignis. Der Wahlparteitag der SPD hat Gerhard Schröder in einem Medienspektakel ohne gleichen ins Rennen gegen Kanzler Kohl geschickt. Die Politshow hat überdies die Richtung des Bundestagswahlkampfes angedeutet: Es geht weniger um Inhalte und mehr um die Form."

Die Journalisten scheinen sich einig gewesen zu sein: Wahlkampf in Deutschland hat 1998 eine neue Qualität angenommen; so haben wir das noch nicht erlebt. Und wie sie damit umgehen sollten, darüber herrschte Unsicherheit. So begann ZDF-Chefredakteur Klaus Bresser seinen Kommentar für die 19 Uhr-Ausgabe der *heute*-Sendung mit der Feststellung: "Die Aufführung ist zu Ende, und an dieser Stelle stünde jetzt besser ein Theaterkritiker als ein politischer Kommentator: So gewaltig war die Inszenierung, so ausgetüftelt die Regie, so pompös der musikalische Rahmen."

Diese Kommentierungen zeigen beispielhaft, daß im Wahljahr 1998 der Wahlkampfstil schon früh zum Thema geworden ist. Daß dafür Metaphern des Theaters und des Showgeschäfts bemüht und damit auch Vergleiche zu US-amerikanischen Wahlkämpfen vorgenommen werden, ist mittlerweile gängig und geschah 1998 keineswegs zum ersten Mal. Dennoch wurde im Vorfeld der Bundestagswahl 1998 allenthalben wieder die Amerikanisierung deutscher Kampagnen diagnostiziert und der Eindruck erweckt, mit diesem Wahlkampf werde die Schwelle zu einer neuen Qualität der politischen Konkurrenz überschritten. So fragte etwa das Werbefachmagazin *Horizont* kurz nach der Kür des SPD-Kanzlerkandidaten den

Bundesgeschäftsführer der Partei, Franz Müntefering, der die SPD-Kampagne leitete, mit dem Hinweis auf das "Schlagwort von der 'Amerikanisierung'" nach dem "Paradigmenwechsel in der politischen Kultur in Deutschland" (Roth & Trampe, 1998, S. 22). Solche Diskussionen über Amerikanisierungstendenzen und den Wandel in der Art und Weise, wie in Deutschland Wahlkampf gemacht wird, haben hierzulande meist und nicht nur implizit einen negativen Unterton und lassen den warnenden Zeigefinger erkennen. Nur stellvertretend für viele steht daher das folgende Zitat aus einer Wahlkampfbilanz der *Zeit* in der letzten Ausgabe vor dem Wahltermin Ende September 1998, wo es heißt: "Fernsehdemokratie ist nicht gleich Demokratie plus Fernsehen, sondern eine eigene Staatsform, die mit Demokratie so viel zu tun hat wie Donald Duck mit einer Stockente" (Precht, 1998, S. 61).

Der Inszenierungscharakter des Wahlkampfes, der in den Show- und Theatermetaphern zum Ausdruck kommt und landläufig wohl als erstes mit Amerikanisierung assoziiert wird, ist an sich ein vages und nur schwer zu greifendes Merkmal moderner Kampagnengestaltung. Inszenierung findet sich dann auch nicht in den Merkmalskatalogen für Amerikanisierung (vgl. z. B. Blumler, 1990). Vielmehr sollte Inszenierung wohl auch eher als eine Folge dessen verstanden werden, was üblicherweise als Amerikanisierung bezeichnet wird. Dazu gehört die systematische, strategische und von Profis organisierte Wahlkampfkonzeption sowie die überwiegende Ausrichtung der Kampagne auf die Massenmedien, vorrangig das Fernsehen. Inszenierung von Politik ist an sich ein uraltes Geschäft (vgl. z. B. Arnold, Fuhrmeister & Schiller, 1998), mit dem Zuschnitt auf das Fernsehen gewinnt dieses jedoch eine neue Qualität.

Die Professionalisierung des Wahlkampfes bedeutet in erster Linie die Verlagerung der Kampagnenorganisation aus den Parteien hin zu Spezialisten der persuasiven Kommunikation, also Engagement und zunehmender Einfluß von politischen Beratern, die außerhalb des politischen Systems stehen. Das heißt, die Gestaltung der Kampagne liegt immer weniger in der Hand der Parteien als Ideologieagenturen und immer mehr in der Hand von Verkaufsspezialisten. Das verändert die Logik des Kampagnengeschäfts. Es kommt immer weniger darauf an, daß das Produkt durch seine Qualität überzeugt, als vielmehr auf dessen Verpackung. Es wäre aber wohl verfehlt, (nur) diese Verlagerung der Kampagnenorganisation als Ursache für die Veränderungen des Wahlkampfes zu sehen. Vielmehr ist der Einsatz von Verkaufsprofis (auch) die Folge von veränderten Strategien der Parteien, die auf einen Wandel im Elektorat, aber auch darauf reagieren, daß das Risiko von Wahlversprechen gewachsen ist.

Die veränderten Bedingungen, auf die die Parteien bei der Wählerschaft stoßen, nämlich eine deutliche Labilität von Parteibindungen und Parteineigungen, haben einen Bedeutungsgewinn von Wahlkämpfen mit sich gebracht. Wo die langfristige Bindung an eine Partei fehlt und die Beteiligung an der Wahl weniger selbstverständlich geworden ist, kann die Wahlkampagne etwas bewirken. Konversion ist dabei das ambitionierteste Ziel, Mobilisierung für die Stimmabgabe sowie die Bestärkung der Wählerinnen und Wähler in ihren Parteineigungen haben daneben an Relevanz zugenommen und sind leichter zu erreichen.

Indessen sind Wahlversprechen eine heikle Sache. Sie sind zwar nach der Wahl nicht einklagbar, entfalten aber dennoch eine gewisse Bindungswirkung. Wahlversprechen rücken nach der Wahl in den Rang von Entscheidungsprämissen, den Wählerauftrag, auf: Bindungen, die sich die Parteien damit selbst auferlegen, "sind nicht rechtlicher, sondern normativer Natur" (Schedler, 1994, S. 37). In Zeiten wachsender Verteilungsprobleme, sinkender Autonomie nationalstaatlicher Entscheidungen durch diverse internationale Verflechtungen sowie zu erwartende Koalitionszwänge machen Aussagen der Parteien über zukünftiges politisches Handeln zu einer riskanten Angelegenheit, denen politische Akteure im Wahlkampf deshalb lieber aus dem Weg gehen. Sie ziehen sich daher bevorzugt auf allgemeine Werte, unverbindliche Schlagwörter, rhetorische Politik und Imagepflege zurück (vgl. z. B. Sarcinelli, 1986).

Das alles bedeutet, Engagement im Wahlkampf muß den Parteien lohnend erscheinen, zugleich ist aber der Weg ins Unverbindliche vorgezeichnet. Das konkrete programmatische Angebot von seiten der Parteien wird ersetzt durch gut verpackte, aber vage Versprechen und Herausstellen des personellen Angebots. Beides zielt eher auf eine emotionale Ansprache der Wählerschaft als auf die rationale Überzeugung.

Die Verpflichtung von Werbe- und Mediaagenturen, die in Deutschland nicht auf die Politikvermarktung spezialisiert sind, sondern die Werbebudgets der Parteien neben ihren Kunden aus der Wirtschaft betreuen, bedingt die Anwendung des ganzen Arsenals erprobter Werbe- und Marketingmethoden. Sie machen sich die Erkenntnisse aus Werbepsychologie und Kommunikationsforschung zunutze und gründen ihre Strategien auf die Ergebnisse von Markt- und Meinungsforschung. Diese werden auch eingesetzt zur fortlaufenden Überprüfung und gegebenenfalls zur Korrektur der gewählten Strategie. Die Beeinflussung der Wählerinnen und Wähler geschieht unter Einsatz der aus der Wirtschaftswerbung bekannten Sozialtechniken. Unter Sozialtechniken versteht die Werbepsychologie die "systematische Anwendung sozialwissenschaftlicher und verhaltenswissenschaftlicher Gesetzmäßigkeiten zur Gestaltung der sozialen Umwelt, insbesondere zur Beeinflussung von Menschen." (Kroeber-Riel, 1991, S. 91) Sie dienen dazu, einer Werbebotschaft in der täglichen Flut von Informationen zur Durchsetzung zu verhelfen, und das gilt auch und erst recht für die politische Werbung. Das Produkt – Partei, Programm, Kandidat – bzw. das Produktversprechen müssen entsprechend angepaßt werden, um in diesem Sinne größtmögliche Effektivität zu gewährleisten. Zu den wichtigsten sozialtechnischen Regeln, die die Chance erhöhen, daß die Werbebotschaft die Konsumenten erreicht, gehören Aktivierung, um überhaupt Kontakt zum Rezipienten herzustellen, und Emotionen vermitteln: "Gefallen geht über Verstehen." (Kroeber-Riel, 1991, S. 159) Das heißt, Politik, die sich nach allen Regeln der (Werbe-)Kunst zu verkaufen sucht, setzt vorrangig auf äußerliche und emotionale Attraktivität.

Da Politik und zumal Wahlkampf die Menschen überwiegend durch die Massenmedien erreichen, geht mit der Professionalisierung der Kampagne deren weitgehende Ausrichtung auf die Medien einher. Aus der Sicht der Politik spielt dabei des Fernsehen die Hauptrolle. Das hat mit seiner Reichweite zu tun und damit, daß durch das Fernsehen auch oder gerade diejenigen anzusprechen sind, die sich nicht so sehr für Politik interessieren. Vor allem aber ist die primäre Fixierung der Wahlkampfstrategien auf das Fernsehen auf dessen spezifische Wirkungsqualitäten zurückzuführen, die der modernen Kampagnengestaltung in besonderer Weise entgegenkommen. Umgekehrt verlangt aber die mediengerechte Kampagne eine Anpassung der Politik an die Gesetze der Medien bzw. drückt die Fernsehlogik der Politik ihren Stempel auf, auch wenn die Politik immer versuchen wird, sich gegenüber dem Fernsehen zu behaupten.

Die Wirkungsqualität des Fernsehens ist vor allem durch das Visuelle geprägt. Viel mehr als das Wort erlaubt das Bild die emotionale Ansprache des Publikums, die sich mit der vordergründig auf Attraktivität zielenden Kampagne in den Vordergrund schiebt. Daher hat die Arbeit am Erscheinungsbild des Produkts solche Relevanz. Die Inszenierung von Politik sorgt für fernsehgerechte Bilder, damit wird zugleich sichergestellt, daß die Akzente da gesetzt werden, wo die Partei oder der Kandidat es gerne wollen bzw. als opportun empfinden. Die SPD engagierte für die Inszenierung ihrer Auftritte im Wahlkampf 1998 eigens eine Event-Agentur. Daß sich die Investition in eine gute Inszenierung allemal lohnt, zeigen Kepplinger und Maurer sowie Wirth und Voigt (in diesem Band).

Weil die visuelle Ansprache der Wählerschaft mit einem einheitlichen und eingängigen Erscheinungsbild so wichtig ist, streben nun auch Parteien und Kandidaten nach einem Corporate Image. Das haben sich sogar die der Werbung und erst recht professioneller Werbung gegenüber einst so wenig aufgeschlossenen Grünen zu eigen gemacht und ließen sich schon zu Beginn des Wahljahres mit dem Ü, das zugleich als grinsendes Gesicht zu lesen ist, ein markantes Erkennungszeichen von Werbeprofi Michael Schirner verpassen (vgl. z. B. Wühlt grün, 1998).

Die zentrale Rolle, die dem Fernsehen im Wahlkampf beigemessen wird, und dessen sich daher auf die Politik übertragenden Bilderzwang sind ein wichtiger Grund für die Personalisierung der Politik. Abstrakte Politik läßt sich im Fernsehen nicht zeigen. Personalisierung von Politik, wie sie in den letzten Jahren hierzulande verstärkt diskutiert wird, gilt auch als ein Merkmal von Amerikanisierung. Personalisierung ist in der Politik jedoch keineswegs neu und sicher keine Erfindung US-amerikanischer Kampagnenstrategen. Was aber den amerikanischen Wahlkampf kennzeichnet, ist zum einen der Wettkampf – horse race, wie es sinnbildlich genannt wird – von zwei Kandidaten, auf die sich die ganze Aufmerksamkeit richtet. In den USA ist dieser Zweikampf systembedingt, im parteienzentrierten politischen System der Bundesrepublik Deutschland aber weniger. Wenn also hier eine zunehmende Personalisierung diagnostiziert wird, meint das dann wohl auch weniger die an Personen orientierte Vermittlung und Wahrnehmung von Politik, sondern in erster Linie die hervorgehobene Position weniger Politiker in den Kampagnen ihrer Parteien und vor allem den "Showdown der Spitzenkandidaten" (Schulz, 1998, S. 378) von SPD und CDU.

Neben diesem Horse-Race-Charakter ist Merkmal des US-amerikanischen Wahlkampfes, und das geht dort mit der Personalisierung einher, die Privatisierung. Das bedeutet die Einbeziehung der ganzen Person in den Wahlkampf: Alter, Eheleben und außereheliches Leben, Kinder, Haustier, Gesundheitszustand, Steuererklärung – das alles wird thematisiert, vom Kandidaten selbst und vom politischen Gegner. Wird zwar einerseits Personalisierung auch in Deutschland festgestellt und rücken gerade bei den beiden großen Parteien die Kanzlerkandidaten immer mehr in den Vordergrund (vgl. u. a. Jarren & Bode, 1996; Schönbach, 1996), so daß auch schon von einer "Präsidentialisierung" die Rede ist (z. B. Farrell, 1996, S. 165), läßt sich andererseits von "Privatisierung" allenfalls in Ansätzen sprechen. Daß persönliche, rollenfremde Attribute und das Privatleben der Kandidatinnen und Kandidaten im Wahlkampf eine Rolle spielen, ist bislang in Deutschland eher selten (vgl. Holtz-Bacha, Lessinger & Hettesheimer, 1998; Wirth & Voigt sowie Moke, Quandt & Tapper in diesem Band). Zumindest in der Wahlwerbung im Fernsehen war allerdings 1998 ein Höchstwert für die Privatisierung zu verzeichnen, der – im Vergleich der beiden großen Parteien – vor allem auf das Konto der SPD ging (vgl. Holtz-Bacha in diesem Band).

Als weiteres Charakteristikum des US-amerikanischen Wahlkampfes gilt das "negative campaigning", das sich folglich bei einer Amerikanisierung westeuropäischer Kampagnen auch hier zeigen müßte. Tatsächlich sind Negativwerbung und Angriffe auf den politischen Gegner auch in deutschen Wahlkämpfen nicht unbekannt. Der Bundestagswahlkampf 1998 bot dazu einiges Anschauungsmaterial. So versuchte etwa die CDU mit der

Rote-Hände-Kampagne eine Neuauflage der Rote-Socken-Kampagne von 1994. Als diese auch wegen parteiinterner Kritik schon zurückgenommen wurde, hielt die CSU, die zugleich den Landtagswahlkampf in Bayern zu bestreiten hatte, weiter an der Wahlkampfstrategie fest (vgl. z. B. Jaquet, 1998). Die PDS konterte den Angriff der Unionsparteien mit einem Braune-Hände-Plakat (PDS kontert..., 1998). Die SPD, die 1998 mehr auf Selbstdarstellung und -inszenierung setzte, verpackte ihre Seitenhiebe auf die CDU in subtilem Humor. Ihre Filmplakaten nachempfundenen Poster präsentierten zum Beispiel Kohl und Waigel zu dem Spruch "...denn sie wissen nicht, was sie tun", T-Shirts zeigten einen Saurier mit der Unterschrift "Kohl muß weg!", und im Science-Fiction-Kinospot der SPD, in dem die Energie nicht ausreichte, Kohl als Mitglied eines Weltraumhilfstrupps zu beamen, hieß es: "Die Zukunft – nicht jeder ist dafür geschaffen".

Auch wenn sich immer wieder Beispiele finden lassen und in deutschen Wahlkämpfen schon bis dahin ungeahnte Höhepunkte des "Mud Slinging" zu verzeichnen waren, hält sich der Negativismus dennoch in Grenzen. Insbesondere beschränkt er sich in der Regel auf Angriffe auf die gegnerische Partei und deren politische Positionen; Attacken auf einzelne Politiker, die zudem auf persönliche Eigenschaften zielen, sind hierzulande in Bundestagswahlkämpfen eher selten. Insbesondere läßt sich keine kontinuierliche Entwicklung hin zu steigendem Negativismus verzeichnen. Frühere Wahlkämpfe, zum Beispiel 1980, als Franz Josef Strauß gegen Helmut Schmidt antrat, für die dann sogar Schiedsstellen als "moralische Instanz" eingerichtet wurden, sind in dieser Hinsicht eher aufgefallen als die Kampagnen der neunziger Jahre.

Was war 1998 nun aber eigentlich neu, wie sah die Kampagne aus, daß die Medien allenthalben von Amerikanisierung sprachen und dem Wahlkampf eine neue Qualität bescheinigten? Lassen wir die Merkmale, die mit Amerikanisierung assoziiert werden, Revue passieren und werfen wir zudem einen Blick zurück auf frühere Bundestagswahlkämpfe, ist festzustellen, daß 1998 nur wenig neu war, so daß schließlich die Frage zu stellen ist, warum der Kampagnenstil gerade bei dieser Bundestagswahl vergleichsweise viel Aufmerksamkeit bekam und allenthalben als neu empfunden wurde.

Die Professionalisierung des Wahlkampfes im Sinne der Verlagerung der Organisation auf Verkaufsprofis außerhalb der Parteien sowie der Einsatz moderner und wissenschaftlich abgesicherter Marketingmethoden sind auch in Deutschland alles andere als eine neue Entwicklung. Die Zusammenarbeit mit Instituten für Markt- und Meinungsforschung sowie mit Werbeagenturen gab es bereits in den frühen Wahlkämpfen der Bundesrepublik. Bei den Bundestagswahlen der Jahre 1953 und 1957 war es zunächst die CDU, die ihre Kampagnenorganisation professionalisierte. Adenauer setzte ohnehin seit Beginn seiner Kanzlerschaft auf die Meinungsforschung, 1957 engagierte die CDU bereits zwei Agenturen für die Wahl-kampfwerbung, während die SPD noch auf einen Werbefachmann aus den eigenen Reihen baute. Die SPD tat sich schwerer, die "Instrumente der modernen Wahlkampfführung zu akzeptieren" und "die Technologie der Markenartikelwerbung zu übernehmen" (Wildenmann & Scheuch, 1965, S. 53). Der Erfolg, den die CDU 1957 mit ihrer Kampagnenorganisation hatte, überzeugte dann aber auch die Sozialdemokraten von der Notwendigkeit einer professionellen Organisation ihres Wahlkampfes: "1961 waren erstmals alle größeren Parteien bereit und fähig, die Technik moderner Wahlkampfführung – von Bevölkerungsumfragen bis zu unterhaltsamer Werbung – zu verwenden." (Wildenmann & Scheuch, 1965, S. 53) Insofern gilt der Bundestagswahlkampf 1961, in dem die SPD mit ihrem gegenüber Adenauer jugendlich wirkenden Kandidaten Willy Brandt auch erstmals eine bemerkenswerte personelle Alternative bot, als der erste auf breiter Front von Profis organisierte Wahlkampf, der eine "deutlich sichtbare Tendenz zur Amerikanisierung von Wahlwerbung und Wahlkampfstil" (Rekker, 1997, S. 304) aufwies.

Während die CDU 1961 wegen der nachlassenden Popularität Adenauers ihre Kampagne nicht mehr so sehr wie noch in den fünfziger Jahren auf den Kanzler konzentrieren konnte, hatte die SPD mit Brandt erstmals einen Kandidaten, der für einen personalisierten Wahlkampf geeignet war. Dabei orientierten sich die Sozialdemokraten nicht zuletzt am Beispiel der Kennedy-Kampagne im US-Präsidentschaftswahlkampf 1960. Die Wahlwerbung der SPD zeigte den Kanzlerkandidaten ganz privat beim Kaffeetrinken im Kreis der Familie und beim Rudern mit den Söhnen. Nicht kopieren ließ sich jedoch das Fernsehduell der beiden Spitzenkandidaten, das in den USA angeblich die Wahl zugunsten von Kennedy entschieden hatte: Adenauer lehnte Brandts Aufforderung zu einer direkten Konfrontation im Fernsehen ab.

Das heißt, Professionalisierung der Kampagnenorganisation durch Engagement externer und eben nicht aus der Politik stammender Berater ebenso wie Personalisierung und sogar Privatisierung sind auch für deutsche Wahlkämpfe heute nichts neues. Vielmehr hat dieser Trend bereits in der Frühzeit der Bundesrepublik eingesetzt, und zwar bevor das Fernsehen hier seine beherrschende Rolle in Wahlkämpfen erlangte. Da Professionalisierung der Wahlkampagne gleichbedeutend ist mit der Anwendung der Erkenntnisse des allgemeinen Marketings und damit die hehre Vorstellung vom rational auf der Basis von Sachinformationen entscheidenden Wähler in Zweifel gezogen wird, kamen schnell auch Bedenken angesichts dieser Entwicklung auf, die sich im Begriff Amerikanisierung kristallisierten. Insofern ist die Diagnose der Amerikanisierung des deutschen Wahlkampfes ebenfalls nicht neu. Daß sich deutsche Wahlkampfverantwortliche ungeachtet aller Unterschiede im politischen System und im Wahlverfahren am Vorbild der USA orientieren, ist mindestens seit der Bundestagswahl 1961 ausgemachte Sache. Das reicht von Informationsreisen deutscher Kampagnenmanager in die USA und der Zusammenarbeit mit US-amerikanischen Werbefachleuten bis hin schließlich zum offenen Bekenntnis zur Amerikanisierung (vgl. z. B. Wildenmann & Scheuch, 1965; Krebs, 1996; Radunski, 1996; Plasser, Scheucher & Senft, 1998).

In der Vorwahlzeit des Jahres 1998 wurde ein neuer Typ des politischen Beraters scheinbar neu entdeckt, der sogenannte Spin Doctor. Der Begriff, für den sich nicht einmal eine deutsche Übersetzung finden ließ, hat im Wahljahr solche Karriere gemacht, daß seine Qualität als "PR-Wort des Jahres 1998" geprüft wurde (Mavridis, 1999). Dieser Typ des politischen Beraters, der dazu da ist, Kandidaten und Positionen mit dem "richtigen Dreh" an die Medien zu verkaufen, und der im übrigen nicht nur in Wahlkämpfen auftritt, fand tatsächlich 1998 verstärkt Aufmerksamkeit, wenn auch – wie Esser und Reinemann (in diesem Band) zeigen – weniger als etwa in Großbritannien und natürlich in den USA. Allerdings wurden Spin Doctors in Deutschland auch schon im Zusammenhang mit dem Bundestagswahlkampf 1994 diskutiert (vgl. die verschiedenen Beiträge in Bertelsmann Stiftung, 1996, sowie dazu Holtz-Bacha, 1997). Eine Innovation waren Spin Doctors in den neunziger Jahren dann doch nicht, denn zumindest im ehemaligen CDU-Bundesgeschäftsführer Peter Radunski, der in den achtziger Jahren mehrere Wahlkämpfe für die Partei organisierte, wurde ein früherer Spin Doctor identifiziert (Falter, 1998).

Was aber neu war im Bundestagswahlkampf 1998, war die zentrale Organisation der SPD-Kampagne in der *Kampa*, über deren Arbeitsweise jedoch mehr gemutmaßt wurde, als tatsächlich über ihre Tätigkeit nach außen drang. Dieses Strategiezentrum, das bekanntlich dem Vorbild des *War Room* aus Bill Clintons Wahlkampf 1992 folgte, wurde von SPD-Bundesgeschäftsführer Franz Müntefering geleitet und koordinierte die Arbeit verschiedener Agenturen und die Auftritte von Parteivertretern (vgl. z. B. Schnibben, 1998). Damit wurde das einheitliche Erscheinungsbild der Partei sichergestellt. Daß ausgerechnet die SPD sich eine solche straffe Organisation für ihren Wahlkampf zulegte, mag die eigentliche Überraschung gewesen sein, schien doch die Union bei der Gestaltung ihrer Kampagnen den Sozialdemokraten bis dahin immer ein bißchen voraus.

Das Fernsehen rückte in der Bundesrepublik Deutschland schon im Verlauf der siebziger Jahre zum zentralen Wahlkampfmedium auf. Das alltägliche Streben der Politikerinnen und Politiker nach möglichst häufiger und möglichst umfangreicher Berücksichtigung in der Medienberichterstattung und insbesondere im Fernsehen verstärkt sich in der Vorwahlzeit. Zugleich wachsen aber auch die Bemühungen um den Einfluß auf die Art und Weise dieser Berichterstattung, um größtmögliche Effektivität im Sinne der Stimmenmaximierung zu gewährleisten. Neben der direkten Einflußnahme dient dazu die Inszenierung des politischen Geschäfts, die durch Berücksichtigung der Merkmale von Ereignissen, die bekanntlich den Selektionsprozeß der Medien bestimmen, die Wahrscheinlichkeit erhöht, in der Berichterstattung berücksichtigt zu werden. In diesem Kampf um die sogenannten Free Media, bei denen das persuasive Kommunikationsziel der politischen Akteure weniger offensichtlich wird und von deren Glaubwürdigkeit sie zu profitieren hoffen, begegnen sich Parteienlogik und Medienlogik (vgl. dazu Mazzoleni, 1987). Das heißt, Politik und Medien folgen in ihrem Ablauf zwar unterschiedlichen Regeln, um aber in den Medien größtmögliche Berücksichtigung zu finden, versucht die Politik sich deren Gesetzen weitgehend anzupassen. Zugleich bemüht sie sich aber auch, ihre Gesetze den Medien aufzudrücken, zum Beispiel durch mehr oder weniger direkte Einflußnahme. Da den Medien damit ein Autonomieverlust droht, wehren sie sich, so gut es geht. Die Medienkampagne, also das Bemühen um die Berücksichtigung in der Medienberichterstattung, bleibt daher ein unsicheres Geschäft (dazu in diesem Band Kamps sowie Wirth & Voigt). Dieses ist für die Politik noch unsicherer geworden mit dem Wandel des Rundfunkmarktes, wo heute eine Vielzahl von Fernsehprogrammen um das Publikum kämpft. Diese Situation ist als "Wahlkampf unter Vielkanalbedingungen" (Schulz, 1998) beschrieben worden. Das bedeutet nun nicht mehr nur Konkurrenz der Sender untereinander, sondern auch Konkurrenz der verschiedenen Programmangebote innerhalb eines Senders. Die politische Berichterstattung ist Teil dieses Konkurrenzkampfes um die Zuschauerinnen und Zuschauer; für die Politik gilt heute das gleiche wie für das übrige Programm: Wie sie sich präsentiert und wie sie präsentiert wird, entscheidet über Dranbleiben oder Abschalten. Anpassung der Politik an die Fernsehlogik heißt daher mittlerweile mehr als Anpassung an die Gesetze des Mediums, sondern eben auch Berücksichtigung des Konkurrenzkampfes der Sender, der über die Programme ausgetragen wird. Da die "Abnahmemotivation" (Gerhards, 1994) für Politik jedoch auf seiten des Publikums und daher bei den Sendern vergleichsweise gering ist und der größere Teil der Zuschauerinnen und Zuschauer beim Fernsehen vorrangig auf Unterhaltung aus ist, muß die Politik also etwas tun, um ihre Attraktivität zu erhöhen und sich im Kampf um das Fernsehpublikum zu behaupten.

Eine Strategie dazu ist die Entertainisierung von Politik, gemeint ist damit der Einzug der politischen Akteure in die Unterhaltung. Schon im Bundestagswahlkampf 1994 wurden dem Kanzlerkandidaten der SPD, Rudolf Scharping, von seinen Beratern Auftritte in Talk Shows und anderen Unterhaltungssendungen verschrieben, um seinen Bekanntheitsgrad in der Wählerschaft zu verbessern und seinem Image als hölzern und langweilig entgegenzuwirken (vgl. Jarren & Bode, 1996). Daß dies eine Strategie ist, die mittlerweile auch in deutschen Wahlkämpfen systematisch einge-

plant wird, hat aber erst der Wahlkampf 1998 so richtig deutlich werden
lassen. Joschka Fischer ließ sich in *Boulevard Bio* nach Diät, Jogging, Musik-
präferenzen und großer Liebe befragen, Heiner Geißler berichtete über
seine Erfahrungen als Klosterschüler. In der *Harald-Schmidt-Show*, sonst
eher Bühne für die Sternchen des – unpolitischen – Showgeschäfts tauchten
hochrangige Politikerinnen und Politiker auf: Claudia Nolte sang "Über
sieben Brücken mußt Du gehen...", und Rita Süßmuth erklärte dort die
Bedeutung der Wahl. Guido Westerwelle und Jürgen Borchers gaben sich
in Kochsendungen als Menschen wie du und ich (vgl. Holtz-Bacha, 1999).
Die Politik stellt damit erneut eine Anpassungsleistung unter Beweis: Genauso wie sie sich die Nachrichtenfaktoren aneignet, um die Chance zu
erhöhen, in der politischen Berichterstattung berücksichtigt zu werden und
damit Aufmerksamkeit zu gewinnen, ist der Zug in die Unterhaltung eine
Anpassungsleistung an die Bedürfnisse des Publikums bzw. der Sender
und zugleich ein Versuch, auch diejenigen anzusprechen, die der Politik in
den Medien eher aus dem Weg gehen. Die Bemühungen der politischen
Akteure, Politik huckepack über die Unterhaltung an die Wählerschaft zu
bringen und bei ihrer Imagebildung vom unterhaltenden Kontext zu profitieren, gehen weit über solche Mischformate wie Talk Shows hinaus und
haben in der Vorwahlzeit 1998 unter anderem dazu geführt, daß die *Lin-
denstraße* vermehrt Anfragen von Politikern, die dort gerne auftreten wollten, zu verzeichnen hatte (Hans W. Geißendörfer, 1998). Gerhard Schröder
gelang der Einstieg in eine Daily Soap, er spielte sich selbst als Politiker auf
Wahlkampftour in *Gute Zeiten, schlechte Zeiten*.
   Eine Möglichkeit, den Unwägbarkeiten der Medienkampagne aus dem
Weg zu gehen, bot 1998 der Wahlkampf via World Wide Web (vgl. Gellner
& Strohmeier in diesem Band). Dieses erlaubt die ungefilterte Ansprache
der Wählerschaft, bleibt aber auf deren Aktivität angewiesen und ist daher
wenig geeignet, diejenigen anzusprechen, die nicht gezielt nach Informationen über die Wahl suchen. Daß auch die Werbekampagne im Fernsehen
Grenzen unterliegt und unter für die Parteien ungünstigen Bedingungen
abläuft, führt dazu, daß mit dem Plakat ein altes Wahlkampfmedium eine
Renaissance erlebt. Mehr und mehr treten neben die langweiligen und
scheinbar austauschbaren Kopfplakate Motive, die sich an den Aufmerk-
samkeitsregeln der Wirtschaftswerbung orientieren (vgl. dazu Lessinger &
Moke in diesem Band; Winter, 1998). Plakaten ist nicht aus dem Weg zu
gehen, sie erhalten in Befragungen daher stets höchste Werte bei der Frage,
wo die Wählerinnen und Wähler etwas über den Wahlkampf wahrgenommen haben. Plakate sind zudem "the last medium before the point of
sale" (Huth & Pflaum, 1991, S. 140), was bei einem so hohen Anteil bis zum
Wahltag unentschlossener Wählerinnen und Wähler, wie es ihn 1998 gab,
interessante Möglichkeiten eröffnen dürfte. Vor allem die SPD nutzte Plakate im Wahlkampf 1998 auch, um Sekundärkommunikation auszulösen:

Bestimmte – witzige und hintersinnige – Motivplakate wurden nur auf Plakatflächen vor der Bonner Parteizentrale geklebt, die auf Verbreitung durch Abbildung und Kommentierung in der Presse setzten und so ihre Wirkung erzielen sollten.

Als eine Besonderheit des Bundestagswahlkampfes 1998 schließlich galt, daß die SPD mit ihrem Kanzlerkandidaten gewissermaßen die Idealbesetzung für den modernen Wahlkampf gefunden hatte. Im Zuge der Diskussionen über die Methoden moderner Wahlkampagnen und insbesondere über deren Hang zur Personalisierung sowie die Relevanz des Fernsehens ist immer wieder betont worden, daß damit auch ein wenn nicht unbedingt neuer, so doch spezifischer Politikertyp gefragt sei. Schon Peter Radunski hatte stets beklagt, daß die Politiker nicht immer so wollten, wie der Wahlkampfmanager das für richtig hielt (vgl. z. B. Radunski, 1992).

Mit Gerhard Schröder hatten die Sozialdemokraten 1998 einen Spitzenkandidaten nominiert, der die Darstellungspolitik verinnerlicht hat bzw. in wahrsten Sinne des Wortes verkörpert: "den Instantpolitiker, der sich, aufgegossen mit einem heißen oder kalten Medienformat, augenblicklich und voll und ganz in dieser medialen Situation aufzulösen vermag, und in diesem aufgelösten Zustand 'nach Politiker schmeckt'." (Kurt, 1998, S. 574) Dieses völlige Aufgehen des Politikers in der Medienkampagne, der sich der Inszenierung nicht nur mit Einsicht in die Notwendigkeiten des modernen Wahlkampfes, sondern ganz offensichtlich mit Hingabe widmet, machte einen wesentlichen Unterschied zu Helmut Kohl aus, der statt dessen immer versuchte, in den Medien seinen Stil durchzusetzen. Daß mit Schröder ein Politiker derart aufging in der Medien- und Werbekampagne und sich die Regeln des Fernsehens virtuos zunutze machte, war ungewohnt und schaffte daher Beachtung. Es muß die Medien jedoch notwendigerweise auch verunsichern, wenn ein Politiker sich daran macht, sie gewissermaßen mit ihren eigenen Waffen zu schlagen.

Alles zusammengenommen – wenig war wirklich neu im Bundestagswahlkampf 1998. Das, was allgemeinhin als Amerikanisierung bezeichnet wird, gilt meist schon länger für deutsche Wahlkämpfe, es wurde 1998 weiterentwickelt, war etwas perfekter als in den Jahren zuvor. Daß Wahlkampagnen "amerikanischer" werden, ist eine wenn nicht notwendige, so doch logische Entwicklung, die sich aus den Veränderungen in der Wählerschaft, im politischen System und im Mediensystem ableiten lassen. Diese gelten ebenso wie für die USA auch für die westeuropäischen Länder. Gerade die Wissenschaft hat es daher schon lange vorgezogen, statt von einer Amerikanisierung von einer Modernisierung von Wahlkämpfen in den westlichen Demokratien zu sprechen (vgl. stellvertretend für viele: Holtz-Bacha, 1996; Mancini & Swanson, 1996; Schulz, 1998). Mit dieser Etikettierung verschwindet der negative Unterton, der sich aus Amerikanisierung heraushören läßt. Gewonnen ist damit allerdings nicht viel, Modernisierung bezeichnet hier nicht mehr als Fortschritt, insofern ist die Bezeichnung der Entwicklung von Wahlkämpfen als "Entideologisierung" (Schulz, 1998, S. 378) weit gehaltvoller.

In Anbetracht dessen, daß sich für fast alles, was wir im Wahlkampf 1998 erlebt haben, Beispiele aus früheren deutschen Wahlkämpfen finden lassen, bleibt die Frage, warum während der Kampagne in den Medien so viel von Amerikanisierung die Rede war, ihr allenthalben eine neue Qualität bescheinigt wurde und dabei durchaus Unbehagen zu erkennen war.

Hier mögen verschiedene Faktoren zusammengekommen sein: ein sehr langer Wahlkampf, der auch schon früh selbst zum Wahlkampfthema wurde, die Perfektionierung der Kampagnenführung sowie ein Kandidat, der nach allen Regeln der Kunst mitspielte. Der Bundestagswahlkampf 1998 setzte früh ein: Nach der Erklärung von Bundeskanzler Kohl, noch einmal zur Wahl antreten zu wollen, forderte die CDU wiederholt die SPD heraus, ihrerseits den Kanzlerkandidaten zu benennen. Noch bevor dieser nach der niedersächsischen Landtagswahl im März 1998 schließlich feststand, gab die SPD das "Startsignal" für den Bundestagswahlkampf und lancierte ihre Werbekampagne "ohne Kandidat, aber mit Inhalt" (Ohne Kandidat, 1997), die vor allem durch einen bildfüllenden Kürbis Aufmerksamkeit fand. Als Mitte April schließlich die "Krönungsmesse" zelebriert wurde, deren Inszenierung so viel Aufsehen erregte, war der Wahlkampf also längst in vollem Gang. Gerade dieser durchgeplante und auf Fernsehwirkung bedachte Parteitag hat – dafür sprechen die Reaktionen, wie einige eingangs zitiert wurden – den Medien deutlich gemacht, daß sie es im Wahlkampf schwer haben würden, sich gegenüber dem professionellen Polit-Marketing zu behaupten. Daß der Wahlkampf selbst schon frühzeitig zum Thema des Wahlkampfes gemacht und als Amerikanisierung (ab)qualifiziert wurde, mag daher als eine Gegenreaktion der Medien gegenüber den Instrumentalisierungsversuchen der politischen Akteure gewertet werden. Denn sie geraten angesichts der Vereinnahmungsstrategien in Bedrängnis zwischen ihrer Informations- und Kritikfunktion.

Literatur

Arnold, S. R., Fuhrmeister, C., & Schiller, D. (1998). Hüllen und Masken der Politik. Ein Aufriß. In S. R. Arnold, C. Fuhrmeister & D. Schiller (Hrsg.), *Politische Inszenierung im 20. Jahrhundert. Zur Sinnlichkeit der Macht* (S. 7-24). Wien: Böhlau.

Blumler, J. G. (1990). Elections, the media and the modern publicy process. In M. Ferguson (Hrsg.), *Public communication. The new imperatives. Future directions for media research* (S. 101-113). Newbury Park, CA: Sage.

Falter, J. (1998, 27. April). Alle Macht dem Spin Doctor. *Frankfurter Allgemeine Zeitung*, S. 11-12.

Farrell, D. M. (1996). Campaign strategies and tactics. In L. LeDuc, R. G. Niemi & P. Norris (Hrsg.), *Comparing democracies: Elections and voting in global perspective* (S. 160-183). Thousand Oaks, CA: Sage.

Gerhards, J. (1994). Politische Öffentlichkeit. Ein system- und akteurstheoretischer Bestimmungsversuch. In F. Neidhardt (Hrsg.), *Öffentlichkeit, öffentliche Meinung, soziale Bewegungen* (Sonderheft 34 der Kölner Zeitschrift für Soziologie und Sozialpsychologie; S. 77-105). Opladen: Westdeutscher Verlag.

Hans W. Geißendörfer. Der Macher. (1998, September). *Playboy*, S. 36-41.

Holtz-Bacha, C. (1996). Massenmedien und Wahlen. Zum Stand der deutschen Forschung – Befunde und Desiderata. In C. Holtz-Bacha & L. L. Kaid (Hrsg.), *Wahlen und Wahlkampf in den Medien. Untersuchungen aus dem Wahljahr 1994* (S. 9-44). Opladen: Westdeutscher Verlag.

Holtz-Bacha, C. (1997). [Rezension] Bertelsmann Stiftung (Hrsg.): Politik überzeugend vermitteln. Wahlkampfstrategien in Deutschland und den USA. *Publizistik, 42*, 375-380.

Holtz-Bacha, C. (1999, Mai). *Entertainmentization of politics.* Unveröff. Manuskript eines Vortrags, gehalten bei der Jahrestagung der Deutschen Gesellschaft für Publizistik- und Kommunikationswissenschaft, Utrecht/Niederlande.

Holtz-Bacha, C., Lessinger, E.-M., & Hettesheimer, M. (1998). Personalisierung als Strategie der Wahlwerbung. In K. Imhof & P. Schulz (Hrsg.), *Die Veröffentlichung des Privaten – die Privatisierung des Öffentlichen* (S. 240-250). Opladen: Westdeutscher Verlag.

Huth, R., & Pflaum, D. (1991). *Einführung in die Werbelehre.* Stuttgart: Kohlhammer.

Jaquet, R. (1996, 22. Juni). CSU hält an den "Roten Händen" fest. *Süddeutsche Zeitung*, S. 30.

Jarren, O., & Bode, M. (1996). Ereignis- und Medienmanagement politischer Parteien. Kommunikationsstrategien im 'Superwahljahr 1994'. In Bertelsmann Stiftung (Hrsg.), *Politik überzeugend vermitteln. Wahlkampfstrategien in Deutschland und den USA* (S. 65-114). Gütersloh: Bertelsmann Stiftung.

Krebs, T. (1996). *Parteiorganisation und Wahlkampfführung. Eine mikropolitische Analyse der SPD-Bundestagswahlkämpfe 1965 und 1986/1987.* Leverkusen: DeutscherUniversitätsVerlag.

Kroeber-Riel, W. (1991). *Strategie und Technik der Werbung. Verhaltenswissenschaftliche Ansätze* (3. Auflage). Stuttgart: W. Kohlhammer.

Kurt, R. (1998). Der Kampf um Inszenierungsdominanz. Gerhard Schröder im ARD-Politmagazin ZAK und Helmut Kohl im *Boulevard Bio*. In H. Willems & M. Jurga (Hrsg.), *Inszenierungsgesellschaft* (S. 565-582). Opladen: Westdeutscher Verlag.

Mancini, P., & Swanson, D. L. (1996). Politics, media, and modern democracy: Introduction. In D. L. Swanson & P. Mancini (Hrsg.), *Politics, media, and modern democracy. An international study of innovations in electoral campaigning and their consequences* (S. 1-26). Westport, CT: Praeger.

Mavridis, T. (1999). Spin Doctor: PR-Wort des Jahres 1998? *Public Relations Forum, 5* (1), 10-11.

Mazzoleni, G. (1987). Media logic and party logic in campaign coverage: The Italian general election of 1983. *European Journal of Communication, 2,* 81-103.

PDS kontert mit braunen Händen (1998, 20. Juni). *Wiesbadener Kurier*, S. 13.

Plasser, F., Scheucher, C., & Senft, C. (1998). *Praxis des Politischen Marketing aus Sicht westeuropäischer Politikberater und Parteimanager. Ergebnisse einer Expertenbefragung.* Wien: Zentrum für angewandte Politikforschung.

Precht, R. D. (1998, 24. September). Wählt den Whopper! *Die Zeit*, S. 61-62.

Radunski, P. (1992). The show must go on. Politiker in der Fernsehunterhaltung. *Bertelsmann Briefe*, (128), 76-78.

Radunski, P. (1996). Politisches Kommunikationsmanagement. Die Amerikanisierung der Wahlkämpfe. In Bertelsmann Stiftung (Hrsg.), *Politik überzeugend vermitteln. Wahlkampfstrategien in Deutschland und den USA* (S. 33-52). Gütersloh: Bertelsmann Stiftung.

Recker, M.-L. (1997). Wahlen und Wahlkämpfe in der Bundesrepublik Deutschland 1949-1969. In G. A. Ritter (Hrsg.), *Wahlen und Wahlkämpfe in Deutschland. Von den Anfängen im 19. Jahrhundert bis zur Bundesrepublik* (S. 267-309). Düsseldorf: Droste.

Roth, F., & Trampe, J. (1998, 30. April). SPD bekennt sich explizit zur Inszenierung. *Horizont*, S. 22.

Sarcinelli, U. (1986). Wahlkampfkommunikation als symbolische Politik. Überlegungen zu einer theoretischen Einordnung der Politikvermittlung im Wahlkampf. In H.-D. Klingemann & M. Kaase (Hrsg.), *Wahlen und politischer Prozeß. Analysen aus Anlaß der Bundestagswahl 1983* (S. 180-200). Opladen: Westdeutscher Verlag.

Schedler, A. (1994). Die (eigensinnige) kommunikative Struktur demokratischer Wahlen. *Zeitschrift für Politik, 41,* 22-44.

Schnibben, C. (1998, 3. August). Virtuos an der Luftgitarre. *Der Spiegel*, S. 22-29.

Schönbach, K. (1996). The "Americanization" of German election campaigns: Any impact on the voters? In D. L. Swanson & P. Mancini (Hrsg.), *Politics, media, and modern democracy. An international study of innovations in electoral campaigning and their consequences* (S. 91-104). Westport, CT: Praeger.

Schulz, W. (1998). Wahlkampf unter Vielkanalbedingungen. Kampagnenmanagement, Informationsnutzung und Wählerverhalten. *Media Perspektiven*, (8), 378-391.

Wildenmann, R., & Scheuch, E. K. (1965). Der Wahlkampf 1961 im Rückblick. In E. K. Scheuch & R. Wildenmann (Hrsg.), *Zur Soziologie der Wahl* (= Sonderheft 9 der Kölner Zeitschrift für Soziologie und Sozialpsychologie; S. 39-73). Köln: Westdeutscher Verlag.

Winter, K. (1998, 8. Oktober). Plakatierung verstärkt den Willen zum Wechsel. *Horizont*, S. 100-101.

Wühlt grün (1998, 26. Januar). *Der Spiegel*, S. 75.

Der Nutzen erfolgreicher Inszenierungen

Hans Mathias Kepplinger
Marcus Maurer

Die Mediatisierung der Wahlkämpfe hat aus dem Publikum von Wahl-veranstaltungen die Statisten von Inszenierungen gemacht, deren Adres-saten zuhause vor den Fernsehschirmen sitzen. Diese Entwicklung wurde in Deutschland Mitte der siebziger Jahre von der CDU/CSU eingeleitet und bei der letzten Bundestagswahl von der SPD zu einem vorläufigen Höhepunkt gebracht. Der Leipziger Parteitag im April 1998, in dessen Verlauf die Kanzlerkandidatur Gerhard Schröders offiziell beschlossen wurde, war eine detailliert geplante Show (vgl. Leinemann, 1998; Wittke, 1998). Allerdings sollten keineswegs die Delegierten, Journalisten und Eh-rengäste im Saal selbst beeindruckt werden, sondern die Fernsehzuschauer – diejenigen, die live zusahen, oder diejenigen, die das Ergebnis der strik-ten Regie in den Abendnachrichten zu sehen bekommen würden. Die Re-gie sah verschiedene "Lichtstimmungen", einen zehnminütigen Triump-hmarsch über nur 80 Meter durch jubelnde und klatschende Anhänger vor, dazu Kameraeinstellungen, die so geplant wurden, daß außer dem Redner – vor allem Gerhard Schröder – nur die Worte "des Neuen" aus dem Slogan "Die Kraft des Neuen" zu sehen waren. Nichts wurde dem Zufall überlassen, die Planung des Kandidaten-Parteitages hatte schon Monate zuvor, beim Parteitag in Hannover im Dezember 1997, begonnen. Video-Clips stellten Partei und Kandidaten vor, eigens komponierte Musik untermalte die von der wechselnden Beleuchtung geschaffenen Stimmun-gen. Minutiös, zum Teil sekundengenau lief der Regie-Plan ab, der die Wirkung der Show bei denen, die den Kandidaten im Fernsehen sahen, die Lichtstimmungen wahrnahmen und die natürlich auch das jubelnde Publi-kum bemerkten, maximieren sollte.

Über die Reaktionen einer Reihe von Zeitungsjournalisten auf den Leip-ziger Parteitag und ähnliche Veranstaltungen berichtete Jutta Redemann im Sommer 1998 unter der Überschrift "Last und Lust" (vgl. Redemann, 1998; Die Inhalte..., 1998). Zwar fand der Büroleiter der Frankfurter Rund-schau, Richard Mend, es liefen "zu viele Inszenierungen", das nerve, und der Chefredakteur des Bonner Generalanzeigers, Helmut Herles, wollte "verhindern, daß alles nur Infotainment wird". Zugleich bekannte jedoch der Bonner Büroleiter der Welt, Martin Lambeck, wenn Inszenierungen "so brilliant ... sind wie die der SPD in Leipzig, muß man das sagen und schreiben...". Günter Bannas vom Bonner Büro der Süddeutschen Zeitung empfand den Leipziger Parteitag der SPD, obwohl er mehr Form als Substanz besaß, "nicht als abstoßend, sondern als spannend", weil eine Zeitung eine solche Inszenierung beschreiben und distanziert analysieren könne. Zwar sind diese Äußerungen nicht repräsentativ und vermutlich geben sie die komplexeren Einschätzungen der Berichterstatter nur auszugsweise wieder. Dennoch zeigt sich in ihnen das häufig zumindest ambivalente Verhältnis zur mediengerechten Inszenierung von Wahlkampfveranstaltungen. Diese Einschätzungen würden zwar möglicherweise anders ausfallen, wenn es sich um die Inszenierungen von Parteien handeln würde, denen die Berichterstatter mit weniger Wohlwollen gegenübertraten als 1998 der SPD, allerdings wäre auch dann kaum mit einer einhelligen Ablehnung zu rechnen. Zu gut passen diese Inszenierungen zu den Bedürfnissen der Medien. Dies gilt vor allem – aber nicht nur – für das Fernsehen, wie die Zitate der Bonner Korrespondenten belegen.

Theoretische Überlegungen und experimentelle Befunde

Eine Ursache der herausragenden Bedeutung der öffentlichen Auftritte von Politikern und ein Grund für die Notwendigkeit ihrer sorgfältigen Inszenierung ist der Einfluß der Publikumsreaktionen auf die Meinungen der Radiohörer und Fernsehzuschauer. Dies belegen Experimente mit Reden, in die positive und negative Publikumsreaktionen eingeschnitten wurden: Redner, die sich im Hörfunk engagiert zu kontroversen Themen äußern, werden von den Zuhörern besser beurteilt, wenn an mehreren Stellen Beifall zu hören ist. Diese Effekte sind besonders stark, wenn es sich um ein attraktives Publikum handelt, das heißt um Menschen, die in den Sendungen positiv charakterisiert werden. Der Einfluß der Publikumsreaktionen erstreckt sich auch auf die Wirkung der Rede: Redner, deren Äußerungen von Beifall begleitet sind, beeinflussen die Meinungen der Radiohörer stärker als Redner ohne diese Resonanz. In die entgegengesetzte Richtung wirken sich negative Publikumsreaktionen aus. Sie mindern – im Vergleich zu neutralen Fassungen ohne Beifall oder Ablehnung – die Wertschätzung des Redners und die Überzeugungskraft seiner Äußerungen (vgl. Landy, 1972). Ähnliche Belege liegen für das Fernsehen vor. Zwar könnte man meinen, die bildliche Darstellung von Publikumsreaktionen würde vor allem die Wahrnehmung des Publikums beeinflussen. Dies ist jedoch nicht der Fall. Auf die Wahrnehmung des Redners wirkt sie sich erheblich stärker aus. Redner, in deren Reden Aufnahmen von zustimmenden Publikumsreaktionen eingeschnitten wurden, werden von Fernsehzuschauern für populärer und interessanter gehalten als Redner, die keine erkennbaren oder gar ablehnende Publikumsreaktionen hervorrufen. Dies ist auch dann noch der Fall, wenn sie in den Fernsehberichten als unerfahrene Neulinge vorgestellt wurden (vgl. Baggaley, Ferguson & Brooks, 1980, S. 30-32, 50-52). Diese und ähnliche Befunde (vgl. Donsbach, Brosius & Mattenklott, 1993) deuten darauf hin, daß die Fernsehzuschauer Aufnahmen von Publikumsreaktionen nicht als eigenständige Informationen aufnehmen, sondern intuitiv als Hinweise zur Bewertung des Redners und seiner Äußerungen heranziehen.

Der (positive) Einfluß (positiver) Publikumsreaktionen auf die Wahrnehmung eines Redners ist experimentell gut nachgewiesen. Aber wie steht es um die Funktion solcher Aufnahmen innerhalb der Berichte? Stellen positive Publikumsreaktionen isolierte Elemente dar, oder sind sie in der Regel aus dramaturgischen Gründen Teil eines komplexen Ganzen? Dies ist Gegenstand der vorliegenden Studie. Sie geht der Frage nach, welchen Zusatznutzen Fernsehberichte über positive Reaktionen des Publikums bei Politikerreden besitzen. Ihre Grundlage ist die Annahme, daß positive Publikumsreaktionen oft mit anderen positiven Aspekten der Darstellung einhergehen – vor allem den Äußerungen der Reporter über das Geschehen, dem Erscheinungsbild der Redner in ihren Berichten und der Gesamttendenz der Beiträge über die öffentlichen Auftritte von Politikern. Positive Reaktionen des Publikums sind nach diesen Überlegungen ein Vehikel, mit dem auch andere positive Botschaften transportiert werden können.[1] Die erfolgreiche Inszenierung von Politikerauftritten wäre dann ein wirkungsvolles Mittel zur Steuerung der Berichterstattung – solange sich die Berichterstatter an die üblichen Regeln der Berichterstattung halten.

Art und Häufigkeit von Publikumsreaktionen in der Fernsehberichterstattung

Im ersten Schritt der Analyse soll geprüft werden, wie oft Kohl und Schröder im Bundestagswahlkampf 1998 mit Publikumsreaktionen im Bild gezeigt wurden und wie oft die Berichterstatter auf solche Publikumsreaktionen hinwiesen. Grundlage der Analyse sind alle Beiträge der Hauptnachrichtensendungen und -magazine der fünf reichweitenstärksten Fernsehsender[2] im Zeitraum von 2. März 1998 bis zum Tag vor der Bundestagswahl am 27. September, in denen Kohl oder Schröder in Nachrichtenfilmen

---

[1] Dies gilt analog auch für negative Publikumsreaktionen, spielt jedoch hier praktisch keine große Rolle.
[2] ARD: Tagesschau, Tagesthemen; ZDF: Heute, Heute-Journal; RTL: RTL aktuell, RTL Nachtjournal; SAT1: 18:30 und PRO7: PRO7 Nachrichten.

im Bild gezeigt wurden – unabhängig davon, ob dabei Publikumsreaktionen erkennbar waren oder nicht. Theoretisch wäre es möglich, daß auch reine Textmeldungen Hinweise auf Publikumsreaktionen enthalten. Dies ist jedoch so selten, daß sie hier vernachlässigt werden können. Die Ergebnisse dieser Analyse, die bemerkenswerte Unterschiede und Gemeinsamkeiten zu den Ergebnissen einer früheren Analyse aufweisen, kann man in vier Feststellungen zusammenfassen.

- Kohl wurde erstens häufiger im Bild gezeigt als Schröder (794 vs. 528). Dies war zu erwarten, da über Kohl als Amtsinhaber intensiver berichtet wurde (vgl. Kepplinger et al., 1999). Allerdings war Kohl auch in der Fernsehberichterstattung über den Bundestagswahlkampf 1976 häufiger im Bild zu sehen als der damalige Amtsinhaber Schmidt (vgl. Kepplinger, 1982). Der Amtsinhaber hat folglich nicht notwendigerweise mehr Fernsehpräsenz als sein Herausforderer. Schröder konnte jedoch – trotz der ausgezeichneten Wahlkampagne seiner Partei und trotz seiner eigenen Medienbegabung – den natürlichen Vorsprung des Amtsinhabers nicht aufholen.
- Die Reaktionen des Publikums wurden zweitens wesentlich häufiger im Bild gezeigt als im Text erwähnt (403 vs. 157). Dies bestätigt die entsprechenden Befunde anhand der Fernsehberichterstattung über die Bundestagswahl 1976 (vgl. Kepplinger, 1982). Allerdings war damals das Übergewicht der Bildberichterstattung noch wesentlich größer (631 vs. 46). Das dürfte darauf zurückzuführen sein, daß damals auch Magazinbeiträge erfaßt wurden.
- Die Sender berichteten drittens wesentlich häufiger über positive als über negative Reaktionen des Publikums bei Auftritten der beiden Spitzen-kandidaten (444 vs. 43). Das entsprach ebenfalls der Fernsehberichterstattung über den Bundestagswahlkampf 1976. Allerdings wurde 1976 wesentlich häufiger über negative Reaktionen des Publikums berichtet als 1998 (563 vs. 114). Dieser Unterschied dürfte zum Teil auf den unterschiedlichen Charakter der Wahlkämpfe zurückzuführen sein.
- In den Berichten über öffentliche Aufritte von Kohl wurden viertens negative Publikumsreaktionen öfter thematisiert als in den entsprechenden Berichten über Schröder. Auch das entsprach der Darstellung Kohls im Vergleich zu seinem damaligen Gegenkandidaten. Allerdings wurde bei Auftritten von Kohl 1976 wesentlich öfter über negative Publikumsreaktionen berichtet als 1998 (105 vs. 47). Dies ist zum Teil auf den Charakter der Wahlkämpfe und zum Teil auf den Charakter der untersuchten Programme zurückzuführen – damals wurden auch Magazinsendungen erfaßt, die mehr meinungslastige Beiträge enthalten als Nachrichtensendungen (vgl. Tabelle 1).

Tabelle 1: Darstellung der Reaktionen des Publikums bei öffentlichen Auftritten von Helmut Kohl und Gerhard Schröder in Text und Bild

Darstellung der Reaktionen	Schröder		Kohl	
	Text (n=528) %	Bild (n=528) %	Text (n=794) %	Bild (n=794) %
positiv*	9	27	8	24
ambivalent	2	4	2	3
negativ*	x	-	2	3
nicht erkennbar	88	70	88	70
Summe	99	101	100	100

Basis: Nachrichtenfilme vom 02.03.1998 bis zum 26.09.1998 mit bildlicher Darstellung von Kohl (n=794) oder Schröder (n=528)*
* Zusammengefaßt: eindeutig und eher
x: Wert unter 0,5 Prozent

Die Fernsehberichterstattung über die Reaktionen des Publikums bei öffentlichen Auftritten von Politikern im Wahlkampf weist offensichtlich eine Reihe von relativ konstanten Merkmalen auf. Dies deutet darauf hin, daß es sich hierbei um wiederkehrende Muster der Wahlberichterstattung handelt, die möglicherweise auf journalistischen Konventionen beruhen. Sie legen mehr oder weniger explizit fest, was berichtenswert ist. Dabei handelt es sich zum einen um allgemeingültige Berufsnormen, zum anderen jedoch auch um zeitspezifische Sichtweisen innerhalb und zum Teil außerhalb des Journalismus. Bemerkenswert sind im vorliegenden Zusammenhang vor allem zwei nicht personengebundene Merkmale – die Dominanz der Bilder und der positiven Reaktionen. Sie werden deshalb genauer untersucht. Hierzu betrachten wir zunächst den Zusammenhang zwischen der bildlichen Darstellung der Publikumsreaktionen und den entsprechenden Äußerungen der Berichterstatter. Dazu werden – weil es um allgemeine Muster geht – alle Beiträge über Kohl und Schröder gemeinsam betrachtet.[3]

---

[3] Die getrennte Analyse der Berichterstattung über Kohl und Schröder weist hinsichtlich der hier genannten Merkmale kaum Unterschiede auf. Ihre Zusammenfassung ist deshalb auch empirisch gerechtfertigt.

Angesichts der Tatsache, daß die Fernsehsender positive Publikumsreaktionen wesentlich häufiger bildlich darstellen als sprachlich erwähnen, kann man nicht erwarten, daß alle Aufnahmen von interessierten oder sogar begeisterten Anhängern eines Politikers mit entsprechenden Hinweisen der Berichterstatter einhergehen. Dies war jedoch relativ häufig der Fall: Fast ein Drittel aller Aufnahmen mit positiven Reaktionen des Publikums wurde von entsprechenden Äußerungen der Berichterstatter begleitet. Der Zusammenhang zwischen der bildlichen und sprachlichen Darstellung negativer Publikumsreaktionen war noch wesentlich größer: Die Berichterstatter wiesen fast immer auf die negativen Reaktionen des Publikums hin, die im Bild zu sehen waren. Die sprachlichen Hinweise der Berichterstatter auf positive und negative Publikumsreaktionen, die im Bild gezeigt werden, stellen eine Verdoppelung der gezeigten Realität dar: Sie machen auf das Geschehen aufmerksam, bekräftigen das Gesehene und verstärken vermutlich seine positive oder negative Wirkung (vgl. hierzu Baggaley, 1980, S. 51) (vgl. Tabelle 2).

Tabelle 2: Zusammenhang zwischen der sprachlichen und bildlichen Darstellung von Publikumsreaktionen bei öffentlichen Auftritten der beiden Spitzenkandidaten

Sprachliche Darstellung	Bildliche Darstellung				
	positiv* (n=334) %	ambivalent (n=47) %	negativ* (n=22) %	nicht erkennbar (n=919) %	Summe (n=1.322) %
positiv*	30	4	-	1	8
ambivalent	2	30	-	x	2
negativ*	x	6	73	x	2
nicht erkennbar	67	60	27	99	88
Summe	99	100	100	100	100

Basis: Nachrichtenfilme vom 02.03.1998 bis zum 26.09.1998 mit bildlicher Darstellung von Kohl (n=794) oder Schröder (n=528)
Cramer's V= .56
* Zusammengefaßt: eindeutig und eher
x: Wert unter 0,5 Prozent

Inszenierte und nicht inszenierte Auftritte

Öffentliche Auftritte von Politikern in Wahlkämpfen lassen sich in zwei
Typen unterteilen – inszenierte und nicht inszenierte Auftritte: Als inszenierte Auftritte kann man Wahlkampfveranstaltungen und Parteitage bezeichnen, als nicht inszenierte Auftritte können Bundestagsreden und
Auftritte in Menschenmengen, zum Beispiel bei Staatsbesuchen oder Straßenwahlkampf in den Innenstädten, gelten.[4] Die beiden Typen unterscheiden sich in zweierlei Hinsicht voneinander: Inszenierte Auftritte sind erstens leichter kontrollierbar. Der Ablauf von Parteitagen und Wahlkampfveranstaltungen wird von den Parteien detailliert geplant. Er ist folglich
den Rednern genau bekannt. An inszenierten Auftritten nehmen überwiegend Anhänger der jeweiligen Parteien teil. Das Publikums ist folglich
relativ homogen und positiv eingestellt. Die Parteien kontrollieren dennoch
in der Regel den Zugang zu den Veranstaltungsorten und weisen ihren
eigenen Anhängern bevorzugte Plätze zu, so daß positive Reaktionen des
Publikums gut zur Geltung kommen. Zugleich werden Gegner, die möglicherweise stören könnten, an den Rand gedrängt oder völlig ferngehalten.
Beide Maßnahmen tragen dazu bei, daß überraschende Ereignisse oder
störende Aktionen des Publikums selten und spontane Reaktionen des
Redners kaum erforderlich sind. Schließlich besitzen die Parteien häufig
einen Einfluß auf die Fernsehberichterstattung über inszenierte Auftritte,
weil sie zum Beispiel den Kamerateams bestimmte Plätze zuweisen, damit
sie einen möglichst günstigen Eindruck vom Geschehen vermitteln.
    Nicht inszenierte Auftritte werden zwar ebenfalls geplant, ihr Ablauf ist
jedoch nur schwer kontrollierbar. Zwar ist den Parteien der Ablauf von
zum Beispiel Parlamentsdebatten bekannt, sie besitzen jedoch keine Kontrolle über mögliche Änderungen. Der Zugang zu solchen Veranstaltungen
ist im Rahmen der geltenden Regeln prinzipiell offen, so daß die Parteien
keinen Einfluß auf die Zusammensetzung und Plazierung des Publikums
haben. Das Publikum ist folglich relativ heterogen und insgesamt weniger
positiv gestimmt. Häufig befinden sich Gegner des Redners auf bevorzugten Plätzen. Zudem müssen sich die Redner bei solchen Veranstaltungen
meist direkt mit ihren politischen Kontrahenten auseinandersetzen. Deshalb müssen Politiker im Parlament erheblich häufiger spontan auf voran-
gegangene Reden und auf Zwischenrufe reagieren. Auch Kontakte mit

---

[4] Auftritte in Fernsehsendungen oder bei Pressekonferenzen (n=277) bleiben unberücksichtigt, da hier in den wenigsten Fällen Publikumsreaktionen erkennbar waren. Auch sonstige
Auftritte (n=537) bleiben unberücksichtigt, da hier nicht eindeutig entschieden werden
kann, ob es sich um inszenierte oder nicht inszenierte Auftritte handelt.

Wählern zum Beispiel auf der Straße bergen mehr Überraschungen und verlangen häufiger spontane Reaktionen als zum Beispiel Parteiveranstaltungen. Schließlich haben die Parteien bei solchen Veranstaltungen keinen nennenswerten Einfluß auf die Fernsehberichterstattung.

Aufgrund der vorgegebenen Unterschiede zwischen den beiden Auftritts-Typen kann man davon ausgehen, daß das Publikum bei inszenierten Auftritten positiver auf Politiker reagiert als das Publikum bei nicht inszenierten Auftritten. Dies müßte sich auch in der Art der Fernsehberichterstattung niederschlagen. Beiträge über inszenierte Auftritte müßten eher positive Pubklikumsreaktionen zeigen als andere. Die Analyse der Wahlberichterstattung bestätigt diese Vermutung: Die Sender berichteten zwar etwas häufiger über nicht inszenierte als über inszenierte Auftritte der beiden Spitzenkandidaten (273 vs. 235). Berichte über inszenierte Auftritte zeigten jedoch weitaus öfter positive Publikumsreaktionen als Berichte über nicht inszenierte Auftritte (64 Prozent vs. 34 Prozent). Dies lag zum einen daran, daß in Berichten über nicht inszenierte Auftritte deutlich häufiger keine Publikumsreaktionen erkennbar waren. Es waren jedoch auch häufiger negative oder ambivalente Reaktionen aus dem Publikum zu sehen. Die Art des Auftritts hat einen erheblichen Einfluß auf die zu erwartenden Publikumsreaktionen. Politiker können bei inszenierten Auftritten vor eigenem Publikum mit positiven Publikumsreaktionen rechnen, die in den meisten Fällen auch in den Fernsehnachrichten zu sehen sind. Bei nicht inszenierten Auftritten sind Publikumsreaktionen häufig nicht erkennbar oder sogar negativ (vgl. Tabelle 3).

Tabelle 3: Zusammenhang zwischen den Reaktionen des Publikums und der Art des Auftritts der Kandidaten im Fernsehen

Publikums-reaktionen	inszenierte Auftritte (n=235) %	nicht inszenierte Auftritte (n=273) %
positiv*	64	34
ambivalent	4	8
negativ*	1	4
nicht erkennbar	31	54
Summe	100	100

Basis: Nachrichtenfilme vom 02.03.1998 bis zum 26.09.1998, in denen inszenierte und nicht inszenierte Auftritte der beiden Kandidaten dargestellt wurden (n=508)
* Zusammengefaßt: eindeutig und eher

Das Erscheinungsbild der Kandidaten

Das Verhalten von Politikern bei öffentlichen Auftritten ist vermutlich nicht unabhängig von den Reaktionen des Publikums. Die positiven oder negativen Reaktionen des Publikums schlagen sich vielmehr im Verhalten der Politiker nieder – sie verhalten sich mehr oder weniger gelassen und selbstbewußt, sie sind mehr oder weniger konzentriert und schlagfertig usw. Deshalb kann man vermuten, daß Politiker bei inszenierten Auftritten, bzw. bei Auftritten mit positiven Publikumsreaktionen vorteilhafter auftreten als bei anderen Auftritten. Dies müßte sich ebenfalls in der Fernsehberichterstattung im Erscheinungsbild entsprechend niederschlagen.

Schaubild 1: Zusammenhang zwischen der Erscheinung im Bild und der Art des Auftritts der Kandidaten im Fernsehen

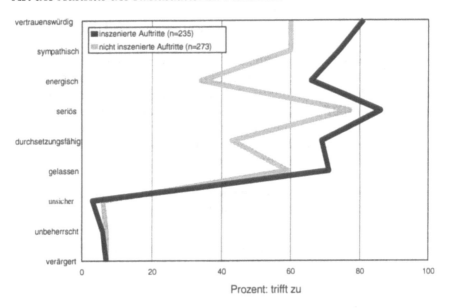

Basis: Nachrichtenfilme vom 02.03.1998 bis zum 26.09.1998, in denen inszenierte und nicht inszenierte Auftritte der beiden Kandidaten dargestellt wurden (n=508)

Im Erscheinungsbild von Politikern kann man verschiedene Aspekte unterscheiden – den Eindruck von Vertrauenswürdigkeit, Energie, Gelassenheit usw. Bei der Analyse der Fernsehberichterstattung wurden insgesamt neun solcher Aspekte unterschieden und mit 5-stufigen Schätzskalen ermittelt. Die Ergebnisse für beide Politiker werden – weil es hier nicht um individu-

elle Unterschiede, sondern um systematische Zusammenhänge geht – zusammengefaßt.[5]

Erwartungsgemäß vermittelten die Fernsehbeiträge über inszenierte
Auftritte einen wesentlich positiveren Eindruck von Kohl und Schröder als
die Beiträge über nicht inszenierte Auftritte: Beide Politiker erschienen in
Beiträgen über inszenierte Auftritte vor allem vertrauenswürdiger, sympathischer, energischer und durchsetzungsfähiger. Zugleich wirkten sie
weniger unsicher (vgl. Schaubild 1).

Im positiven Erscheinungsbild der Kandidaten bei inszenierten Auftritten fließen vermutlich die Wirkungen von zwei Faktoren zusammen –
zum einen der Einfluß des Publikums vor Ort auf das Auftreten des Redners, zum anderen der Einfluß der im Bild gezeigten Publikumsreaktionen
auf die Eindrücke der Zuschauer. Der Einfluß dieser beiden Faktoren auf
das Erscheinungsbild der Kandidaten in den Fernsehberichten läßt sich mit
den verfügbaren Daten nicht sauber trennen. Hinweise darauf liefert
jedoch eine differenzierte Analyse der vorliegenden Wahlberichte. Um
herauszufinden, ob die Art des Auftritts oder die Publikumsreaktionen für
die positive Wahrnehmung der Kandidaten entscheidend waren, untersuchen wir den Zusammenhang zwischen Publikumsreaktionen und Erscheinungsbild der Kandidaten getrennt für beide Auftrittsarten. Interessant ist vor allem, ob positive Publikumsreaktionen das Erscheinungsbild
der Kandidaten gegenüber Beiträgen ohne Publikumsreaktionen verbessern. Beiträge mit negativen oder ambivalenten Reaktionen werden
deshalb hier nicht berücksichtigt. Sowohl die Auftrittsart als auch die Publikumsreaktionen standen in einem bemerkenswertem Zusammenhang mit
dem Erscheinungsbild der Kandidaten: In Beiträgen mit positiven Publikumsreaktionen wirkten die Kandidaten – unabhängig von der Art des
Auftritts – vertrauenswürdiger, sympathischer, energischer und durch-
setzungfähiger als in Beiträgen ohne Publikumsreaktionen. Zugleich erschienen sie weniger unsicher. In Beiträgen über inszenierte Auftritte
wirkten die Kandidaten – unabhängig von den Publikumsreaktionen – vor
allem vertrauenswürdiger, energischer, seriöser und durchsetzungsfähiger
als in Beiträgen über nicht inszenierte Auftritte (vgl. Tabelle 4).

---

[5] Die getrennte Analyse führt zu sehr ähnlichen Ergebnissen.

Tabelle 4: Zusammenhang zwischen der Erscheinung im Bild und der Art des Auftritts der Kandidaten im Fernsehen nach Publikumsreaktionen

	inszenierte Auftritte		nicht inszenierte Auftritte	
	Publikums-reaktion positiv (n=151) %	keine Publikums-reaktion (n=72) %	Publikums-reaktion positiv (n=92) %	keine Publikums-reaktionen (n=148) %
vertrauenswürdig	83	76	70	60
sympathisch	75	71	74	58
energisch	71	56	41	25
seriös	86	86	79	74
durchsetzungsfähig	74	64	52	34
gelassen	72	71	66	60
unsicher	2	4	2	9
unbeherrscht	7	6	4	6
verärgert	7	6	3	4

Basis: Nachrichtenfilme vom 02.03.1998 bis zum 26.09.1998, in denen inszenierte und nicht inszenierte Auftritte der beiden Kandidaten dargestellt wurden (n=508)

Die Ergebnisse zeigen den Nutzen politischer Inszenierungen: Politiker vermitteln in der Fernsehberichterstattung über inszenierte Auftritte einen positiveren Eindruck als in Beiträgen über andere Auftritte. Dies gilt auch dann, wenn das Publikum nicht positiv reagiert bzw. solche Reaktionen im Fernsehen nicht gezeigt werden. Allerdings können sie mit einer großen Wahrscheinlichkeit damit rechnen, daß im Fernsehen positive Publikumsreaktionen gezeigt werden, die ihre Auftritte noch positiver erscheinen lassen.

Die Gesamttendenz der Kandidatendarstellung

In die Gesamttendenz der Kandidatendarstellung gehen neben dem Eindruck, den die Kandidaten im Bild machen, auch die Äußerungen der Berichterstatter und die Stellungnahmen von anderen Akteuren ein, die in dem Bericht zu Wort kommen. Trotz der Vielzahl dieser Einflüsse auf die Gesamttendenz der Beiträge wird man – weil die Parteien bei inszenierten Auftritten eine stärkere Kontrolle über das Geschehen besitzen – vermuten können, daß Berichte über inszenierte Auftritte eine positivere Gesamttendenz aufweisen als Berichte über andere Auftritte. Die Gesamttendenz der

Kandidatendarstellung wurde – getrennt für Kohl und Schröder – auf 5-stufigen Schätzskalen ermittelt. Die Stufen waren von "eindeutig positiv" bis "eindeutig negativ" beschriftet. Beiträge, die keine Tendenz besaßen, wurden gesondert erfaßt. Die vorliegenden Wahlberichte bestätigen die erwähnte Vermutung: Die Gesamttendenz der Kandidatendarstellung in Beiträgen über inszenierte Auftritte war deutlich positiver dargestellt als die Gesamttendenz der Kandidatendarstellung in Beiträgen über nicht inszenierte Auftritte. Nahezu zwei Drittel der Beiträge über inszenierte Auftritte charakterisierten die Kandidaten insgesamt positiv. In den Beiträgen über nicht inszenierte Auftritte traf dies nur auf deutlich weniger als die Hälfte der Beiträge zu. Zugleich war der Anteil negativer Kandidatendarstellung nahezu doppelt so hoch (vgl. Tabelle 5).

Tabelle 5: Zusammenhang zwischen der Kandidatendarstellung und der Art des Auftritts der Kandidaten im Fernsehen

Kandidatendarstellung	inszenierte Auftritte (n=235) %	nicht inszenierte Auftritte (n=273) %
positiv*	62	45
ambivalent	19	19
negativ*	9	15
nicht erkennbar	11	21
Summe	101	100

* Zusammengefaßt: eindeutig und eher
Basis: Nachrichtenfilme vom 02.03.1998 bis zum 26.09.1998, in denen inszenierte und nicht inszenierte Auftritte der beiden Kandidaten dargestellt wurden (n=508)

Aus diesen Resultaten könnte man folgern, daß sich nicht inszenierte Auftritte für Politiker kaum lohnen. Diese Annahme ist jedoch falsch. Die Tendenz der Kandidatendarstellung in Beiträgen über nicht inszenierte Auftritte war deutlich positiver als die Tendenz der Kandidatendarstellung in Beiträgen, in denen die Kandidaten nicht selbst auftraten, sondern nur von Dritten – anderen Politikern, Journalisten etc. – erwähnt wurden. Hier übertraf der Anteil der Beiträge mit negativer Kandidatendarstellung (28 %) den Anteil der Beiträge mit positiver Kandidatendarstellung (20 %).

Die Gesamttendenz der Darstellung der Kandidaten kann – ähnlich wie ihr Erscheinungsbild – auf mehrere Ursachen zurückgeführt werden, darunter die Art des Auftritts und die Art der Publikumsreaktionen. Auftritte vor eigenem Publikum sichern aufgrund der starken Kontrolle der Partei

über das Geschehen und die Berichterstatter[6] vermutlich eine positive Gesamttendenz. Möglicherweise trägt jedoch auch die Darstellung positiver
Publikumsreaktionen dazu bei, daß die Kandidatendarstellung insgesamt
einen positiven Eindruck vermittelt. Die erste Vermutung bestätigt sich.
Die zweite Vermutung erweist sich jedoch nicht als richtig. Positive Publi-
kumsreaktionen hatten – anders als bei der Wahrnehmung der Kandidaten
– keinen eigenen Einfluß auf die Gesamttendenz der Kandidatendarstellung. Sowohl für inszenierte als auch für nicht inszenierte Auftritte galt:
Die Gesamttendenz der Kandidatendarstellung in Beiträgen mit positiven
Publikumsreaktionen war zwar häufiger positiv als die Gesamttendenz in
Beiträgen ohne Publikumsreaktionen. Sie war aber auch häufiger negativ.
Die Gesamttendenz der journalistischen Darstellung hing folglich allein
von der Art des Auftritts ab (vgl. Tabelle 6).

Tabelle 6: Zusammenhang zwischen der Kandidatendarstellung und der
Art des Auftritts der Kandidaten im Fernsehen nach Publikumsreaktionen

Kandidaten-darstellung	inszenierte Auftritte		nicht inszenierte Auftritte	
	Publikums-reaktion positiv (n=151) %	keine Publikums-reaktion (n=72) %	Publikums-reaktion positiv (n=92) %	keine Publikums-reaktion (n=148) %
positiv*	67	59	54	50
ambivalent	19	22	20	17
negativ*	10	3	14	11
nicht erkennbar	4	16	13	22
Summe	100	100	101	100

Basis: Nachrichtenfilme vom 02.03.1998 bis zum 26.09.1998, in denen inszenierte und nicht
inszenierte Auftritte der beiden Kandidaten dargestellt wurden (n=508)

---

[6] Zumindest in den öffentlich-rechtlichen Fernsehanstalten gibt es eine Übereinkunft, daß
über Parteitage Journalisten berichten, die der jeweiligen Partei nahestehen.

Zusammenfassung und Folgerungen

Die wichtigsten Ergebnisse der Analyse kann man in elf Feststellungen zusammenfassen:

1. Bei öffentlichen Auftritten von Kohl berichteten die Fernsehsender häufiger über die Reaktionen des Publikums als bei öffentlichen Auftritten von Schröder.
2. Die Fernsehsender stellten die Reaktionen des Publikums beider Politiker meistens im Bild dar. Sprachliche Hinweise waren seltener.
3. Die weitaus meisten Fernsehbeiträge berichteten über positive Reaktionen des Publikums beider Politiker.
4. Wurden positive Publikumsreaktionen im Bild gezeigt, erwähnten die Berichterstatter in etwa jedem dritten Fall die Zustimmung zum Kandidaten.
5. Wurden negative Publikumsreaktionen im Bild gezeigt, wiesen die Berichterstatter fast immer auf die Ablehnung der Kandidaten hin.
6. Die Kandidaten waren etwas häufiger in Beiträgen über nicht inszenierte Auftritte als in Beiträgen über inszenierte Auftritte zu sehen.
7. Beiträge über inszenierte Auftritte enthielten deutlich positivere Publikumsreaktionen als Beiträge über nicht inszenierte Auftritte.
8. Das Erscheinungsbild von Kohl und Schröder in Beiträgen über inszenierte Auftritte war positiver als in Beiträgen über nicht inszenierte Auftritte. Dies galt unabhängig von den gezeigten Publikumsreaktionen.
9. Das Erscheinungsbild von Kohl und Schröder in Beiträgen mit positiven Publikumsreaktionen war positiver als in Beiträgen ohne Publikumsreaktionen. Dies galt unabhängig von der Art des Auftritts.
10. Die Gesamttendenz der Darstellung von Kohl und Schröder in Beiträgen über inszenierte Auftritte war deutlich positiver als in Beiträgen über nicht inszenierte Auftritte. Dies galt unabhängig von den gezeigten Publikumsreaktionen.
11. Die Gesamttendenz der Kandidatendarstellung hing nicht von den gezeigten Publikumsreaktionen ab.

Wahlkämpfer, die bei inszenierten Auftritten vor eigenem Publikum auftreten, profitieren dadurch mehrfach. Zum einen profitieren sie vor Ort, bei ihrem Auftritt. Die meist positiven Reaktionen der eigenen Anhänger, die zudem die besten Plätze innehaben, geben dem Redner Sicherheit. Dies verbessert seinen Auftritt, was sich wieder in positiven Reaktionen des Publikums niederschlägt. Zum anderen profitieren sie auf mehrfache Weise von der Berichterstattung über ihren Auftritt. Die Aufnahmen der meist positiven Reaktionen des Publikums werden häufig von entsprechenden Hinweisen der Berichterstatter begleitet, die die positiven Eindrücke verstärken. Die bildliche und sprachliche Darstellung von positiven Publikumsreaktionen schlägt sich in der Wahrnehmung der Redner durch die Fernsehzuschauer nieder, weil sie das Erscheinungsbild verbessern – jenen Eindruck, den sie als Personen bei den Zuschauern hinterlassen. Darüber hinaus ist auch noch die Gesamttendenz der Beiträge über inszenierte Auftritte besser als die Gesamttendenz der Beiträge über andere Auftritte. Der Redner wirkt nicht nur besser, er wird – durch Äußerungen der Berichterstatter oder Stellungnahmen anderer Personen, durch die Art des Einbaus seiner Rede in einen längeren Bericht oder andere journalistische Mittel – auch noch besser dargestellt. Erfolgreich inszenierte Auftritte versprechen deshalb im Fernsehzeitalter einen bemerkenswerten Zusatznutzen, der über die Bedeutung des Auftritts selbst weit hinausgeht.

Literatur

Baggaley, J., Ferguson, M., & Brooks, P. (1980). *Psychology of the TV image.* Farnborough: Gower.

Donsbach, W. (1991). *Medienwirkung trotz Selektion.* Köln: Böhlau.

Donsbach, W., Brosius, H.-B. , & Mattenklott, A. (1993). Die zweite Realität. Ein Feldexperiment zur Wahrnehmung einer Wahlkampfveranstaltung durch Teilnehmer und Fernsehzuschauer. In C. Holtz-Bacha & L. L. Kaid (Hrsg.), *Die Massenmedien im Wahlkampf. Untersuchungen aus dem Wahljahr 1990* (S. 104-143). Opladen: Westdeutscher Verlag.

Kepplinger, H. M. (1982). Visual biases in television campaign coverage. *Communication Research, 9,* 432-446.

Kepplinger, H. M. (1990). Positive Effekte durch negative Informationen? *Vierteljahreshefte für Media- und Werbewirkung,* (4), 28-33.

Kepplinger, H. M. mit Maurer, M., & Roessing, T. (1999). Die Kontrahenten in der Fernsehberichterstattung. Analyse einer Legende. In: E. Noelle-Neumann, H. M. Kepplinger & W. Donsbach (Hrsg.), *Kampa.* Freiburg i. Br.: Alber.

Landy, D. (1972). The effects of an overhead audience's reaction and attractiveness on opinion change. *Journal of Experimental Social Psychology, 8,* 276-288.

Leinemann, J. (1998, 20. April). Hollywood an der Pleiße. In einer pompösen Show feierten die Sozialdemokraten die Kür ihres Kanzlerkandidaten. *Der Spiegel, S. 26-28.*

"Die Inhalte bestimmen wir selber". Dr. Heribert Prantl, Innenpolitikchef der Süddeutschen Zeitung zu 'Spindoctors'. (1998, 15. Juli). *Medien Tenor*, 74, 25.

Redemann, J. (1998, Juli/August). Wahlkampf: Last und Lust. Wie Bonner Zeitungskorrespondenten hinter den Inszenierungen der Parteien Inhalte suchen. *Die Zeitung*, S. 23.

Wittke, T. (1998, 20. April). Die SPD feiert ihren politischen Sonnenaufgang. *Bonner General-Anzeiger*.

"Mit Zuckerbrot und Peitsche"

Wie deutsche und britische Journalisten auf das News Management politischer Spin Doctors reagieren

Frank Esser
Carsten Reinemann

1. Die Professionalisierung der Wahlkampfkommunikation

Die Wahlkampfführung in den westlichen Demokratien hat sich in den vergangenen beiden Jahrzehnten massiv verändert. Diese Entwicklung ist als Modernisierung, Amerikanisierung oder auch als Trend von arbeitsintensiven zu kapitalintensiven Kampagnen beschrieben worden (Pfetsch & Schmitt-Beck, 1994; Farrell, 1996; Holtz-Bacha, 1996; Jarren & Bode, 1996; Mancini & Swanson, 1996; Schönbach, 1996; Schulz, 1998). Unabhängig davon, für welchen Begriff man sich entscheidet, läßt sich als wesentliches Merkmal dieses Prozesses die Professionalisierung der Wahlkampfführung und dabei insbesondere die Professionalisierung der Planung und Durchführung der Wahlkampfkommunikation nennen. Zwei Aspekte sind hierfür charakteristisch: (1) Die zentrale Planung und Steuerung der gesamten Kommunikation im Rahmen einer integrierten Kommunikationsstrategie nach dem Muster kommerzieller Werbefeldzüge und PR-Kampagnen. Dazu gehören u.a. Situationsanalysen und Maßnahmeevaluation mit den Methoden der Markt- und Meinungsforschung, des Medien-Monitorings und der Media-Planung. (2) Der zunehmende Einsatz professioneller Experten aus Public-Relations, Werbung, Meinungsforschung und Journalismus anstelle von Laien. Nur diese Experten verfügen über das notwendige Wissen, um eine solchermaßen integrierte Kommunikationsstrategie zu planen und durchzuführen. Die Notwendigkeit zur Professionalisierung der Wahlkampfkommunikation ergab sich für die Politik aus der Abschwächung der traditionellen Parteibindungen. Dies hatte zur Folge, daß der Anteil der potentiellen Wechsel- und Nichtwähler in westlichen Demokratien in den letzten Jahrzehnten deutlich gestiegen ist. Dieser Umstand wiederum erhöhte den Stellenwert des Wahlkampfs als Mobilisierungs- und Persuasionsphase so sehr, daß die Parteien und Kandidaten seine Planung und Durchführung kaum mehr Laien überlassen konnten (Schulz, 1998). In vielen Ländern Europas hat sich durch die Einführung kommerzieller Rundfunksender in den letzten zwanzig Jahren zudem die Medienlandschaft fundamental verändert. Die Diversifizierung und Erweiterung der medialen Angebote, die in Deutschland auch den Printsektor betrifft, eröffnete einerseits neue Möglichkeiten zur genauen Ansprache einzelner Zielgruppen, erforderte aber andererseits zunehmend professionelle Kenntnisse der Marktforschung und Mediaplanung (Mancini & Swanson, 1996; Schulz, 1998). Doch das mediale Umfeld der politischen Akteure hat sich im Zuge von Deregulierung und technischem Fortschritt nicht nur quantitativ, sondern auch qualitativ verändert. So sehen sie sich heute einer verschärften Konkurrenz auf dem Nachrichtenmarkt und deutlich beschleunigten Nachrichtenzyklen gegenüber. Die sich immer schneller ändernde Nachrichtenlage erfordert von den Wahlkampforganisationen eine höhere Reaktionsgeschwindigkeit. In den USA spricht man in diesem Zusammenhang bereits vom Phänomen des "real-time campaigning" (Althaus, 1998, S. 82). Auch diese Entwicklung verlangt nach dem Einsatz professioneller Wahlkämpfer.

Die gestiegenen Anforderungen an die Wahlkampfführung führten in den USA zur Etablierung des Berufsbildes der *political consultants* (Sabato, 1989; Friedenberg, 1997; Johnson-Cartee & Copeland, 1997; Althaus, 1998). Political consultants sind dort selbständige Unternehmer, die in der Regel zwar nur für eine Partei arbeiten, aber nicht Teil der Parteibürokratie sind. Ihre Auftraggeber sind häufig einzelne Kandidaten, für die sie eine individuelle Kampagne konzipieren und durchführen. Die Angebote der political consultants reichen von der Entwicklung einer Strategie über die Gestaltung und Plazierung von Wahlwerbung bis hin zu Pressearbeit, Fundraising und Debattenberatung. Es gibt eine Fachzeitschrift (*Campaigns & Elections*), einen Berufsverband (*American Association of Political Consultants*) und eine Reihe von Studiengängen (z. B. an der *Graduate School of Political Management*, Washington), in denen man das Geschäft der Kampagnen-führung lernen kann (Althaus, 1998).

In Europa steckt die Entwicklung der Kampagnenberatung zu einem eigenen Berufsstandes noch in den Kinderschuhen. Dies hat mehrere Gründe: (1) Die Stellung der Parteien ist im Vergleich zu den USA immer noch vergleichsweise stark (Schmitt-Beck & Pfetsch, 1994). (2) Die Parteien haben sich bemüht, Kampagnen-Know-How in den Parteimaschinerien selbst aufzubauen bzw. es in die Parteien hineinzuholen (Farrell, 1996). (3) Der Markt für Kampagnenberatung ist in den meisten Ländern Europas zu klein, als daß sich die Gründung von spezialisierten Firmen lohnen würde. Die Anzahl kandidatenzentrierter Wahlen ist in den Europa viel geringer als in den USA, wo vom Sheriff bis zum Präsidenten viele öffentliche Ämter durch Direktwahlen besetzt werden. Die Kandidaten für diese Ämter sind häufig nicht parteigebunden oder können nicht auf eine schlagkräftige Parteiorganisation zurückgreifen. Daher sind sie auf externe Berater angewiesen (Althaus, 1998). (4) Die Möglichkeiten der TV-Wahlwerbung sind in vielen Ländern Europas im Gegensatz zu den USA stark eingeschränkt.

Dies bedeutet, daß die Möglichkeit, durch Wahlwerbespots kurzfristig große Teile der Bevölkerung ansprechen zu können, in Großbritannien und Deutschland viel beschränkter ist (Holtz-Bacha & Kaid, 1995; Schönbach, 1996; Harrison, 1997). Damit entfällt hier quasi ein wichtiger Tätigkeitsbereich der amerikanischen Kampagnenstrategen.

Diese schwierigeren strukturellen Voraussetzungen für die Etablierung eines eigenen Berufsbildes der Wahlkampfberater außerhalb der Parteiorganisationen bedeuten jedoch nicht, daß es in Westeuropa keine Professionalisierung des Personals oder der Kampagnenführung gibt (Farrell, 1996; Jarren & Bode, 1996). Allerdings handelt es sich bei den auftretenden Experten vorwiegend um Akteure, die entweder Teil der Partei sind oder sich nicht ausschließlich mit Wahlkampagnen beschäftigen (Plasser, Scheucher & Senft, im Druck). Aufgrund der größeren Beschränkungen für die politische TV-Wahlwerbung konzentriert sich die Aufmerksamkeit der europäischen Kampagnenmitarbeiter besonders stark auf die Beeinflussung der redaktionellen Medienberichterstattung – zumal die redaktionelle Berichterstattung eine größere Glaubwürdigkeit besitzt als die Wahlwerbung. Deshalb erhoffen sich die Wahlkampfstrategen von "ihren" Themen oder "guten" Bildern, die sie in die Nachrichtenmedien lancieren können, eine größere Wirkung als von der werblichen Kommunikation (Schmitt-Beck & Pfetsch, 1994). Dies bedeutet paradoxerweise, daß professionelle Spin Doctors in Europa notwendiger wären als in den USA.

2. Spin Doctoring – eine neue Qualität politischer Public Relations?

Zentrales Ziel politischer Public Relations ist die direkte oder indirekte Beeinflussung der Realitätskonstruktion der Massenmedien. Politische Akteure versuchen durch PR sicherzustellen, daß sich "das Machtpotential der Massenmedien nicht zu ihren Ungunsten entfaltet" (Schmitt-Beck & Pfetsch, 1994, S. 113; Bentele, 1998, S. 131). Zu den dabei verwendeten Methoden zählen Themen-, Image- und Ereignismanagement, die Etablierung von Kontaktchancen bei Pressekonferenzen, Pressegesprächen etc. sowie die Maßnahmenevaluation mittels Umfragen und Medienbeobachtung (vgl. dazu Pfetsch & Schmitt-Beck, 1994; Pfetsch, 1995; Holtz-Bacha, 1996; Johnson-Cartee & Copeland, 1997, S. 31-37). Eine besondere Bedeutung wird dabei der Inszenierung von Pseudoereignissen zugeschrieben. Sie gilt im Vergleich zu Versuchen direkter Einflußnahme auf Journalisten als das subtilere und damit erfolgversprechendere Mittel zur Beeinflussung der Berichterstattung (Schmitt-Beck & Pfetsch, 1994, S. 238-239; Schönbach, 1996, S. 94).

In der Wahlkampfberichterstattung 1998 setzten sich deutsche Journalisten nun erstmals mit "Spin Doctors" auseinander. Sie wurden als ein neu-

es, aus Amerika und England importiertes Phänomen moderner Wahlkämpfe dargestellt (Esser & Reinemann, 1999a). Der Begriff "Spin Doctor"
stammt aus den USA und wurde dort von Journalisten geprägt, um bestimmte PR-Aktivitäten im Rahmen von Wahlkämpfen zu beschreiben.
"Spin" bedeutet dabei so viel wie Drall oder Dreh, der einem Sachverhalt
oder Ereignis verliehen wird, und der Ausdruck "doctor" steht hier für
jemanden, der auf fragwürdige Weise an etwas "herumdoktert", etwas
"fabriziert", "zurechtbiegt" oder etwa eine Bilanz "frisiert".[1] Der Begriff
"Spin Doctor" tauchte gedruckt erstmals am 21. Oktober 1984 in einem Leit-
artikel der *New York Times* auf, der sich mit einer Fernsehdebatte der damaligen Präsidentschaftskandidaten Ronald Reagan und Walter Mondale
beschäftigte: "Tonight at about 9:30, seconds after the Reagan-Mondale
debate ends, a bazaar will suddenly materialize in the press room. [...] A
dozen men in good suits and women in silk dresses will circulate smoothly
among reporters, spouting confident opinions. They won't be just press
agents trying to import a favorable spin to a routine release. They'll be the
Spin Doctors, senior advisers to the candidates." Vier Tage später beschrieb
die *Washington Post* Spin Doctors als "the advisers who talk to reporters
and try to put their own spin, their analysis, on the story." (zit. n. Safire,
1993, S. 740-741). Nach dieser Definition handelt es sich bei Spin Doctors
um Berater des Kandidaten, deren Aufgabe es ist, den anwesenden Journalisten eine einheitliche und für ihren Kandidaten positive Interpretation
des Geschehens zu vermitteln. Dadurch soll der anschließenden Berichterstattung der richtige *spin*, der richtige Dreh gegeben werden. Die für die
Presse reservierte Konferenzzone hinter der Debattenbühne wird dabei als
"Spin Alley" bezeichnet, wo die Spin Doctors beider Kandidaten bereitste-
hen und unterschiedliche Interpretationen desselben Geschehens anbieten.
Der Erfolg der Spin Doctors kann sich auf zwei Arten zeigen. Entweder
werden ihre Einschätzungen von den Journalisten wörtlich mit Quellenangabe zitiert – was in der amerikanischen Berichterstattung häufig vor-
kommt – oder aber die Journalisten lassen sich von den Einschätzungen
der Spin Doctors überzeugen und berichten ohne Quellenangabe in deren
Sinne. Dies kann sich in expliziten Wertungen oder der Wahl eines bestimmten Blickwinkels niederschlagen.

---

[1] Das *Chambers 21st Century Dictionary* definiert spin doctor als "someone, especially in politics, who tries to influence public opinion by putting a favourable bias on information presented to the public or to the media". Das *Webster New World Dictionary of Media and Commu-
nications* gibt eine neutrale und eine zynische Definition von spin: (1) "a new angle or fresh
approach, as in to put a spin on a story or project"; (2) "language used to slant, twist, or manipulate a position, concept or event or an interpretation or modification designed to alter
the public's perception of it".

Aufgrund der Herkunftsgeschichte des Begriffs kann man die Minuten im Anschluß an TV-Kandidatendebatten als die klassische Spin Doctor-Situation bezeichnen (Esser, Reinemann & Fan, 2000).

Noch in der Berichterstattung über den Wahlkampf 1996 war die Verwendung des Begriffes in den US-Zeitungen weitgehend auf diese klassische Konstellation beschränkt. Mit der Verwendung des Begriffes wollten die amerikanischen Journalisten häufig andeuten, daß ihnen die Spin Doctors keine "hard facts", sondern allzu durchsichtig geschönte Interpretationen eines Sachverhaltes anboten. Teilweise wurde der Begriff gar mit "Lügen" gleichgesetzt. Der Ausdruck hat im amerikanischen Gebrauch also einen negativen Beigeschmack, der auch das Fehlen politischer Substanz impliziert. Allerdings tauchte der Begriff 1996 längst nicht in allen Wahlkampf- und Debattenberichten auf. Der Ausdruck fand sich vor allem in Hintergrundberichten und weniger in der ereignisorientierten Routineberichterstattung. Im Laufe der Zeit wandelte sich die Begriffsverwendung und wurde auch für Tätigkeiten außerhalb der klassischen Spin Doctor-Situation verwendet (Esser, Reinemann & Fan, 2000).

Nach Europa kam der Begriff Spin Doctors Ende der achtziger Jahre durch eine gleichnamige Pop-Gruppe und ihren Hit "Two princes". In die englische Politikberichterstattung wurde der Begriff durch einen Artikel in der Tageszeitung *Guardian* vom Januar 1988 eingeführt (White, 1996). In Großbritannien erlebte die Bezeichnung im Zuge der Parlamentswahlen 1997 dann einen wahren Boom, und auch hier hatte der Begriff meist einen negativen Beigeschmack. Außerdem wurde er inhaltlich sehr viel umfassender gebraucht als noch 1996 in der Berichterstattung der US-Zeitungen. In der weiter gefaßten britischen Verwendung wurde er zum Synonym für "Politikberater", "PR Profi" oder "Kampagnenmitarbeiter". Dabei spielte auch der besondere Einfluß der Spin Doctors auf den Kandidaten eine wichtige Rolle. Ausgehend von diesen unterschiedlichen Begriffsverwendungen kann man auch davon sprechen, daß der Ausdruck in einem engeren und in einem weiteren Sinn verwendet wird (Esser, Reinemann & Fan, 2000).

Als Spin Doctor *im engeren Sinn* kann man Kampagnenmitarbeiter definieren, *die im direkten Kontakt mit Journalisten versuchen, die Wahlkampfberichterstattung durch die Journalisten der Nachrichtenmedien zu beeinflussen.* Ihre Aufgabe ist also ein Teil des "news managements" im Rahmen der Medienkampagne. Sie sind dabei die direkten "Gegenspieler" der Journalisten. Als Spin Doctors *im weiteren Sinn* – und dies entspricht der Verwendung in der britischen Wahlkampfberichterstattung 1997 – kann man *sämtliche Mitarbeiter einer modernen, professionell geführten und zentral gesteuerten Wahlkampagne* definieren. Dies schließt sowohl die für die Kommunikation zuständigen Mitarbeiter als auch die übrigen Mitarbeiter der Kampagne ein. Zum Aufgabenprofil der Spin Doctors im weiteren Sinne gehört neben dem Spin Doctoring im engeren Sinne alles, was eine moderne Wahlkampagne ausmacht: Die Herstellung der logistischen und organistorischen Voraussetzungen der Kampagne (z. B. Kampagnenzentrale, Anlage von Datenbanken), die Planung der Wahlkampfstrategie (z. B. Themen und Wahlkampfereignisse), Meinungsforschung, Planung und Durchführung der Werbekampagne und des direkten Wählerkontaktes, Rede-, Debatten- und Auftrittsberatung für die Kandidaten, Motivation, Koordination, Ausbildung der eigenen Parteimitglieder, Gegnerbeobachtung etc. Nur bei dieser weiten Begriffsverwendung macht es im übrigen Sinn, unter Verweis auf die Political consultants in den USA Spin Doctors mit *externen* Beratern gleichzusetzen (vgl. Radunski, 1996).

In der deutschen Berichterstattung tauchte der Begriff "Spin Doctors" erstmals im Wahlkampf 1998 auf, ohne daß allerdings eine intensive analytische Auseinandersetzung erfolgte. Häufig wurde auf England oder Amerika als Ursprungsland verwiesen und die Wortbedeutung mit "Strippenzieher", "Drahtzieher", "Einflüsterer", "Wahlkampffuchs", "PR-Vorturner" oder "Manipulator" umschrieben. Das Aufkommen des neuen Begriffs in den drei Ländern ist vermutlich ein Indiz dafür, daß der redaktionelle Wahlkampf der Parteien eine neue Qualität erreicht hat. Was diese neue Qualität ausmacht, läßt sich am ehesten an den Aktivitäten der amerikanischen und britischen Spin Doctors ablesen. Sie entwickelten neue und perfektionierten alte Methoden politischer PR mit dem Ziel, maximale Kontrolle über die Berichterstattung der Medien zu erlangen. Zu den vier wichtigsten Merkmalen, die das Spin Doctoring im engeren Sinn von traditioneller Polit-PR unterscheiden, zählen:

(1) *Rapid Rebuttal.* "Speed kills" hing als Motto in der Gefechtszentrale ("war room") der Clinton-Kampagne. Damit ist gemeint, daß auf jede öffentliche Äußerung des Gegners sofort reagiert wird, um die eigene Sicht der Dinge oder Korrekturen von falschen Informationen möglichst noch in den laufenden Nachrichtenzyklus einzuschleusen (Michie, 1998, S. 300). Laut Richards (1998, S. 118) konnten die britischen Konservativen noch nicht einmal niesen, ohne daß die oppositionelle Labour Party mit einem "rebuttal" reagierte. Ziel dieser Vorgehensweise ist es, keine Äußerungen des Gegners unkommentiert zu lassen. Eine Voraussetzung dafür ist (2) die *Perfektionierung der Medienbeobachtung.* Nur wenn man die gesamte Nachrichtenlage beobachtet und nötigenfalls bereits auf Agenturmeldungen reagiert, kann man das Rapid Rebuttal sicherstellen (Jones, 1997, S. 18). Dazu gehört auch der Versuch, bereits im *Vorfeld* Informationen über möglicherweise schädliche Berichte zu bekommen, um entsprechend gegenzusteuern (Jones, 1996, S. 153). Außerdem dient die Medienbeobachtung der Evaluation der eigenen Aktivitäten. Eine weitere Voraussetzung ist (3) die *professionelle Sammlung von Informationen* über Medienpublika und Journalisten sowie die Anlage entsprechender Datenbanken. Dazu zählen sowohl

Angaben über Zielgruppen und Reichweiten, die Stellung der Medien innerhalb des Mediensystems, interne Strukturen der Redaktionen sowie über Einstellungen und Vorlieben von Journalisten (Jones, 1996, S. 125). Erst mit diesem Wissen lassen sich instrumentelle Informationen gezielt lancieren und das Rapid Rebuttal zielgenau und effektiv einsetzen. Diese Entwicklung zeigt weiterhin an, daß Spin Doctors zunehmend den Respekt vor der Unabhängigkeit und Unantastbarkeit der Journalisten verlieren: Sie bedienen sich (4) der *Beschwerden und Drohungen:* "Part of the political Spin Doctors' job is to be on the phone for much of the day complaining – about perceived bias, lack of time given to an item, too much time given to an opponent, lack of prominence given to a story, an interview being dropped, or incorrect slanted facts" (Richards, 1998, S. 120). Zwar sind Beschwerden über die Wahlkampfberichterstattung auch in Deutschland im Prinzip nichts neues (Jarren & Bode, 1996; Schönbach, 1996). Entscheidend ist jedoch nicht die Tatsache, daß sich die Spin Doctors beschwerten, sondern worüber und mit welcher Konsequenz, Aggressivität und Geschwindigkeit. Labour's Spin Doctors beschwerten sich sogar über die Reihenfolge der Meldungen in den abendlichen Fernsehnachrichten (vgl. Jones, 1996, S. 167, 241). Der deutsche PR-Experte Klaus Kocks dazu: "In den USA wie in Großbritannien gab es die Aufforderung an die Campaigner, ihre Position mit der Presse stets und immer zu argumentieren; dies schloß bewußt ein, daß jeder Bericht, der nicht dem entsprach, was man sich von ihm erwartete, mit dem betreffenden Redakteur sofort erörtert werden sollte. Auch wenn dies unter vier Augen geschehen kann, ist deutlich, wie stark damit das Tabu der Unberührbarkeit der Presse, also der stets zu vermeidenden Medienschelte, verletzt wird" (Kocks, 1998). Dies schloß auch implizite und explizite Drohungen darüber ein, Journalisten von Informationen oder dem Zugang zum Kandidaten abzuschneiden (Jones, 1996, S. 19-20; Michie 1998, S. 312-313).

3. Das Verhältnis von Spin Doctors und Journalisten

Das Verhältnis von Politik und Medien läßt sich auf drei Ebenen untersuchen. Auf der abstrakt-gesellschaftlichen *Makroebene* wird das Konkurrenz- bzw. Dependenzverhältnis zwischen politischem und publizistischem System diskutiert, ihre unterschiedlichen Funktionen und Operationsweisen kontrastiert und die Schnittstelle der PR problematisiert. Auf der institutionellen *Mesoebene* werden die strukturellen, routinisierten Kommunikationsbeziehungen zwischen den formal-organisatorischen Einrichtungen (Parteien, PR-Abteilungen, Redaktionen) analysiert. Die vorliegende Studie konzentriert sich auf die *Mikroebene* und stellt das Handeln einzelner Akteure – Journalisten und Berater – in den Mittelpunkt. Hierbei handelt es sich um eine sehr spannungsgeladene Beziehung gegenseitiger Einfluß- und Abhängigkeitsstrukturen. Es können zwei Gruppen von Wahlkampfberatern unterschieden werden: Erstens extern herangeholte Spin Doctors, zweitens Politiker, die als Spin Doctors agieren. Externe Spin Doctors sind PR- und Kommunikationsexperten, die für die Dauer ihrer Anstellung im Wahlkampf zwar der spezifischen Eigenlogik des Politikbetriebes verpflichtet sind, selbst aber kein Interesse am politischen Machterwerb haben (Beispiel: Hans-Hermann Tiedje, Detmar Karpinski). Ihr Wert für die Politiker besteht darin, daß sie die Logik des Mediensystems kennen und dessen Handlungsweisen antipizieren, simulieren und stimulieren können. Sie sind ausschließlich im Rahmen der Medienkampagne tätig. Spin Doctors mit einem politischen Hintergrund (also kampagnenerfahrene Profipolitiker) identifizieren sich hingegen voll mit dem politischen Ziel des Machterwerbs bzw. -erhalts, also der Eigenlogik des Politikbetriebes. Sie sind häufig weniger medienorientiert (Spin Doctoring im engeren Sinne) und mehr politikstrategisch (Spin Doctoring im weiteren Sinne) tätig (Beispiel: Peter Radunski, Franz Müntefering).

Gerade politische Journalisten gelten als sehr PR-skeptisch, müssen jedoch erkennen, daß sie ohne die Unterstützung der Kampagnenberater keinen Zugang zu internen, exklusiven Informationen erhalten (Altmeppen & Löffelholz, 1998, S. 113-114). PR-Experten müssen trotz ihres Bestrebens nach möglichst großer Kontrolle der Berichterstattung ein Interesse daran haben, daß die journalistische Berichterstattung in den Augen des Publikums weiterhin als glaubwürdig, unabhängig und verläßlich gilt, weil der Journalismus sonst auch den Wert für die Öffentlichkeitsarbeit verliert. Eine große Gefahr liegt in der "Übersteuerung", die zur Folge hat, daß von Journalisten die übertriebenen Lenkungsbestrebungen der Spin Doctors selbst kritisch thematisiert werden (Ruß-Mohl, 1994, S. 321). Andererseits wissen erfahrene Spin Doctors, die Motivations- und Gratifikationsmechanismen im Journalismus genau zu bedienen (vgl. Sitrick, 1998, Kap. 3):

Journalisten wollen erstens früher, exklusiver und ausführlicher von Ereignissen berichten als die Konkurrenz, weil dies ihnen Anerkennung von Kollegen, Ressortleitern und Chefredakteuren einbringt. Journalisten sehen sich zweitens gern in der Rolle des Insiders, der Zugang zu den Top-Personen hat, aber auch zu den Experten im Hintergrund, die im Gegensatz zur "offiziellen" Darstellung die "eigentliche" Version kennen. Weil Journalisten nicht naiv erscheinen wollen, gehen sie fast immer davon aus, daß die Dinge nicht so sind, wie die "offizielle" Version sie darstellt. Drittens wollen (zumindest die angesehenen) Journalisten einem beruflichen Rollenbild gerecht werden, daß von persönlicher Moralität und demokratischem Idealismus gekennzeichnet ist: Für sie ist Journalismus eine aufrichtige Tätigkeit, die übergeordneten Werten wie Wahrheit und Öffentlichkeit verpflichtet ist und eine gesellschaftspolitische Kontrollfunktion wahrnimmt. Viertens kann Eitelkeit eine wichtige Motivation für Journalisten sein. Das Aufdecken von Hintergründen und Mißständen kann aus kleinen Reportern nationale Helden machen, wie das Beispiel Bob Woodward und Carl Bernstein zeigt (vgl. Sitrick, 1998, Kap. 3). Aufgrund dieser Vorüberlegungen lassen sich vier idealtypische Berichterstattungsstrategien erwarten, in denen sich der Umgang der Journalisten mit den Beeinflussungsversuchen der Spin Doctors manifestiert.

1. Intensive Thematisierung aus Faszination und Enthüllerpose

Viele Journalisten sind selbst fasziniert von der dunklen, verdeckten Rolle der Spin Doctors, ihren Hintergrundeinschätzungen und ihrem Einfluß auf das Verhalten des Kandidaten und den Kurs der Kampagne (Jones, 1996, S. 154). Amerikanische Politikjournalisten schreiben beispielsweise gerne über Spin Doctors, weil sie bei ihren Lesern so den Eindruck erwecken können, durch sie erfahre man, was sich hinter den Kulissen der Kampagne wirklich abspielt (Althaus, 1998, S. 280-281). Dafür gab es auch in der deutschen Wahlkampfberichterstattung typische Beispiele (Buchsteiner, 1998; Krumrey et al., 1998). Dies entspricht dem Trend, im Rahmen einer "horse-race-coverage" mehr über die Innenansicht der Wahlkampagne, ihre strategische Perspektive zu berichten. Für solche "strategy stories" sind die Berater beliebtere Gesprächspartner als die Kandidaten selbst (Althaus, 1998, S. 280-281). Die Hinterbühne wird in solchen Berichten zur Vorderbühne gemacht, es entsteht eine *Metakommunikation* über den Wahlkampf.[2]

2. Intensive Thematisierung aus Skepsis und Mißbilligung

Der zweite mögliche Grund für eine intensive Thematisierung liegt in der Übersteuerung bzw. in der Neuheit des Phänomens Spin Doctoring, die als Übersteuerung wahrgenommen wird. Länder, in denen modernes Spin Doctoring erstmals eingesetzt wird, schenken den Hintergründen dieses Phänomens mehr publizistische Aufmerksamkeit als Länder, in denen es bereits länger etabliert ist (Esser & Reinemann, 1999a). Weil sich Spin Doctoring meist stärker auf das Fernsehen bezieht, finden sich reflektierend-

---

[2] Die intensive Thematisierung der Spin Doctors wird in diesem Zusammenhang jedoch – zumindest in den USA – mittlerweile kritisch diskutiert. Beim Publikum würde der Eindruck erweckt, alles sei nur Manipulation und Pose. "That's a very damaging way for public life to be portrayed", erklärt Medienberater John Franzen von der Democratic Party selbstkritisch (zit. n. Althaus, 1998, S. 282). Die Überbetonung der strategischen Perspektive zu Lasten der Themenberichterstattung, die auch eine Folge der Faszination der Journalisten für Spin Doctors ist, trägt dazu bei, daß das Publikum eine zynische Wahrnehmung von der Kampagne und dem politischen System insgesamt bekommt (vgl. Rhee, 1997; Cappella & Jamieson, 1997). Dabei fällt die Berichterstattung über die Spin Doctors selten negativ aus, da es sich die Journalisten im Wahlkampf nicht mit den Beratern verderben wollen. Warum dies so ist? "The answer is simple: consultants are a great source" (Sabato, 1989, S. 16).

kritische Berichte eher in der Presse, die den schönen Bilderschein entzaubern will, wenn sie schon nicht mit ihm konkurrieren kann. So gab Schröder-Berater Bodo Hombach in einem *Spiegel*-Interview zu (Schmidt-Klingenberg & Schumacher, 1998, S. 43): "Die Inszenierung darf sich nicht selbst inszenieren. Sie darf nicht überziehen" und nennt als Beispiel den Leipziger Parteitag, auf dem Schröder zum Kandidaten gekürt wurde: "Es war ein kleiner, aber böser Fehler, daß sich in den Informationsmappen der Journalisten der Beleuchtungsplan fand." Dies hätten die Zeitungen zu harscher Kritik am Parteitag benützt, den sie als Krönungsmesse und Medieninszenierung mit "Bildern Riefenstahlscher Qualität" kritisierten. Ein Beispiel dafür ist der Beitrag von Karl Ludwig Günsche in der *Welt am Sonntag* (Günsche, 1998, S. 3). Solche kritischen Berichte nehmen um so mehr zu, je aggressiver die Spin Doctors ihr Bestreben um Medienlenkung umsetzen. So wurden in der britischen Wahlkampfberichterstattung intensiv Kritik- und Einschüchterungsversuche der Spin Doctors thematisiert, die in dieser Schärfe wohl in Deutschland nicht vorkamen. Gerade die Labour-Verantwortlichen sind in dieser Hinsicht als "control freaks" beschrieben worden (Jones, 1997, S. 14-15, 19-20; Michie, 1998, S. 286-287).

3. Übernahme ohne Quellenangabe
Deutsche Studien zum PR-Einfluß ergaben, daß Zeitungen PR-Informationen in hohem Maße nutzen, aber die Quelle verschweigen und journalistische Nach- und Zusatzrecherchen häufig unterlassen (Ruß-Mohl, 1994, S. 316-317; Bentele, 1998, S. 142-143). Journalisten geraten in immer größere Abhängigkeit zu den Spin Doctors, weil diese im Wahlkampf exklusive Informationsquellen darstellen, Zugang zum Kandidaten haben und anderen diesen Zugang ermöglichen können. Die Spin Doctors erlangen damit auch ein Sanktionspotential gegenüber den Journalisten, das in der Verweigerung von Informationen oder Zugang besteht. Die grundsätzliche Interdependenz der Akteure kann so in bestimmten Situationen in eine Dependenz der Journalisten umschlagen. Dies trifft vor allem für die von Journalisten zunehmend nachgefragten Informationen über das Innenleben der Kampagne zu, also über interne Konflikte, überraschende Wendungen, strategische Einschätzungen sowie geplante Gegenschläge und Eigenaktionen (Jones, 1996, S. 154, 160; Jones, 1997, S. 19-20).
    Der Pressesprecher der britischen Labour Party, David Hill, war erstaunt, wie schnell sich die Journalisten im Wahlkampf darauf verließen, nach jeder Aktion der Regierungspartei von der Labour-Kampagnenzentrale kritische Gegeninformationen zu bekommen. Journalisten seien von Natur aus bequem, so Hill, und ihre Abteilung für Gegnerbeobachtung und Gegeninformation hätte den Journalisten das Leben erleichtert. Ihre Informationen galten unter Journalisten als schneller und verläßlicher als die Hausrecherchen der eigenen Redaktionsarchive (vgl. Jones, 1997, S. 22).

Identische Erfahrungen hatte bereits die Clinton-Kampagne gemacht:
Wenn Journalisten sich darauf verlassen können, daß es bei Partei A
schnelle, präzise und verläßliche Informationen über Ereignisse oder An-
kündigungen der Partei B gibt, werden sie diese Informationen zur Aus-
balancierung (angelsächsisches Pro- und Contra-Gebot) ihrer Berichte immer benutzen – und in Kauf nehmen, die Gegeninformationen mit einem
"spin" zu bekommen (Michie, 1998, S. 300). Diese Abhängigkeit führt nach
angloamerikanischen Erfahrungen dazu, daß Angaben und Interpretationen der Spin Doctors unkritisch übernommen werden, die Quelle aber
nicht offengelegt wird.

4. Thematisierung und Bewertung in Abhängigkeit vom politischen Standpunkt
Deutsche Studien zum PR-Einfluß haben weiterhin gezeigt, daß der Einfluß
von PR-Informationen in Routinephasen zwar groß ist, diese PR-Informationen in Konflikt- und Krisensituationen jedoch rasch an Glaubwürdigkeit
und Beachtung verlieren. Noch schwieriger wird es für eine PR-Kampagne,
wenn Journalisten "eher negative Einstellungen gegenüber dem Veranstalter besitzen" (Barth & Donsbach, 1992, S. 163). In diesem Sinne wäre beispielsweise zu erwarten, daß Journalisten der *taz* über Spin doctor-Bemühungen der CDU eher unvorteilhaft berichten. Daß andererseits politisch
wohlgesonnene Journalisten von den Wahlkampfzentralen gezielt für eigene Zwecke angesprochen werden, betont Schönbach (1996, S. 93):
"Another avenue for a German party to encourage frequent and positive
coverage on television is direct contact with the journalists who are sym-
pathetic with the party. In the two nationwide public television channels,
ARD and ZDF, the political sympathies of most journalists are widely
known, and many journalists are party members." In Bonn wie in London
wußten die Kampagnenzentralen die Parteipräferenzen vieler Presse- und
Rundfunkjournalisten gut einzuschätzen und entsprechend an deren Über-
zeugungen und Machtwechselsehnsüchte zu appellieren (Jones, 1997, S. 17-
18; Leyendecker 1998, S. 20). Dies wird sich auf die Art und Weise ausge-
wirkt haben, wie die Journalisten über die Kampagnenhintergründe der
ihnen nahestehenden und der ihnen fernstehenden Partei berichtet haben.
    Inwieweit diese vier möglichen Berichterstattungsstrategien im Um-
gang mit Spin Doctors Anwendung gefunden haben, soll mit einer vergleichenden Inhaltsanalyse der deutschen und britischen Vorwahlkampfbe-
richterstattung analysiert werden.

4. Deutschland und Großbritannien in komparativer Perspektive

Man spricht von komparativer Kommunikationsforschung, "wenn zwischen mindestens zwei geographisch definierten, räumlich getrennten Systemen Vergleiche in Hinblick auf mindestens einen medienwissenschaftlich relevanten Untersuchungsgegenstand gezogen und dabei auch Wechselbeziehungen und zusätzliche Hintergrundvariablen berücksichtigt werden" (Esser, im Druck). Neben der Klärung und Modifizierung von Konzepten und Theorien erlaubt dieser Ansatz, Aussagen über Reichweite und Priorität vorhandener Theorien zu machen, da deren Stellenwert in unterschiedlichen sozialkulturellen Kontexten geprüft werden kann. Ferner erlaubt die komparative Methode diejenigen Systembedingungen zu identifizieren, unter denen eine Theorie oder ein Konzept vor allem gültig ist. Gerade beim Thema Spin Doctoring erscheint dies der einzig sinnvolle Ansatz. Bei ländervergleichenden Analysen hat sich zudem die sogenannte "Differenzmethode" als besonders fruchtbar erwiesen (Esser, im Druck). Hierbei geht es darum, zwischen grundsätzlich ähnlichen Systemen charakteristische Unterschiede zu ermitteln, aus denen sich dann besonders aufschlußreiche Rückschlüsse über den Untersuchungsgegenstand ableiten lassen. Als Vergleichsland zu Deutschland bietet sich Großbritannien an, weil sich die Rahmenbedingungen für die Wahlkampfführung und die politischen Ausgangsbedingungen der letzten beiden Wahlkämpfe ähneln.

Hinsichtlich der *Rahmenbedingungen für die Wahlkampfführung* sind bei einem internationalen Vergleich vor allem die folgenden Aspekte relevant (vgl. Farrell, 1996): Charakteristika des politischen Systems (Präsidentialismus vs. Parlamentarismus), des Wahlsystems (Parteien- vs. Kandidatenorientierung), des Parteiensystems (Zwei-Parteien- oder Mehrparteiensystem) und des Mediensystems (öffentlich-rechtlich vs. privat, Bedeutung von "paid" vs. "free media"). Im Gegensatz zum präsidentiellen System der USA sind Großbritannien und Deutschland beide durch ein parlamentarisches System gekennzeichnet, in dem die Parteien große Bedeutung im Wahlkampf haben. Allerdings besitzt der britische Regierungschef im sogenannten "Westminster-Modell" deutlich größere Vollmachten als der deutsche Kanzler (Sturm, 1998; Fröhlich, 1997). Zum einen hat er größere organisatorische und personelle Autonomie, zum anderen begünstigt das britische Mehrheitswahlrecht Alleinregierungen und macht energieverschleißende Koalitionskompromisse unnötig. Weil kleine Parteien im britischen Mehrheitswahlrecht extrem benachteiligt werden, zählt man Großbritannien eher zu den Zweiparteiensystemen, Deutschland aufgrund seines repräsentativen Verhältniswahlrechts dagegen zu dem Mehrparteiensystemen (Rohe, 1998). Beim Mediensystem überwiegen wiederum die Ähnlichkeiten. Die Rundfunklandschaften beider Länder sind von einem dualen System aus öffentlich-rechtlichen und privaten Sendern gekennzeichnet. ARD, ZDF und BBC haben dasselbe journalistische Grundverständnis, das durch Werte wie Ausgewogenheit, Unabhängigkeit und Gemeinwohlorientierung gekennzeichnet ist. Der Einsatz von TV-Wahlwerbespots ("paid media") unterliegt ähnlich scharfen Beschränkungen (Holtz-Bacha & Kaid, 1995, S. 14-17). Auch sind beide Länder durch einen starken Pressemarkt mit einflußreichen, meinungsführenden Blättern gekennzeichnet, von denen sich die meisten einer politischen Richtung zuordnen lassen – in Großbritannien noch deutlicher als in Deutschland (Esser, 1998, Kap. 4). Direkte Einflüsse von Medienkampagnen auf die Stimmabgabe ließen sich in Deutschland bislang nicht nachweisen, sehr wohl aber Einflüsse auf Meinungen, Einstellungen, Wissen und Kandidatenimages der Rezipienten (Gleich, 1998). Aus Großbritannien liegen bislang widersprüchliche empirische Befunde zum Einfluß der Presse auf den Wahlausgang vor. Angesichts der mitunter aggressiven Parteilichkeit einiger großer Boulevardblätter sind verschiedene Forscher jedoch von einer solchen Wirkung überzeugt (Esser, 1998, Kap. 4).

Hinsichtlich der *politischen Ausgangssituationen* bei der letzten britischen (1. 5. 1997) und deutschen Parlamentswahl (27. 9. 1998) sind ebenfalls deutliche Ähnlichkeiten festzustellen: In beiden Ländern war lange eine konservative Partei an der Regierung, in Großbritannien seit 1979, in Deutschland seit 1982. In beiden Ländern war der amtierende Regierungschef innerhalb seiner eigenen Partei umstritten – Major wegen seiner mangelnden Durchsetzungsfähigkeit und seines Europakurses, Kohl wegen seines innovationshemmenden Führungsstils und der zunehmenden Resistenz gegen Ratschläge von außen. In beiden Ländern führten in den achtziger Jahren die konservativen Parteien den moderneren und erfolgreicheren Wahlkampf: für die britische Conservative Party der Stratege Tim Bell und die Werbeagentur Saatchi & Saatchi, für die CDU der Stratege Peter Radunski und die Werbeagentur Coordt von Mannstein. Diesmal war es jedoch umgekehrt: Während Major 1997 und Kohl 1998 als Einzelkämpfer mit bewußt traditionellen Mitteln in die Wahlschlacht zogen, standen hinter Blair und Schröder professionelle Wahlkampf-Teams, die eine neue Corporate Identity für ihre Parteien schufen. In beiden Ländern gelang es den sozialdemokratischen Oppositionsparteien, den Wahlkampf als Alt-gegen-Neu-Konstellation erscheinen zu lassen.

Weder John Major noch Helmut Kohl fanden ein Mittel gegen ihre jüngeren Herausforderer, die ihnen zunächst die Themen geklaut und sie dann freundlich-frischer präsentiert hatten. Blair und Schröder sind mit demselben Versprechen angetreten: Ein Wechsel, der nicht wehtut. Während Blair allerdings Parteivorsitzender und Kandidat in Personalunion war, uneingeschränkte Autorität genoß und die Kampagnenführung schon zwei Jahre vor dem Wahltag in die Hände seiner persönlich engsten Vertrauten legte, war Schröder innerparteilich umstritten, nur Teil einer Doppelspitze und in die Kampagnenvorbereitungen nicht involviert. In beiden Ländern versuchten die konservativen Amtsinhaber vergeblich, ihre Gegner als Medienereignisse und ihre Programminhalte als leer und beliebig darzustellen. Major und Kohl versuchten, sich von modernen, "amerikanischen" Methoden öffentlich zu distanzieren. Beide hatten allerdings das Problem, von vormals loyalen, konservativen Medien nicht mehr im gewohnten Maße unterstützt zu werden. So fiel Kohl die Zurückhaltung von *Bild*, *FAZ* und *SAT.1* auf, Major mußte sogar mitansehen, wie die sonst völlig verläßliche *Sun* die Seite wechselte und offen Blair unterstützte. In beiden Ländern griffen die Wahlkampfstrategen der konservativen Regierungsparteien zu umstrittenen *negative campaigning*-Maßnahmen: So plakatierte die *Conservative Party* einen diabolisch grinsenden Blair mit roten Teufelsaugen und der Bildunterschrift: "New Labour, new danger"; die CDU plakatierte in Fortsetzung der Rote-Socken-Kampagne einen "roten Händedruck", der vor einem Pakt der Sozialdemokraten mit der PDS warnen sollte. Beide Plakate erzielten nicht den erwünschten Erfolg.

Dagegen kopierte das Schröder-Team viele Elemente der Blair-Kampagne: Die scheckkartengroße "pledge card" mit Wahlversprechen ("Bewahren Sie diese Karte auf und Sie werden sehen, daß wir halten, was wir versprechen"); das 100-Tage-Programm der SPD trug einen ähnlichen Titel wie das von Blair ("Labour's policies for a new Britain" – "Aufbruch für ein modernes und gerechtes Deutschland"); viele Überschriften der Langfassung des Programms wurden zum Teil wortwörtlich übernommen ("Be tough on crime and the causes of crime" – "Entschlossen gegen Kriminalität und ihre Ursachen"; "Vital for Britain's economy" – "Rückgrat der deutschen Wirtschaft"; "Lifelong learning" – "Bildung begleitet das Leben"). Blair versprach eine Beschäftigungsinitiative für 250.000 jugendliche Arbeitslose, Schröder ein Sofortprogramm für 100.000 junge Arbeitssuchende. Daß dies kein Zufall war, sondern Ergebnis einer gezielten Orientierung an erfolgreichen Vorbildern, hat Schröder-Berater Hombach freimütig bekannt (Hombach, 1998a, S. 106-114; Hombach, 1998b, S. 21). Bereits im September 1997, also mehr als ein halbes Jahr vor der Niedersachen-Wahl, traf Hombach den Blair-Berater Mandelson in Brighton. Mandelson besuchte noch im selben Monat SPD-Wahlkampfchef Müntefering in Bonn und reiste im März 1998 erneut zu Gesprächen in die SPD-Zentrale. Während des deutschen Wahlkampfes unterstützte der Labour-Politiker Denis MacShane die SPD-Kampagne mit Informationsmaterial. Ferner hielt Blairs Mitarbeiter Geoff Mulgan bei der SPD vertrauliche Seminare ab, auf denen er Blairs Politikkurs des "Third Way" erläuterte (Sherman, 1998).

Der Sieg der britischen Labour Party am 1. Mai 1997 ist als "Erdrutschsieg", "politisches Erdbeben" und "Wasserscheide in der Politik Großbritanniens" bezeichnet worden (Norris, 1997, S. 1). Die konservative Regierung unter John Major verlor ein Viertel ihrer Wählerschaft von 1992 und die Hälfte ihrer Sitze. Ihr Stimmenanteil sank von 41,9 Prozent auf 30,7 Prozent, ihr schlechtestes Ergebnis seit 1832. Die Labour Party schoß nach 18 Jahren freudloser Opposition mit 419 (von 659) Sitzen an die Macht, ihr bestes Ergebnis seit ihrem Bestehen (vgl. Norris, 1997; Butler & Kavanagh, 1997b).[3] Auch der deutsche Wahlausgang war in mehrerlei Hinsicht bemerkenswert, wenn er auch zurückhaltender aufgenommen wurde als der britische. Die Bundestagswahl vom 27. September 1998 brachte ein Novum: Zum ersten Mal seit Bestehen der Bundesrepublik resultierte ein Regierungswechsel nicht aus einer koalitionspolitischen Neuorientierung einer Regierungspartei, sondern aus einem klarem Votum der Wähler. Erstmals war es der Opposition gelungen, eine amtierende Regierung bei Wahlen abzulösen.[4] Während Blair breite publizistische Unterstützung genoß, war dies für Schröder weniger eindeutig. In konservativen Zeitungen wie *Welt*, *FAZ* und *Focus* überwog die Kritik an Schröder in den letzten Wahlkampfwochen klar, aber auch linksliberale Blätter wie *taz*, *FR*, *SZ*, *Spiegel*, *Woche* und *Zeit* zeigten sich keinesfalls eindeutig SPD-freundlich. Ein Schrödergünstiges Klima wurde in der letzten Wahlkampfphase am ehesten von der *Bild*-Zeitung und den Fernsehnachrichten verbreitet (Rettich & Schatz, 1998; Krumrey, 1998).

Schlüsselfigur der Labour-Kampagne war Peter Mandelson, die erste Person in Großbritannien, die als politischer Spin Doctor bezeichnet wurde. Der ehemalige Fernsehjournalist wurde 1985 Kampagnen- und Kommunikationsdirektor der Labour Party und leitete 1987 erstmals ihren Parlamentswahlkampf. 1994 war er persönlicher Berater von Tony Blair, als dieser sich in einer Urabstimmung als neuer Parteivorsitzender durchsetzte. Weil Traditionalisten innerhalb der Labour Pary die imagefördernden Maßnahmen Mandelsons als demagogisch und manipulativ ansahen, mußte er heimlich als eine Art "undercover spin doctor" für Blair agieren (vgl. Jones, 1996, Kap. 6). Daraufhin übertrug Blair ihm die Verantwortung für den Parlamentswahlkampf 1997. Über die nach seinen Weisungen konzipierte und organisierte Medien- und Kampagnenzentrale sagte Mandel-

---

[3] Diese Wahl gilt auch als Meilenstein der britischen Pressegeschichte. Erstmals wurde Labour von der Mehrheit der britischen Presse unterstützt. Sechs der zehn nationalen Tageszeitungen sprachen sich für Labour aus. Damit erreichten die Labour-freundlichen nationalen Blätter 21,6 Millionen Leser im Vergleich zu 10,6 Millionen Leser der Tory-freundlichen nationalen Zeitungen. "In the political history of the press, this was an historic moment every bit as significant as the size of Labour's majority", schrieb Seymour-Ure (1997, S. 79; vgl. hierzu auch Scammell & Harrop, 1997).

[4] Infratest dimap charakterisierte den Wahlausgang als "Linksruck" und "Volksbegehren gegen Helmut Kohl". Der diffuse Wunsch nach einem Regierungswechsel und einem Ende des politischen Stillstandes sei stärker gewesen als die empfundene Unsicherheit und Furcht über die Folgen eines solchen Wechsels, bilanzierte Infratest dimap (zit. n. *Die Zeit*, 1.10.1998, S. 17-21).

son ein Jahr vor der Wahl, es handele sich um die "finest and most professional campaigning machine that Labour has ever created". In den entscheidenden Wochen bis zum Wahltag würde die Partei einen Luft- und Bodenkrieg führen, eine Schlacht um Aufmerksamkeit in Rundfunk und Presse (zit. n. Jones, 1997, S. 12). Jones erklärt an selber Stelle weiter: "Among his fellow practioners in the dubious calling of political Spin Doctors, Mandelson had no equal. His experience far outweighted that of any of his Conservative or Liberal Democrats counterparts".

Labours zweiter Spin Doctor war Alastair Campbell, früherer Politikchef des linken Boulevardblattes *Mirror*. Er war seit langem mit Blair und Mandelson befreundet und wurde 1994 Blairs Pressesprecher. Dank Campbells guter Zeitungskontakte wurde es Blair bald möglich, sich in wichtigen Kampagnenphasen mit eigenen Namensbeiträgen auch in ehemals konservativen Blättern wie *Sun* oder *News of the World* direkt an die millionenstarke Leserschaft dieser Blätter zu wenden. Um die Unterstützung der Murdoch-Zeitungen zu erhalten, suchten Blair, Mandelson und Campbell mehrfach offizielle und inoffizielle Treffen mit Verantwortlichen dieses Verlagsimperiums. Am 18. März 1997, sechs Wochen vor dem Wahltag, erklärte Großbritanniens größte Boulevardzeitung auf ihrer Titelseite: "The *Sun* backs Blair". Der Flaggenwechsel dieses Murdoch-Blattes von den Konservativen zu Labour war ein enormer PR-Erfolg für Blair, den alle übrigen Zeitungen in großer Aufmachung kommentierten (vgl. Seymour-Ure, 1997). Nach der Wahl veröffentlichte *Sun*-Chefredakteur Stuart Higgins einen handgeschriebenen Brief von Tony Blair, in dem sich der neue Premierminister bei der Zeitung "for its magnificient support" bedankte, der "really did make the difference" (zit. n. Scammell & Harrop, 1997, S. 183). Im Vergleich dazu fehlte es der Kampagne der Conservative Party an Zielgerichtetheit, Professionalität und Disziplin (vgl. Jones, 1997, Kap. 1; Michie, 1998, Kap. 14). Vor allem der Mangel an parteiinterner Geschlossenheit machte es der Kampagnenzentrale unter Führung von Kommunikationsdirektor Charles Lewington unmöglich, den Kampagnenverlauf zu kontrollieren (zu den politisch-inhaltlichen Unterschieden von Labour und Conservative im Wahlkampf siehe Sturm, 1997).

Im Vorfeld des deutschen Wahlkampfes wurde die Behauptung vertreten, modernes Spin Doctoring könne es hier prinzipiell nicht geben, weil sich die deutschen Politikstrukturen völlig von denen der USA unterschieden (vgl. Radunski, 1996). Dieser Fehleinschätzung unterliegt man dann, wenn man Spin Doctoring nur im engeren (amerikanischen) und nicht auch im weiteren (britischen) Verständnis begreift. Spin-Tätigkeiten können zudem nicht nur von externen, sondern auch von parteiinternen Experten übernommen werden (so war Peter Mandelson neben seiner Wahlkampftätigkeit normaler Labour-Parlamentsabgeordneter). Beim Bundestagswahlkampf 1998 zeigte sich aus einer langen Liste von Amerikansie-

rungsmerkmalen nur beim Spin Doctoring tatsächlich eine Weiterent-
wicklung gegenüber früheren Wahlkampftechniken in Deutschland (Müller, 1999, S. 39 f., 51 f., 57 f.). Bei der SPD gehörten die Mitarbeiter der
"Kampa", bei der CDU/CSU die "Arena"-Mitarbeiter zum Kreis der interessanten Personen. Auf SPD-Seite zählen dazu der oberste Wahlkampfleiter Franz Müntefering (Bundesgeschäftsführer und Kampa-Leitungsmit-
glied), sein ehemaliger Büroleiter und Kampa-Gesamtkoordinator Mathias
Machnig, der persönliche Schröder-Berater und frühere Wahlkampfleiter
von Johannes Rau, Bodo Hombach (Preussag-Geschäftsführer und kurz-
zeitig NRW-Wirtschaftsminister), Schröders niedersächsischer Regierungssprecher Karsten-Uwe Heye (ehemals *SZ*- und ZDF-Redakteur), Partei-
Vorstandssprecher Michael Donnermeyer, Werbeberater Detmar Karpinski
von der Hamburger Agentur KNSK/BBDO, Bernd Schoppe als Leiter der
Kampa-Kommunikationsabteilung und viele andere Kampa-Mitarbeiter.
Auf CDU-Seite zählen die beiden ehemaligen *Bild*-Chefredakteure Peter
Bartels und Hans-Hermann Tiedje dazu, die ebenso Kohls Beraterkreis
angehörten wie Radiomanager Georg Gafron, Medienkritiker Reginald
Rudorf, der oberste Wahlkampfleiter Peter Hintze mit seinem Pressespre-
cher Rolf Kiefer, Regierungssprecher Otto Hauser, Kohls Medienberater
Andreas Fritzenkötter (ehemals *Rheinische Post*), Fraktionspressesprecher
Walter Bajohr, Kanzleramtsminister Anton Pfeifer und Werbeberater
Coordt von Mannstein. Insgesamt war die Medienarbeit der Union nicht
ganz so erfolgreich wie in früheren Wahlkämpfen (Rettich & Schatz, 1998,
S. 23, 27; Müller, 1999, S. 41). Bei der FDP leitete Guido Westerwelle den
Wahlkampf, unterstützt von Bundesgeschäftsführer Hans-Jürgen Beerfeltz,
bei den Grünen Heide Rühle und bei der PDS André Brie.

5. Methode

Um die Berichterstattung über Spin Doctoring in Deutschland und Großbritannien zu vergleichen, führten wir eine Inhaltsanalyse der britischen
und deutschen Qualitätspresse durch. In die Analyse gingen sämtliche
Berichte ein, die sich mit dem aktuellen Wahlkampf beschäftigten und in
denen *Spin Doctors, communication consultants, campaign aides, media state-
gists (und Synonyme)* bzw. *Wahlkampfberater, Wahlkampfmanager, Medienberater (und Synonyme)* erwähnt wurden. Agenturmeldungen wurden allerdings grundsätzlich nicht codiert, da sie für die britischen Zeitungen nicht
zugänglich waren. Als Spin Doctors wurden dabei alle diejenigen Akteure
verschlüsselt, die mit den genannten Bezeichnungen charakterisiert oder
denen Spin Doctor-typische Tätigkeiten zugeschrieben wurden. Dies
konnten extern herangeholte Kommunikationsexperten (z. B. Hans-
Hermann Tiedje, Detmar Karpinski) oder in Wahlkämpfen erfahrene Poli-

tiker (z. B. Bodo Hombach) sein. Ausgeschlossen wurden dabei Politiker, deren Hauptaufgabe *nicht* die Wahlkampfführung oder Wahlkampfberatung war. Aufgrund der Begriffsverwendung in Großbritannien orientierten wir uns bei der Auswahl der Beiträge und der Codierung der Akteure zunächst an der inhaltlich breiteren Definition von Spin Doctoring. Die zusätzliche Verschlüsselung der Tätigkeiten ermöglichte es in einem zweiten Schritt, genau zu ermitteln, welche der möglichen Tätigkeitsfelder tatsächlich angesprochen wurden und ob es sich bei den Akteuren um Spin Doctors im engeren oder weiten Sinn handelte.

Die Untersuchung umfaßte für Großbritannien den Zeitraum vom 1. 11. 1996 bis 1.5.1997 und für Deutschland die Zeit vom 27. 4. bis 27. 9. 1998, also Vollerhebungen der letzten sechs Monate vor dem Wahltag. Aus Großbritannien wurden die vier Tages- und Sonntagszeitungen *Daily Telegraph / Sunday Telegraph, The Times/Sunday Times, Independent / Independent on Sunday* und *Guardian/Observer* analysiert. Aus Deutschland wurden die vier Tages- und Wochenblätter *Die Welt/Welt am Sonntag, Frankfurter Allgemeine Zeitung/Focus, Süddeutsche Zeitung/Spiegel, Frankfurter Rundschau/ Woche* ausgewertet. Die Untersuchungsbasis beider Länder ist damit vergleichbar, da der Stellenwert der britischen Sonntagsblätter dem der deutschen Montags- und Donnerstagsblätter entspricht. Zudem verteilen sich die analysierten Blätter sehr ähnlich im publizistischen Spektrum von "eher rechts" bis "eher links": Der *Telegraph* entspricht der *Welt, Times* und *Sunday Times* entsprechen *FAZ* und *Focus, Independent* und *Independent on Sunday* entsprechen *SZ* und *Spiegel, Guardian* und *Observer* entsprechen in ihrer Ausrichtung *FR* und *Woche* (vgl. Esser 1998, Kap. 4). Die relevanten Beiträge der britischen Presse wurden mit einem speziell entwickelten Suchprogramm aus der Volltext-Datenbank NEXIS gezogen (Fan, 1994). Die relevanten deutschen Beiträge wurden aus den Originalzeitungen herauskopiert. Nachdem sämtliche Beiträge auf ihre Zugehörigkeit zum Untersuchungsziel überprüft worden waren, wurden sie von vier geschulten Codierern mit einem von den Autoren entwickelten Codebuch analysiert.

6. Ergebnisse

6.1 Intensität der Berichterstattung

Die Berichterstattung über Spin Doctors und ihre Aktivitäten war in den sechs Monaten vor den nationalen Wahlen in Deutschland und Großbritannien sehr unterschiedlich. Die britischen Blätter veröffentlichten 444 Beiträge, in denen Spin Doctors erwähnt wurden, die deutschen dagegen nur 169 Beiträge. Die Zahl der deutschen Beiträge entsprach also nur 38 Prozent der in Großbritannien publizierten Artikel. Dafür sind drei Erklärungen möglich. (1) Spin Doctoring hat in Deutschland noch nicht den

Stellenwert, den es in Großbritannien hat. (2) Deutsche Journalisten bemühten sich weniger um eine "strategy"-Berichterstattung und beleuchteten weniger die Innenperspektive der Wahlkampfkampagne als ihre angelsächsischen Kollegen. (3) Während britische Journalisten mit der Rolle der Berater als Informationsquellen offen umgehen, verschwiegen deutsche Journalisten sie in ihren Beiträgen eher, obwohl sie deren Interpretationen einfließen ließen. Vermutlich trifft keine der drei Erklärungen alleine zu, sondern alle drei gemeinsam in jeweils verschiedenem Ausmaß. Sicher ist jedenfalls, daß Spin Doctors von den britischen Journalisten deutlich intensiver thematisiert wurden als von ihren deutschen Kollegen.

Schaubild 1: Parteizugehörigkeit der Spin Doctors

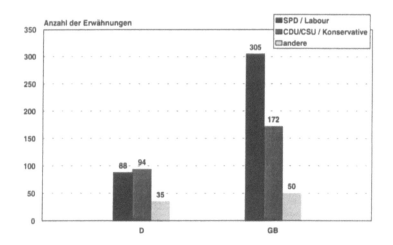

Basis: 217 Erwähnungen in deutschen, 527 Erwähnungen in britischen Zeitungen.
Vollerhebung von Daily Telegraph, Sunday Telegraph, Independent, Independent on Sunday, Guardian, Observer, The Times, Sunday Times (1.11.96 - 1.5.97) und Welt, Welt am Sonntag, Frankfurter Allgemeine Zeitung, Focus, Süddeutsche Zeitung, Spiegel, Frankfurter Rundschau, Woche (27.4. - 27.9. 98).

Betrachtet man die Parteizugehörigkeit der berichteten Spin Doctors, so ergeben sich trotz ähnlicher politischer Ausgangsbedingungen ebenfalls deutliche Differenzen. Wie Schaubild 1 illustriert, konzentrierten sich die britischen Journalisten sehr stark auf die Spin Doctors der Labour-Party. 58 Prozent der Erwähnungen entfielen auf Mandelson, Campbell und die übrigen Mitarbeiter der "Millbank"-Kampagnenzentrale. Die Spin Doctors der Konservativen kamen dagegen nur auf 33 Prozent, die der Liberalen auf 9 Prozent der Erwähnungen. Dieses Ergebnis spiegelt deutlich die für

Labour neuartige, hochprofessionelle und mitunter aggressive Wahlkampfführung wieder. Sie wurde von den britischen Journalisten rasch zu einem
Thema höchsten Interesses, über das sie auch sehr kritisch berichteten. In
den deutschen Medien findet sich ein ganz anderes Muster. Bei den Erwähnungen der Spin Doctors und Wahlkampfberater liegt nicht etwa die
SPD (41%) in Front, die die modernere und professionellere Kampagne
führte. Es ist die CDU/CSU, auf die mit 43 Prozent die meisten Erwähnungen entfallen. Die anderen Parteien kommen, wohl aufgrund ihrer größeren Bedeutung als mögliche Koalitionspartner, auf immerhin 16 Prozent
der Erwähnungen.

Für das völlig andere Muster der deutschen Berichterstattung sind drei
Erklärungen möglich. (1) Die SPD hat zwar viele Inhalte der Labour Party
aufmerksam übernommen, aber die Methoden der politischen PR nur sehr
zurückhaltend. Daher gab die SPD – trotz der höheren Professionalität –
weniger Anlaß zu intensiver Thematisierung ihrer Spin-Praktiken. (2) Obwohl die SPD viele Methoden der politischen PR von angelsächsischen
Schwesterparteien übernommen hat, haben die deutschen Medien sie seltener thematisiert als die britischen Medien, da die Journalisten hier weniger an der strategischen Innenperspektive der Kampagne interessiert sind
und die SPD stärker um Geheimhaltung bemüht war. (3) Deutsche Journalisten haben Spin Doctoring nicht dort kritisiert, wo es in neuer Qualität
vorkam, sondern dort, wo es unprofessioneller betrieben wurde. So zeigt
die weitere Analyse, daß über die Spin-Praktiken der SPD kaum kritisch
berichtet wurde (18 Negativbewertungen). Dagegen war die Kritik am
CDU-Vorgehen deutlich größer (41 Negativbewertungen), von der ein
Großteil (26) auf Wahlkampfchef Hintze und seine *negative campaigning*-
Maßnahmen (z. B. die Neuauflage der Rote Socken-Kampagne) entfiel.
Vermutlich trifft keine der drei Erklärungen alleine zu, sondern alle drei
gemeinsam in jeweils verschiedenem Ausmaß. Sicher ist jedoch, daß über
die SPD – trotz ihrer größeren Spin Doctor-Bemühungen – weniger und
unkritischer, über die CDU dagegen mehr und kritischer berichtet wurde.
Während die intensive Berichterstattung über die Spin Doctors von Labour
eine Reaktion auf die Neuartigkeit bzw. Professionalität ihrer Wahlkampfführung war, war der Grund für die besondere Aufmerksamkeit der CDU-
Spin Doctors ein Beleg für mangelnde Professionalität.

6.2 Tätigkeiten der Spin Doctors

Im nächsten Analyseschritt soll untersucht werden, welche Tätigkeiten den
Spin Doctors von den Journalisten zugeschrieben werden. Wie offen sind
die Journalisten zu ihren Lesern? Über welche Aktivitäten der Spin Doctors
wird berichtet, über welche nicht – soweit sich das mit Hilfe externer
Quellen beurteilen läßt. Dabei unterscheiden wir *Tätigkeiten von Spin Doctors im weiteren Sinn* und *Tätigkeiten von Spin Doctors im engeren Sinn*. Zu

ersteren gehören: (a) Meinungsforschung, (b) Wahlwerbung, (c) Strategieberatung, (d) Rede-, Debatten- und Imageberatung, (e) Disziplinierung des
eigenen Lagers, (f) general consulting sowie (g) Gegnerbeobachtung und
(h) andere Tätigkeiten in Bezug auf die gegnerische Kampagne. Zu den
Tätigkeiten des *Spin Doctors im engeren Sinn* gehören: (a) Media monitoring,
(b) Journalisten informieren, exklusiv briefen, (c) Verhalten und Aussagen
des eigenen Kandidaten/Partei gegenüber Journalisten erklären, (d) Inhaltliche Pläne und politische Positionen des eigenen Kandidaten/Partei
gegenüber Journalisten erklären, (e) Wahlkampfstrategie des eigenen Kan-
didaten/Partei gegenüber Journalisten erklären, (f) Desinformation, Einschüchterung, Kritik an Journalisten (g) Negative Berichterstattung durch
Kritik und Drohungen verhindern, (h) Rapid response, (i) Kritik am politischen Gegner, "negative campaigning". In jedem Beitrag konnten für jede
Partei bis zu vier berichtete Tätigkeiten verschlüsselt werden. Die Analy-
seinheit ist also nicht mehr der einzelne Beitrag, sondern die Aktivitäten
der Spin Doctors. Dabei gab es zwei Möglichkeiten, wann eine bestimmte
Tätigkeit verschlüsselt wurde. Entweder sie wurde einem Spin Doctor in
der Berichterstattung explizit zugeschrieben oder sie konnte vom Codierer
aus dem Beitrag implizit erschlossen werden.

Die höhere Anzahl der Spin Doctor-Erwähnungen in Großbritannien
spiegelt sich auch in der Zahl der berichteten Tätigkeiten. Sie lag in Großbritannien bei 874, in Deutschland bei nur 355. Entscheidend für das öffentliche Bild der Spin Doctors sind die Tätigkeiten, mit denen sie in der
Berichterstattung in Zusammenhang gebracht werden. Vergleicht man in
einem ersten Schritt das Berichterstattungsverhältnis von Spin Doctor-
Tätigkeiten im engen und weiteren Sinn, zeigt sich: In der deutschen Berichterstattung überwog das Spin Doctoring im weiteren Sinn, in Großbritannien das Spin Doctoring im engeren Sinn (*Schaubild 2*). Der Anteil des
Spin Doctoring im weiteren Sinn lag dabei in Deutschland bei 58 Prozent
(n=204), in Großbritannien bei 47 Prozent (n=414). Entsprechend erreichte
das Spin Doctoring im engeren Sinne in Deutschland einen Anteil von 43
Prozent (n=151) und in Großbritannien von 53 Prozent (n=460) aller Tätigkeiten. Die Kerntätigkeit des modernen Spin Doctoring sind in Deutschland noch nicht so weit entwickelt bzw. als Berichterstattungsthema noch
nicht erkannt. Nebenbei zeigt sich im übrigen, daß es diesbezüglich weder
in Deutschland noch in Großbritannien deutliche Differenzen zwischen
den Spin Doctors der beiden großen Parteien gab.

Schaubild 2: Aktivitäten der Spin Doctors

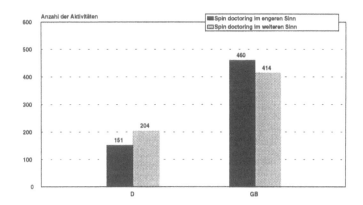

Basis: 355 Aktivitäten in Deutschland, 874 in Großbritannien.
Vollerhebung von Daily Telegraph, Sunday Telegraph, Independent, Independent on Sunday, Guardian, Observer, The Times, Sunday Times (1.11.96 - 1.5.97) und Welt, Welt am Sonntag, Frankfurter Allgemeine Zeitung, Focus, Süddeutsche Zeitung, Spiegel, Frankfurter Rundschau, Woche (27.4. - 27.9.98).

Doch welche Einzelaktivitäten verbergen sich hinter den Tätigkeitsfeldern? Dazu betrachten wir zunächst das Spin Doctoring im weiteren Sinn. Da sich auch hier keine wesentlichen Differenzen zwischen den Parteien ergaben, verzichten wir im folgenden darauf, sie getrennt auszuweisen. Wie *Schaubild 3* illustriert, treten erst bei einer genaueren Analyse die Unterschiede deutlich hervor. In Deutschland entfällt das Gros der Tätigkeiten auf Strategieberatung. Sie macht 62 Prozent der berichteten Tätigkeiten aus (n=126). Dieses Ergebnis ist darauf zurückzuführen, daß in vielen Fällen die Spin Doctors der deutschen Parteien allein als "Wahlkampfstrategen" bezeichnet wurden, aber keine präzisen Angaben über ihre Tätigkeiten gemacht wurden. In solchen Fällen wurde als Tätigkeit "Strategieberatung" codiert. 19 Prozent der Tätigkeiten entfielen auf die Konzeption oder Präsentation von Wahlwerbung (n=38) – wenn etwa vor den Bonner Parteizentralen Plakate enthüllt werden, die nur durch die eingeladenen Pressefotografen und Fernsehkameras deutschlandweit bekannt werden, ohne jemals plakatiert zu werden. Andere Tätigkeiten wie Rede- und Auftrittsberatung, Umfrageforschung etc. spielten in der Berichterstattung kaum eine Rolle. Das Tätigkeitsprofil der deutschen Spin Doctors war also nicht sonderlich differenziert. Vielmehr überwogen allgemeine Angaben, die sich häufig in bloßen Wortbezeichnungen wie "Wahlkampfstratege" erschöpften.

Schaubild 3: Spin Doctoring im weiteren Sinn

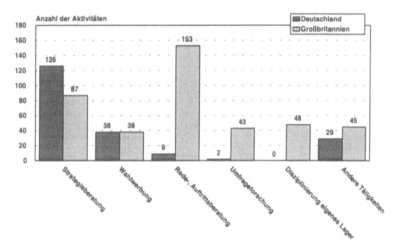

Basis: 204 Aktivitäten in Deutschland, 414 Aktivitäten in Großbritannien.
Vollerhebung von Daily Telegraph, Sunday Telegraph, Independent, Independent on Sunday,
Guardian, Observer, The Times, Sunday Times (1.11.96 - 1.5.97) und Welt, Welt am Sonntag,
Frankfurter Allgemeine Zeitung, Focus, Süddeutsche Zeitung, Spiegel, Frankfurter Rund-
schau, Woche (27.4. - 27.9.98).

In Großbritannien bot sich ein völlig anderes Bild. Häufigste Aktivität war
mit 37 Prozent die Rede-, Debatten- und Auftrittsberatung (n=153). 21 Prozent der Tätigkeiten umfaßten die Strategieberatung (n=87) und 12 Prozent
die Dizilplinierung des eigenen Lagers. Darunter sind vor allem die Bemühungen von Mandelson und Campbell zu verstehen, alle Parteifunktionäre
"on message" zu halten und innerparteiliche Kritiker ruhigzustellen. Diesem Zweck diente etwa die Maßgabe, jedes Interview mit der Wahlkampf-
zentrale "abzustimmen". 11 Prozent der erwähnten Aktivitäten entfielen
auf die Umfrageforschung (n=43), 9 Prozent auf Wahlwerbung (n=38). Die
restlichen Tätigkeiten verteilten sich auf andere Aktivitäten im Rahmen des
Wahlkampfes. Insgesamt ist die Darstellung der Spin Doctors durch die
britischen Journalisten deutlich differenzierter. Sie umfaßt die ganze Palette der Tätigkeiten, die zur Führung einer modernen Wahlkampagne
mittlerweile entwickelt sind. Überraschend ist in bezug auf die deutsche
Berichterstattung insbesondere die schwache Thematisierung der Umfrageforschung, die auch in Deutschland für einen gelungenen Wahlkampf un-
abdingbar ist. Trotz "Kampa" und "Rambo Tiedje" erfuhren die deutschen
Leser nicht viel darüber, worin die Aufgaben der Wahlkämpfer tatsächlich
bestehen.

Zeigen die deutschen Journalisten bei den auf sie bezogenen Aktivitäten mehr Transparenz? Dies läßt sich mit einem Blick auf die Darstellung des Spin Doctorings im engeren Sinne erklären. Dabei zeigt sich, daß auch das Spin Doctoring im engeren Sinn von deutschen und britischen Journalisten unterschiedlich dargestellt wird (*Schaubild 4*). In den britischen Blättern entfielen von den 460 erwähnten Spin-Tätigkeiten im engeren Sinn jeweils etwa 20 Prozent auf die Erläuterung von politischen Plänen und von Aussagen des Kandidaten (n=93), die Beeinflussung der Berichterstattung durch gezieltes Informieren (n=92) und Versuche der Manipulation von Berichterstattung durch Desinformation oder Kritik an Journalisten (n=87). Je ca. 14 Prozent der codierten Aktivitäten bestanden im Erläutern der Wahlkampfstrategie (n=64) und in der Kritik am politischen Gegner (n=63). 7 Prozent der codierten Aktivitäten betrafen Rapid Response (n=32) sowie sonstige medienbezogene Aktivitäten (n=28). Bemerkenswert ist dabei vor allem die starke Thematisierung von Versuchen der Spin Doctors, die Berichterstattung durch Kritik, Einschüchterung oder Desinformation zu manipulieren. Dazu zählen beispielsweise Medienbeiträge darüber, wie sich die Wahlkampfzentralen massiv über die Berichterstattung von BBC, ITV, *Daily Telegraph* oder *Guardian* beschwert haben. Offenbar war die intensive Thematisierung durch die britischen Journalisten zumindest teilweise das Ergebnis von Skepsis und Mißbilligung gegenüber den Einflußversuchen der Spin Doctors.

In Deutschland zeigt sich beim Spin Doctoring im engeren Sinn ein völlig anderes Bild. In den von uns untersuchten Printmedien finden sich nur zehn Beiträge mit Erwähnungen derartiger Spin-Praktiken (= 6%). Sie betrafen z. B. den Versuch der CDU-Strategen, Kohls Siegchancen bis an die Grenzen der Desinformation schönzureden oder scharfe Kritik von SPD-Strategen an dem Schröder-kritischen Fernsehporträt *Der Herausforderer* wenige Wochen vor der Wahl im NDR (Berichte über konkrete Anrufe, Faxe oder persönliche Ansprache von NDR-Verantwortlichen durch Kampa-Mitarbeiter gab es hingegen nicht). Diese geringen Nennungen lassen zumindest zwei alternative Interpretationen zu: Entweder die deutschen Spin Doctors enthielten sich im Umgang mit den Medien der rüden Methoden ihrer britischen Kollegen oder aber sie wendeten sie ebenso an, aber die deutschen Journalisten berichteten nicht darüber. Im Vordergrund der deutschen Berichterstattung standen mit einem Anteil von 28 Prozent (n=43) das Erläutern der Wahlkampf-Strategie und die Kritik am politischen Gegner (n=39). 14 Prozent entfielen auf allgemeine medienzogene Aktivitäten (n=22), 12 Prozent auf andere Informationstätigkeiten (n=18). Das Erläutern von politischen Inhalten und Aussagen des Kandidaten sowie Rapid Rebuttal kamen je 14mal vor (n=6%). Dies ergibt insgesamt ein deutlich moderateres Medien-Image der Spin Doctors als in Großbritannien.

Schaubild 4: Spin Doctoring im engeren Sinn

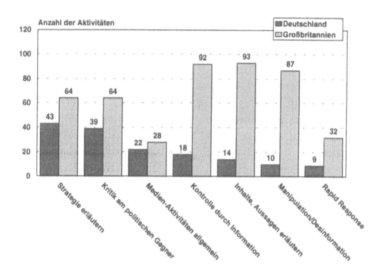

Basis: 151 Tätigkeiten in Deutschland, 460 Tätigkeiten in Großbritannien.
Vollerhebung von Daily Telegraph, Sunday Telegraph, Independent, Independent on Sunday, Guardian, Observer, The Times, Sunday Times (1.11.96 - 1.5.97) und Welt, Welt am Sonntag, Frankfurter Allgemeine Zeitung, Focus, Süddeutsche Zeitung, Spiegel, Frankfurter Rundschau, Woche (27.4. - 27.9.98).

7. Diskussion

Die vorliegende Analyse versuchte, drei Fragen zu beantworten: (1) Was ist unter dem Begriff "Spin Doctors" zu verstehen? (2) Wie unterscheidet sich Spin Doctoring in Deutschland und Großbritannien – zwei Länder mit ähnlichen Rahmen- und Ausgangsbedingungen? (3) Wie gehen Journalisten in beiden Ländern mit dieser neuen Qualität politischer PR um?

Zur ersten Frage läßt sich sagen: Man kann zwischen einem engeren und einem weiteren Verständnis von Spin Doctors unterscheiden. Als *Spin Doctors im engeren Sinn* kann man Kampagnenmitarbeiter bezeichnen, die im direkten Kontakt mit Journalisten versuchen, die Wahlkampfberichterstattung der Nachrichtenmedien zu beeinflussen bzw. zu kontrollieren. Sie sorgen im Wahlkampf dafür, daß Journalisten ihren Berichten über den Kandidaten den erwünschten positiven Dreh ("spin") geben. Als *Spin Doctors im weiteren Sinn* kann man sämtliche Mitarbeiter einer modernen, professionell geführten und zentral gesteuerten Kampagne verstehen. Zu ihrem Tätigkeitsprofil gehören auch Koordination, Logistik, Meinungsforschung, Strategie- und Werbe-Beratung sowie Gegnerbeobachtung. Neu gegenüber klassischer Polit-PR ist das Spin Doctoring im engeren Sinn in mindestens vier Punkten: Schnelle inhaltliche Gegenschläge als Reaktion auf Gegner- und Medienangriffe; eine perfektionierte, systematische Medienbeobachtung; die gezielte Sammlung von Informationen über Wählersegmente, Medienpublika und Journalisten; eine pro-aktiver Umgang mit den Medien, der Beschwerden, Drohungen und informelle Abkommen einschließt. Dabei sind es vor allem die Konsequenz, Geschwindigkeit und Professionalität, mit der die Spin Doctors zu Werke gehen, die Spin Doctoring von klassischer PR unterscheidet. Aufgrund der unverändert starken Stellung der Parteiorganisationen in europäischen Wahlkämpfen nahmen verschiedene deutsche Beobachter bislang an, daß das aus den USA bekannte Spin Doctoring hier nicht möglich sei. Dies wurde jedoch gerade von der britischen Praxis, die Spin Doctoring umfassender definiert, nachhaltig wiederlegt.

Zur zweiten Frage, wie sich Spin Doctoring in Deutschland und Großbritannien – trotz ähnlicher Rahmen- und Ausgangsbedingungen – unterscheidet, läßt sich sagen: Anders als die USA haben Großbritannien und Deutschland beide ein parlamentarisches System mit starken Parteien und beide ein ähnliches Mediensystem. Dennoch spielte Spin Doctoring im letzten britischen Wahlkampf eine viel größere Rolle als im deutschen. Dies lag vor allem daran, daß die britische Labour Party stärker und konsequenter auf systematische politische PR setzte als die SPD. Gespräche mit Bonner Journalisten bestätigten: "Das Spin Doctoring, so wie es für Großbritannien beschrieben wird, also als Zuckerbrot und Peitsche, als permanente Anruferei bei Journalisten wurde so in Bonn, auch in den heißen Tagen des Wahlkampfes, nicht betrieben" (Müller, 1999, S. 52). Anders als Schröder stand Blair schon länger als Kandidat fest und war nach seinem klaren Sieg bei der innerparteilichen Urabstimmung 1994 unumstrittener Parteichef. Diesen Sieg verdankte er bereits seinem persönlichen Berater Mandelson, der daraufhin von Blair zum unumstritterner Kampagnenorganisator der Parlamentswahl 1997 ernannt wurde. Mandelson begann den Wahlkampf bereits zwei Jahre vor dem Wahltag und bediente sich konsequent des gesamten Spin-Instrumentariums. Schröder war innerparteilich in einer viel schwächeren Position und hatte in der Vorbereitungsphase keinerlei Einfluß auf die Organisation der Kampagne. Er machte anfangs sogar einen Wahlkampf gegen die Kampa, der er zunächst nicht traute und die sich auf Lafontaine eingestellt hatte (Deupmann, 1998). In beiden Wahlkämpfen führten die konservativen Parteien unmodernere Kampagnen.

Auf die dritte Frage, wie Journalisten beider Länder mit dieser neuen Qualität politischer PR umgehen, läßt sich antworten: In den deutschen Medien wurde Spin Doctoring sehr viel weniger thematisiert als in den britischen. Hierfür sind vier Ursachen möglich: Es wurde in Großbritannien intensiver und systematischer betrieben als in Deutschland und dort entsprechend stärker thematisiert; britische Spin Doctors pflegten einen aggressiveren Umgang mit der Presse, der mehr Aufmerksamkeit der Journalisten erregte ("intensive Thematisierung aus Skepsis und Mißbilligung", vgl. Abschnitt 3); britische Parteien gingen einerseits offener und weniger geheimniskrämerisch mit ihren Spin-Strategien um, britische Journalisten sind andererseits stärker darauf fixiert, die strategische Innenperspektive der Wahlkampfführung ihren Lesern mitzuteilen ("intensive Thematisierung aus Faszination und Enthüllerpose"); deutsche Journalisten waren in gleichem Maße Spin Doctors ausgesetzt wie ihre britischen Kollegen, legten allerdings deren Existenz und Maßnahmen nicht in gleichem Maße offen, obwohl sie deren Informationen und Interpretationen verwendeten ("Übernahme ohne Quellenangabe"). Überraschend wirkt in diesem Zusammenhang der Befund, daß die deutschen Journalisten mehr über die Kommunikations- und Strategietätigkeiten der CDU berichteten, obwohl die SPD die modernere Kampagne führte. Wenn es auch für eine "Thematisierung und Bewertung in Abhängigkeit vom politischen Standpunkt" keine konkreten Anhaltspunkte gibt, so wurde doch in Deutschland mehr über unprofessionelles als über professionelles Spin Doctoring geschrieben (Esser & Reinemann, 1999a).

Literatur

Althaus, M. (1998). *Wahlkampf als Beruf. Die Professionalisierung der political consultants in den USA.* Frankfurt am Main: Peter Lang.

Altmeppen, K.-D., & M. Löffelholz (1998). Zwischen Verlautbarungsorgan und "vierter Gewalt". Strukturen, Abhängigkeiten und Perspektiven des politischen Journalismus. In U. Sarcinelli (Hrsg.), *Politikvermittlung und Demokratie in der Mediengesellschaft. Beiträge zur politischen Kommunikationskultur* (S. 97-123). Opladen: Westdeutscher Verlag.

Barth, H., & W. Donsbach (1992). Aktivität und Passivität von Journalisten gegenüber Public Relations. Fallstudie am Beispiel von Pressekonferenzen zu Umweltthemen. *Publizistik, 37,* S. 151-165.

Bentele, G. (1998). Politische Öffentlichkeitsarbeit. In U. Sarcinelli (Hrsg.), *Politikvermittlung und Demokratie in der Mediengesellschaft. Beiträge zur politischen Kommunikationskultur* (S. 124-145). Opladen: Westdeutscher Verlag.

Blumler, J. G. (1990). Elections, the media, and the modern publicity process. In M. Ferguson (Hrsg.), *Public Communication – the new imperatives: Future directions for media research* (S. 101-113). London: Sage.

Buchsteiner, J. (1998, 3. September). Fürsten der Dunkelheit, *Die Zeit*, S. 5-6.

Butler, D., & Kavanagh, D. (1997a). The campaign in retrospect. In D. Butler & D. Kavanagh (Hrsg.), *The British general election of 1997* (S. 224-243). London: Macmillan.

Butler, D., & Kavanagh, D. (1997b). Landslide. In D. Butler and D. Kavanagh (Hrsg.), *The British general election of 1997* (S. 244-253). London: Macmillan.

Cappella, J. N., & Jamieson, K. H. (1997). *The spiral of cynicism. The press and the public good*. New York: Oxford University Press.

Deupmann, U. (1998, 25. September). Nur einer steht ihm noch im Weg, *Berliner Zeitung*, S. 3.

Esser, F. (1998). *Die Kräfte hinter den Schlagzeilen. Englischer und deutscher Journalismus im Vergleich*. Freiburg: Alber.

Esser, F. (im Druck). Fortschritte der Journalismustheorie durch den internationalen Vergleich. In M. Löffelholz (Hrsg.), *Theorien des Journalismus*. Opladen: Westdeutscher Verlag.

Esser, F., & Reinemann, C. (1999a, Juli). 'Spin Doctoring im deutschen Wahlkampf', *Medien Tenor*, S. 40-43.

Esser, F., & Reinemann, C. (1999b, Oktober). Nicht mal Zeit zum Niesen. *Message*, (2), S. 66-71.

Esser, F., Reinemann, C., & Fan, D. (2000). Spindoctoring in British and German election campaigns. How the press is being confronted with a new quality of political PR. *European Journal of Communication*, 15 (2), S. 200-239.

Fan, D. (1994). Information processing analysis system for sorting and scoring text. US patent 5,371,673.

Farrell, D. M. (1996). Campaign strategies and tactics. In L. LeDuc, R. Norris, & P. Norris (Hrsg.), *Comparing democracies. Elections and voting in global perspective* (S. 160-83). Thousand Oaks, CA: Sage.

Friedenberg, R. V. (1997). Communication consultants in political campaigns. Ballot box warriors. Westport, CT: Praeger.

Fröhlich, S. (1997). Vom "Prime Ministerial Government" zur "British Presidency"? Zur Stellung des britischen Regierungschefs im internationalen Vergleich. *Aus Politik und Zeitgeschichte*, (B18), S. 31-38.

Gleich, U. (1998). Die Bedeutung medialer politischer Kommunikation für Wahlen. *Media Perspektiven*, (8), S. 411-422.

Günsche, K. L. (1998, 18./19. April). Als wäre Leipzig ein Vorort von Hollywood. *Die Welt*, S. 3.

Harrison, M. (1997). Politics on air. In D. Butler & D. Kavanagh (Hrsg.), *The British general election of 1997* (S. 133-155). London: Macmillan.

Holtz-Bacha, C. (1996). Massenmedien und Wahlen. Zum Stand der deutschen Forschung – Befunde und Desiderata. In C. Holtz-Bacha & L. L. Kaid (Hrsg.), *Wahlen und Wahlkampf in den Medien. Untersuchungen aus dem Wahljahr 1994* (S. 9-44). Opladen: Westdeutscher Verlag.

Holtz-Bacha, C., & Kaid, L. L. (1995). A comparative perspective on political advertising: Media and political system characteristics. In L. L. Kaid & C. Holtz-Bacha (Hrsg.), *Political advertising in western democracies. Parties and candidates on television* (S. 8-18). Thousand Oaks, CA: Sage.

Hombach, B. (1998a). *Aufbruch. Die Politik der Neuen Mitte*. Düsseldorf: Econ.

Hombach, B. (1998b). Der Kanzlermacher? Interview. *PR Magazin*, (4), S. 20-21.

Jarren, O., Altmeppen, K.-D., & Schulz, W. (1993). Parteiintern – Medien und innerparteiliche Entscheidungsprozesse. Die Nachfolge Genschers und die Kür Engholms zum SPD-Kanzlerkandidaten. In W. Donsbach, O. Jarren, H.-M. Kepplinger & B. Pfetsch (Hrsg.), *Beziehungsspiele – Medien und Politik in der öffentlichen Diskussion. Fallstudien und Analysen* (S. 111-157). Gütersloh: Bertelsmann Stiftung.

Jarren, O., & Bode, M. (1996). Ereignis- und Medienmanagement politischer Parteien. Kommunikationsstrategien im "Superwahljahr" 1994. In Bertelsmann Stiftung (Hrsg.), *Politik überzeugend vermitteln. Wahlkampfstrategien in Deutschland und den USA* (S. 65-114). Gütersloh: Bertelsmann Stiftung.

Johnson-Cartee, K., & Copeland, G. A. (1997). *Inside political campaigns. Theory and practice*. Westport, CT: Praeger.

Jones, N. (1996). *Soundbites and Spin Doctors. How politicians manipulate the media – and vice versa*. London: Indigo.

Jones, N. (1997). *Campaign 1997. How the general election was won and lost*. London: Indigo.

Kocks, K. (1998). *Was oder worüber spinnt ein spin-doctor? Akademische Anmerkungen zur sogenannten Amerikanisierung der Politischen Public Relations*. Vortrag zum 25. Jahrestag der Gesellschaft Public Relations Agenturen e.V. am 30. 4. 1998 in Frankfurt am Main.

Krumrey, H. (1998, September). Sekundanten auf der Flucht. *Focus*, 40/1998, S. 72.

Leyendecker, H. (1998, 22./23. August). Hoppla, wo sind die Freunde? 1994 schauten die Medien andächtig zu, wie Kohl zum Triumph anhub - nun kann er nicht mal auf "Bild" und SAT.1 zählen. *Süddeutsche Zeitung*, S. 20.

Mancini, P., & Swanson, D. L. (1996). Politics, media, and modern democracy: Introduction. In D. L. Swanson & P. Mancini (Hrsg.), *Politics, media, and modern democracy: an international study of innovations in electoral campaigning and their consequences* (S. 1-26). Westport, CT: Praeger.

Michie, D. (1998). *The invisible persuaders. How Britain's spin doctors manipulate the media*. London: Bantam.

Müller, A. (1999). *Von der Parteiendemokratie zur Mediendemokratie. Beobachtungen zum Bundestagswahlkampf 1998 im Spiegel früherer Erfahrungen*. Opladen: Leske + Budrich.

Norris, P. (1997). Anatomy of a Labour landslide. In P. Norris & N. T. Gavin (Hrsg.), *Britain votes 1997* (S. 1-24). Oxford: Oxford University Press.

Pfetsch, B. (1995). Chancen und Risiken der medialen Politikvermittlung. Strategien der Politikvermittlung bei politischen Sachfragen. In K. Armigeon & R. Blum (Hrsg.), *Das öffentliche Theater: Politik und Medien in der Demokratie* (S. 65-93). Bern: Haupt.

Plasser, F., Scheucher, C., & Senft, C. (1999). Is there a European style of political marketing? A survey of political managers and consultants. In B. I. Newman (Hrsg.), *The handbook of political marketing*. Thousand Oaks, CA: Sage (im Erscheinen).

Radunski, P. (1983). Wahlkampf in den achtziger Jahren. Repolitisierung der Wahlkampfführung und neue Techniken in den Wahlkämpfen der westlichen Demokratien. *Aus Politik und Zeitgeschichte*, B11, S. 34-45.

Radunski, P. (1996). Politisches Kommunikationsmanagement. Die Amerikanisierung der Wahlkämpfe. In Bertelsmann Stiftung (Hrsg.), *Politik überzeugend vermitteln. Wahlkampfstrategien in Deutschland und den USA* (S. 33-52). Gütersloh: Bertelsmann.

Reiser, S. (1994). Politik und Massenmedien im Wahlkampf. Thematisierungsstrategien und Wahlkampfmanagement. *Media Perspektiven*, 4, S. 341-349.

Rettich, M. & Schatz, R. (1998). Amerikanisierung oder Die Macht der Themen. Bundestagswahl 1998: Die 'Medien Tenor'-Analyse der Berichterstattung und ihrer Auswirkung auf das Wählervotum. Bonn: InnoVatio Verlag.

Rhee, J. W. (1997). Strategy and issue frames in election campaign coverage: a social cognitive account of framing effects. *Journal of Communication*, 47(3), 26-48.

Richards, P. (1998). *Be your own spin doctor. A practical guide to using the media.* Harrowgate: Take That Ltd.

Rohe, K. (1998). Parteien und Parteisystem. In H. Kastendiek, K. Rohe & A. Volle (Hrsg.), *Länderbericht Großbritannien. Geschichte, Politik, Wirtschaft, Gesellschaft.* Zweite, aktualisierte und erweiterte Auflage (S. 239-256). Bonn: Bundeszentrale für politische Bildung.

Ruß-Mohl, S. (1994). Symbiose oder Konflikt: Öffentlichkeitsarbeit und Journalismus. In O. Jarren (Hrsg.), *Medien und Journalismus 1. Eine Einführung* (S. 313-327) Opladen: Westdeutscher Verlag.

Sabato, L. (1989). *The rise of political consultants. New ways of winning elections.* New York: Basic Books.

Safire, W. (1993). *Safire's new political dictionary. The definitive guide to the new language of politics.* 3. Auflage. New York: Random House.

Scammell, M., & Harrop, M. (1997). The press. In D. Butler & D. Kavanagh (Hrsg.), *The British general election of 1997* (S. 156-185). London: Macmillan.

Schmidt-Klingenberg, M., & Schumacher, H. (1998, Juni). "Die Wähler sind unberechenbar". Die Wahlkampfberater Dee Dee Myers, Peter Boenisch und Bodo Hombach über die Inszenierung von Politik und Strategien gegen Rechtsextreme. *Der Spiegel, 26/98,* S. 42-45.

Schmitt-Beck, R., & Pfetsch, B. (1994). Politische Akteure und die Medien der Massenkommunikation. Zur Generierung von Öffentlichkeit in Wahlkämpfen. In F. Neihardt (Hrsg.), *Öffentlichkeit und soziale Bewegungen* (S. 106-138). Opladen: Westdeutscher Verlag.

Schönbach, K. (1996). The 'Americanization' of German election campaigns. Any impact on voters? In D. L. Swanson & P. Mancini (Hrsg.), *Politics, media, and modern democracy: an international study of innovations in electoral campaigning and their consequences* (S. 91-104). Westport, CT: Praeger.

Schulz, W. (1998). Wahlkampf unter Vielkanalbedingungen. Kampagnenmanagement, Informationsnutzung und Wählerverhalten. *Media Perspektiven, 8,* S. 378-391.

Semetko, H. A. (1996). The media. In L. LeDuc, R. Norris & P. Norris (Hrsg.), *Comparing democracies. Elections and voting in global perspective* (S. 254-279). Thousand Oaks, CA: Sage.

Seymour-Ure, C. (1997). Newspapers: Editorial opinion in the national press. In P. Norris & N. T. Gavin (Hrsg.), *Britain votes 1997* (S. 78-100). Oxford: Oxford University Press.

Sherman, J. (1998, 24.6.). 'Herr Blair' draws on foreign aide. *The Times.*

Sitrick, M. (1998). *Spin. How to turn the power of the press to your advantage* (with A. Mayer). Washington: Regnery Publishing Inc.

Sturm, R. (1997). Die britischen Parteien vor der Wahl. *Aus Politik und Zeitgeschichte*, B18, S. 3-9.

Sturm, R. (1998). Staatsordnung und politisches System. In H. Kastendiek, K. Rohe & A. Volle (Hrsg.), *Länderbericht Großbritannien. Geschichte, Politik, Wirtschaft, Gesellschaft*. Zweite, aktualisierte und erweiterte Auflage (S. 194-223). Bonn: Bundeszentrale für politische Bildung.

Swanson, D. L., & Mancini, P. (Hrsg.) (1996). *Politics, media, and modern democracy. An international study of the innovations in electoral campaigning and their consequences*. Westport, CT: Praeger.

White, M. (1996, 15. Dezember). Making a name in politics. *The Observer* , S. T14.

"Wir sind bereit":
Wählen Sie "Weltklasse für Deutschland"

Fernsehwerbung der Parteien im Bundestagswahlkampf 1998

Christina Holtz-Bacha

In den letzten Wochen vor dem Wahltermin hatten die Parteien auch 1998 wieder Gelegenheit, sich in der Fernsehwerbung von ihrer besten Seite zu zeigen. "Wählen Sie Weltklasse für Deutschland", forderte die CDU. "Wir sind bereit", beteuerten die Sozialdemokraten. Bündnis 90/Die Grünen betonten selbstsicher: "Grün ist der Wechsel", und die PDS wiederholte: "Das ist immer noch mein Land". "Mit Bayern gewinnt Deutschland", hieß es bei der CSU, während die FDP feststellte: "Es ist Ihre Wahl".

Die Wahlwerbung im Fernsehen, aus der diese Slogans stammen, hat in der Bundesrepublik Deutschland während der letzten Jahre an Bedeutung und an Brisanz gewonnen. Der Bedeutungszuwachs hat vor allem zwei Gründe: Zum einen sind mit der Dualisierung des Rundfunkmarktes die Möglichkeiten für politische Werbung im Fernsehen, zumindest was ihren Umfang angeht, besser geworden. Bei den privat-kommerziellen Sendern können die Parteien Werbezeit kaufen, und insbesondere die beiden großen Parteien nutzen diese Möglichkeit auch. Damit ist die Menge an Spots, die während eines Wahlkampfes im Fernsehen ausgestrahlt werden, beträchtlich gestiegen. Zum anderen wird Politik im Fernsehen mehr und mehr zu einer schwer verkäuflichen Ware. Die Quotenorientierung der Sender und die Unterhaltungsorientierung des Publikums zwingen auch die Politik zu veränderten Strategien gegenüber den Medien und der Wählerschaft.

Die besonderen Eigenschaften der Wahlspots im Fernsehen – Angebot an ein Massenpublikum bei vollständig durch die Parteien allein verantwortetem Inhalt – macht diese für die Ansprache der Wählerschaft interessant. Allerdings sind die Bedingungen für einen möglichst effektiven Einsatz der Spots in Deutschland aus der Sicht der Parteien und ihrer Werbeberater nicht besonders gut. Im öffentlich-rechtlichen Fernsehen sind die Menge der Spots und deren maximale Länge pro Sendeplatz limitiert; wann ausgestrahlt wird, können die Parteien nicht beeinflussen. Beim privaten Fernsehen sieht es etwas günstiger aus. Die Dauer der einzelnen Spots bestimmen die Parteien bzw. ihr Wahlkampfbudget. Das Programmumfeld können sie sich ebenfalls aussuchen. Sowohl bei den öffentlich-rechtlichen wie bei den privaten Programmen erfolgen vor den Parteien-spots Ansagen, die auf die gesetzliche Verpflichtung zur Ausstrahlung von Wahlwerbung hinweisen und betonen, daß die Verantwortung für die Inhalte bei den Parteien selbst liegt. Dem Überraschungseffekt, von dem die Spots etwa in den USA profitieren, wird damit viel genommen. Der graue Rahmen mit dem Schriftzug 'Wahlwerbung', in den ARD und ZDF die Spots stellen, dient den Anstalten zur Distanzierung, ist für die Parteien aber kontraproduktiv.

Da politische Werbung nach den Rundfunkgesetzen der Länder in Deutschland untersagt ist, bleiben die Parteienspots auf die letzten vier Wochen des Wahlkampfes beschränkt. Längerfristige Kampagnen können so nicht aufgebaut werden. Auch der Schlagabtausch durch aktuelle Reak-tionen einer Partei auf die Spots der anderen ist in diesem Rahmen kaum möglich. Die Leistungskraft, die die Wahlwerbung im Fernsehen haben könnte, ist in Deutschland also durch die gesetzlichen Vorgaben und durch die Praxis der Rundfunkanstalten, die Spots lang anzukündigen, eingeschränkt.

Daß die Parteien, die es sich finanziell leisten können, in großem Um-fang Sendezeit für ihre Wahlwerbung kaufen, und die lange Geschichte rechtlicher Auseinandersetzungen um die Ausstrahlung der Spots zeigen, daß den Parteien die Wahlwerbung im Fernsehen trotz dieser Beschrän-kungen wichtig ist. Daraus hat sich in den letzten Jahren die Brisanz ent-wickelt, die die Parteienwerbung heute hat. Seit dem Ende der achtziger Jahre hat es mit zunehmender Tendenz Auseinandersetzungen um die Werbespots rechtsradikaler Parteien gegeben. Die Versuche der Rundfunk-anstalten, zweifelhaften Spots die Ausstrahlung zu verweigern, sind in den meisten Fällen vor Gericht gescheitert (vgl. u. a. Hesse, 1994). Die Recht-sprechung in dieser Sache hat – mit einer mittlerweile fast 40jährigen Tra-dition – stets die Chancengleichheit der Parteien, der Wählerschaft ihre politischen Positionen zu präsentieren, in den Vordergrund gestellt. Zumal das Bundesverfassungsgericht hat dabei mehrfach betont, daß gerade das Fernsehen für die Parteien einen wichtigen Wahlkampfkanal darstellt und ihnen daher diese Möglichkeit zur Ansprache eines großen Publikums offen stehen muß (vgl. z. B. BVerfG 47).

Bundestagswahl 1998: Die Werbekampagne im Fernsehen

Auch vor der Bundestagswahl im September 1998 gab es wieder Streit um die Wahlspots. Zwar wiederholten die öffentlich-rechtlichen Sender ihre Kampagne nicht, mit der sie vor den vielen Wahlen des Jahres 1994 ver-sucht hatten, die ihnen lästige Verpflichtung zur Ausstrahlung der Partei-

enspots loszuwerden (vgl. Holtz-Bacha & Kaid, 1996). Indessen begannen
1998 die privaten Veranstalter, eine Änderung der Rundfunkgesetze zu
fordern. Die Argumente der Privaten decken sich allerdings nur zum Teil
mit denen, die ARD und ZDF 1994 vorgebracht haben. Während die öffentlich-rechtlichen Sender ganz für die Abschaffung der Spots plädierten,
um so auch von der Pflicht zur Ausstrahlung rechtsradikaler Inhalte ent-
bunden zu werden, geht es den privaten Sendern vorderhand um größere
Entscheidungsfreiheit beim Umgang mit den Parteienspots. Zwar verweisen auch sie auf den "Wahlkampfmüll radikaler Parteien", wollen die politische Werbung aber keineswegs abschaffen, sondern über die Schaltung
der Spots selbst mit den Parteien verhandeln (VPRT wendet sich..., 1998).
Den Privaten ist offensichtlich auch ein Dorn im Auge, daß sie die Sendezeit für die Wahlspots laut Rundfunkstaatsvertrag zum Selbstkostenpreis
abgeben müssen. Der liegt auf Empfehlung des Verbandes Privater Rundfunk und Telekommunikation (VPRT) bei 45 Prozent des Listenpreises für
Werbespots (Dettmar, 1998).

Mit der zunehmenden Zahl der Fernsehprogramme, auf die sich das
1998 waren 33 Parteien zur Wahl zugelassen. Unter ihnen haben neben
den sechs im Bundestag vertretenen Parteien weitere 24 von ihrem Recht
auf Sendezeit bei ARD und ZDF Gebrauch gemacht. Die öffentlich-
rechtlichen Anstalten begrenzten 1998 erstmals die Dauer des einzelnen
Spots auf eineinhalb Minuten, um "die Programmverträglichkeit zu erhöhen" (Wahlwerbespots..., 1998, S. 12). Bei der letzten Bundestagswahl wurden den Parteien noch zweieinhalb Minuten pro Spot zugestanden. Je acht
Sendeplätze gingen an SPD und CDU, je vier an CSU, FDP, Bündnis
90/Die Grünen sowie PDS und je zwei an die Splitterparteien. Zusammengenommen haben ARD und ZDF 1998 also je zwei Stunden für Wahlwerbung zur Verfügung stellen müssen.

Zwei Parteien verzichteten von sich aus auf ihre Sendezeit im öffentlich-
rechtlichen Fernsehen. Ein Spot der PASS (Partei für Arbeit und Soziale
Sicherheit/Partei der Arbeitslosen und Sozial Schwachen) wurde aus in-
haltlichen Gründen abgelehnt, und zwar schon vor der Ausstrahlung. Der
WDR, bei dem in der ARD die Verantwortung für die Wahlwerbung liegt,
hatte wegen persönlicher Beleidigungen gegenüber Helmut Kohl in dem
Spot einen Verstoß gegen das Strafgesetzbuch gesehen und bekam beim
Kölner Verwaltungsgericht Recht. (Zur unzulässigen Entstellung..., 1998)

Mit der zunehmenden Zahl der Fernsehprogramme, auf die sich das
Publikum verteilt, sind ebenso wie für die einzelnen Sender insgesamt
auch die Reichweiten der Wahlwerbespots kleiner geworden. Durch die
Vielzahl der zu den Wahlen jeweils antretenden Parteien verteilen sich die
Spots mittlerweile auch über das ganze Abendprogramm und konzentrieren sich nicht mehr auf die attraktivste Sendezeit um die Nachrichtensendungen, wie das früher der Fall war. Die Chance auf gute Einschaltquoten
für die Parteienspots ist durch diese strukturellen Veränderungen gesun-

ken, denn ihre Quoten stehen immer in Abhängigkeit von der Attraktivität
der umliegenden Sendungen. Nach den Ergebnissen der GfK-Fernsehfor-
schung lag die beste Quote eines einzelnen Spots im öffentlich-rechtlichen
Fernsehen 1998 bei etwas mehr als vier Millionen Zuschauerinnen und
Zuschauern und einem Marktanteil von annähernd 19 Prozent. Im Bundestagswahlkampf 1990 erreichte der Spitzenreiter unter den Parteienspots
10.52 Millionen Zuschauer, 1994 immerhin noch 6.27 Millionen.

Vor allem die großen Parteien nutzten die ihnen mit dem Privatfernsehen bescherten erweiterten Werbemöglichkeiten in großem Umfang, zumal
die Sendezeit, die ihnen von Gesetzes wegen bei ARD und ZDF zur Verfügung gestellt wird, im Laufe der Jahre immer weniger geworden ist. Dadurch daß für die Kampagne 1998 die Dauer eines einzelnen Spots auf
eineinhalb Minuten begrenzt wurde, gab es für die SPD und CDU diesmal
nur noch ingesamt jeweils zwölf Minuten Werbezeit bei ARD und ZDF,
verteilt auf je acht Spots. 1994 hatten den großen Parteien pro Sender noch
je 20 Minuten zugestanden. Schaubild 1 zeigt im Zeitverlauf, wie sich die
Sendezeit für die Wahlwerbung von SPD und CDU seit 1957, als erstmals
Spots im Fernsehen ausgestrahlt wurden, entwickelt hat.

Schaubild 1: Werbezeit für SPD und CDU im öffentlich-rechtlichen Fernsehen (ARD + ZDF) in Minuten 1957-1998

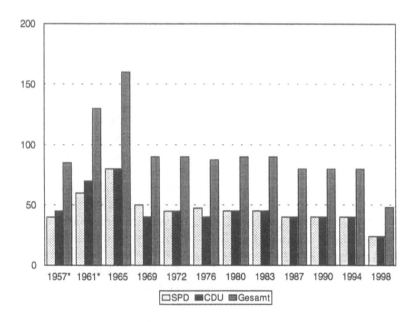

*nur ARD

Im Bundestagswahlkampf 1998 kaufte die SPD zusätzlich Sendezeit bei
vier Privatsendern, nämlich RTL, RTL 2, Pro Sieben und SAT 1. Zusammengenommen liefen für die SPD auf diesen Programmen 77 Spots von je
45 Sekunden Länge. 1994 hatte die SPD das Dreifache an Sendezeit bei den
Privaten eingekauft. Die CDU indessen steigerte 1998 ihre Werbepräsenz
gegenüber 1994 um rund das Doppelte. Sie erwarb Sendezeit auf sieben
national verbreiteten Programmen sowie in großem Umfang auch im regionalen Fernsehen (für 1994 vgl. Jarren & Bode, 1996). Der Vergleich für 1994
und 1998 läßt bei den beiden großen Parteien unterschiedliche Strategien
für die Werbekampagne 1998 erkennen. Die CDU setzte offensichtlich in
besonderer Weise auf die Werbung im Fernsehen. Sie kaufte nicht nur erheblich mehr Sendezeit, sondern die CDU produzierte für die Ausstrahlung in den privaten Programmen auch 19 verschiedene Spots, alle mit
einer Länge von 30 Sekunden. Ein deutlicher Schwerpunkt der CDU-
Kampagne im Fernsehen lag – als Antwort auf Kohls Versprechen von 1990
für die neuen Bundesländer – bei der Demonstration "blühender Landschaften" im Osten Deutschlands: Mehrere Spots, in Langfassung auf ARD
und ZDF und in nur leicht variierten Kurzfassungen bei den privat-
kommerziellen Sendern, reihten schöne Bilder von ostdeutschen Städten
aneinander, untermalt von Musik.

Die SPD dagegen maß der Fernsehwerbung deutlich weniger Bedeutung bei. Dies könnte eine Konsequenz aus den ungünstigen Bedingungen
für die Fernsehspots sein, über die sich die Werbeagenturen, die in die
politischen Kampagnen involviert sind, beklagen (vgl. Bitala, 1998). So
zeigte die SPD im Privatfernsehen lediglich drei verschiedene Spots. Bei
zweien handelte es sich um Kurzfassungen der Spots, die im öffentlich-
rechtlichen Fernsehen ausgestrahlt wurden. In der ersten Phase ein The-
menspot, der das SPD-Leitmotiv für den Wahlkampf "Arbeit, Innovation
und Gerechtigkeit" umsetzte, zum Ende der heißen Wahlkampfphase dann
ein Kandidatenspot, ganz zugeschnitten auf Gerhard Schröder.

Neben den beiden großen Parteien kauften 1998 lediglich noch die CSU
und die FDP in nennenswertem Umfang Werbezeit ein. Außerdem waren
die Republikaner, die DVU und die Initiative PRO DM im Privatfernsehen
zu sehen. Als Novum ist zu verzeichnen, daß einige Wahlkreiskandidaten
der CSU eigene Spots produzierten, die in Bayern im regionalen Privatfernsehen ausgestrahlt wurden. Das ist insofern eine Besonderheit, als laut
Rundfunkstaatsvertrag die Sendezeit den Parteien zur Verfügung gestellt
wird und nicht den einzelnen Kandidaten. Die Republikaner erzielten Aufmerksamkeit für einen ihrer Spots, weil SAT 1 die Ausstrahlung ablehnte,
per Beschluß des Mainzer Landgerichts aber zur Ausstrahlung verpflichtet
wurde (fsw, 1998). RTL und Vox, bei denen die Republikaner den gleichen
Spot ebenfalls senden wollten, waren mit ihrer Ablehnung dagegen erfolgreich. Das Landgericht Köln gab ihnen Recht. Die Partei hatte in dem Spot

behauptet, "auch Konrad Adenauer und Kurt Schumacher würden heute die Republikaner wählen". Das Gericht befand auf Verletzung des postmortalen Persönlichkeitsrechts und untersagte per einstweiliger Verfügung die weitere Werbung mit diesem Slogan. (Rep-Werbung..., 1998; Zur unzulässigen Entstellung..., 1998) Das Mainzer Gericht hatte in der Aussage indessen eine zulässige Meinungsäußerung gesehen.

Daß ein provokanter Wahlspot trotz seltener Ausstrahlung Aufmerksamkeit bekommt, weil die Medien darüber berichten, ist in den USA mittlerweile ein bewährtes und sogar gezielt eingesetztes Rezept. Die Kommentierung der Fernsehspots in der Presse fördert den gewünschten Effekt, denn meist werden dabei die umstrittenen Passagen wiederholt. Die Parteien bekommen auf diese Weise kostenlose Werbung.

Die Möglichkeit Werbezeit anzukaufen, hatte für die Parteienwerbung Konsequenzen in formaler Hinsicht: Die Spots im Privatfernsehen sind deutlich kürzer als die des öffentlich-rechtlichen Fernsehens. Die Entscheidung von ARD und ZDF, im Wahlkampf 1998 die Sendezeit für den einzelnen Spot zu kürzen, hat diese Tendenz noch verstärkt. Alle Spots – öffentlich-rechtlich und privat – zusammengenommen, waren die Werbefilme 1998 im Schnitt nur noch 61 Sekunden lang; das Mittel für die Privatspots allein lag bei 31 Sekunden. Wie sich die durchschnittliche Länge der Spots der Bundestagsparteien im Laufe der Jahre verändert hat, ist in Schaubild 2 dargestellt.

Schaubild 2: Länge der Spots 1957-1998

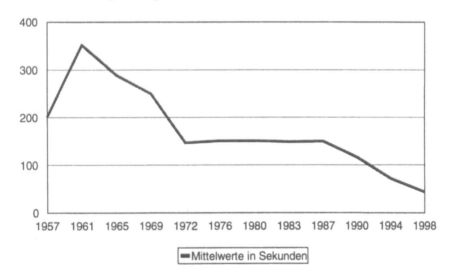

n=303, CDU, SPD, CSU, FDP, Grüne, PDS

Bis einschließlich 1987 spiegelt die Spotlänge die Vorgaben von ARD und ZDF. Ab 1972 gab es für die Parteien bei den öffentlich-rechtlichen Anstalten nur noch zweieinhalb Minuten pro Sendeplatz. Zuvor hatte es für die großen Parteien noch die Möglichkeit gegeben, Fünf- und Zehn-Minuten-Spots auszustrahlen. Ab der Bundestagswahl 1990 macht sich das duale Rundfunksystem bemerkbar und die durchschnittliche Spotlänge sinkt deutlich.

Diese Entwicklung hat aber auch Konsequenzen für die Gestaltung der Spots. An der Zahl der Schnitte pro Film bzw. der Zeit, die zwischen zwei Schnitten liegt, läßt sich ablesen, daß die Fernsehspots immer hektischer geworden sind. 1998 vergehen im Mittel nur etwas mehr als zwei Sekunden zwischen zwei Schnitten (Schaubild 3). Dazu paßt auch der Befund, daß Videoclips bei dieser Wahl zum ersten Mal einen nennenswerten Anteil an den Präsentationsformen hatten.

Schaubild 3: Schnittfolge der Spots 1957-1998

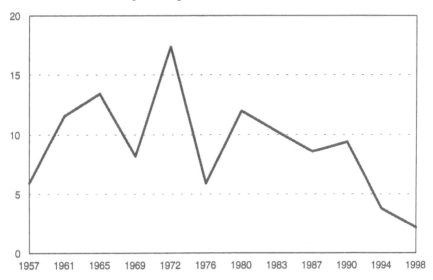

n=1561, CDU, SPD, CSU, FDP, Grüne, PDS

Während sich die bis hierher berichteten Ergebnisse auf die Spots insgesamt beziehen, wechselt für die nachfolgend dargestellten Befunde die Bezugsebene. Die Daten gehen auf eine Inhaltsanalyse zurück, die nicht mehr nur – wie noch in früheren Jahren (vgl. z. B. Holtz-Bacha & Kaid, 1993; 1996) – den gesamten Spot als Analyseeinheit verwendet hat, sondern eine kleinere Einheit, die als Sequenz bezeichnet wird. Diese Verfahrensweise geht zurück auf die Filmanalyse und versteht entsprechend als eine

Sequenz ein Kontinuum von Ort, Zeit, Handlung oder Figuren. Es handelt sich damit um eine Analyseeinheit, die vor allem auch der visuellen Ebene Rechnung trägt, die bislang in der Untersuchung von Parteienwerbung im Fernsehen nur wenig beachtet wurde. Besser als die Orientierung am gesamten Spot, zumal den Spots des öffentlich-rechtlichen Fernsehens mit einer Länge von mindestens 90 Sekunden, erlaubt die Sequenzanalyse zum Beispiel, den – ziemlich häufigen – Wechsel von Präsentationsformen innerhalb eines Spots zu berücksichtigen. Dieses Verfahren wurde im wesentlichen entwickelt von Eva-Maria Lessinger (vgl. auch Holtz-Bacha & Lessinger, 1997; Holtz-Bacha, Lessinger & Hettesheimer, 1998) und für eine Langzeitanalyse der deutschen Parteienwerbung im Rahmen eines von der Deutschen Forschungsgemeinschaft geförderten Projekts verwendet.[2]

Die Präsentationsformen – die Kategorien orientieren sich weitgehend an den Präsentationsformen der Produktwerbung – werden unterschieden nach Typen mit einem Kandidaten und solchen ohne Kandidaten als Akteur.

Schaubild 4: Präsentationsformen mit und ohne Kandidat im Zeitverlauf 1957-1998

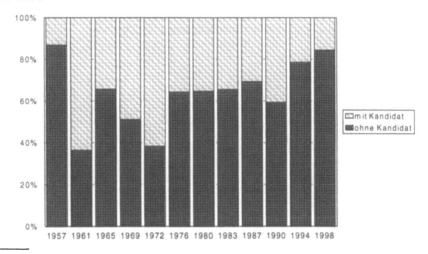

n=1984

[2] Projekt *Wahlwerbung als politische Kultur*, gefördert von der Deutschen Forschungsgemeinschaft. Der Dank der Projektnehmerin geht in diesem Zusammenhang auch an Merle Hettesheimer, die in dem Projekt mitarbeitete, an Jochen Schmitz, der die Datenanalyse betreute, die vielen Codiererinnen und Codierer sowie an Eva-Maria Lessinger.

Auffällig für 1998 ist, daß Parteivertreter nur selten eine handlungs-
tragende Rolle in den Spots spielen, obwohl im Wahlkampf immer wieder
über einen Trend zur Personalisierung in der Politikvermittlung diskutiert
wurde. Nur 15 Prozent der Sequenzen weisen 1998 einen Kandidaten auf.
Im Zeitverlauf über zwölf Bundestagswahlen ist das der zweitniedrigste
Wert nach 1957. In anderen Jahren traten Kandidaten zum Teil erheblich
häufiger auf. Diesen Vergleich im Zeitverlauf zeigt Schaubild 4.

Die Art und Weise, wie Politik in den Wahlspots 1998 dargestellt wurde, entspricht im wesentlichen den traditionellen Präsentationsformen der
politischen Werbung im Fernsehen (vgl. Schaubild 5). Sieht man einmal
von den Packshots ab, die mit Einstellungen auf das Parteilogo meist die
Abschlußsequenz eines Spots bilden, so dominiert bei den Präsentationsformen ohne Kandidat die Montage. Das ist die klassische Abfolge von
einzelnen Bildmotiven, zum Beispiel mit Landschaftsbildern oder politischen Ereignissen. Etwa jede siebte Sequenz bringt eine plakative Einstellung. Das sind Strukturelemente der Parteifilme, die oft dazu dienen, zwei
längere Szenen voneinander zu trennen. Es handelt sich jeweils um eine
Einstellung, die meist ein einzelnes Objekt zeigt, zum Beispiel die wehende
Deutschlandfahne.

Schaubild 5: Präsentationsformen ohne und mit Kandidat

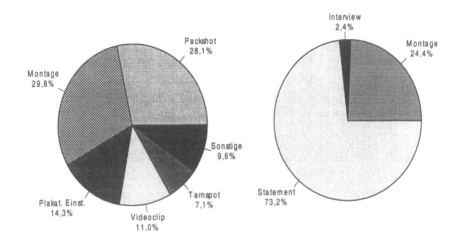

n=265

Eine prominente Rolle spielt 1998 auch der Videoclip. In der Verwendung dieses Formats, das vier Jahre zuvor noch völlig bedeutungslos war, ebenso wie in der rasanten Schnittfolge zeigt sich wohl am ehesten eine gewisse Modernisierung der Wahlwerbung im Fernsehen. Auch noch bedeutsam ist 1998 das Format des Tarnspots. Es handelt sich dabei um Imitationen fernsehspezifischer Sendeformen. Die FDP gestaltete 1998 ihre drei 15-Sekunden-Spots für das private Fernsehen nach dem Vorbild einer Nachrichtensendung. Dieses Format findet nicht häufig Verwendung in der Parteienwerbung, kommt aber 1998 auch nicht zum ersten Mal vor. Sonstige Formate weisen einzeln eine Häufigkeit von weniger als fünf Prozent auf und sind daher hier nicht gesondert ausgewiesen.

In den Szenen, in denen Parteivertreter als handelnde Akteure auftreten, beschränkt sich die Präsentation auf drei Formate. In den meisten Fällen äußern sich die Politikerinnen und Politiker in Statements. Das gilt für beinahe drei Viertel aller Szenen mit einem Kandidat. Etwa ein Viertel zeigt die Parteivertreter in Montagen. Dem Interview kommt daneben kaum noch Bedeutung zu.

In Anbetracht der überwiegend traditionellen Formate, die zum Einsatz kommen, wird die Frage interessant, welche Formate keine oder nur wenig Verwendung finden. Dabei ist festzustellen, daß vor allem auf die aufwendigeren Formate verzichtet wird. Aufwendig bezieht sich hier auf die Produktion, aber auch auf eine anspruchsvolle Umsetzung einer Idee sowie – womöglich – in der Verständnisleistung, die die Zuschauerinnen und Zuschauer zu erbringen haben. Dazu gehören Spielszenen, Alltagssituationen oder auch metaphorische Präsentationen. Dieses sind die unterhaltsameren Formate, die sich vielleicht besser als die herkömmlichen Präsentationsformen eignen, Aufmerksamkeit zu schaffen und das Fernsehpublikum zu halten. Ein Argument, warum solche Formate nur (noch) relativ selten zum Einsatz kommen, könnte in der Kürze der Spots liegen, die der Entwicklung der Idee etwa in einer Spielszene eher entgegensteht. Allerdings können wir im Zeitvergleich ablesen, daß diesen Formaten auch in früheren Wahlkämpfen, als für den einzelnen Spot noch mehr Zeit zur Verfügung stand, nicht so viel Bedeutung zukam. Schließlich zeigt sich 1998 in der Gegenüberstellung von Spots, die im öffentlich-rechtlichen Fernsehen gelaufen sind, und denen, die von den privaten Sendern ausgestrahlt wurden und daher kürzer sind, auch kein deutlicher Unterschied in der Verwendung solcher Formate. Das heißt, mit der Länge eines Spots hat es wohl weniger zu tun, daß die anspruchsvolleren Formate selten zum Einsatz kommen. Also ist der Grund vermutlich in der aufwendigen Produktion solcher Spots oder in der mangelnden Phantasie ihrer Macher zu suchen.

Wenig Verwendung findet 1998 auch das Testimonial, also Stellungnahmen von Personen (z. B. Bürgerinnen und Bürger, Prominente) zugunsten eines (oder negativ auch gegen einen) Kandidaten. In Experimenten zur Rezeption von Wahlspots hat sich dieses Format als ziemlich effektiv erwiesen, was die Erinnerung an einzelne Elemente der Parteienwerbung angeht (vgl. Holtz-Bacha & Kaid, 1996, S. 191). Im Zeitvergleich erfahren Testimonials unterschiedliche Popularität als Präsentationsform, allerdings ohne daß sich eine Tendenz im Sinne einer kontinuierlichen Zu- oder Abnahme erkennen ließe.

Der Einsatz von Musik hat sich in der Wahlwerbung etabliert. Drei Viertel aller Sequenzen enthielten 1998 Musik. Sie dient überwiegend als Hintergrund (55%), wird also zur Unterstützung von Stimmungen, die mit dem Bild und/oder dem Text erzeugt werden, eingesetzt. Häufig ist auch die Verwendung von Kurzmotiven (38%). Das sind kurze Musikeinblendungen, häufig zur Einleitung von Werbespots, die Aufmerksamkeit erregen und die Wiedererkennung fördern sollen.

Über die Musik hinaus wurde auch untersucht, inwieweit die Spots auf der Bildebene emotionalisierende Elemente enthalten. Gemeint sind solche Bildelemente, die darauf angelegt sind, bei den Rezipienten positive oder auch negative Emotionen auszulösen, zum Beispiel farblich angenehmer Hintergrund oder schöne Landschaften. Für 1998 wurden in knapp der Hälfte aller Sequenzen solche emotionalen Bildelemente identifiziert. Zu etwa 80 Prozent handelte es sich dabei um Bilder, die auf eine positive Emotionalisierung gerichtet sind. Mit Farbe wird dabei relativ wenig gearbeitet. In vier von fünf Sequenzen ließ sich kein gezielter Einsatz von Farbe erkennen. Wenn eine Farbe deutlich ins Bild gesetzt wurde, ist das meist die eigene Parteifarbe. Kinder, die in der Werbung gerne zur Emotionalisierung eingesetzt werden, tauchten 1998 in etwa einem Sechstel der Sequenzen auf.

Thematisch standen 1998 in der Fernsehwerbung wahl- und wahlkampfbezogene Themen im Vordergrund. Wenn ein sachpolitisches Thema auszumachen war, und das war in etwa 70 Prozent der Sequenzen der Fall, dann ging es bei rund 40 Prozent um wahlbezogene Themen. Das waren meistens gezielte Wahlaufrufe für die werbende Partei. Zweitwichtigstes Thema war 1998 die Wirtschafts- und Finanzpolitik (18%). An dritter Stelle rangierten sozialpolitische Fragen (13%), wobei am häufigsten spezifische Vorschläge für Kinder, Jugendliche, Familien oder Senioren gemacht wurden. Neben diesen drei Themen- bzw. Politikfeldern erreichte kein anderes Thema mehr als fünf Prozent. Das heißt, wir verzeichnen für die Spots 1998 zum einen den deutlichen Vorrang sachpolitischer Themen, nur in knapp einem Drittel der Spotsequenzen tauchte kein sachpolitisches Thema auf. Im Vergleich der im Bundestag vertretenen Parteien sticht in dieser Hinsicht die PDS mit ihrem videoclipartigen Spot hervor. Eine sachpolitische Aussage ist bei ihr nur in einem Drittel der Sequenzen auszumachen. Zum anderen ist insgesamt eine starke thematische Konzentration festzustellen:

Drei Themenfelder machen mehr als 70 Prozent der sachpolitischen Argumentation aus. Bei den restlichen rund 30 Prozent entfallen noch einmal 11
Prozent auf Themenkombinationen, bei denen kein thematischer Schwerpunkt zu erkennen ist. Zusammengenommen bleibt also nicht einmal ein
Fünftel der Sequenzen für andere Themen.

Das bedeutet aber auch, die Parteien waren sich ziemlich einig darüber,
was im Wahlkampf 1998 ein wichtiges bzw. für die Wahlwerbung oppor-
tunes Thema war. Zu den Themen, die sehr wenig angesprochen wurden,
gehören innenpolitische Fragen, Ausländer(politik), Wissenschaft, Forschung, Technologie sowie die Außenpolitik. Ein "Klassiker" früherer
Wahlkämpfe, nämlich Deutschlandpolitik, ist nun fast völlig von der
Agenda der Parteienwerbung im Fernsehen verschwunden (vgl. dazu
Holtz-Bacha, Lessinger & Hettesheimer, 1999).

Um Personalisierungstendenzen in der Selbstdarstellung der Parteien
zu untersuchen, wurde hier ein Weg gewählt, der sich von der früheren,
meist aus den USA stammenden Forschung unterscheidet. Dort wird häufig jegliche Präsenz eines Kandidaten als Imagewerbung gezählt. Hier
wurde indessen unterschieden, ob ein Kandidat lediglich präsent ist, entweder im Bild oder als Sprecher, oder ob er wirklich zum Thema gemacht
wird, indem etwa seine Biographie geschildert oder er durch persönliche
Eigenschaften charakterisiert wird. Die Überlegung, die dahinter steht, ist
folgende: Daß Politikdarstellung, zumal im Fernsehen, auf Personen zu-
rückgreift, ist zunächst nicht zu kritisieren. Das ist vielmehr ökonomisch
für Politik, Medien und Wählerschaft, denn so wird Komplexität reduziert.
Fragwürdig wird Personalisierung erst da, wo sie privat wird, Politiker
zum Beispiel bei rollenfremden Aktivitäten zeigt, also bei solchen Aktivitäten, die nichts mit ihren Amtsgeschäften zu tun haben (vgl. Holtz-Bacha,
Lessinger & Hettesheimer, 1998; Sarcinelli, 1994). Durch die Unterscheidung, die diese Analyse macht, ist es also möglich, die eigentlichen Imagekomponenten zu ermitteln.

Schaubild 6 stellt im Langzeitvergleich dar, wie häufig in den Spots die
Kandidaten überhaupt zum Thema gemacht werden. Das heißt, wie oft
also über sie gesprochen wird, sei es von ihnen selbst oder von anderen.
Ein Beispiel für einen Spot, in dem der Kandidat über sich selbst spricht,
gab es 1998 von der SPD: Schröder begründet zu Beginn des Streifens seine
Motivation für politische Aktivität. Wegen der sehr an die Produktwerbung erinnernden Bilder, die die norddeutsche Küstenlandschaft zeigen,
wurde der Spot in Rezipientenuntersuchungen immer wieder als "Jever-
Spot" bezeichnet. Ein anderes Beispiel für eine solche Imagewerbung ist
der biographische Spot, mit dem die SPD im Wahlkampf 1994 im öffentlich-rechtlichen Fernsehen für Rudolf Scharping warb (vgl. Kaid, 1996).

Schaubild 6: Kandidat als Thema 1957-1998

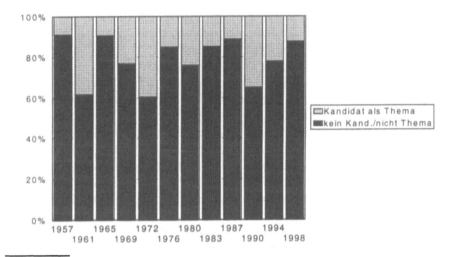

n=1561, nur CDU, CSU, SPD, FDP, Grüne, PDS

Für Schaubild 6 wurden nur die großen Parteien berücksichtigt, die Spots kleinerer Gruppierungen präsentieren häufig gar keine Kandidaten. Wie sich schon in Schaubild 5 gezeigt hat, wo Präsentationsformen der Spots danach unterschieden werden, ob ein Parteivertreter in handlungstragender Rolle zu sehen ist oder nicht, erweist sich auch hier der Wahlkampf 1998 als ein Jahr nur sehr geringer Personalisierung in der Fernsehwerbung.

Alle Wahlkämpfe seit 1957 zusammengenommen, machen nur 20 Prozent der Sequenzen einen Kandidaten zum Thema. Mit einem Anteil von 12 Prozent liegt der Personalisierungsgrad 1998 also deutlich unter dem Durchschnitt. Vier Jahre zuvor war die Personalisierung mit 22 Prozent noch erheblich ausgeprägter gewesen. Bei der ersten gesamtdeutschen Bundestagswahl im Jahr 1990, einem "Kohl-Wahlkampf", machte sogar mehr als ein Drittel aller Sequenzen einen Kandidaten zum Thema. Noch höher lagen die Werte 1972, als die SPD im Wahlkampf stark auf Willy Brandt setzte, und 1961, als sowohl Konrad Adenauer wie auch Brandt sehr im Vordergrund der Kampagne standen.

Vergleichen wir für 1998 nur die Spots von CDU und SPD und prüfen, inwieweit sie ihre Spitzenkandidaten zum Thema machten, ist bei der SPD der höhere Personalisierungsgrad festzustellen. Nur 9 Prozent der CDU-Sequenzen machen Kohl zum Thema, Schröder dagegen ist Thema von 21 Prozent der SPD-Sequenzen. Da die Sequenzen der SPD-Spots auch erheblich länger sind als die der CDU-Spots, heißt das, 1998 war die Tendenz zur Personalisierung bei der SPD deutlich größer als bei der CDU.

Bei privaten Aktivitäten werden die deutschen Politiker in der Wahlwerbung nur sehr selten gezeigt. Tauchen sie im Bild auf, sind sie größtenteils bei Aktivitäten zu sehen, die zu ihrer politischen Rolle gehören.
Allerdings weisen die Wahlspots 1998 im Vergleich zu früheren in dieser
Hinsicht dennoch einen Höhepunkt auf. Politiker bei privaten Aktivitäten
oder Kombinationen aus privaten und politischen Aktivitäten waren früher
noch seltener. Auch hier gibt es 1998 einen deutlichen Unterschied in der
Werbung von CDU und SPD. Helmut Kohl wird überwiegend bei politischen oder gemischt politisch-privaten, aber niemals bei nur privaten Aktivitäten gezeigt. Gerhard Schröder dagegen ist überwiegend in privaten
Situationen und niemals bei vorrangig politischen Aktivitäten zu sehen.

Die unterschiedlichen Werbestrategien der beiden großen Parteien für
ihre Spitzenkandidaten werden auch deutlich in den Eigenschaften, mit
denen diese in den Spots präsentiert werden. Die CDU-Spots betonen für
Kohl vorwiegend Kompetenz und Zuverlässigkeit sowie Integrität, aber
keine unmittelbar persönlichen Attribute. Ganz anders bei Schröder: Die
SPD-Spots heben in erster Linie persönliche Eigenschaften und außerdem
sein Charisma hervor. Helmut Kohl ließe sich daher am ehesten dem Politikertyp "Vater der Nation", Gerhard Schröder dem Typ des "Charmeurs"
zuordnen (vgl. Schwartzenberg, 1980, S. 69, 88).

Resümee

Die Rahmenbedingungen für politische Werbung im Fernsehen haben sich
im Laufe der Zeit verändert. Das hat mit der Entwicklung des dualen
Rundfunksystems zu tun, aber auch mit der Vielzahl der Parteien, die zu
einer Wahl antreten und damit Recht auf Sendezeit haben. Die veränderten
Rahmenbedingungen haben zu einer Veränderung der Darstellung von
Politik in der Wahlwerbung bzw. in der Selbstdarstellung der Parteien
geführt. Die Zeit, die für den einzelnen Spot zur Verfügung steht, ist kurz.
Durch sehr kurze Kontexteinheiten bzw. zahlreiche Schnitte wird Politik in
der Fernsehwerbung in kleinsten Häppchen serviert. Gerade damit kommen die Spots aber vielleicht den kurzen Aufmerksamkeitsspannen und
den Sehgewohnheiten gerade solcher Publikumsgruppen entgegen, die
vom Fernsehen primär unterhalten werden wollen und sich seltener mit
Politik auseinandersetzen. Die Kürze der Spots senkt außerdem die Wahrscheinlichkeit des Ausweichens durch Umschalten.

Personalisierung erweist sich im Zeitverlauf nicht als konstanter Wert.
Es läßt sich auch kein Trend im Sinne einer kontinuierlichen Zu- oder Abnahme erkennen. Kandidaten spielen zwar eine gewichtige Rolle bei den
Selbstdarstellungsstrategien der Parteien. Das bedeutet aber nicht unbedingt das Verschwinden von Sachbezügen zugunsten der Imageorientie-

rung, die nur Personen verkaufen, aber nicht Sachfragen ansprechen will. Selten bleiben in der deutschen Wahlwerbung immer noch Bezüge auf das Privatleben der Politiker, wenngleich dabei 1998 ein Höhepunkt zu verzeichnen ist. Ob das auch gleich ein Trend zu einer stärkeren Privatisierung von Politik ist, bleibt abzuwarten.

Mit der vergleichsweise geringen Kandidatenorientierung verschenken die Parteien Möglichkeiten, die sie mit der Wahlwerbung gerade im Fernsehen hätten. Neben der professionellen Kompetenz prägen Charaktereigenschaften sowie Aussehen und Ausstrahlung die Kandidatenimages und damit auch die Wahlentscheidung (vgl. Kepplinger et al., 1994). Und wenn man dann in Betracht zieht, daß sich die Änderung der Kandidatenpräferenzen während der Vorwahlzeit als einer der stärksten Einflußfaktoren für die Wahlabsicht erwiesen hat (vgl. Schulz, 1998), wären die Parteien gut beraten, ihre Wahlwerbung noch stärker auf die Kandidaten auszurichten. Dabei müßten sie sich viel mehr als bisher die Wirksamkeit der Bilder in der emotionalen Ansprache des Fernsehpublikums zunutze machen. Wie das am besten geht, dafür läßt sich durchaus einiges aus der Produktwerbung abgucken.

Die Frage, wie die Wahlwerbung der Parteien bei den Zuschauerinnen und Zuschauern ankommt, bleibt hier offen (vgl. aber Kaid & Tedesco in diesem Band sowie Holtz-Bacha & Kaid, 1993; Holtz-Bacha & Kaid, 1996; Kaid, 1996). Die Effekte der Fernsehspots, die nur einen Wahlkampfkanal unter vielen darstellen, zu untersuchen, ist ohnehin eine schwierige Sache, wenngleich zumindest Imageeffekte nicht von der Hand zu weisen sind (vgl. Holtz-Bacha, 1994). Mit ihrer erkennbar persuasiven Zielrichtung dürften die Spots bei den Rezipienten eher auf Skepsis stoßen. Unabhängig von dem Einsatz der Wahlspots als Werbemittel, um Ein- und Vorstellungen der Wählerschaft zu beeinflussen, eignen sie sich aber auch – oder gerade –, um die unverfälschte Selbstdarstellung der Parteien zu untersuchen, in der sich die politische Kultur spiegelt. Die Analyse der verbalen und der visuellen Inhalte der Parteienspots, zumal im Langzeitvergleich, gibt Aufschluß darüber, welches "Design" sich die Politik zu einem bestimmten Zeitpunkt gibt.

Literatur

Bitala, M. (1998, 24. September). "Schafft die Frau da weg!" *Süddeutsche Zeitung*, S. 21.

BVerfGE 47, 198 "Sendezeiten I". Beschluß vom 14. Februar 1978. (1992). In. K. Berg, H. Kohl & F. Kübler (Hrsg.), *Medienrechtliche Entscheidungen. Höchstrichterliche Rechtsprechung zum Presse- und Rundfunkrecht* (S. 417-421). Konstanz: Universitätsverlag.

Dettmar, H. (1998, 10. September). Rechte Spots im Werbe-Abseits. *Horizont*, S. 57.

fsw (1998, 2. September). Sat 1 muß Spot der Republikaner senden. *Mainzer Allgemeine Zeitung*, S. 1.

Holtz-Bacha, C. (1994). Politikvermittlung im Wahlkampf. Befunde und Probleme der Wirkungsforschung von Wahlspots. *Rundfunk und Fernsehen, 42*, 340-350.

Holtz-Bacha, C. (1999). The American presidential election in international perspective: Europeanization of the U.S. electoral advertising through free-time segments. In L. L. Kaid & D. Bystrom (Hrsg.), *The electronic election. Perspectives on the 1996 campaign communication* (S. 349-361). Mahwah, NJ: Lawrence Erlbaum.

Holtz-Bacha, C., & Kaid, L. L. (1993). Wahlspots im Fernsehen. Eine Analyse der Parteienwerbung zur Bundestagswahl 1990. In C. Holtz-Bacha & L. L. Kaid (Hrsg.), *Die Massenmedien im Wahlkampf. Untersuchungen aus dem Wahljahr 1990* (S. 46-71). Opladen: Westdeutscher Verlag.

Holtz-Bacha, C., & Kaid, L. L. (1996). "Simply the best". Parteienspots im Bundestagswahlkampf 1994 – Inhalte und Rezeption. In C. Holtz-Bacha & L. L. Kaid (Hrsg.), *Wahlen und Wahlkampf in den Medien. Untersuchungen aus dem Wahljahr 1994* (S. 177-207). Opladen: Westdeutscher Verlag.

Holtz-Bacha, C., & Lessinger, E.-M. (1997, Oktober). *Party electoral advertising as representation of political culture.* Paper presented at the International Conference on "History and Development of Political Communication on Television" in Amsterdam.

Holtz-Bacha, C., Lessinger, E.-M., & Hettesheimer, M. (1998). Personalisierung als Strategie der Wahlwerbung. In K. Imhof & P. Schulz (Hrsg.), *Die Veröffentlichung des Privaten – Die Privatisierung des Öffentlichen* (S. 240-250). Opladen: Westdeutscher Verlag.

Holtz-Bacha, C., Lessinger, E.-M., & Hettesheimer, M. (1999). Deutsche Teilung und Einheit – Thematisierung, Dethematisierung und Rethematisierung in der Wahlwerbung. In J. Wilke (Hrsg.), *Massenmedien und Zeitgeschichte* (S. 585-593). Konstanz: UVK Medien.

Jarren, O., & Bode, M. (1996). Ereignis- und Medienmanagement politischer Parteien. Kommunikationsstrategien im "Superwahljahr 1994". In Bertelsmann Stiftung (Hrsg.), *Politik überzeugend vermitteln. Wahlkampfstrategien in Deutschland und den USA* (S. 65-114). Gütersloh: Verlag Bertelsmann Stiftung.

Kaid, L. L. (1996). "Und dann, auf der Wahlparty..." Reaktionen auf Wahlwerbespots: Computergestützte Messungen. In C. Holtz-Bacha & L. L. Kaid (Hrsg.), *Wahlen und Wahlkampf in den Medien. Untersuchungen aus dem Wahljahr 1994* (S. 208-224). Opladen: Westdeutscher Verlag.

Kepplinger, H. M., Brosius, H.-B., & Dahlem, S. (1994). *Wie das Fernsehen Wahlen beeinflußt. Theoretische Modelle und empirische Analysen.* München: Reinhard Fischer.

Rep-Werbung mit Adenauer und Schumacher untersagt (1998, 8. September). *Süddeutsche Zeitung*, S. 2.

Sarcinelli, U. (1994). Mediale Politikdarstellung und politisches Handeln: analytische Anmerkungen zu einer notwendigerweise spannungsreichen Beziehung. In O. Jarren (Hrsg.), *Politische Kommunikation in Hörfunk und Fernsehen. Elektronische Medien in der Bundesrepublik Deutschland* (S. 35-50). Opladen: Leske + Budrich.

Schulz, W. (1998). Wahlkampf unter Vielkanalbedingungen. Kampagnenmanagement, Informationsnutzung unnd Wählerverhalten. *Media Perspektiven*, (8), 378-391.

Schwartzenberg, R.-G. (1980). *Politik als Showgeschäft. Moderne Strategien im Kampf um die Macht.* Düsseldorf: Econ.

VPRT wendet sich gegen Pflicht zur Ausstrahlung von Wahlwerbespots (1998). *Archiv für Presserecht, 29*, 499.

Wahlwerbespots nur noch anderthalb Minuten lang (1998, 12. August). *epd medien*, S. 12-13

Zur unzulässigen Entstellung des Lebensbildes eines verstorbenen Altbundeskanzlers durch einen Wahlwerbespot (1998). *Archiv für Presserecht, 29*, 647-648.

Netzwahlk(r)ampf
Die Wahlkommunikation im Internet

Winand Gellner
Gerd Strohmeier

Der Wahlkampf zu den amerikanischen Präsidentschaftswahlen im Jahre 2000 hat im Frühjahr 1999 begonnen. Im Internet. Der vermutlich chancenlose Unternehmer Steve Forbes ist nach eigener Aussage der erste Kandidat in der amerikanischen Wahlhistorie, der seinen Wahlkampf nicht nur über das Internet angekündigt hat, sondern über das Internet zu führen und gewinnen beabsichtigt. Nicht nur Forbes, sondern auch die professionellen Wahlkampfbeobachter sind übereinstimmend der Meinung, daß das Internet tatsächlich wahlentscheidende Bedeutung erlangen könnte. Davon sind wir in der Bundesrepublik wohl noch einige Jahre entfernt, wenngleich die analogen Amerikanisierungstendenzen der Wahlkämpfe auch bei uns nicht mehr zu übersehen sind. Ausgehend von grundsätzlichen Überlegungen zu den Erwartungen gegenüber dem Internet sowie seinem Potential sollen im folgenden das politische Angebot im Internet dargestellt und analysiert sowie das politische Verhalten der Internet-Nutzer beim jüngsten Bundestagswahlkampf behandelt werden. Grundlage dieser Analysen sind empirische Umfragen während des Bundestagswahlkampfs. Die Überlegungen schließen mit wiederum grundsätzlichen Überlegungen zur ungleichen Evolution von Mensch und Maschine.

1. Die Erwartungen gegenüber neuen Medien

Kinderpornographie, international organisierte Kriminalität, gläserner Mensch, Globalisierung, weltweiter Gedankenaustausch, Flexibilisierung der Arbeitswelt – Begriffe, die mit dem Internet assoziiert werden und dessen facettenreichen Standpunkt in der öffentlichen Diskussion widerspiegeln. Die Kluft zwischen Optimisten und Pessimisten, was die Einschätzung der (finalen) Chancen und auch Risiken des Internet anbelangt, könnte nicht größer sein. Dies trifft auch auf dessen politischen Stellenwert zu: Euphorische Hoffnungen, wie die Errichtung einer direkten Online-Demokratie prägen die Diskussion ebenso wie die Befürchtungen einer steigenden Wissenskluft oder einer *Privatisierung der Öffentlichkeit* (vgl. Gellner, 1998, S. 11).

Durch Medien werden in modernen Demokratien politische Meinungs- und Willensbildungsprozesse erst möglich. Die Ausformung medialer Informations-, aber auch Kritik- und Kontrollfunktionen war stets Gegenstand der Erwartungen gegenüber neuen Medien. Katz und Lazarsfeld skizzieren diese Erwartungshaltung als Diskrepanz zwischen denjenigen, "die in dem Aufkommen der Massenmedien eine neue Morgenröte der Demokratie sahen" (Katz & Lazarsfeld, 1962, S. 20), und jenen, "die in den Medien ein teuflisches Instrument sahen" (Katz & Lazarsfeld, 1962, S. 20). Auch die Erwartungshaltung an das Internet evoziert eine Kluft zwischen Optimisten und Pessimisten. Bonchek mißt dem Informationsfluß des Internet eine essentielle Funktion für die Verbesserung der Funktionsfähigkeit des politischen Systems bei (vgl. Bonchek, 1998). Buchstein hingegen prognostiziert, daß es westliche Demokratien trotz der expandierenden Informationsmenge im Internet auch in Zukunft mit einer weniger gut informierten Wählerschaft zu tun haben werden (vgl. Buchstein, 1996, S. 600). Damit sind zwei entscheidende Fragen nach dem Einfluß des Internet angesprochen: die Frage nach dem politischen Potential des Netzes und die Frage nach dessen faktischer Nutzung.

2. Das Potential des Internet

Politische Informationen gelangen über traditionelle Medien – Rundfunk und Printmedien – als Produkt eines zwischen Medien und Parteien stattfindenden Agenda-Building-Prozesses an die Bevölkerung. In dem Prozeß der Vermittlung von Primärinformationen von der Parteienagenda über die Medienagenda zur Bevölkerungsagenda, wird – durch Parteistrategen wie *spin doctors*, jedoch insbesondere durch die mediale Einflußnahme – ein neues Informationsprodukt kreiert. Dafür sind oftmals weniger die in der idealistischen Konzeption für das Funktionieren eines politischen Systems vitalen Medienfunktionen – Information, Kontrolle, Kritik und Mitwirkung an der Meinungsbildung – , sondern vielmehr spezifische Selektions- und Transformationsmechanismen der Medien verantwortlich: *Nachrichtenfaktoren*, die *redaktionelle Linie*, *Darstellungsformate* (vgl. Klingemann & Voltmer, 1998, S. 398-399) sowie *journalistische Motive*.

Das Internet bietet als *Meta-Medium* verschiedene Kommunikationsmodi, welche wiederum verschiedene Kommunikationsformen enthalten. Zu deren spezifischen Merkmalen gehören ein höherer Grad an nutzerspezifischen Auswahlmöglichkeiten (Interaktivität), Verknüpfungsmöglichkeiten von Text, Bild und Ton (Multimedialität), die Unstrukturiertheit des Angebots, ein hohes Maß an Selektivität, asynchrone Kommunikati-

onsmöglichkeiten (vgl. Jarren, 1998, S. 14) sowie die schnelle Übermittlung
großer Informationsmengen über große räumliche Distanzen (vgl. Zittel,
1998, S. 111).

1. Chancen durch das World Wide Web (WWW)

Insbesondere das World Wide Web (WWW) vermag durch sein Informati-
onspotential einen Beitrag zur Vermittlung politischer Inhalte zu leisten
und der zunehmenden Mediatisierung der Politik, dem *populistisch-
mediokratischen* Muster politischer Kommunikation (vgl. Gellner, 1995),
entgegenzuwirken. Grund dafür sind primär die räumlich und zeitlich
unabhängigen, themenzentrierten, detaillierten, umfangreichen, weder
selektierten, noch transformierten Angebote im WWW, die den Nutzern
direkt in Form von *Primärquellen* zur Verfügung gestellt werden. Der spezifische Vorteil des Internet zeichnet sich durch den skizzierten "Mehrwert"
der angebotenen Informationen aus, der weit über das Angebot traditioneller Medien hinausreicht. Die Chancen des WWW als Informationsmedium sind offensichtlich: "Man kann hier auf Informationen stoßen, die an-
derswo gar nicht oder nur unter hohem Aufwand zu ermitteln wären"
(Wilke, 1998, S. 182). Das Internet ermöglicht im Vorfeld von Wahlen insbesondere politischen Parteien, Originalaussagen und Quelldokumente
einer Teilöffentlichkeit als *Primärquellen* zugänglich zu machen. Die Ein-
flußmöglichkeiten der Massenmedien auf die Vermittlung von Primä-
rereignissen und Quelldokumenten werden auf virtueller Ebene erheblich
eingeschränkt. Parteipolitischen PR-Strategen hingegen ist das Bilden spezifischer WWW-Agendas möglich, die den Internet-Nutzern unmittelbar
zugänglich sind. Das Internet bietet somit primär eine "quantitative Ergänzung und Erweiterung des Mediensystems" (Mast, 1985, S. 83). Während
die traditionellen Medien – durch Selektions- und Filtermechanismen –
jeweils einen Informationsknoten bilden, bietet das Internet das Potential
vieler, heterogener und deshalb individueller Informationsknoten (vgl.
Buchstein, 1996, S. 595).

2. Probleme der virtuellen Informationsaufnahme

Probleme werfen der *information overflow* sowie die Unstrukturiertheit des
WWW auf. So vorteilhaft sich die unhierarchische, ja anarchische Struktur
des WWW auf dessen Informationsvielfalt auswirkt, so problematisch erweist sich die Suche nach spezifischen Informationen im *information overflow*: "Informationen im Internet schnell (...) für den Nutzer verfügbar zu
machen, wird in den nächsten Jahren enorm an Bedeutung gewinnen, um
die Orientierung und die Auswahl zu erleichtern" (Presse- und Informationsamt..., 1998, S. 146).

Es ist nicht gewährleistet, daß das "Mehr" an Informationen zu einer
besseren Orientierung führt. Das Szenario eines *information overflow* impli-

ziert die Gefahr einer zunehmenden Desorientierung. Treten Suchmaschinen oder Online-Dienste zwischen den *information overflow* und den Nutzer, so wird das Ideal des universellen Datenzugriffs prinzipiell eingeschränkt, nämlich um die Selektionsmechanismen und Suchpotentiale dieser Dienste, wodurch eine Annäherung zu den traditionellen Medien hergestellt wird.

Durch das Entstehen neuer Knoten im Netz – wie zum Beispiel durch Links – scheint sich trotz des dezentralen Charakters des Internet ein Abhängigkeitsverhältnis zwischen wenigen Angeboten im Netz und deren Nutzern zu entwickeln. Wie Informationsknoten im WWW entstehen, hängt – im Rahmen der Machtstrukturen im Netz – weitgehend von der Aktivität des jeweiligen Nutzers ab. Dieser kann sich dem Inhaltsverzeichnis von Online-Diensten bzw. Suchmaschinen "anvertrauen", über die Stichwortsuche von Suchmaschinen an gewünschte Informationen "herantasten" oder über Links zu den gewünschten Informationen "durchklikken". In jedem Falle ist jedoch nicht von einer unbegrenzten Informationsauswahl, sondern vielmehr von weitreichenderen, individuelleren Informationsknoten als bei traditionellen Medien zu sprechen. Für die Informationsauswahl im WWW kommt Online-Diensten, Suchmaschinen und Links somit eine zentrale Bedeutung zu. Diese Informationshilfen fördern das Etablieren individueller Informationsknoten im Netz, welche durch Bookmarks und Hotlists fest verankert werden und maßgeblich die Orientierung des einzelnen Nutzers im WWW prägen.

Ferner stellen sich mit den qualitativ stark divergierenden Angeboten des WWW Probleme der Verläßlichkeit und Glaubwürdigkeit. Das Fehlen von Selektions-, Zensur- und Kontrollmechanismen ermöglicht zwar ein breitgefächertes, unverzerrtes, jedoch gerade deswegen nicht immer verläßliches und glaubwürdiges Angebot (vgl. Wilke, 1998, S. 182-183). Die kritisch-kontrollierende Distanz zu spezifischen Angeboten – insbesondere zu *parteipolitischen Primärquellen* – erfordert im Rahmen der WWW-Nutzung den eigenverantwortlichen Umgang mit Informationen.

Die einerseits große Chance der Ausschaltung der Selektions- und Transformationsmacht traditioneller Medien birgt ein ebenso großes Risiko in sich: die Ausschaltung jeglicher Kontroll- und Kritikinstanzen. Während traditionellen Medien das Problem der Verbreitung unwahrer, unvollständiger und ungenauer Informationen anhaftet, wird die ungefilterte, unkommentierte Informationsüberflutung sukzessive zum primären Problem des Internet. Die Nutzung des WWW stellt eine hohe Anforderung an dessen Nutzer: kritische Distanz. Angebote von Interessengruppen und Parteien gelangen ohne jedwede Kritik an den Nutzer. An dieser Stelle erscheint die Chance des Internet, vergleichende Informationen zu beschaffen sowie Informationen zu verifizieren, als Notwendigkeit, um nicht durch wenige Informationsquellen zu einseitig und selektiv beeinflußt zu werden.

Prinzipiell bietet das WWW die Möglichkeit eines forcierten selektiven politischen Informationskonsums. Die Transaktionskosten – immaterielle, jedoch auch materielle Informations- und Komplexitätskosten (vgl. Bonchek, 1999) – , die für den Informationsabruf im WWW in Kauf genommen werden, hängen weitgehend von den individuell erwarteten Gratifikationen ab. Grundsätzlich erscheint es für einen Internet-Nutzer, der das WWW im Rahmen seiner kontinuierlichen politischen Meinungs- und Willensbildung nutzt, rational, aktivitätsmindernde Routinen zu akzeptieren und somit individuelle Informationsknoten zu etablieren. Überdies dürften äußere Hinweisreize, etwa von traditionellen Medien, eine weiterführende Recherche im WWW motivieren.

3. Das politische Angebot im Internet

Während bereits 1996 das Internet in den USA als "Wahlkampfarena" fungierte, Abgeordnete zum Beispiel täglich via Internet den Kontakt zu Wählern suchten (vgl. Zittel, 1998, S. 111) und bei den Vorwahlen alle nennenswerten Präsidentschaftsbewerber sowie eine Vielzahl der Kongreßkandidaten eine eigene Wahlkampfwebsite anboten (vgl. Clemens, 1998, S. 144), läßt sich für die US-Präsidentschaftswahlen 2000 ein Cyber-Wahlkampf prognostizieren, der seinem Namen und nicht futuristisch-idealistischen Utopien gerecht wird. Durch das Internet könnte erstmals ein *entscheidender* Einfluß auf ein Wahlergebnis genommen werden: Während 1996 nur 10 Prozent der US-Bevölkerung politische Informationen aus dem Internet abriefen, werden es 2000 ca. 50 Prozent sein (vgl. Mertes, 1997, S. 41).

War der Netzpräsenz der Parteien bislang mehr ein symbolischer Charakter zuzuweisen (vgl. Müller, 1998, S. 163), dienten Wahlkampfwebsites bei vergangenen Wahlkämpfen primär noch der Suggestion von Zukunftsorientierung und Bürgernähe (vgl. Clemens, 1998, S. 144), scheint sich das Internet für Wahlkämpfe sukzessive zu einer entscheidenden Variable zu entwickeln.

Das deutsche politische Informationsangebot des WWW mag zwar von anderen Unterhaltungsangeboten "überlagert" werden, stellt jedoch mittlerweile ein großes Potential dar. Allein die Friedrich-Ebert-Stiftung hat zum Beispiel über 1.000 politische Web-Adressen gesammelt und verfügbar gemacht (vgl. dazu die Übersicht auf http://www.phil.uni-passau.de/politik/service/links.htm).

Die deutschen Parteien haben im Rahmen der Bundestagswahl 1998 das WWW als direkten Kommunikationskanal zu dem spezifischen Wähler-segment der Internet-Nutzer entdeckt und für sich erschlossen. Insgesamt boten ca. 90 Parteien und Verbände Websites zur Bundestagswahl 1998 an (vgl. dpa, 24.09.1998). Alle großen und viele kleinen Parteien verfügten über einen eigenen Domain-Namen und waren in diversen Linkssamm-lungen zu Politik, Wahlen etc. enthalten (vgl. Müller, 1998, S. 160). Wäh-rend jedoch die Internet-Seiten von CDU und SPD von Werbeagenturen "durchgestylt" und fortwährend aktualisiert wurden (vgl. Krempl, 1998), hatten kleine Parteien Probleme, ihre Seiten benutzerfreundlich zu optimie-ren und fortwährend aktuell zu halten (vgl. Müller, 1998, S. 161-163). Alle Wahlkampf-Websites der Parteien boten zur Bundestagswahl 1998 einen gewissen Grundstock an Informationen: Kandidatenpräsentationen mit biographischen Daten, Photographien und Redetexten; Parteivorstellun-gen; Programme; aktuelle Stellungnahmen; Pressemitteilungen; Wahl-kampftermine; Kontaktadressen und Mitgliedsanträge (vgl. Clemens, 1998, S. 145).

Bei den meisten Parteien spiegelte das Online-Angebot ein ausgewoge-nes Verhältnis zwischen Symbolen, Personen und Texten wider. Während jedoch die großen Parteien gut gegliederte, ausführliche inhaltliche Dar-stellungen anboten, wirkten die Texte auf den Websites der kleineren Par-teien oftmals "erschlagend". Parteien des linken Spektrums, insbesondere sozialistische bzw. kommunistische Parteien, präsentierten außerordentlich umfangreiche, oft kaum mehr lesbare Texte. Die Websites nationalistischer Parteien offerierten hingegen äußerst knapp gehaltene Textdokumente (vgl. Müller, 1998, S. 161-162).

Das Online-Angebot der (großen) Parteien reichte von Plakatwänden im Web-Format bis zu interaktiven Wahlkampfbüros und aufwendigen On-line-Spots (vgl. Bieber, 1999). Die Nutzer der Websites größerer Parteien hatten die Möglichkeit, Textdokumente vom Netz zu laden und interne Suchmaschinen zu nutzen (vgl. Müller, 1998, S. 160ff.). Darüber hinaus wurden Partizipationsmöglichkeiten in Chatrooms, Diskussionsforen und Gästebüchern sowie meist interaktive Spielereien geboten, die von ernst-haften Ratespielen bis zum virtuellen Spielzeugkücken "Kohligotchi" reichten. Der Nutzer konnte sich also nicht nur informieren, sondern auch partizipieren: an politischen Ratespielen, Ideenbörsen für Wahlkampf-slogans oder Abschiedsworte an Helmut Kohl usw. (vgl. Clemens, 1998, S. 150).

Nicht nur die Parteien, sondern auch deren Kandidaten waren mit eige-nen Online-Angeboten im Netz präsent (z. B. www.guido-westerwelle.de) und trugen somit zur Personalisierung des Wahlkampfes im Internet bei (vgl. Bieber, 1999).

Zur Bundestagswahl hat sich auch eine Reihe *medialer Quellen* und Linkssammlungen im Netz etabliert. Dazu zählt zum Beispiel das Angebot http://www.wahlkampf98.de, das mit umfangreichen Archiven und Linkssammlungen einen Netz-Knotenpunkt für sämtliche politischen Angebote zur Bundestagswahl 1998 errichtete. Während der "Wahlatlas" der Friedrich-Ebert-Stiftung einen Rückblick auf vergangene Bundestagswahlen ermöglichte, versuchte das Angebot von http://www.wahlen98.de typische Wahlkampfelemente zu analysieren und zu kommentieren. Das interaktive Potential des Netzes wurde neben den zahlreichen Netzwahlen, zum Beispiel von http://spiegel.de, am besten von dem Angebot http://wahlstreet.de genutzt. Mit der Wahlstreet etablierten die Hamburger ZEIT und der Berliner Tagesspiegel ein Prognoseinstrument zur Vorhersage der Wahlergebnisse in Form einer virtuellen Börse, eines Handel mit Parteiaktien.

Einen Anhaltspunkt für die Nutzung des politischen WWW-Angebots bieten die Zugriffszahlen auf die Websites der Parteien, obwohl die quantitative Kennzahl der Hits keineswegs einen Gradmesser für die qualitative Nutzung darstellt. Nach eigenen Angaben sind im April 1998 2,6 Mio. Abrufe aus dem SPD-Angebot und 1,6 Mio. Abrufe aus dem CDU-Angebot erfolgt. Das Angebot http://wahlkampf98.de erreichte in der Wahlkampfzeit nach eigenen Angaben etwa 8 Mio. Hits pro Monat (vgl. dpa, 1998).

4. Das politische Verhalten der Internet-Nutzer

1. Design und Bewertung der Internet-Befragung
Einzureihen in die skizzierten medialen Angebote zur Bundestagswahl 1998 ist der von den Autoren entwickelte Wahltest "Wählen Sie Ihre Meinung". Die Website http://wahl-test98.org bot dem politisch interessierten Nutzer die Möglichkeit festzustellen, welche Partei er wählen müßte, hinge seine Entscheidung ausschließlich von spezifischen *issues* ab.

Bei http://wahl-test98.org handelte es sich um einen Internet-Fragebogen zur Bundestagswahl 1998, der die Übereinstimmung der individuellen politischen Meinung mit wahlprogrammatischen Aussagen der in der 13. Legislaturperiode im Bundestag vertretenen Parteien hinsichtlich spezifischer Themengebiete maß. Dazu wurden die Wahlprogramme der verschiedenen Parteien vergleichend analysiert und sechs *issues* ausgewählt (Arbeitszeit, Steuerreform, Kindergeld, Kernenergie, Staatsbürgerschaft und Wehrpflicht). Bei diesen Themengebieten handelte es sich um in der öffentlichen Diskussion relevante Bereiche, in denen signifikante Unterschiede zwischen allen Wahlprogrammen der im Bundestag vertretenen Parteien zu erkennen waren.

Zu den ausgewählten Bereichen wurden Fragen formuliert, deren vorgegebene Anwortalternativen die wahlprogrammatischen Standpunkte der Parteien widerspiegelten. Dem Nutzer des Fragebogens wurde nicht mitgeteilt, welche Partei sich hinter den Antwortalternativen verbarg, so daß Antworttendenzen, zum Beispiel in Richtung der präferierten Partei des Nutzers, ausgeschlossen werden konnten. Die Auswahl der Antwortalternativen durch die Nutzer wurden als Übereinstimmungen mit den Aussagen der entsprechenden Parteien registriert und aggregiert. Als "Wahlservice" wurde den Nutzern anschließend ihr "Meinungsprofil" angezeigt, welches wegen der geringen Anzahl an Fragen und der ausschließlichen Verwendung wahlprogrammatischer Inhalte nur als Anregung dienen sollte, sich mit Sachthemen forciert auseinanderzusetzen.

Mit dem Projekt "Wählen Sie Ihre Meinung" wurde das Ziel erreicht, Politik in unterhaltsamer Form an Nutzergruppen heranzuführen, die möglicherweise nicht über 400 Seiten Wahlprogramme gelesen haben, insbesondere auch jugendliche Computernutzer. Die Aufbereitung der Wahlprogramme der Parteien im Internet läßt zumindest darauf schließen, daß die Eigenheit dieses Mediums tatsächlich Chancen bietet, text- und bildschirmspezifische mediale Ausdrucksformen zu integrieren. Es konnte gezeigt werden, daß Sachfragen im Vergleich zu Kandidaten und Parteien eine nachgeordnete Bedeutung haben, daß aber eine kommunikative Darstellung der Inhalte entsprechende Resonanz findet und möglicherweise von den Parteien in zukünftigen Wahlkämpfen realisiert werden sollte.

Das Motiv der Nutzer, durch das Ausfüllen des Fragebogens zur Bundestagswahl eine individuelle politische Meinungsskizze und somit eine Hilfe für die individuelle Wahlentscheidung zu erhalten, ist als Indikator für das Interesse der Nutzer an politischen Inhalten im WWW zu werten. Dieser *politisch interessierte* Nutzerkreis wurde nach dem Ausfüllen des "Wahltests" gebeten, weiterführende Fragen zur politischen Nutzung des Internet zu beantworten. Dieser zweite Fragebogen stellt die Grundlage der folgenden empirischen Analysen dar.

Die Erhebung der Daten erfolgte vom 24. Juni 1998 bis zum 27. September 1998 (Tag der Bundestagswahl). An dem "Wahltest" nahmen 73.696 Nutzer teil, für das Ausfüllen des Forschungsbogens entschieden sich 27.026 Nutzer. Manipulationsversuche, zum Beispiel das Legen von "Ausfüll-Schleifen", konnten technisch (u. a. durch die IP-Adressen und Zugriffsdaten) erkannt und eliminiert werden.

Hinsichtlich der Repräsentativität der Daten ist die spezifische Situation der Internet-Befragung zu berücksichtigen. Durch sie wird die statistische Induktion, also die Abschätzung von Parametern in der Grundgesamtheit aufgrund von Stichproben, erheblich eingeschränkt.

Fraglich ist, inwieweit es die an einer willkürlichen Anzahl von Internet-Nutzern erhobenen Daten zulassen, Tendenzen in der Grundge-

samtheit aller (politisch interessierten) Internet-Nutzer abzulesen. Rückschlüsse des empirischen Ergebnisses erscheinen aufgrund der Stichprobe
in vielerlei Hinsicht problematisch. Computergestützte Umfragen via Internet werfen zwei methodische Hauptprobleme auf. Zum einen liegen
keine genauen Informationen über die Grundgesamtheit der Internet-
Nutzer vor. Zum anderen unterliegt eine Internet-Umfrage, die grundsätzlich jedem Nutzer offen steht, der auf den Fragebogen stößt, – trotz verschiedener Ankündigungsvarianten – starken Selektionseffekten. Es ist
nicht von einer aktiven Stichprobenziehung, sondern von Selbstselekti-
onsmechanismen durch die Befragten auszugehen. Ferner ist der unterschiedlichen regionalen wie überregionalen Bekanntmachung des Projekts
durch die Medien ein zusätzlicher Einfluß einzuräumen, der die Stichprobe
nicht systematisch kontrollierbar macht. Der Wahltest wurde durch zahlreiche Berichte in den Printmedien (z. B. Süddeutsche Zeitung, Rheinischer
Merkur) und im Rundfunk (z. B. ARD-Magazin Kontraste, Deutschland-
funk) sowie durch diverse Linkssammlungen zur Bundestagswahl (z. B.
wahlkampf98.de, spiegel.de) publik gemacht.

Die relativ hohen Nutzerzahlen sowie die Tatsache, daß es sich bei den
Teilnehmern an dem "Wahltest" insbesondere um die an politischen Inhalten interessierten Nutzer handelt, sollten jedoch Rückschlüsse auf die
politische Nutzung des Internet zulassen.

2. Ergebnisse des "Wahltests"
Obwohl das Projekt primär als Wahlhilfe entwickelt wurde, erlauben die in
Datenbanken anonym abgelegten Fragebögen Auswertungen und Inter-
pretationen. Eindeutige Orientierungen im Rahmen der ausgewählten
Sachfragen waren die Ausnahme, hohe Werte für die kleinen Parteien die
Regel. Nur außerordentlich wenige Nutzer lagen mit ihrer aggregierten
Meinung zu 100 Prozent oder zumindest tendenziell auf der Linie einer
Partei. Welche Parteien aber hätten die Wahl gewonnen, wäre nur nach
Sachthemen entschieden worden? Die kleinen Parteien: PDS und FDP.

Während die PDS bei der Frage der Staatsbürgerschaft mit 30,1 Prozent
sowie bei der Regelung der Wehrpflicht mit 30,8 Prozent die Mehrzahl der
Nutzer zu überzeugen schien, entschieden sich mehrheitlich 38 Prozent bei
der Arbeitszeitregelung und 27,1 Prozent bei der Regelung des Kindergeldes für die FDP. Nur bei der Steuerreform konnte sich die SPD mit 28,2
Prozent durchsetzen, die CDU im Rahmen der Kernenergie mit 45,7 Prozent. Bündnis '90/Die Grünen konnten bei keiner Sachfrage eine Mehrheit
erzielen.

Im Rahmen der Arbeitszeitregelung verteilten sich die meisten Antworten auf die Angebote jener Parteien, die konkrete, stichhaltige Aussagen in ihren Programmen trafen: FDP, Bündnis '90/Die Grünen und PDS.
Während sich 38 Prozent der Nutzer mit der FDP für eine generelle Zulas-

sung der Samstags- und Sonntagsarbeit aussprachen, vertraten 24,7 Prozent die Meinung von Bündnis '90/Die Grünen, die gesetzliche Obergrenze für die regelmäßige Wochenarbeitszeit müsse auf 40 Stunden festgeschrieben werden. Weder CDU/CSU noch SPD konnten mit vagen und abstrakten Formulierungen wie der Forderung nach "flexibleren Arbeitszeiten" nachhaltigen Eindruck machen (für diese Positionen entschieden sich jeweils weniger als 10%). Die Frage nach den Steuersätzen, bei der alle Parteien konkrete Zahlen nannten, brachte Mehrheiten für die Vorschläge der FDP, CDU und SPD, die einhellig eine Senkung des Eingangssteuersatzes auf 15 Prozent forderten. So sehr bei der Steuerreform ganz offensichtlich das eigene Portemonnaie ins Kalkül fiel, so deutlich verlor es sich bei der Frage nach der Erhöhung des Kindergeldes. Bei dieser Frage votierte die Mehrheit für den FDP-Vorschlag, wonach künftig Volljährige selbst Anspruch auf Teile dieser Förderung hätten.

Daß das Staatsbürgerschaftsrecht mit Sicherheit einer neuen Regelung bedarf, bewies der geringe Anteil von 9,8 Prozent, der die CDU/CSU-Meinung vertrat und sich somit gegen die doppelte Staatsbürgerschaft aussprach. Größeren Zuspruch gab es insbesondere für die PDS, welche das Recht auf eine doppelte Staatsbürgerschaft für jene Menschen forderte, die seit mindestens fünf Jahren ihren Lebensmittelpunkt in Deutschland haben. So deutlich das Votum für die doppelte Staatsbürgerschaft ausfiel, so deutlich war das Votum für die Nutzung der Kernenergie: 45,7 Prozent vertraten hier die CDU/CSU-Meinung und hielten einen Ausstieg für undenkbar, 30,7 Prozent schlossen sich der PDS-Meinung an und stimmten so einem schnellstmöglichen Ausstieg sowie der gleichzeitigen Reduzierung des Verbrauchs fossiler Energieträger zu. Auf den Vorschlag von Bündnis '90/Die Grünen, sofort aus der Kernenergie auszusteigen, entfielen gerade einmal 5,7 Prozent. Für die ersatzlose Abschaffung des Wehr- und Zivildienstes ohne Wenn und Aber, wie es im PDS-Wahlprogramm zu finden ist, sprachen sich 30,8 Prozent aus. Nur 16,3 Prozent hielten dagegen mit der CDU/CSU die bestehende Wehrpflichtregelung für angemessen.

Sind derartige Ergebnisse als Fiasko für die großen Volksparteien zu werten? Dieser Schluß ginge sicherlich zu weit, jedoch zeigen die Ergebnisse das eindeutige Votum der Internet-Nutzer für klar definierte inhaltliche Positionen. Die hohen PDS-Anteile sind nicht – wie es theoretisch durchaus zu vermuten wäre, jedoch auf der Grundlage des Datenmaterials ausgeschlossen werden kann – auf überhöhte ostdeutsche Nutzerzahlen, sondern insbesondere darauf zurückzuführen, wie sich die Partei in ihrem Wahlprogramm präsentierte: vergleichsweise sachlich und moderat. Die hohe Akzeptanz der programmatischen Aussagen der PDS auch im Westen weist darauf hin, daß es sich bei dieser Partei unter wahlprogrammatischen Gesichtspunkten keineswegs mehr allein um eine ostdeutsche Milieu- oder Protestpartei handelt. Trotz der erfolgten programmatischen

Annäherung wies die PDS – wie im übrigen auch die FDP und Bündnis'90/Die Grünen – konkrete Standpunkte auf. Bei den großen Volksparteien CDU/CSU und SPD wurden klare inhaltliche Positionen mehr oder weniger zum Opfer des "catch-all-Prinzips".

Die gerafft dargestellten Ergebnisse zeigen Mehrheiten, die nicht parteipolitisch, sondern offensichtlich pragmatisch motiviert sind. Mehrheiten, die sich ergeben, wenn die Alternativen bekannt sind und nur auf deren Grundlage entschieden wird. Mehrheiten, die jedoch innerhalb der Internet-Population, der jungen, politisch interessierten, vorwiegend männlichen und größtenteils auch meinungsführenden Einkommens- und Bildungselite, entstanden sind. Es wäre vermessen, dies sei ausdrücklich betont, die Ergebnisse dieser spezifischen Bevölkerungsgruppe verallgemeinernd auf die Gesamtbevölkerung zu übertragen.

3. Ergebnisse des wissenschaftlichen Fragebogens
(a) Das Profil der Nutzer[1]
Die erhobenen sozioökonomischen Merkmale sollen insbesondere darüber Auskunft geben, ob sich das skizzierte typische – junge, vorwiegend männliche, einkommens- und bildungsstarke – Nutzerprofil (vgl. van Eimeren et al., 1998, S. 424-426) auch bei der politischen Nutzerschicht etabliert hat oder bereits im Aufweichen begriffen ist. In Ergänzung hierzu werden weitere sozioökonomische und politische Merkmale der Nutzer sowie deren nicht-virtuelle soziale Aktivitäten betrachtet.

aa) Sozioökonomische Merkmale
Die politische Nutzung des Internet scheint mehr noch als die generelle Nutzung des Internet eine Männer-Domäne zu sein: 82,6 Prozent der Nutzer sind männlich, nur 14,3 Prozent weiblich.

Die Altersstruktur der Nutzer zeigt eindeutig, daß die Altersgruppe der 21- bis 30jährigen dominiert. Dieser mit 44,9 Prozent größten Altersruppe folgt mit 27,0 Prozent die Altersgruppe der 31- bis 40jährigen. Ebenfalls relativ häufig vertreten sind mit 10,6 Prozent die 41- bis 50jährigen und mit 9,7 Prozent die Nutzer zwischen 14 und 20 Jahren. Obwohl sich das junge Nutzerprofil sukzessive nach oben aufzulösen scheint, zeichnet sich eine Grenze bei einem Alter von 50 Jahren ab. So sind nur 5,9 Prozent der Nutzer über 51 Jahre alt.

In besonders starker Weise konnte das Nutzermerkmal Bildungselite nachgewiesen werden. Die Häufigkeiten der vertretenen Nutzerschichten

---

[1] Als Nutzer werden bei der Darstellung der Ergebnisse der empirischen Erhebung die Teilnehmer an dem Forschungsbogen, also die an politischen Inhalten interessierte Schicht der Internet-Nutzer, bezeichnet.

zeigen hohe Abhängigkeiten von deren Bildungsgrad: Während 34,5 Prozent über Abitur, 31,7 Prozent über einen Universitätsabschluß und 11,3 Prozent über einen Fachhochschulabschluß verfügen, besitzen nur 10,9 Prozent die Mittlere Reife, 2,7 Prozent den Hauptschulabschluß und 1,0 Prozent keinen Abschluß.

Die größten Berufsgruppen stellen Angestellte und Beamte, Schüler und Studenten sowie Selbständige und Freiberufler dar. Der Anteil der Schüler und Studenten beträgt 31,5 Prozent. Einfache und mittlere Angestellte bzw. Beamte sind mit 25,9 Prozent, leitende Angestellte bzw. Beamte mit 17,9 Prozent, Selbständige und Freiberufler mit 12,6 Prozent überdurchschnittlich stark repräsentiert. Äußerst geringe Anteile zeigen sich bei Facharbeitern mit 2,3 Prozent, Auszubildenden mit 2,2 Prozent, Arbeitslosen mit 1,6 Prozent und Rentnern mit 1,0 Prozent. Verschwindend geringe Anteile stellen Hausfrauen und Arbeiter mit je 0,6 Prozent dar.

Hinsichtlich des Familienstands der Nutzer sind ebenfalls eindeutige Tendenzen festzustellen: 62,6 Prozent sind ledig, 30,8 Prozent verheiratet. Die hohen Anteile der Ledigen einerseits sowie die geringen Anteile der Geschiedenen (3,1%) und der Verwitweten (0,4%) andererseits lassen sich insbesondere auf die Altersstruktur der Nutzer zurückführen.

Die nicht-virtuelle soziale Aktivität kann angesichts der Tatsache, daß 49,2 Prozent der Nutzer aktiv in Organisationen bzw. Institutionen mitwirken und nur 29,4 Prozent weder aktives noch passives Mitglied in einer Organisation bzw. Institution sind, als durchschnittlich bezeichnet werden. Etwaige Annahmen, Nutzer isolierten sich, tauschten soziale gegen virtuelle Kontakte und Cyber-Kapital gegen Sozial- und Humankapital, müssen aufgrund der in dieser Untersuchung gewonnenen Ergebnisse relativiert werden. Insgesamt 42,7 Prozent sind Mitglied in einem örtlichen Verein, 29,6 Prozent davon betätigen sich aktiv am Vereinsgeschehen. In einer politischen Partei sind 9,4 Prozent aktiv engagiert, weitere 9,2 Prozent sind passive Parteimitglieder. Ferner befinden sich 3,3 Prozent als aktive und 10,0 Prozent als passive Mitglieder in einer Gewerkschaft. Ein ähnliches Bild zeigt sich bei den Mitgliedern von Berufsverbänden: 5,3 Prozent sind aktives, 11,8 Prozent passives Mitglied in einem Berufsverband. In kirchlichen bzw. karitativen Vereinigungen sind 8,3 Prozent aktives und 7,4 Prozent passives Mitglied. Überdies wirken 16,5 Prozent aktiv und 12,6 Prozent passiv in anderweitigen Organisationen und Vereinigungen mit. Durch die Einbindung der Nutzer in soziale Netzwerke bestehen Schnittstellen zwischen Nutzern und Nicht-Nutzern.

bb) Politische Merkmale

Das politische Engagement der Nutzer drückt sich insbesondere in der Ausübung des Wahlrechts aus. Jedoch liegt die Wahlbeteiligung unter den Nutzern nicht höher als in der Restbevölkerung: Während zum Beispiel die

Wahlbeteiligung bei der Bundestagswahl 1998 in der wahlberechtigten Gesamtbevölkerung bei 82,2 Prozent lag, geben nur 81,7 Prozent der Nutzer die Absicht an, aktiv von ihrem Wahlrecht Gebrauch zu machen. Ein relativ hoher Anteil an Nutzern von 4,0 Prozent nimmt sein passives Wahlrecht wahr, stellt sich also zur Wahl. An Unterschriftenaktionen beteiligen sich 27,4 Prozent, bei Demonstrationen wirken 21,3 Prozent mit, Leserbriefe schreiben 13,4 Prozent, Mitglied einer Bürgerinitiative sind 3,5 Prozent. 14,2 Prozent beteiligen sich nicht an den genannten politischen Aktionen und nehmen überdies ihr Wahlrecht nicht wahr.

Insgesamt 70,7 Prozent der Nutzer geben an, sich schon einmal langfristig mit einer Partei identifiziert zu haben bzw. dies noch immer zu tun. Nur 21,3 Prozent haben sich noch nie mit einer Partei über einen längeren Zeitraum hinweg identifiziert. Der Anteil der Nutzer, deren langfristige Parteibindung und Wahlentscheidung zur Bundestagswahl 1998 übereinstimmen, liegt bei 53,7 Prozent.

Bei den Nutzern mit langfristiger Parteiidentifikation und gleichlautender Wahlabsicht zur Bundestagswahl 1998 erreichen die SPD 30,5 Prozent, B'90/Die Grünen 27,2 Prozent, die CDU/CSU 25,9 Prozent, die FDP 10,9 Prozent und die PDS 5,5 Prozent. Dabei werden insbesondere wirksame, ungebrochene Bindungen an die neuen Regierungsparteien deutlich. Ein ähnliches Bild zeigt die Verteilung derer, die sich – unabhängig von der aktuellen Situation – schon einmal mit einer Partei identifiziert haben bzw. dies noch immer tun. Dabei kommen B'90/Die Grünen auf 19,8 Prozent, die SPD auf 19,0 Prozent und die CDU/CSU auf 18,3 Prozent. Sichtbar schwächere Bindungen zeichnen sich hingegen zwischen den Nutzern und der FDP (7,9%) sowie der PDS (3,6%) ab.

Ein relativ hoher Anteil der Nutzer kann als strategisches Wählerpotential klassifiziert werden, das seiner Stimme eine hohe Bedeutung beimißt und deren Folgen exakt abzuschätzen versucht. Etwa ein Drittel der Nutzer (33,7%) hat schon einmal in Erwägung gezogen, eine andere Partei als die eigentlich bevorzugte zu wählen, um eine bestimmte Koalition zu ermöglichen; 25,3 Prozent der Nutzer haben es schon einmal erwogen, eine andere Partei als die eigentlich bevorzugte zu wählen, damit heterogenere Interessen im Parlament zum Ausdruck gelangen. Dem Vorschlag, eine Online-Demokratie einzuführen und somit die repräsentative Demokratie durch eine direkte Demokratie mit Abstimmungen im Internet zu substituieren, stehen nur 15,4 Prozent positiv gegenüber.

(a) Das politische Informationsverhalten der Nutzer
Um das politische Informationsverhalten der Nutzer im Internet bewerten zu können, werden zunächst deren Motive zur politischen Informationssuche sowie deren generelles politisches Informationsverhalten hinterfragt. Ausgangspunkt und implizite Bedingung für einen politischen Meinungs-

und Willensbildungsprozeß, der im Vorfeld von Wahlen forciert stattfindet, ist die individuelle Überzeugung von dessen Relevanz und der Relevanz des gesamten Wahlakts. Diese Relevanz ist dann gegeben, wenn nennenswerte Unterschiede zwischen den Parteien vermutet und die Eruierung dieser Unterschiede als lohnend empfunden werden. Mit 79,4 Prozent glaubt ein relativ hoher Anteil der Nutzer, daß es nennenswerte Unterschiede zwischen den im Bundestag vertretenen Parteien gibt. Nahezu ebenso groß (80,4%) ist der Anteil derer, die es als lohnend für sich selbst betrachten, diese Unterschiede zu eruieren. Von den Nutzern, die nennenswerte Unterschiede zwischen den Parteien vermuten, sind 91,4 Prozent der Meinung, es lohne sich für sie, diese zu ermitteln.

Wichtigste Informationsquellen für das aktuelle politische Geschehen sind für die Nutzer die Zeitung und das Fernsehen: 78,3 Prozent beziehen Informationen über das politische Geschehen aus der Zeitung, 77,2 Prozent aus dem Fernsehen. Eine weitere wichtige Informationsquelle stellen persönliche Gespräche dar: 55,3 Prozent beziehen hieraus entsprechende politische Informationen. Der Hörfunk wird zur politischen Informationsaufnahme von 55,1 Prozent genutzt. Hinter der Zeitung, dem Fernsehen, persönlichen Gesprächen und dem Hörfunk rangiert das Internet: 42,7 Prozent der Nutzer verwenden das Internet, um Informationen über das politische Geschehen zu erhalten. Der Anteil der Nutzer, die ausschließlich das Internet, also neben dem Internet weder Zeitung, Fernsehen noch Hörfunk zur Information über das politische Geschehen nutzen, liegt bei 6,9 Prozent. Zum einen beweist dieser Anteil die Existenz eines Nutzerkreises, der das Internet exklusiv nutzt und dadurch offenbar den Nutzen traditioneller Medien zu substituieren glaubt. Zum anderen wird jedoch auch deutlich, daß der überwiegende Anteil der Nutzer dem Netz einen ergänzenden Charakter beimißt.

Die durchschnittliche tägliche Nutzungszeit des Internet, die der politischen Information dient, liegt bei den meisten Nutzern unter einer halben Stunde: bei 56,3 Prozent bis zu 15 Minuten, bei 21,6 Prozent zwischen 15 und 30 Minuten. Der Anteil derer, die zur Information über das politische Geschehen über eine halbe Stunde das Netz nutzen, liegt bei 12,9 Prozent. Auffallend ist, daß nur geringe Anteile verschiedene Medien parallel zur Information über das politische Geschehen nutzen: Während sich 44,1 Prozent gleichzeitig über Zeitung, Fernsehen und Hörfunk politisch informieren, nutzen nur 22,8 Prozent zusätzlich noch das Internet.

Die Möglichkeiten der anderen Kommunikationsmodi des Internet werden von den Nutzern nur mäßig in Anspruch genommen. 44,9 Prozent sind weder an Mailing-Listen, Diskussionsforen und chat-groups beteiligt noch Inhaber einer eigenen Homepage: An einer Mailing-Liste nehmen 29,6 Prozent, an Diskussionsforen 22,1 Prozent, an Chats 14,0 Prozent der Nutzer teil, 18,5 Prozent verfügen über eine eigene Homepage. Somit steht die Nutzung des WWW als politisches Informationsmedium deutlich im Vordergrund.

(b) Die politische Informationssuche im WWW
Die fehlende Struktur des Netzes sowie die daraus resultierende Vielzahl potentieller Informationsknoten werfen die Frage auf, ob politische Informationen im WWW gezielt abgerufen oder vielmehr zufällig aufgefunden werden. Während mit 31,6 Prozent ein vergleichsweise geringer Anteil gezielt nach politischen Informationen im Internet sucht, stoßen mehrheitlich 55,9 Prozent eher per Zufall auf politische Informationen, wodurch diese nur schwerlich einen nachhaltigen Einfluß auf die Nutzer ausüben dürften.

Sehr niedrig erscheint mit 48,1 Prozent der Anteil derer, die zur Suche nach politischen Informationen Suchmaschinen und Linkssammlungen des WWW nutzen. 29,5 Prozent nutzen die katalogisierten Inhaltsverzeichnisse der Online-Dienste auf der Startseite. Knapp die Hälfte der Nutzer jener Online-Dienste vertraut ausschließlich auf deren Kataloge, nutzt also keine weiteren Recherchemöglichkeiten im WWW.

Der direkte Weg, um politische Informationen und politische Standpunkte zu eruieren, ist die Nutzung der Websites von Parteien und Interessenverbänden. Direkt bei den Websites der Parteien und Interessenverbände haben sich 38,9 Prozent der Nutzer informiert. Die Websites von Parteien werden von 35,3 Prozent aufgerufen: 64,6 Prozent haben also noch nicht die Möglichkeit in Anspruch genommen, sich direkt bei Parteien im WWW zu informieren. Der Anteil derer, die sich auf den Websites von Interessenverbänden informieren, liegt bei 9,7 Prozent und somit noch niedriger. Um weitergehende Informationen bei politischen Organisationen wie Parteien zu erhalten, haben 33,1 Prozent schon einmal via E-Mail Anfragen abgeschickt. Der überwiegende Anteil dieser Nutzer hat gute Erfahrungen mit E-Mail-Anfragen gemacht: 71 Prozent zeigen sich mit dem gebotenen Service der jeweiligen Organisation zufrieden; Mängel bei der Beantwortung von E-Mail-Anfragen stellen 25,7 Prozent fest; 6,1 Prozent sind unzufrieden mit dem zugesandten Material; 9,5 Prozent monieren zu lange Antwortzeiten.

aa) Art der gesuchten Informationen
Daß eine forcierte selektive Suche nach einschlägigen politischen Informationen von der Mehrheit der Nutzer nicht aktiv betrieben wird, zeigt der geringe Anteil derer, welche die Suche nach politischen Informationen häufig nach der eigenen politischen Einstellung strukturieren. So suchen beispielsweise nur 4,8 Prozent sehr oft nach politischen Informationen, die ihrer Einstellung entsprechen, während auch nur 2,5 Prozent sehr oft nach

jenen politischen Informationen suchen, die nicht ihrer politischen Einstellung entsprechen.

Insgesamt 47,9 Prozent der Nutzer haben schon einmal gezielt nach Gegenargumenten zur eigenen politischen Einstellung gesucht: 32,0 Prozent,
um die eigene Meinung kritisch zu hinterfragen bzw. zu ändern; 24,4 Prozent, um in Gesprächen besser argumentieren zu können bzw. die Argumente anderer besser widerlegen zu können; 32,8 Prozent, um mehr über
andere politische Anschauungen zu erfahren.

Von jenen Nutzern, deren langfristige Parteiidentifikation mit der
Wahlabsicht zur Bundestagswahl 1998 übereinstimmt, suchen 52,2 Prozent
nach Gegenargumenten zur eigenen politischen Position, 41,9 Prozent vertrauen hingegen auf einstellungskonforme Informationsknoten im Netz.
Bei den Nutzern, die sich noch nie langfristig mit einer Partei identifiziert
haben, zeigt sich überraschenderweise ein ausgewogenes Bild: 47,3 Prozent
suchen aktiv nach Gegenargumenten zu ihrer aktuellen politischen Einstellung, ebenfalls 47,3 Prozent tun dies nicht. Von den aktiven Parteimitgliedern suchen 63,6 Prozent nach Gegenargumenten zu ihrer politischen Einstellung, um die Argumente anderer besser widerlegen zu können.

bb) Aufwand der Informationssuche
Da 80,4 Prozent der Nutzer der Auffassung sind, es lohne sich für sie, die
Unterschiede zwischen den Parteien zu eruieren, stellt sich die Frage, wel-
che Höhe an Transaktionskosten bei der politischen Informationssuche im
WWW faktisch in Kauf genommen wird und die Aufstellung eines Partei-
endifferentials rentabel erscheinen läßt.

Die Schwelle, an der die Transaktionskosten den erwarteten Nutzen der
politischen Information übersteigen, wird am besten durch den Abbruch
der Informationssuche markiert. Wichtigster Grund hierfür ist die mangelnde Schnelligkeit des Netzes: 65,5 Prozent der Nutzer nennen zu lange
Übertragungszeiten als Grund für den Abbruch ihrer Informationssuche.
Für 22,1 Prozent sind die langen Übertragungszeiten oft der Grund, die
Informationssuche im WWW abzubrechen. Insgesamt 63,7 Prozent der
Nutzer haben die Informationssuche im WWW schon einmal abgebrochen,
weil das Gesuchte nicht auffindbar war. Für 18,0 Prozent ist die Unauf-
findbarkeit von Informationen oft der Grund, die Suchtätigkeit im WWW
abzubrechen. Die bei der Übertragung entstehenden Kosten waren bei
insgesamt 53,2 Prozent der Nutzer schon einmal Anlaß, die Informationssuche im WWW abzubrechen.

Die traditionellen Medien scheinen oftmals die politische Agenda der
Nutzer zu formen und die politische Informationssuche im WWW zu
strukturieren. So gibt für 39,6 Prozent der Nutzer die aktuelle politische
Berichterstattung in traditionellen Medien einen gewissen Anreiz, nach

ergänzenden Informationen im Internet zu suchen. Andererseits sucht ein nahezu ebenso großer Anteil von 31,2 Prozent unabhängig vom tagespolitischen Geschehen politische Informationen im Netz. Für 47,6 Prozent besteht ein grundsätzliches Interesse an politischen Themen, wodurch die politische Nutzung des WWW motiviert wird.

(c) Wirkungen

aa) Individualpsychologische Wirkungen
Um den Wirkungseffekt der politischen Informationen aus dem Internet auf die Nutzer und deren politische Willensbildung ermitteln zu können, muß zunächst der Stellenwert betrachtet werden, der den Internet-Informationen insbesondere im Vergleich zu Informationen aus traditionellen Medien von den Nutzern beigemessen wird. Wichtigstes Kriterium hierfür ist die Glaubwürdigkeit, jedoch auch das Wissen um die spezifischen Besonderheiten der Internet-Informationen im Vergleich zu Information aus traditionellen Medien. Da nicht die Glaubwürdigkeit der vielfältigen Informationsangebote – der Vertrauensobjekte – im Internet eruiert werden kann, werden im folgenden ausschließlich die Glaubwürdigkeit von Internet-Informationen im allgemeinen und infolgedessen die Glaubwürdigkeit des Internet – als Vertrauensvermittler – betrachtet.

Die Einschätzung der Glaubwürdigkeit traditioneller Medien durch die Nutzer zeigt, daß dem Fernsehen ein weitaus geringerer Stellenwert hinsichtlich der Glaubwürdigkeit und Verläßlichkeit beigemessen wird, als dies theoretische Annahmen und empirische Untersuchungen in der Gesamtbevölkerung vermuten lassen. Glaubwürdigstes traditionelles Medium ist für die Nutzer die Tagespresse: 10,9 Prozent halten die Tagespresse für sehr glaubwürdig, 50,7 Prozent für glaubwürdig, 24,1 Prozent weder für glaub-, noch für unglaubwürdig. Hinter der Tagespresse, die nur 8,0 Prozent für unglaubwürdig und 1,0 Prozent für sehr unglaubwürdig halten, rangiert in der Glaubwürdigkeitsskala der Hörfunk. Für sehr glaubwürdig halten den Hörfunk 6,9 Prozent, für glaubwürdig 42,0 Prozent, weder für glaubwürdig, noch für unglaubwürdig 34,2 Prozent, für unglaubwürdig 6,8 Prozent und für sehr unglaubwürdig 1,0 Prozent. Das Fernsehen, oftmals als das glaubwürdigste Medium "gepriesen", erreicht nur Rang 3 der Glaubwürdigkeitsskala: 3,4 Prozent halten das Fernsehen für sehr glaubwürdig, 34,4 Prozent für glaubwürdig, 36,6 Prozent weder für glaubwürdig, noch für unglaubwürdig. Bei der Einschätzung als unglaubwürdig bzw. sehr unglaubwürdig verzeichnet das Fernsehen "Spitzenwerte" von 17,1 Prozent bzw. 2,7 Prozent. Relativ schlecht im Vergleich zu den traditionellen Medien schnitten die Online-Dienste ab: Nur 1,6 Prozent halten Online-Dienste für sehr glaubwürdig, 18,5 Prozent für glaubwürdig. Es zeigen sich jedoch auch eher niedrige Anteile von 11,9 Prozent,

die Online-Dienste für unglaubwürdig halten, bzw. von 2,2 Prozent, die
Online-Dienste für sehr unglaubwürdig halten. Der hohe – im Vergleich zu
den anderen Ergebnissen höchste – Anteil der Unentschlossenen von 47,3
Prozent, die Online-Dienste also weder für glaubwürdig noch für unglaubwürdig halten, läßt darauf schließen, daß die meisten Nutzer noch
nicht wissen, wie sie Online-Dienste einzuschätzen haben.

Relativ unschlüssig zeigen sich die Nutzer auch bei der Einschätzung
der generellen Glaubwürdigkeit und des Informationswerts von Internet-
Informationen im Vergleich zu Informationen aus traditionellen Medien.
53,7 Prozent halten Informationen aus dem Internet weder für glaubwürdig noch für unglaubwürdig. So werden Internet-Informationen einerseits
von nur 1,9 Prozent der Nutzer als sehr glaubwürdig und von 19,8 Prozent
als glaubwürdig, andererseits von nur 10,1 Prozent als unglaubwürdig und
1,2 Prozent als sehr unglaubwürdig bewertet. 11,8 Prozent der Nutzer sind
der Meinung, Internet-Informationen seien sehr informativ, 38,8 Prozent
bewerten Internet-Informationen als informativ. 8,3 Prozent halten Informationen aus dem Internet hingegen für belanglos, 1,0 Prozent für sehr
belanglos. Der relativ hohe Anteil der Unentschlossenen von 24,9 Prozent
zeigt wiederum, daß es vielen Nutzern offenbar noch nicht möglich ist,
endgültige Urteile über den Wert von Internet-Informationen abzugeben.
Die "zurückhaltende" Einschätzung der Internet-Informationen läßt auf
einen eher geringfügigen Wirkungseffekt bei der Informationsaufnahme
im WWW – zum Beispiel beim Abruf dissonanter Informationen – schließen.

Summa summarum wird dem Internet jedoch mehrheitlich von 50,6
Prozent im Vergleich zu traditionellen Medien ein höherer Informations-
wert eingeräumt: 46,9 Prozent betrachten Internet-Informationen als aktueller, 37,8 Prozent als spezieller, jedoch nur 8,3 Prozent als unverzerrter;
57,3 Prozent messen den Informationen aus dem Internet einen ergänzenden Charakter bei. Für 11,0 Prozent der Nutzer sind Informationen aus
dem Internet weder spezieller, noch aktueller noch unverzerrter noch er-
gänzender als Informationen aus traditionellen Medien.

bb) Interpersonelle Wirkungen
Durch den Wissensvorsprung und ihre soziale Rolle könnten Internet-
Nutzer forciert als *opinion leader* auftreten und in dieser Funktion Internet-
Informationen mittelbar auch an Nicht-Nutzer weitergeben. Dies hängt
entscheidend davon ab, wie groß der Anteil der Internet-Nutzer ist, der als
opinion leader fungiert und in welchen sozialen Kreisen dies der Fall ist.

Ein relativ hoher Anteil der Nutzer versucht Einluß auf andere Personen zu nehmen. Dies geschieht primär über personale Kommunikations-
wege: 64,0 Prozent versuchen in persönlichen Gesprächen die eigene Meinung kundzutun und andere zu überzeugen. Nur 7,8 Prozent nutzen hier-

für die spezifischen Kommunikationsmöglichkeiten des Internet (z. B. chats), 6,1 Prozent die der traditionellen Medien (z. B. Leserbriefe).

Das bedeutet, daß sich der potentielle Einfluß der Nutzer als *opinion leader* insbesondere über die personale Kommunikation innerhalb von Primärgruppen auswirkt. Dabei ist die politische Kommunikationsbereitschaft in zwei Primärgruppen besonders hoch: im Freundeskreis und in der Familie. Zum Thema Bundestagswahl 1998 haben sich 82,3 Prozent im Freundeskreis, 80,0 Prozent in der Familie und 60,9 Prozent im Kollegenkreis unterhalten. Verschwindend gering erscheint mit 17,5 Prozent hingegen der Anteil derer, die sich mit Fremden über die Bundestagswahl 1998 unterhalten haben. Diskussionsforen im Internet scheinen (noch) nicht der Ort zu sein, an dem Nutzer über Politik sprechen. Von den Teilnehmern an Internet-Foren haben sich nur 14,1 Prozent zum Thema Bundestagswahl unterhalten. Mit 50,1 Prozent haben sich etwa die Hälfte der Parteimitglieder, die das Internet politisch nutzen, mit Parteifreunden zur Bundestagswahl 1998 unterhalten.

Während die politischen Gespräche in der Familie und bei Parteifreunden von 64,6 Prozent bzw. von 61,8 Prozent der Nutzer, die sich zur Bundestagswahl in den entsprechenden sozialen Gruppen unterhalten haben, mehrheitlich als harmonisch betrachtet werden, scheint bei Fremden, im Kollegenkreis und in Internet-Foren mehr die politische Auseinandersetzung gesucht zu werden: 57,0 Prozent von denen, die sich mit Fremden zur Bundestagswahl 1998 unterhalten haben, sprechen von kontroversen Gesprächen, im Kollegenkreis beträgt dieser Anteil 53,4 Prozent, in Internet-Foren 50,3 Prozent. Bei entsprechenden politischen Diskussionen im Freundeskreis ist ein ausgewogenes Verhältnis zwischen harmonischen und kontroversen Gesprächen zu konstatieren. Überwiegend unsachliche Gespräche finden bei Fremden und in Internet-Foren statt: Während bei allen anderen Kategorien der Anteil derer, die den politischen Gesprächen einen unsachlichen Charakter beimessen unter 7 Prozent liegt, beträgt dieser bei Fremden 19,3 Prozent und in Internet-Foren 26,7 Prozent.

Mögliche Indikatoren für *opinion leader* – politische Gespräche zu führen, nach politischen Inhalten gefragt zu werden, politische Gespräche zu beginnen und bei politischen Gesprächen als kompetent zu gelten (vgl. Immerfall, 1993, S. 247-249) – erfüllen 29,7 Prozent der Nutzer im Freundeskreis, 24,6 Prozent in der Familie, 17,4 Prozent bei Kollegen und 2,2 Prozent bei Fremden. Unter Parteimitgliedern liegt dieser Anteil bei 18,8 Prozent, unter Nutzern von Internet-Foren bei 1,9 Prozent. Als *opinion leader* fungieren Nutzer somit forciert bei Freunden und in der Familie, weniger stark ausgeprägt unter Parteimitgliedern und Kollegen.

Im Freundeskreis wurden 58,0 Prozent um die eigene politische Meinung zur Bundestagswahl 1998 gefragt, während 55,3 Prozent der Nutzer selbst die Initiative ergriffen und ein politisches Gespräch zur Bundes-

tagswahl 1998 begonnen haben. In der Familie wurden 49,7 Prozent um
ihre politische Meinung zur Bundestagswahl 1998 gefragt, 49,9 Prozent der
Nutzer haben ein solches Gespräch selbst initiiert. Deutlich niedriger liegen
die Werte im Kollegenkreis: Nur 37,9 Prozent wurden nach ihrer Meinung
gefragt, 38,9 Prozent haben selbst ein Gespräch begonnen. Ein ähnliches
Bild zeigt das Kompetenzbefinden in den einzelnen sozialen Gruppen:
Während – der eigenen Einschätzung zufolge – 44,8 Prozent der Nutzer bei
politischen Gesprächen zur Bundestagswahl 1998 im Freundeskreis als
kompetent galten, waren dies in der Familie 41,9 Prozent und im Kollegenkreis 29,7 Prozent. Interessant erscheint, daß dieser Anteil bei leiten-
den Angestellten und Beamten in der Familie bei 52,4 Prozent, im Kollegenkreis jedoch nur bei 44,3 Prozent liegt. Für Schüler und Studenten
scheint der Freundeskreis der Ort zu sein, an dem sie als kompetent gelten,
wie 50 Prozent angeben. Während 29,1 Prozent der Parteimitglieder von
Parteifreunden zur Bundestagswahl 1998 gefragt wurden, begannen 31,0
Prozent der Parteimitglieder selbst ein Gespräch mit Parteifreunden. Als
kompetent galten hierbei nach eigenen Angaben 33,3 Prozent der Parteimitglieder. Auffallend ist, daß nur 3,2 Prozent der Nutzer von Internet-
Foren denken, ihnen wäre bei politischen Gesprächen zur Bundestagswahl
1998 Kompetenz beigemessen worden. Dies läßt sich auf den apersonalen,
virtuellen Charakter der Kommunikation in Diskussionsforen zurückführen.

   Das deutliche Gefälle, das zwischen dem Freundeskreis, der Familie
und dem Kollegenkreis besteht, läßt auf die Qualität politischer Gespräche
in den diversen sozialen Gruppen schließen. Der Freundeskreis und die
Familie stellen für die Nutzer enge soziale Netzwerke dar, in denen politische Themen erörtert werden. Der Freundeskreis ist dabei noch mehr der
Ort für öffentliche, politische Diskurse als die Familie, in der letztlich private, ökonomische Themen dominieren.

5. Fazit: Die ungleiche Evolution von Mensch und Maschine

Wie bereits dargestellt, bietet das Internet – insbesondere das WWW – ein
großes politisches *Potential*. Dieses ist in unzähligen wissenschaftlichen
Beiträgen beschrieben worden. Die Frage nach der faktischen Nutzung
dieses Potentials wurde bisher jedoch weitgehend vernachlässigt.
   Realistisch und daher entmystifizierend fällt die Diagnose für die politische Nutzung des Netzes aus. Die Netzelite wird kaum ihrem Namen gerecht: Es ist weder elitär noch rational, per Zufall auf Informationen zu
stoßen, um die Spezifika der konsumierten Information nicht zu wissen,
das – wenn auch nicht unbedingt befriedigende – Angebot der Parteien zu
ignorieren.

Mit der rasanten Entwicklung von Schlüsseltechnologien, der Miniaturisierung, Digitalisierung und Vernetzung, werden jedoch schon Gedanken an eine Welt "jenseits des PC" vorstellbar: eine Palette vernetzter Produkte mit Computer- und Kommunikationsfunktionen (vgl. Computerindustrie..., 1998). Während 70 amerikanische Universitäten und 30 unabhängige Forschungszentren das Internet2 entwickeln, plant die University Cooperation for Advanced Internet Development bereits das Internet3 (vgl. Borchers, 1998). Doch so wünschenswert diese Entwicklungen zu noch schnelleren Übertragungszeiten bzw. höheren Kapazitäten sein mögen, so problematisch erweist sich eine kleine – wenn auch wachsende – Elite, die nicht einmal mit dem Prototyp richtig umzugehen weiß: Anbieter, die mögliche Potentiale nicht erkennen, Nachfrager, die bestehende Potentiale nicht zu nutzen wissen, und politische Akteure, die der gesamten Entwicklung des Internet paralysiert gegenüberstehen.

Natürlich: "Alle mußten ins Internet – zum ersten Cybercampaigning, zum ersten digitalen Wahlkampf in der deutschen Geschichte. Aber warum? Die Antwort sind sie gemeinschaftlich bis zum Schluß schuldig geblieben." (Foerster,1998)

Derzeit vermag nur das in dieser Untersuchung beschriebene politische *Potential* des Internet die schuldig gebliebene Antwort zu geben. Wichtiger wäre jedoch, daß jeder einzelne Akteur im Internet – ob Informationsanbieter oder Informationsnachfrager – selbst die Chancen und Probleme des Internet wahrzunehmen wüßte.

Die Chancen des Internet sind genauso gegenwärtig wie dessen Probleme und auch Risiken: "Die Zukunftsfrage lautet nicht mehr: 'Woher bekomme ich Informationen', sondern 'Welche Informationen oder Nachrichten sind für mich überhaupt noch wichtig?' " (Rüger, 1998, S. 47). Nur in dem Maße, wie es gelingt, die Chancen des Internet als solche zu verstehen und zu nutzen, werden auch dessen Risiken verstanden und beachtet werden. Doch die kognitive Anpassungsfähigkeit des Menschen sowie dessen Handlungsoptionen haben sich weitgehend von der technischen Entwicklung entkoppelt, ja sind nicht mehr in der Lage, mit ihr Schritt zu halten. Während die vermeintliche Elite auf ein "Internet XXL" wartet, schickt man sich in zahlreichen Werbesendungen und Volkshochschulkursen an, einer (noch) staunenden Masse das Virtuelle als das alltäglich Greifbare darzustellen. Die Evolutionsstufen des Internet und dessen Nachfolger sind definitiv nicht aufzuhalten, die des Menschen jedoch zu beschleunigen: primär durch Beratung, Aufklärung und politische Rahmenbedingungen.

Literatur

Bieber, C. (1999, 15. März). Auf Wahlkampf-Tour im Internet. Echtzeit-Experiment in fünf Etappen. *http://ftp.www.heise.de/tp/deutsch/special/wahl/2425/1.htm.*

Bonchek, M. S. (1998, 18. November). Conclusion to From broadcast to netcast: the internet and the flow of political information. *http://www.institute.strategosnet.com/msb/thesis/conclusion/conclusion.htm.*

Bonchek, M. S. (1999, 14. Januar). Grassroots in cyberspace: using computer networks to facilitate political participation. *http://www.institute.strategosnet.com/msb/ppp/grassroots.htm.*

Borchers, D. (1998, 12. November). Pioniergeist im Netz. Das Internet ist zu langsam. An seinem Nachfolger wird bereits gearbeitet. *Die ZEIT,* S. 48.

Buchstein, H. (1996). Bittere Bytes: Cyberbürger und Demokratietheorie. *Deutsche Zeitschrift für Philosophie, 44,* 583-607.

Clemens, D. (1998). Wahlkampf im Internet. In W. Gellner & F. v. Korff (Hrsg.), *Demokratie und Internet* (S. 143-156). Baden-Baden: Nomos.

Computerindustrie vor einer neuen Ära. Vernetzte Welt jenseits des PC / Massenmarkt "intelligenter" Geräte / Information wird zu Wissen (1998, 27. November). *Süddeutsche Zeitung,* S. 25.

dpa (1998, 24. September). Wo Politiker das Netz auswerfen – Parteien werben im Internet. *http://www.nz-online.de.*

Eimeren, B. v., Gerhard, H., Oehmichen, E., & Schröter, C. (1998). ARD/ZDF-Online-Studie 1998. Onlinemedien gewinnen an Bedeutung. Nutzung von Internet und Onlineangeboten elektronischer Medien in Deutschland. *Media Perspektiven,*(8), 423-435.

Foerster, U. (1998, 29. September). Wahlkampf. Neandertaler im Cyberspace. *http://www.spiegel.de/netzwelt/themen/neandertaler.htm.*

Gellner, W. (1995). Medien und Parteien. Grundmuster Politischer Kommunikation. In W. Gellner & H.-J. Veen (Hrsg.), *Umbruch und Wandel in westeuropäischen Parteiensystemen* (S. 17-33), Frankfurt a. M.: Peter Lang.

Gellner, W. (1998). Das Ende der Öffentlichkeit? In W. Gellner & F. v. Korff (Hrsg.), *Demokratie und Internet* (S.11-24). Baden-Baden: Nomos.

Gellner, W., & Strohmeier, G. (1998, 05. November). Mehrheit für PDS und FDP. Der Internet-Gemeinde gefallen die kleinen Parteien am besten. *Die ZEIT,* S. 10.

Immerfall, S. (1993). Politische Kommunikation von Parteimitgliedern. Eine mehrebenenanalytische Fallstudie zur Bundestagswahl 1990. *Zeitschrift für Politische Psychologie, 3-4,* 247-271.

Jarren, O. (1998). Internet – neue Chancen für die politische Kommunikation? *Aus Politik und Zeitgeschichte*, (B 40), 13-40.

Katz, E., & Lazarsfeld, P. F. (1962). *Persönlicher Einfluß und Meinungsbildung*. Wien: Verlag für Geschichte und Politik.

Klingemann, H.-D., & Voltmer, K. (1998). Politische Kommunikation als Wahlkampfkommunikation. In O. Jarren, U. Sarcinelli & U. Saxer (Hrsg.), *Politische Kommunikation in der demokratischen Gesellschaft. Ein Handbuch mit Lexikonteil* (S. 396-405). Opladen: Westdeutscher Verlag.

Krempl, S. (1998, 8. Oktober). Auf dem Weg zur elektronischen Demokratie? *http://ftp.heise.de/tp/deutsch/special/pol/6251/1.htm*.

Mast, C. (1985). Mediennutzung im Strukturwandel des Kommunikationssystems. In W. Mahle (Hrsg.), *Fortschritte der Medienwirkungsforschung? Neue theoretische und methodische Ansätze und Fortschritte der Medienwirkungsforschung* (S. 83-86), Berlin: Wissenschaftsverlag Volker Spiess.

Mertes, M. (1997). Folgen der Informationsgesellschaft für repräsentative Demokratie und Nationalstaat. In M. Zöller (Hrsg.), *Informationsgesellschaft. Von der organisierten Geborgenheit zur unerwarteten Selbständigkeit?* (S. 35-45), Köln: Hanns Martin Schleyer-Stiftung, Bachem.

Müller, C. (1998). Parteien im Internet. In W. Gellner & F. v. Korff (Hrsg.), *Demokratie und Internet* (S. 157-169). Baden-Baden: Nomos.

Presse- und Informationsamt der Bundesregierung (Hrsg.) (1998) *Medienbericht '98. Bericht der Bundesregierung über die Lage der Medien in der Bundesrepublik Deutschland 1998*. Bonn: Bonner Universitäts-Buchdruckerei.

Rüger, T. C. (1998). Cyberschlau im globalen Doof? Überleben zwischen Internet und digitalem Fernsehen. In M. Söder & H. C. Brixner (Hrsg.), *Start in die Zukunft. Das Future-Board* (S. 46-54). München: Hanns-Seidel-Stiftung.

Wilke, J. (1998). Internet und Journalismus. In W. Gellner & F. v. Korff (Hrsg.), *Demokratie und Internet* (S. 179-191). Baden-Baden: Nomos.

Zittel, T. (1998). Repräsentativverfassung und neue Kommunikationsmedien. In W. Gellner & F. v. Korff (Hrsg.), *Demokratie und Internet* (S. 111-125). Baden-Baden: Nomos.

Im Wahlkampf nichts Neues

Aufmerksamkeitsstrukturen der Kampagnenberichterstattung in Fernsehnachrichten

Klaus Kamps

Von George Washington wird überliefert, er habe die Wähler seines Distriktes mit Wein, Bier, Rum und anderen Annehmlichkeiten erfreut (Jamieson, 1986, S. 1). Heute beherrschen – neben den Plakaten und Kundgebungen – Kugelschreiber, Aufkleber, Luftballons, Anstecker und weiteres Allerlei den Straßenwahlkampf. Doch erscheinen in der Mediendemokratie derartige Mühen um das Wohlwollen der Wählerschaft antiquiert. Moderner Wahlkampf ist Medienwahlkampf, in erster Linie: Fernsehwahlkampf. Zumindest sind sich die Kommentatoren seit einigen Jahrzehnten weitgehend darüber einig, daß die Darstellung von Politik und ihren Akteuren im Fernsehen eine wichtige Determinante des Wahlentscheides sei (vgl. stellvertretend Müller, 1999) – obgleich Medienwirkungen en detail schwer nachzuzeichnen sind. Vordergründig fallen die Wahlspots auf, "paid media" im amerikanischen Branchenslang, mehr oder minder bezahlte Sendeminuten, die für jeden ersichtlich Werbebotschaften der Parteien oder Kandidaten zu transportieren suchen. Gleichwohl betonen sowohl Wahlkampfmanager als auch die politische Kommunikationsforschung einhellig die Rolle von "free media" für die Selbstdarstellung wie Wahrnehmung der Politik, von alltäglicher Medienberichterstattung, die offenbar unbezahlt, doch von "Wert" ist: Redeausschnitte, Interviews, Zitat-Happen ("Sound-Bites"), Pressekonferenzen, Zitationen, Zusammenfassungen von Positionen und Vorhaben, Berichte von Sitzungen, Parteitagen, Reisen etc. (vgl. Pfetsch & Schmitt-Beck, 1994; Schulz, 1997). Derartige "politische" Aufmerksamkeiten des Journalismus finden wir in Presse und Rundfunk, in Fernsehformaten wie Magazinen, Talk-Runden, Dokumentationen und zum Teil in Unterhaltungssendungen, aber auch und insbesondere: in Fernsehnachrichten. Wenn es zutrifft – und vieles spricht dafür –, daß "Fernsehpräsenz und Telegenität zur entscheidenden Machtressource politischer Führung" (Jarren & Bode, 1996, S. 110) geworden sind, dann kommt dem Fernsehen und seinem Informationsgenre in Wahlkampfzeiten aufgrund seines Reichweitenpotentials eine auch machtpolitische Rolle zu.

1. Fernsehnachrichten im Wahlkampf: Thematisierung, Personalisierung

Fernsehnachrichten sind, nicht nur in Wahlkampfzeiten, ein herausragendes Format moderner Politikvermittlung. Als traditionelle Informationsgattung des "Leitmediums" Fernsehen sind sie Teil unserer *alltäglichen* Kommunikationskultur: Statistisch wird jeder Bundesbürger täglich von einer Nachrichtensendung erreicht (Meckel & Kamps, 1998, S. 12), 90 Prozent aller Bundesbürger über 14 Jahre bezeichnen sich als an diesen Sendungen interessiert – das entspräche immerhin 54 Millionen Personen (Darschin & Horn, 1997, S. 269). Analysen belegen regelmäßig die Prominenz der Politik als Gegenstand des Genre (vgl. Kamps, 1999; Krüger, 1997), und zudem nähert sich das Publikum den Nachrichtensendungen durchaus mit dem Anspruch, sich politisch zu informieren (vgl. Berg & Kiefer, 1996). Auch gibt eine deutliche Mehrheit der Wähler an, ihnen sei in den Sendungen im Wahlkampf etwas zur Wahl aufgefallen[1] (Schulz, 1998, S. 382). Darüber hinaus scheinen Nachrichtensendungen wie kaum ein anderes Fernsehformat in der Lage zu sein, auch weniger an Politik interessierte Zuschauer mit politischen Themen, Positionen und Akteuren zu konfrontieren: "Gemessen an Reichweite, Glaubwürdigkeit, Kontinuität und subjektivem Nutzen sind sie die Gattung, die den Informationserwartungen des Fernsehpublikums am intensivsten entgegenkommt" (Meckel & Kamps, 1998, S. 11).

Nun lassen sich hieraus natürlich keine Rezeptionsfolgen ablesen; immerhin aber spricht einiges dafür, Fernsehnachrichten eine wichtige Rolle für die Politikvermittlung zuzusprechen: Zu nennen wären noch Kürze und Prägnanz, Aktualität und Visualität – Eigenschaften, die für den Beliebtheitsgrad der Gattung mitverantwortlich zeichnen dürften.

Etwa seit den 60er Jahren wird in der politischen Kommunikationsforschung zunehmend die Position vertreten, die Medien stellten insofern "mächtige" Institutionen dar, als sie in der Lage seien, Themen Publizität zu verleihen – oder sie dem Vergessen auszuliefern. Überspitzt ausgedrückt: Was nicht von den Medien aufgegriffen wird, existiert nicht als Thema von allgemeinverbindlichem Interesse. "Agenda-Setting-" oder "Agenda-Building"-Analysen haben diese These inzwischen weiter differenziert (vgl. Rössler, 1997). In unserem Zusammenhang sind in erster Linie *Priming* und *Framing* zu nennen: *Priming* meint den Umstand, daß Zuschauer Parteien und Kandidaten (auch) aufgrund der Nachrichtenberichterstattung wahrnehmen und beurteilen; *Framing* bezieht sich auf die journalistische Themenperspektive, den Deutungsrahmen und die Akzentuierung der Mel-

---

[1] Die Angabe bezieht sich auf den Bundestagswahlkampf 1994.

dungen und Berichte, die Auswirkungen zum Beispiel auf die Evaluation von politischer Verantwortung haben können (vgl. Gleich, 1998, S. 417; Iyengar, 1991, 1992; Schulz, 1997, S. 199). Wie Fernsehnachrichten Politik darstellen, welche Politik sie in ihrem engen Zeitfenster berücksichtigen, beeinflußt durchaus, was von Zuschauern als aktuelle politische Themenlandschaft beurteilt wird – auch in der sensiblen Wahlkampfphase, in der "[p]olitische Themen und politisches Personal [...] zweifellos intensiver zur Kenntnis genommen" werden (Wolf, 1987, S. 292).

Inhaltlich kann der Gegenstand einer Nachrichtenmeldung nun durch journalistische Vorentscheidungen bestimmt werden. Indes wird ihrer Form durch das Medium sowohl eine Grenze als auch eine Verpflichtung auferlegt: Dem Fernsehen und seinem Nachrichtengenre wird vor allem ein "Visualisierungszwang" nachgesagt. Was nicht *gezeigt* werden kann, hat im Prozeß journalistischer Auswahl schlechtere Karten. Visualisierung erzeugt im übrigen einen spezifischen Rezeptionskontext, audiovisuelle Medien erwecken etwa den Eindruck "unvermittelter und ungebrochener *Augenzeugenschaft*" (Hickethier, 1993, S. 14; Herv. i. O.). Der – durchaus verständliche – Hang zum Bild generiert eine Personalisierung politischer Berichterstattung. Mit Personalisierung bezeichnet die Kommunikationsforschung eine Tendenz in Präsentation und Gewichtung, Politiker als Träger *und* Inhalt der Information, als Bote *und* Nachricht einzubinden. Politik ist ja in der Regel abstraktes Geschehen. Demokratie läßt sich ebensowenig filmen wie Arbeitslosenquoten oder gar ein Reformstau. Themen an Personen zu binden, ist letztlich die Antwort auf die Frage: Wie soll man abstrakte Vorgänge visualisieren, wie "soll man Unsichtbares sichtbar machen" (Kreimeier, 1992, S. 29)? Im Wahlkontext wird nun wiederholt diskutiert, in welchem Maße Kampagnen personalisiert ausgetragen werden – "[e]rst kommt der Kandidat, dann die Partei" (Brettschneider, 1998, S. 392) –, darüber "amerikanische" Züge annehmen und Kandidaten dann u. a. auch anhand nicht-politischer Charakteristika beurteilt werden, wodurch die Kandidatenbeurteilung "sich nicht erheblich von der Qualität eines Schönheitswettbewerbes" unterscheide (Brettschneider, 1998, S. 392).

Diese beiden Punkte – Thematisierung und Personalisierung – sind gleichwohl nicht einseitig vom journalistischen System implementierte Phänomene. Vielmehr korrespondieren sie mit dem Bemühen politischer Akteure, zum Beispiel Kandidaten und aus ihrer Sicht relevante (wünschenswerte) Themen in der Öffentlichkeit zu etablieren. Mehr als zu anderen Zeiten ist die mediale Diskussion um Personen, Posten, Themen, Absichten, Ziele während des Wahlkampfes auch Produkt des politischen Kommunika-tionsmanagements. Neben eine offenkundige Werbekampagne – Wahlplakate, Wahlspots, Reden – tritt heute eine weniger transparente Medienkampagne: Das Bestreben, die Aufmerksamkeit der Medien auf die Kandidaten zu lenken, die Medien-Agenda, insbesondere die der tagesaktuellen Nachrichtenmedien, mit eigenen Prioritäten zu synchronisieren und darüber Images und Kompetenzzuschreibungen nahezulegen. "Daher wird der Medienwahlkampf, das heißt der Versuch, die aktuelle Berichterstattung als kostenlosen Werbeträger zu instrumentalisieren, als 'Zentralachse' des gesamten Wahlkampfes aufgefaßt" (Pfetsch & Schmitt-Beck, 1994, S. 235). Amerikanische Wahlkampfmanager sprechen auch von *riding the wave*, von einem *dynamic momentum* zwischen Medienberichterstattung, öffentlicher Aufmerksamkeit und Unterstützung; gelingt es ihnen nicht, die Medien in ihrem Sinne einzustellen, dann zieht bezeichnenderweise eine *press crisis* auf (Arterton, 1984, S. 25).

Eine derartige Konzentration auf die Medien ist im übrigen unabhängig von faktischen Medienwirkungen zu sehen; vielmehr gehen politische Akteure wohl von einem "Vorverdacht" (Merten, 1991, S. 190) aus – sie unterstellen Wirkungen und orientieren ihre Aktivitäten an der Orientierungslogik der Medien, zum Beispiel an Nachrichtenwerten, Aufmerksamkeitsfaktoren. Auch im Zusammenhang mit Fernsehnachrichten lassen sich entsprechende Präventivmaßnahmen beobachten. *Prime-Time-Politics*: Das eigene Tun und Lassen wird als nachrichtenwürdig verkauft und termingerecht angeboten; man versucht, in die Nachrichtensendung "zu kommen", ja die Nachricht selbst zu *sein* (vgl. Graber, 1991; Kamps, 1999). Den offensichtlichsten Ausdruck findet *Prime-Time-Politics* in "Pseudo-Ereignissen", in Handlungen, "die mehr oder weniger gezielt in Szene gesetzt werden, um entweder Aufmerksamkeit zu erwecken oder aber um einen bestimmten Eindruck zu vermitteln" (Kunczik, 1990, S. 38). Man kann Pseudo-Ereignisse auch verstehen als Reaktion der politischen Akteure auf eine drohende Einflußlosigkeit auf die Medienagenda. Reaktanz, also Widerstandspotential gegen politische Einseitigkeit, kann nun sowohl dem Journalismus als auch seinem Publikum zugesprochen werden (vgl. Schulz, 1998, S. 385). Um so wichtiger werden in dem subtilen Interaktionsgefüge zwischen politischem und journalistischem System Fragen nach der "diskretionären Macht der Medien" (Schulz, 1997, S. 208). In unserem Zusammenhang zum Beispiel: Verbirgt sich hinter der Chronistentätigkeit der Nachrichtensendungen auch ein persuasiver Kommunikationstyp?

2. Aufmerksamkeitsstrukturen in Fernsehnachrichten

Fernsehnachrichten als Beobachtungssystem der Gesellschaft erheben den Anspruch, politisch neutral ihrem Publikum einen so aktuellen und relevanten wie nachvollziehbaren Querschnitt durch die politische Landschaft anzutragen. Tag für Tag konfrontieren sie uns mit Akteuren und Entwicklungen, die als "nachrichtenwürdig" befunden werden und unter dem Signum "politische Information" Beachtung einfordern. Dieses Kontinuum aus verbalen und visuellen Schlüsselreizen läßt sich als Aufmerksamkeitsstruktur der besonderen Art lesen: Im Kontext formatspezifischer Präsentation verweisen die Sendungen auf Themen und Personen, auf beachtenswerte und weniger beachtenswerte Entwicklungen, auf die Plots eines offenbar unaufhörlichen politischen "Dramas" (Protagonisten, Problem, Konflikt, möglicherweise Auflösung). Auswahl und Präsentation von Berichten sind dabei weitgehend standardisiert (wenngleich mit senderspezifischen Unterschieden). Der politische Alltag zeigt sich dann in Fernsehnachrichten als routinierter, ritualisierter Medienalltag: Anmoderation, Vorfahrten vor Sitzungsgebäuden, Interview-, Debatten- und Redeausschnitte, der einträchtige Willkommensgestus am Kabinettstisch. Politik geriert sich so *auch* als lebendige, abwechslungsreich gestaltete Folge aus Bildern und Tönen; abstraktere Details der Politik dürften bisweilen nur aufmerksamen Zuschauern erkenntlich sein (vgl. Kamps, 1998, S. 41-43).

Dergestalt entwerfen Fernsehnachrichten im Tagesrhythmus eine auf Personen und Themen konzentrierte politische Aufmerksamkeitshierarchie. Aus der Vielfalt der möglichen Themen, Personen, aber auch Themenzugänge und Darstellungsweisen konzeptionalisieren sie eine häufig stereotypisierte politische Nachrichtenwelt, in die manche Personen und Themen einen systematisch leichteren Eingang finden als andere. Deren Permanenz suggeriert wiederum die *Wahr*nehmung einer Politik, die sich um einige prominente Akteure und wiederkehrende Themen schart, während andere außen vor bleiben: "TV news promotes certain 'ways of seeing' the world, and thus, of necessity, excludes other ways" (Dahlgren, 1982, S. 45).

Je mehr nun Wähler ihren Wahlentscheid an Themen und Personen festmachen, an Kompetenzzuschreibungen, und je besser das Image von Fernsehnachrichten als Informationsvermittler ist, desto eher gewinnt die Frage an Bedeutung, welche Aufmerksamkeitsstrukturen sich in den Nachrichtensendungen manifestieren. Roger Masters (1983) etwa sieht generell in Wahlkämpfen den Versuch von Politikern, eine auf sie konzentrierte Aufmerksamkeitsstruktur aufzubauen; und in einer vergleichenden Arbeit zur Fernsehnachrichtenberichterstattung in verschiedenen Demokratien fanden Masters, Frey und Bente (1991, S. 379-380) Muster der Präsentation von Macht: "[T]he results show, directly and visibly, patterns of leadership and influence [...]". Unter dem Signum allgemeingültiger (und verbindlicher?) Information verweist das Genre eben auf *Teile* der außermedialen Wirklichkeit; diese wird natürlich nicht eins-zu-eins von den Rezipienten übernommen. Gleichwohl sind die Sendungen mit ihrem Angebot als ein Beobachtungsinstrument (unter anderen) zu verstehen, das seinem Publikum eine politische Welt offeriert, die es zu beachten und zu beurteilen gilt (vgl. Brettschneider, 1998).

Die wahltypische Konkurrenzsituation umfaßt dabei Themen und Personen, die dem dispersen Elektorat angeboten werden (müssen); daraus ergeben sich durchaus "konfligierende Interessen in Hinblick auf den Zugang zu den Medien" (Pfetsch & Schmitt-Beck, 1994, S. 239), weil die Parteien die Filter- wie Multiplikationsfunktion der Medien noch sorgsamer als gewöhnlich betrachten und sich ihr kommunikativer Koordinierungsbedarf steigert (oder zu steigern scheint): "Gezielte 'Medienarbeit' soll die Stimmungslage in den Medien während des Wahlkampfes verbessern und die Transportwege für Informationen und Meinungen offenhalten" (Wolf, 1987, S. 293). Wichtige Herausforderungen des politischen Kommunikationsmanagements im Wahlkampf sind dann die Verankerung von ausgesuchten Themen und wohlpräperierten Kandidaten(-Images) in der konkurrenzintensiven Medienberichterstattung. Medienaufmerksamkeit wird zum knappen Gut für die politischen Akteure einer Informations- und Kommunikationsgesellschaft: "Media attention is obviously a scarce and valuable resource, precisely because communication is necessary if one is to change the behavior of other members of society" (Masters, Frey & Bente, 1991, S. 376).

Aufmerksamkeitsstrukturen spiegeln sich nun nicht allein in der schlichten Zuwendung zu einem Thema und relevanten Akteuren; im Sinne der angesprochenen "diskretionären Macht der Medien" gewinnen formatspezifische Präsentationen an Bedeutung, Visualisierungs- und Verbalisierungsweisen – auch unabhängig von politischen Meinungen der Zuschauer (vgl. Kepplinger, Dahlem & Brosius, 1993). Über die Verknüpfung von Personen, Orten und Vorgängen realisiert sich so ein Narrativ (vgl. Hickethier, 1998), ein Erzählvorgang, der eine Fernsehnachrichtenwelt generiert. Diese Welt ist impressionistisch, und Ziel dieser Analyse ist es nachzuzeichnen, in welcher Form die Politik (Themen, Personen) hier integriert wird.

3. Forschungsleitende Fragen und Design der Analyse

Die vorliegende Studie beschäftigt sich mit Thematisierungs- und Personalisierungsmerkmalen in Fernsehnachrichten während des Bundestagswahlkampfes 1998.[2] Vor dem Hintergrund der skizzierten Rolle der Medien und des Genre Fernsehnachrichten für die politische Kommunika-

---

[2] Anmerkung des Autors: Ich danke für die manchesmal aufopfernde Mitarbeit an diesem Projekt (in alphabetischer Reihenfolge): Thomas Kron, Stefanie Kuhne, Heike Scholten, Ingo Seligmüller.

tion werden Aufmerksamkeitsstrukturen zu Themen und Personen im
Wahlkampfkontext nachvollzogen (vgl. Abb. 1).

Abbildung 1: Analysekontext

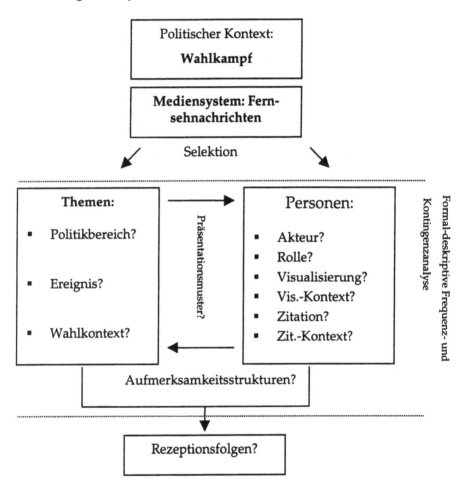

Folgende Fragen stehen hier im Mittelpunkt: Welche Themen werden von
den Sendungen in ihrer Wahlkampfberichterstattung angesprochen? In
welchen Darstellungsoptionen werden sie eingebettet? Welche Akteure
stehen dabei im Vordergrund? Inwieweit werden die beiden Kanzlerkandidaten, Helmut Kohl und Gerhard Schröder, sowie andere Spitzenpolitiker der im Bundestag vertretenen Parteien auch unabhängig von "Wahl-
kampfberichten" Gegenstand der Nachrichtensendungen? Wie kommen
Spitzenpolitiker zu Wort, wie werden sie zitiert und visuell präsentiert? Im
Wahlkontext ist eine weitere Frage zusätzlich von Belang: Inwieweit haben

Amtsinhaber über die Berichterstattung ihrer Amtsführung einen Aufmerksamkeitsbonus, einen "Amtsbonus", ein "Publizitätsprivileg" (Schatz, 1980, S. 24)?[3]

Gegenstand der Untersuchung waren die abendlichen Hauptnachrichtensendungen der führenden vier Vollprogramme in der Bundesrepublik: ARD (Tagesschau), ZDF (heute), RTL (RTL-aktuell), SAT.1 (18:30) im Zeitraum vom 16. August bis zum 26. September 1998. Das entspricht den letzten sechs Wochen vor der Wahl, umfaßt also die "heiße" Wahlkampfphase. Aus diesen insgesamt 168 Sendungen wurde eine repräsentative Stichprobe von 21 Tagen[4] gezogen; letztlich fanden 83 Sendungen[5] Eingang in die Inhaltsanalyse.

Tabelle 1: Übersicht zu den kodierten Sendungen/Meldungen

	ARD Tagesschau	ZDF heute	RTL- Aktuell	SAT.1 18:30
Sendungen	21	21	21	20
Sendezeit insgesamt*	17673	20506	23865	22183
Ø Sendezeit*	842	976	1136	1109
Untersuchte Meldungen	35	33	31	34
Zeit unters. Meldungen insgesamt*	3847	3551	2973	5141
Ø Zeit unters. Meldungen*	110	111	99	151

*In Sekunden

---

[3] Nicht berücksichtigt wurden Kategorien, die Bewertungen von Kandidaten oder Parteien oder deren Programm erfassen (vgl. hierzu Hagen, Zeh & Berens, 1998; Schulz, 1998), da sich die Studie auf diskretionäre Strukturen konzentriert.

[4] Bei diesen Tagen handelt es sich um den 18.8., 21.8., 24.8., 28.8., 30.8., 1.9., 3.-6.9., 10.9., 12.9., 14.9., 16.9., 17.9., 20.-23.9., 25.9. sowie den 26.9.1998.

[5] Die SAT.1-Sendung vom 26. September konnte aufgrund einer fehlerhaften Aufnahme nicht kodiert werden. Leider war es auch dem Sender nicht möglich, die gesamte Sendung nachzuliefern. In der Interpretation der Befunde wird darauf hingewiesen, sobald diese Einschränkung von Belang ist.

Innerhalb dieser Sendungen wurden im Rahmen einer formal-
deskriptiven Frequenz- und Kontingenzanalyse all jene Meldungen kodiert, die a) in Wort und/oder Bild einen direkten Bezug zum Wahlkampf
aufwiesen, sowie solche, die b) einen der beiden Kanzlerkandidaten oder
einen Spitzenpolitiker oder Spitzenpolitikerin der im Bundestag vertretenen Parteien in Bewegt- oder Standbilder zeigten und/oder namentlich
erwähnten. Das Kodierschema konzentrierte sich dabei – neben allgemeinen Strukturmerkmalen der Sendungen respektive der analysierten Meldungen – auf Kategorien, die visuelle oder verbale Aufmerksamkeiten des
Nachrichtenjournalismus widerspiegeln: Nennungen, direkte/ indirekte
Zitationen, angesprochene Themen, Visualisierungskontexte u.a.

4. Befunde

Zunächst ein Überblick über die Integration des Wahlkampfes selbst als
Gegenstand der Berichterstattung: Hier wurde unterschieden, ob sich die
Berichte konkret auf entsprechend auch gekennzeichnete Wahlkampfak-
tionen bezogen, ob ein thematischer Bezug hergeleitet wurde, ob der Bezug
indirekt erfolgte – etwa indem lediglich in der Moderation auf die kom-
mende Wahl hingewiesen wurde – und ob eben keinerlei Wahlkampfbezug
erkennbar war (und die Meldung in die Analyse einbezogen wurde, weil
ein Spitzenakteur der im Bundestag vertretenen Parteien visuell oder verbal erwähnt wurde).

Tabelle 2: Wahlkampfbezug: Anzahl der Meldungen und Gesamtzeit

	ARD Tagesschau		ZDF heute		RTL-Aktuell		SAT.1 18:30	
	n	Zeit*	n	Zeit*	n	Zeit*	n	Zeit*
Wahlkampf	7	947	14	1412	22	2340	16	2020
Direkter thematischer Bezug	14	1369	10	1105	6	234	2	134
Indirekter Bezug		540	5	443	2	134	3	180
Kein Bezug	9	991	4	621	1	290	5	595

* In Sekunden

Durchaus definieren die untersuchten Sendungen den Wahlkampf selbst als berichtenswerten Vorgang. Immerhin verwenden alle Nachrichten im Untersuchungszeitraum zusammengenommen etwa acht Prozent ihrer Gesamtsendezeit auf Berichte, die sich explizit mit der Wahlkampagne beschäftigen, etwa 13 Prozent auf solche, in denen auf die eine oder andere Art die Wahl eine Rolle spielte. Auffällig ist im Vergleich der öffentlich-rechtlichen mit den privaten Sendungen, daß die privaten sich häufiger auf diesen Wahlkampf als Ereignis selbst konzentrieren, während das Verhältnis sich bei den öffentlich-rechtlichen Sendern etwas anders darstellt; dort wird ein Bezug zur Wahl eher über ein Thema oder indirekt gegeben. So verwendet die *Tagesschau* 5,4 Prozent ihrer gesamten Sendezeit direkt auf den Wahlkampf, *ZDF-heute* 6,9 Prozent, *RTL-aktuell* 9,8 Prozent, *18:30* 9,1 Prozent. Dieses leichte Ungleichgewicht ergibt sich in erster Linie dadurch, daß die beiden privaten Sender kurz vor der Wahl längere Berichte über den Wahlkampf ansetzten, durchaus im Sinne einer Meta-Kommunikation – "Wahlkampfendspurt", aber auch "Bonn am Tag vor der Wahl" als selbstreferentielles Medienereignis.

Welche Themen werden nun angesprochen? Wie erwähnt dürfte es eine besondere Funktion von Fernsehnachrichten sein, einen "Querschnitt" durch die politische Landschaft anzubieten, und diese Orientierungsfunktion über das politische Klima dürfte kurz vor einer Wahl besonderes Gewicht besitzen – vorausgesetzt das Publikum entwickelt im Wahlkampf eine Sensibilität für die Politikvermittlung, für Akteure, Konflikte, Positionen (vgl. Wolf, 1987). Zunächst werden allgemeine Themenvariablen herangezogen:

Tabelle 3: Themen/Politikbereiche allgemein

	ARD Tagesschau		ZDF heute		RTL Aktuell		SAT.1 18:30	
	n	%*	n	%*	n	%*	n	%*
Innenpolitik	24	57,2	22	61,5	25	64,1	27	83,4
Außenpolitik/ Internat. Politik	6	23,4	4	17,1	1	9,7	4	7,4
Finanz/Steuer/ Wirtschafts- politik	4	18,8	5	20,8	5	26,2	3	9,2
Sonstige	1	0,6	2	0,6	-	-	-	-

*In Prozent der Zeit der untersuchten Meldungen dieses Senders

Dieser Trend zur Innenpolitik war indes zu erwarten: Die studienspezifische Auswahl der Meldungen – Konzentration, wenn auch nicht ausschließlich, auf Meldungen mit Verweisen auf Wahlen/Wahlkampf – implizierte bereits ein Übergewicht der Innenpolitik. Damit schlägt auch in diesen Werten die angedeutete Tendenz durch, daß sich die privaten Sender etwas mehr auf den Wahlkampf als Ereignis selbst konzentrieren – auffallend hier SAT.1. Differenziertere Themenvariablen wurden im Zusammenhang mit direkten bzw. indirekten Zitationen der politischen Akteure (Kanzlerkandidaten und Spitzenpolitiker) kodiert (s. u.). Allerdings fallen durch die Kodieranweisung im Grunde nur solche politischen Berichte heraus, die rein internationaler Natur sind und in denen Spitzenpolitiker der Bundesrepublik weder verbal noch visuell integriert werden. Im allgemeinen machen solche Meldungen etwa 10 bis 15 Prozent aus (Kamps, 1999). Auch bei einer entsprechenden Gewichtung liegen die Werte für die Innenpolitik dann leicht über dem "Normalniveau", mit anderen Worten ist in der Wahlkampfphase durchaus ein – wenn auch nicht extensiver – zentripedaler Trend zur Selbstbeobachtung gegeben.

Kern einer solchen informationellen Selbstbeobachtung sind aktualisierte Wahltrends. Der Wahlausgang war in der Tat eine Komponente der Nachrichtenberichterstattung im Untersuchungszeitraum. Allein die ARD verwendete keine grafischen Prognosen, und während SAT.1 und das ZDF drei bzw. zwei solcher Grafikelemente ("Sonntagsfrage"; "Politbarometer") anführten, ließ RTL-aktuell am Ende der Sendungen jeweils ein Banner mit täglich aktualisierten Umfrageergebnissen durch das Bild laufen.

Fernsehnachrichten sind, wie erwähnt, im Rahmen der politischen Berichterstattung auf Personen als Mittler von Positionen, Zielen, Vorhaben angewiesen: Die Politikdarstellung orientiert sich an Akteuren, die Statements abgeben, Reden, Interviews, Sound-Bites – die aber auch als bloße visuelle Beilage, etwa in einem Zwischenschnitt, dienen können. Die Sendungen erzeugen damit eine komplexe, multimodale Aufmerksamkeitsstruktur, ein Geflecht aus Bildern, Tönen, verbalen und visuellen Verweisen, die für die Einschätzung der Politik insgesamt, aber eben auch der Prominenz einzelner Akteure bedeutsam sein kann. Welche Personen standen nun während des Wahlkampfes im Mittelpunkt der Berichterstattung? Vor allem: Wie werden die Kanzlerkandidaten eingebunden und dargestellt, wer kommt womit zu Wort und in welchem Kontext? Wer nimmt Bezug auf wen, auf welche Parteiposition?

Zunächst einige allgemeine Werte zur Zuwendung der Nachrichtensendungen gegenüber den Kanzlerkandidaten und anderen Spitzenpolitikern. Hier wurden schlicht alle Nennungen der Personen kodiert, das heißt Namen bzw. Ansprache mit Amtstitel, sowie die Nennung der Partei. Diese Verweise auf eine Person oder Partei sind dabei nicht allein dem Journalismus zuzuschreiben; hier wurden auch solche festgehalten, die von

anderen Akteuren erfolgten. Damit soll einstweilen eine erste Skizze zu
Aufmerksamkeiten angedeutet werden, für die solche Nennungen ein
(möglicher unter anderen) Indikator sind.

Tabelle 4: Nennungen politischer Akteure/Parteien: Anzahl

	ARD Tagesschau	ZDF heute	RTL- Aktuell	SAT.1 18:30
Helmut Kohl	47	52	60	77
Andere Spitzenpolitiker der CDU	19	18	9	13
Gesamt Politiker CDU	66	70	69	90
Nennung Partei: CDU	13	15	19	23
Gerhard Schröder	22	34	41	40
Andere Spitzenpolitiker der SPD	11	13	6	15
Gesamt Politiker SPD	33	47	47	55
Nennung Partei: SPD	35	34	47	33
Spitzenpolitiker F.D.P.	10	8	4	6
Nennung Partei: F.D.P.	13	15	15	9
Spitzenpolitiker Bündnis 90/Grüne	6	3	5	8
Nennung Partei: Bündnis 90/Grüne	22	6	20	19
Spitzenpolitiker CSU	18	12	13	14
Nennung Partei: CSU	16	21	12	10
Spitzenpolitiker PDS	4	-	6	7
Nennung Partei: PDS	13	7	4	20

Die Tabelle verweist auf einige Trends: Zunächst stehen die SPD und CDU
deutlich im Vordergrund, auch ihre beiden Kanzlerkandidaten, allen voran
Helmut Kohl (insbesondere bei SAT.1), der zugleich in den CDU-Daten
deutlich mehr ins Gewicht fällt als Gerhard Schröder bei der SPD. Inwieweit sich darin ein "Kanzlerbonus" widerspiegelt, Kohl also häufig aufgrund seiner Regierungsarbeit Erwähnung findet, wird noch zu eruieren
sein. Diesen Werten nach besaß der Kanzler einen Aufmerksamkeitsvorsprung gegenüber seinem Herausforderer, dessen Partei wird indes häufiger genannt als die CDU. Bei näherer Betrachtung – wer verweist auf wen –
zeigt sich im übrigen, daß die hohen Werte des ehemaligen Bundeskanzlers
sich nicht allein durch Nennungen seitens des Journalismus ergeben, sondern auch dadurch, daß Gerhard Schröder und Spitzenpolitiker der SPD
recht häufig auf ihn verweisen, etwa um sich von seiner Politik abzugrenzen; umgekehrt sind die Werte deutlich niedriger. Das korrespondiert (oh-

ne sie zu belegen) mit einer kommunikativen Ignorierungsstrategie, die sich bereits in vorherigen Wahlkämpfen Helmut Kohls beobachten ließ (Schulz, 1998, S. 386).

Bei den kleineren Parteien läßt sich ein kleiner Aufmerksamkeitsvorsprung der Regierungspartner ausmachen. Bei diesen Parteien fallen Personen insgesamt weniger ins Gewicht, bei ihnen dominieren Parteinennnungen. Das spiegelt sich auch in der Zahl der tatsächlich bezeichneten Politiker wider: Für die CDU wie auch die SPD werden gleichermaßen 16 Akteure angeführt, bei den anderen Parteien liegt diese Zahl zwischen vier und sechs. Rechnet man nun die Nennungen auf die eigentliche Sendezeit der untersuchten Meldungen um, so wird auf Helmut Kohl, Spitzenpolitiker der CDU bzw. die CDU selbst etwa alle 47 Sekunden verwiesen; Gerhard Schröder und Akteure der SPD bzw. die SPD dürfen etwa in einem 46-Sekunden-Takt mit Erwähnung rechnen (bedingt durch die hohen Parteinennungen); bei allen anderen zusammen liegt der entsprechende Wert lediglich bei 43 Sekunden.

Festzuhalten bleibt, daß sich die in den direkten Nennungen widerspiegelnde Aufmerksamkeitsstruktur durch eine Tendenz zur Konzentration auf die Spitzenkandidaten auszeichnet; bei den kleineren Parteien ist eine derartige Komponente der "Personalisierung" weniger auszumachen. Inwieweit sind diese Verbalverweise in den Wahlkontext eingebunden? Die folgende Abbildung faßt Personennennungen mit der Kategorie "Bezug zum Wahlkampf" zusammen:

Tabelle 5: Wahlkampfkontext Verbalverweise: Anzahl

	Wahlkampf	Direkter Bezug	Indirekter Bezug	Kein Bezug
Helmut Kohl	124	74	10	18
Spitzenpolitiker CDU	16	30	5	8
Gerhard Schröder	91	39	2	5
Spitzenpolitiker SPD	18	20	4	3
Spitzenpolitiker F.D.P.	6	14	3	5
Spitzenpolitiker Bündnis 90/Grüne	19	3	-	-
Spitzenpolitiker CSU	25	21	11	-
Spitzenpolitiker PDS	14	1	2	-

Der Aufmerksamkeitsbonus Helmut Kohls verteilt sich nach dieser Betrachtungsweise gleichmäßig über wahlkampfspezifische als auch weniger wahlkampfbezogene Berichte; er ist bisher nicht als ausgesprochener "Amts"-Bonus zu lesen, eher als gesteigerter Ausdruck eine beide Spitzenkandidaten fokussierenden, personalisierenden Berichterstattungsstruktur, in der Kohl einen Aufmerksamkeitsvorsprung genießt. Der hohe Wert der Nennungen von CSU-Politikern im Wahlkontext ist im übrigen auf die Landtagswahl in Bayern zurückzuführen, die stets mit mehr oder weniger ausdrücklichen Implikationen für den Bundestagswahlkampf angeführt wurde. Ansonsten spiegelt sich auch hier eine Polarisierung zwischen den beiden Volksparteien und den kleineren Parteien: Die beiden Kanzlerkandidaten dominieren in den Verbalverweisen die Wahlkampfberichterstattung.

Nun besitzen solche Nennungen lediglich Hinweischarakter. Ein zusätzlicher, gewichtigerer Indikator ist der Verweis auf Argumente, Meinungen, Positionen und Vorstellungen der Kandidaten respektive der Parteien; auch diese Werte beinhalten die Verweise aller Akteure, sie sind nicht allein dem Journalismus zuzuschreiben:

Tabelle 6: Nennung Kandidaten-/Parteiposition gesamt: Anzahl

	CDU	SPD	F.D.P.	GRÜNE	CSU	PDS
Innenpolitik	9	14	5	6	2	-
Außenpolitik	13	7	6	3	-	1
Arbeitsmarkt	-	2	-	-	-	-
Parteiinterna	3	2	-	-	-	-
Wahlausgang, Koalitionsfrage	24	42	12	16	6	10
Steuern, Finanzen	8	11	5	1	13	-
Landtagswahl Bayern	4	4	-	3	8	-
Sonstige	5	4	-	-	-	1
Gesamt	66	86	28	29	29	12

Erneut wird hier insofern eine hierarchische Tendenz unterstrichen, als den beiden Volksparteien respektive ihren Politikern mehr Aufmerksamkeit zukommt als den kleineren Parteien. Dabei stehen die Innenpolitik bei der SPD, die Außenpolitik bei der CDU leicht, insbesondere aber der Wahlkampf selbst bzw. die Frage möglicher Koalitionen je nach Wahlausgang, deutlich im Vordergrund; in erster Linie im Zusammenhang mit der SPD

oder Gerhard Schröder wird die Koalitionsfrage häufig aufgeworfen. Derartige Präferenzen der Politikvermittlung in Fernsehnachrichten zeigen,
daß Wahlkämpfe dort nicht *nur* an Personen festgemacht werden, sondern
gebunden bleiben an materielle Politik (z. B. Steuern oder Finanzen) oder
Fragen richtungspolitischer Art (vgl. Pfetsch & Schmitt-Beck, 1994). Ein
CSU-spezifischer Themenschwerpunkt ergibt sich durch die Landtagswahl
in Bayern.

Bei näherer Betrachtung der insgesamt realisierten Themen ist jedoch
zugleich die Einschätzung der Informationsofferten zu relativieren: Sicher
wird über die als "Barometer" apostrophierten Landtagswahlen in Sachsen-
Anhalt und in Bayern informiert. Auch die Koalitionsfrage, als wichtige
mittelfristige Entscheidung, wird häufig aufgeworfen und wiederholt von
allen Seiten betrachtet, und zudem wird, wie erwähnt, auch Auskunft über
Wahltrends gegeben (gleichfalls wird über Erst- und Zweitstimme *aufge-
klärt*). Weitgehend unter "De-Thematisierung" fallen aber Filmberichte wie
der über "Hannelore Kohl im Wahlkampf", die angesprochenen, durchaus
selbstreferentiellen Berichte über den Wahlkampf als *Medienspektakel* oder
aber die Verbiegung des Festaktes zur 50-Jahr-Feier des Parlamentarischen
Rates vom protokollarisch nötigen Aufeinandertreffen der beiden Spitzenkandidaten zur wahlkampfschwangeren Begegnung. Das Eigentümliche an
der Themenrealisierung in Fernsehnachrichten während des Wahlkampfes
ist dann ein Nebeneinander von a) politischem Tagesgeschäft, das von
Wahlkampfbezügen frei bleibt, b) politischem Tagesgeschäft, bei dem sich
mehr oder weniger direkt Bezüge zum Wahlkampf herstellen lassen und c)
einer Reihe an Ereignissen in direktem Zusammenhang mit der anstehenden Wahl. Einige Beispiele:

Hierunter fielen in den untersuchten Sendungen etwa die Kritik deutscher Politiker zur Presseberichterstattung im Zusammenhang mit der US-
amerikanischen Lewinsky-Affäre oder Reaktionen auf den Luftschlag der
US-Streitkräfte gegen Ziele im Sudan, aber auch Wirtschaftsprognosen.

Dieser Kategorie ließ sich im Untersuchungszeitraum vor allem die Fi-
nanzkrise in Rußland zuordnen, die als außenpolitisches Wahlkampfthema
stilisiert wurde, aber auch die erwähnte Feier zum Parlamentarischen Rat,
Debatten im Bundestag und im Bundesrat zum Haushalt 1999 oder eine
Anmerkung von Bundespräsident Herzog, er wolle sich nicht in den Wahlkampf hineinziehen lassen (Nachfolgefrage).

Neben dem Wahlkampf als Medienspektakel (*Selbstreferenz*) finden sich
hier auch Wahlkampfereignisse mit *Fremdreferenz*, also auch Pseudo-
Ereignisse: Die Vorstellung von Lothar Späth als Kohls Wahlkampfberater
in letzter Minute, DGB-Aktionen zur Reformpolitik, ein Aufruf von Bun-
destagspräsidentin Rita Süssmuth zur Wahl. Hinzu kommen Berichte mit
Systemreferenz: Interviews mit Kanzlerkandidaten und Spitzenpolitikern –

unabhängig einmal davon, wie hintergründig hier Informationen dargelegt
wurden.

Insgesamt bleibt zu konstatieren, daß die Themenstruktur in der Wahlkampfberichterstattung der untersuchten Fernsehnachrichten vordergründig durchaus plural, in der Gesamtschau hingegen oberflächlich bleibt. Ein
Großteil der Wahlkampfenergie der Sendungen verliert sich im Raum
symbolischer Darstellung (es geht um *etwas*) oder des Konfrontainment:
Nachfolgefrage Helmut Kohl (Kohl vs. Schäuble), Koalitionsproblematik
Rot-Grün. Lediglich in längeren Interviewpassagen mit Spitzenpolitikern
werden Aspekte auch umfassender dargestellt. Das läßt sich natürlich
durchaus aus den strukturimmanenten Zwängen des Genre erklären (Kürze, Prägnanz), könnte gleichwohl auch einem generellen Themendefizit in
der Wahlkampfkommunikation zur Bundestagswahl 1998 entsprechen
(vgl. Müller, 1999).

Von Belang für die Darstellung und Wahrnehmung von Politikern und
ihren Positionen ist nun die Frage, in welcher Form die Akteure selbst zu
Wort kommen, ob etwa Interviewausschnitte gezeigt werden, ob die Akteure direkt respektive indirekt zitiert werden etc. und wie lange entsprechende Sequenzen dauern. Auch hier dominieren die Akteure der beiden
Volksparteien das Nachrichtenbild im Wahlkampf (vgl. Tabelle 7). Auffällig sind einige Unterschiede zwischen Helmut Kohl und Gerhard Schröder:
Während Helmut Kohl hohe Werte hinsichtlich der Ausprägung "Pressekonferenz" aufweist, wird Gerhard Schröder häufiger indirekt zitiert oder
in Redeausschnitten gezeigt. Es scheint zudem, als fänden Gerhard Schröder und andere Spitzenpolitiker der SPD im Vergleich über Interviewausschnitte bzw. Sound-Bites mehr Zugang zu den Sendungen. Diese Werte
sind aber insofern einzuschränken, als sie sich über längere, das heißt den
90-Sekunden-Rahmen sprengende Interviewsequenzen von Schröder, Lafontaine, aber auch Kohl bei SAT.1 ergeben. Rechnet man diese heraus, so
ergeben sich weniger scharfe Differenzen (in der Tabelle in Klammern an-
gegebene bereinigte Werte). Helmut Kohl und Gerhard Schröder sind dann
verbal etwa gleich präsent; offensichtlich aber sind solche Größen durch
einzelne a) redaktionelle Entscheidungen (Interview) oder b) Interaktionen
zwischen politischem und journalistischem System (Pressekonferenz) rasch
zu ändern. Ihr analytischer Interpretationswert ist dann in einem engeren,
zudem nicht-kontinuierlichen Untersuchungszeitraum eher gering einzuschätzen. Gleichwohl bleibt auch hier die generelle "Leitlinie" erkennbar:
Die Akteure der Volksparteien, insbesondere die beiden Kanzlerkandidaten und einige wenige Spitzenpolitiker (Schäuble, Lafontaine), dominieren
die Nachrichtenberichterstattung.

Tabelle 7: Indirekte/direkte Zitationen von Spitzenpolitikern

	Indirekte Zitation		Interview/ Sound-Bite		Redeaus- schnitt		Presse- konferenz	
	n	Zeit*	n	Zeit*	n	Zeit*	n	Zeit*
Helmut Kohl	28	190	8	343 (138)**	16	187	21	402
Sonst. Spitzen- politiker CDU	13	109	9	231	4	62	5	53
Gerhard Schröder	36	233	26	838 (108)**	21	280	9	125
Sonst. Spitzen- politiker SPD	9	82	40	773 (52)**	5	64	8	104
Spitzenpolitiker F.D.P.	12	91	12	99	4	50	5	53
Spitzenpolitiker GRÜNE	8	49	8	79	10	126	3	30
Spitzenpolitiker CSU	4	26	9	76	12	129	7	85
Spitzenpolitiker PDS	1	2	4	40	-	22	-	-

* In Sekunden
**Bereinigte Werte nach Abzug von Interviewsequenzen größer als 90 Sekunden

Spiegeln sich analoge Werte nun auch in der Visualisierung der Akteure wider? Tabelle 8 berücksichtigt aufgrund ihrer Zentralität nur die Akteure der CDU und SPD: Helmut Kohl und Gerhard Schröder sind demnach etwa gleich häufig und gleich lang in den Nachrichtensendungen zu sehen, mit einem geringen Visualisierungsvorsprung des ehemaligen Bundeskanzlers. Umgerechnet auf die untersuchten Meldungen sind beide Kandidaten zusammen in etwa 20 Prozent der Zeit im Bild zu sehen (Kohl: 10,4 %; Schröder: 9,4 %); auf alle Sendungen angerechnet entspricht dies einem zeitlichen Anteil von 3,7 Prozent.

Tabelle 8: Visualisierungskontext von Spitzenpolitikern

	Helmut Kohl		Sonst. Politiker CDU		Gerhard Schröder		Sonst. Politiker SPD	
	n	Zeit*	n	Zeit*	n	Zeit*	n	Zeit*
Pressekonferenz	43	351	21	135	11	115	15	196
Rede Bundetag/ Bundesrat	16	169	14	94	33	339	14	117
Formales Interview	25	437	4	30	54	668	33	757
Festakt/ Offizieller Empfang	10	59	7	26	5	30	2	13
Plakat	12	47	3	9	8	33	2	8
Sonst. Wahkampf/ Kundgebung	16	80	5	29	18	113	9	40
Zwischenschnitt	28	298	10	65	23	133	12	77
Hintergrund- foto/ Moderation	14	131	10	96	9	146	3	20
Kabinett/ sonst. Sitzung	3	15	-	-	-	-	4	16
Auslandsreise	4	14	-	-	-	-	-	-
Sonstiges	1	7	9	66	2	9	5	38
Gesamt:	172	1608	83	550	163	1453	99	1282

* In Sekunden

Im wesentlichen korrespondieren die Schwerpunkte der Visualisie-rungskontexte zwischen den Kanzlerkandidaten mit den bereits angespro-chenen Zitationskontexten (Pressekonferenz bei Helmut Kohl; Interview bei Gerhard Schröder). Der auffallendste Wert indes ergibt sich in der Aus-prägung "Zwischenschnitte": Dort erreicht Kohl einen im Vergleich zum Herausforderer mehr als doppelt so hohen Zeitwert bei nur etwas höherer Fallzahl. Mit anderen Worten wird Helmut Kohl in diesen redaktionell gestalteten Sequenzen (z. B. Aufnahmen von Kandidaten im Publikum bei einer Rede etc., die ein hartes Schneiden verhindern sollen bzw. die Bilder-folge abwechslungsreicher gestalten sollen) ausgesprochen gerne herange-zogen, er genießt gewissermaßen "Ansehen".

Der vergleichsweise hohe Gesamtwert der Spitzenpolitiker der SPD erklärt sich wiederum durch ein singuläres Ereignis, eine längere Interview-
sequenz mit Oskar Lafontaine. Ansonsten bleibt die Linie erhalten: Innerhalb der Volksparteien dominieren die Kanzlerkandidaten das Geschehen.

Inwieweit werden nun diesen beiden Personen, Helmut Kohl und Gerhard Schröder, aufgrund der alltäglichen Politikberichterstattung oder
aufgrund wahlkampfspezifischer Aktionen Gegenstand der Berichterstattung? In der folgenden, die Ausführungen hier schließenden Grafik wurden die Kontexte nach Wahl- und Systemreferenz unterschieden: Unter
Wahlreferenz sind jene Meldungen bzw. Darstellungskontexte gefaßt, in
denen politische Akteure als Kommunikatoren in Erscheinung treten und
sich an das journalistische System wenden bzw. vom Journalismus angenommen werden, also etwa durch Pressekonferenzen oder (indirekt) durch
Wahlkampfkundgebungen und die Medienberichterstattung *über* den
Wahlkampf; unter Systemreferenz werden Formate zusammengeführt, in
denen die "normale" Tätigkeit des politischen Systems – Kabinettsitzungen,
Parlamentsdebatten – Gegenstand der Berichterstattung ist. Diese Unter-
scheidungen beziehen sich also nicht auf konkrete Themen, sondern auf
die Kommunikationssituation.

Tabelle 9: Wahl-/Systemreferenz visueller und verbaler Kontexte

	Helmut Kohl				Gerhard Schröder			
	Visuell		Verbal		Visuell		Verbal	
	n**	Zeit*	n	Zeit*	n**	Zeit*	n	Zeit*
Wahlreferenz	136	1223	49	780	120	1028	53	806
Systemreferenz	52	381	9	100	43	364	9	108

* In Sekunden; ** In Sequenzen

Hinsichtlich dieser Dimensionen ergeben sich nur leichte Unterschiede in
der Darstellung der Kanzlerkandidaten; vor allem zur visuellen und verbalen Integration des Bundeskanzlers ist kein ausgesprochener Amtsbonus
auszumachen; der oben erwähnte leichte Visualisierungsvorsprung von
Helmut Kohl ergibt sich durch Berichte im Rahmen des Wahlkampfes,
wodurch er in dieser Kategorie mehr Aufmerksamkeit erlangt. Beide Akteure bewegen sich im Untersuchungszeitraum sozusagen im jeweils anderen "Terrain": Der Kanzler ist im Wahlkampf seiner Partei der zentrale
Akteur, der Herausforderer nutzt gleichermaßen die Möglichkeiten des
politischen Systems zur Nachrichtenpräsenz, etwa Bundestagsdebatten, in
denen Schröder als damaliger Ministerpräsident ja Rederecht besaß.

5. Zusammenfassung und Fazit

In modernen Industriegesellschaften wird ein großer Teil des Kontaktes zwischen Politik und Bevölkerung über Fernsehnachrichten initiiert. Strukturimmanent für das Genre ist dabei, daß Informationen nur in stark komprimierter Form vermittelt werden können: Etwa 15 000 Zeichen kann eine Sprecherin in fünfzehn Minuten Tagesschau verlesen; der Nachrichtenanteil einer überregionalen Tageszeitung umfaßt ca. 150 000 Zeichen, also das Zehnfache (vgl. Drösser, 1995, S. 57): "Was in Nachrichtensendungen als Wirklichkeit präsentiert wird, ist ein 'Bild von der Welt', das einem 'Weltbild' entspringt, und dieses Bild von der Welt ist etwas quantitativ aber auch qualitativ anderes als die Ereigniswelt – es ist eine Nachrichtenwelt" (Wulff-Nienhüser, 1982, S. 42). In der Alltagspraxis haben daher die Medienakteure Konventionen der Berichterstattung entwickelt, eine standardisierte Ästhetik der Ereignisdarstellung, um dem größten Strukturproblem des Genre – dem knappen Format – zu begegnen (wenngleich nicht übersehen werden sollte, daß in Kürze und Prägnanz durchaus eine kommunikative Leistung von Fernsehnachrichten liegt).

Diese Eigenlogik des Genre ließ erwarten, daß Fernsehnachrichten sich in ihrer Wahlkampfberichterstattung auf wenige, als zentral und relevant definierte Personen und Themen konzentrierten – mit möglichen Folgen der Politikrezeption:

> "By calling attention to some matters while ignoring others, television news influences the standards by which governments, presidents, policies, and candidates for public office are judged" (Iyengar & Kinder, 1987, S. 63).

Der Wahlkampf selbst war ein durchaus herausragendes, wiederkehrendes Ereignis in der Nachrichtenberichterstattung. Indes wurden Hintergrundinformationen meist nur in Präsentationsweisen gegeben, die untypisch für das Genre sind: in längeren Interviewsequenzen. Die genretypischen Formate konzentrierten sich auf die Darstellung des Wahlkampfes a) als richtungspolitische Auseinandersetzung und b) als Konfrontation der beiden Kanzlerkandidaten. Insbesondere dieser Punkt konnte in der Analyse herausgearbeitet werden: Helmut Kohl und Gerhard Schröder dominierten das Nachrichtenbild über weite Strecken; andere prominente Politiker wurden meist als Beifügung integriert, seltener als autonome Akteure von unabhängigem Nachrichtenwert. Während die beiden Spitzenkandidaten (und *über* sie ihre Parteien) vor allem durch Wahlkampfaktivitäten in Erscheinung treten konnten, ja sicher sein konnten, daß entsprechende Aktionen nicht unbeobachtet bleiben würden, so erscheinen lediglich situative Kontingenzen, Zufälle in der Berichterstattungs-Agenda, die Aufmerksamkeit der Nachrichtenredaktionen auch auf andere Themen und Personen lenken zu können. Damit erfüllt die Gattung Fernsehnachrichten – ohne daß dies eine Wertung impliziert – letztlich eine Informationsfunktion, die man ob ihrer fehlenden Tiefenschärfe eher als Pointierfunktion verstehen kann, eine Scheinwerferfunktion. Charakteristisch war dann für die hier skizzierten Aufmerksamkeitsstrukturen das Nebeneinander von Konstanten – die Kanzlerkandidaten und der Umstand, daß man sich im Wahlkampf befindet – und Diskonstanten – andere Spitzenpolitiker und der Umstand, daß es heute eher um diesen, morgen eher um jenen Streitpunkt geht.

Literatur

Arterton, F. C. (1984). *Media politics. The news strategies of presidential campaigns.* New York: Free Press.

Berg, K., & Kiefer, M.-L. (1996). *Massenkommunikation V. Eine Langzeitstudie zur Mediennutzung und Medienbewertung 1964-1995.* Baden-Baden: Nomos.

Brettschneider, F. (1998). Medien als Imagemacher? Bevölkerungsmeinungen zu den beiden Spitzenkandidaten und der Einfluß der Massenmedien im Vorfeld der Bundestagswahl 1998. *Media Perspektiven,* S. 392-401.

Bruns, T., & Marcinkowski, F. (1996). Konvergenz Revisited. Neue Befunde zu einer älteren Diskussion. *Rundfunk und Fernsehen, 44,* S. 461-478.

Dahlgren, P. (1982). The Third World on TV news: Western ways of seeing the 'other'. In W. C. Adams (Hrsg.), *Television coverage of international affairs* (S. 45-65). Norwood, NJ: Ablex.

Darschin, W., & Horn, I. (1997). Die Informationsqualität der Fernsehnachrichten aus Zuschauersicht. Ausgewählte Ergebnisse einer Repräsentativbefragung zur Bewertung der Fernsehprogramme. *Media Perspektiven,* S. 269-275.

Drösser, C. (1995). *Fernsehen.* Reinbek bei Hamburg: Rowohlt.

Gleich, U. (1998). Die Bedeutung medialer politischer Kommunikation für Wahlen. Aktuelle Forschungsergebnisse. *Media Perspektiven,* S. 411-422.

Graber, D. A. (1991). The mass media and election campaigns in the United States of America. In F. J. Fletcher (Hrsg.), *Media, elections and democracy* (S. 139-178). Toronto: Dundurn Press.

Hagen, L. M., Zeh, R., & Berens, H. (1998). Kanzler und Kontrahent. Berichterstattung über Spitzenkandidaten im Bundestagswahlkampf 1994. In K. Kamps & M. Meckel (Hrsg.), *Fernsehnachrichten. Prozesse, Strukturen, Funktionen* (S. 225-237). Opladen, Wiesbaden: Westdeutscher Verlag.

Hickethier, K. (1993). *Film- und Fernsehanalyse*. Stuttgart: Metzler.

Hickethier, K. (1998). Narrative Navigation durch das Weltgeschehen. Erzählstrukturen in Fernsehnachrichten. In K. Kamps & M. Meckel (Hrsg.), *Fernsehnachrichten. Prozesse, Strukturen, Funktionen* (S. 185-202). Opladen: Westdeutscher Verlag.

Iyengar, S. (1991). *Is anyone responsible? How television frames political issues*. Chicago,IL: University of Chicago Press.

Iyengar, S. (1992). Wie Fernsehnachrichten die Wähler beeinflussen: Von der Themensetzung zur Herausbildung von Bewertungsmaßstäben. In J. Wilke (Hrsg.), *Öffentliche Meinung. Theorie, Methoden, Befunde* (S. 123-142). Freiburg: Alber.

Iyengar, S., & Kinder, D. R. (1987). *News that matters*. Chicago, IL: University of Chicago Press.

Jamieson, K. H. (1986). The evolution of political advertising in America. In L. L. Kaid, D. Nimmo & K. R. Sanders (Hrsg.), *New perspectives on political advertising* (S. 1-20). Carbondale, IL: Southern Illinois University Press.

Jarren, O., & Bode, M. (1996). Ereignis- und Medienmanagement politischer Parteien. Kommunikationsstrategien im "Superwahljahr 1994". In Bertelsmann Stiftung (Hrsg.), *Politik überzeugend vermitteln* (S. 65-114). Gütersloh: Bertelsmann Stiftung.

Kamps, K. (1998). "Zur Politik, nach Bonn ...". Politische Kommunikation in Fernsehnachrichten. In K. Kamps & M. Meckel (Hrsg.), *Fernsehnachrichten. Prozesse, Strukturen, Funktionen* (S. 33-48). Opladen: Westdeutscher Verlag.

Kamps, K. (1999). *Politik in Fernsehnachrichten. Struktur und Präsentation internationaler Ereignisse – Ein Vergleich*. Baden-Baden: Nomos.

Kepplinger, H. M., Dahlem, S., & Brosius, H.-B. (1993). Helmut Kohl und Oskar Lafontaine im Fernsehen. Quellen der Wahrnehmung ihres Charakters und ihrer Kompetenz. In C. Holtz-Bacha & L. L. Kaid (Hrsg.), *Die Massenmedien im Wahlkampf. Untersuchungen aus dem Wahljahr 1990* (S. 144-184). Opladen: Westdeutscher Verlag.

Kreimeier, K. (1992). *Notizen im Zwielicht. Fernsehalltag und Bildschirmwirklichkeit*. Marburg: Schüren.

Kreimeier, K. (1995). *Lob des Fernsehens*. München: Hanser.

Krüger, U. M. (1997). Politikberichterstattung in Fernsehnachrichten. *Media Perspektiven*, S. 256-268.

Kunczik, M. (1990). *Die manipulierte Meinung. Nationale Image-Politik und internationale Public Relations*. Köln: Böhlau.

Masters, R. D. (1983). Ethologische Ansätze in der Politikwissenschaft. In H. Flohr & W. Tönnesmann (Hrsg.), *Politik und Biologie. Beiträge zur Life-Sciences-Orientierung der Sozialwissenschaften* (S. 80-101). Berlin: Parey.

Masters, R. D., Frey, S., & Bente, G. (1991). Dominance and attention: Images of leaders in German, French, and American TV news. *Polity, 23,* S. 373-399.

Mathes, R., & Freisens, U. (1987). Kommunikationsstrategien der Parteien und ihr Erfolg. Eine Analyse der aktuellen Berichterstattung in den Nachrichtenmagazinen der öffentlich-rechtlichen und privaten Rundfunkanstalten im Bundestagswahlkampf 1987. In M. Kaase, M. & H.-D. Klingemann (Hrsg.), *Wahlen und Wähler. Analysen aus Anlaß der Bundestagswahl 1987* (S. 531-568). Opladen: Westdeutscher Verlag.

Meckel, M., & Kamps, K. (1998). *Fernsehnachrichten. Entwicklungen in Forschung und Praxis.* In K. Kamps & M. Meckel (Hrsg.), *Fernsehnachrichten. Prozesse, Strukturen, Funktionen* (S. 11-29). Opladen: Westdeutscher Verlag.

Merten, K. (1991). Django und Jesus. Verbal-nonverbales Verhalten der Kanzlerkandidaten Kohl und Rau im Bundestagswahlkampf 1987. In M. Opp de Hipt & E. Latniak (Hrsg.), *Sprache statt Politik? Politikwissenschaftliche Semantik- und Rhetorikforschung* (S. 188-210). Opladen: Westdeutscher Verlag.

Müller, A. (1999). *Von der Parteiendemokratie zur Mediendemokratie. Beobachtungen zum Bundestagswahlkampf 1998 im Spiegel früherer Erfahrungen.* Opladen: Leske + Budrich.

Pfetsch, B., & Schmitt-Beck, R. (1994). Amerikanisierung von Wahlkämpfen? Kommunikationsstrategien und Massenmedien im politischen Mobilisierungsprozeß. In M. Jäckel & P. Winterhoff-Spurk (Hrsg.), *Politik und Medien. Analysen zur Entwicklung der politischen Kommunikation* (S. 231-251). Berlin: Vistas.

Rössler, P. (1997). *Agenda-Setting. Theoretische Annahmen und empirische Evidenzen einer Medienwirkungshypothese.* Opladen: Westdeutscher Verlag.

Schatz, H. (1980). *Fernsehnachrichten aus demokratietheoretischer Sicht.* Duisburg: Universität-Gesamthochschule Duisburg.

Schulz, W. (1997). *Politische Kommunikation. Theoretische Ansätze und Ergebnisse empirischer Forschung zur Rolle der Massenmedien in der Politik.* Opladen: Westdeutscher Verlag.

Schulz, W. (1998). Wahlkampf unter Vielkanalbedingungen. Kampagnenmanagement, Informationsnutzung und Wählerverhalten. *Media Perspektiven,* S. 378-391.

Wolf, W. (1987). Wahlkampf – Normalfall oder Ausnahmesituation der Politikvermittlung? In U. Sarcinelli (Hrsg.), *Politikvermittlung* (S. 290-300). Bonn: Bundeszentrale für politische Bildung.

Wulff-Nienhüser, M. (1982). Nachrichten im Fernsehen. Theoretische und methodische Probleme bei der Analyse von Medienrealität. Münster: Münsteraner Arbeitskreis für Semiotik.

Der Aufschwung ist meiner!

Personalisierung von Spitzenkandidaten im Fernsehen zur Bundestagswahl 1998

Werner Wirth
Ronald Voigt

Das politische Bonn stand vor der Sommerpause, die politischen Medien vor der Saure-Gurken-Zeit trotz der Tatsache, daß zwölf Wochen später gewählt würde. In diesen ereignisarmen Tagen gab der Herausforderer Gerhard Schröder in einem Interview zu Protokoll, daß man den kaum noch zu leugnenden wirtschaftlichen Aufschwung doch auch als Resultat seiner herannahenden Kanzlerschaft verstehen könne. Unter dem Schlagwort "Der Aufschwung ist meiner"[1] ging dieses Interview in die Wahlkampfgeschichte ein. Fernsehen und Tageszeitungen stiegen auf diese Diskussion ein, durchaus kontrovers, Gegner wie Befürworter von Schröder meldeten sich zu Wort, und für einige Tage hatten die innenpolitischen Teile der Tageszeitungen und der Nachrichtenredaktionen im Fernsehen genügend Stoff zum Berichten. Schröder war zum Medienstar im (beginnenden) Sommerloch geworden, Kohl für einige Zeit in den Schlagzeilen zurückgedrängt.

Das Rezept war einfach. Man knüpfe an einen positiv bewerteten Tatbestand an, münze das auf die eigene Person – nicht eine Mannschaft, nicht die Partei, nicht ein Programm, nicht eine Ideologie und formuliere das Ganze kontrovers, schon kann man sich des medialen Interesses sicher sein. Gleich vier Nachrichtenwerte werden bedient (Prominenz, Erfolg, Personalisierung, Kontroverse; vgl. Eilders, 1997). Die Personalisierung des Aufschwungs kann somit als Strategie Schröders verstanden werden, die Selektionsmechanismen der Nachrichtenproduktion zu seinen Gunsten zu *instrumentalisieren* (vgl. Jarren & Bode, 1994).

Holtz-Bacha et al. (1998, S. 241) weisen auf die vielfältigen Verflechtungen zwischen dem politischen und dem medialen System sowie dem Publikum hin. Denn Personalisierung macht letztlich nur Sinn, wenn damit Wirkungen auf Vorstellungsbilder und Wahlentscheidungen des Publi-

---

[1] Gerhard Schröder am 9. Juli 1998 in der ZDF-Sendung "Was nun, Herr Schröder?".

kums generiert werden. Tatsächlich lassen sozial-psychologische Theorien zur impliziten Personwahrnehmung vermuten, daß die Personalisierung in der elektoralen Kommunikation eine Art Joker darstellt. So beruhen nach Bruner et al. (1954) Persönlichkeitsurteile auf weitgehend naiven Kausalkonzeptionen und strahlen Urteile von der affektiven Ebene auf die kognitive aus und vice versa (vgl. Kelley, 1950). Cantor & Mischel (1969) beschreiben, wie das Aussehen, das soziale Umfeld und die Gewohnheiten einer Person dazu beitragen, Prototypen herauszubilden (z. B. "der typische Politiker"). Ausstrahlungseffekte und Prototypen sind in ihren Folgen für die Informationsverarbeitung ähnlich. Sie reduzieren den Aufwand, der für die Beurteilung von Personen betrieben werden muß, ganz abgesehen davon, daß die Wahrnehmung von Personen einfacher und auch alltagsnäher ist als das Studium komplexer Parteiprogramme und das Abwägen von Sachargumenten. Die Möglichkeiten zur Einsparung kognitiver Ressourcen haben sich zunehmend verbessert: Die Medien haben in den letzten Dekaden die Chancen für das Publikum erheblich erhöht, die Kandidaten im Fernsehen zu "erleben", sei es in Interviews, Diskussionsrunden oder in Live-Berichten über Wahlkundgebungen. Belegt ist, daß diese personbezogenen Informationen die Vorstellungsbilder der Rezipienten akzentuieren und prägen können (vgl. Eilders & Wirth, 1999; Donsbach et al., 1993). Wenn Politiker Nachrichtenwerte instrumentalisieren, so manipulieren sie damit also auch die Selektionsprozesse des Publikums. Nach amerikanischen Untersuchungen besteht etwa ein Drittel der (wahlbezogenen) Vorstellungsbilder amerikanischer Wähler aus eher politikfernen Persönlichkeitsaspekten. Der Prozentsatz der Wähler, die ihre Wahlentscheidungen auf der Basis von Politikerimages treffen, ist allerdings nicht allzu groß. Vorstellungen, die sich auf die Professionalität eines Politikers beziehen, beeinflussen politisch relevante Einstellungen durchgängig stärker als politikferne Persönlichkeitsaspekte (vgl. Lass, 1995, S. 38). Der Einfluß aber steigt im reziproken Verhältnis zur Bildung und zum politischen Vorwissen (vgl. Miller et al., 1986; Lau & Sears, 1986).

Personalisierung wird häufig im Zusammenhang mit "Rational Choice"-Theorien betrachtet. Demnach sind Rezipienten bemüht, politische Einstellungen mit möglichst geringem Aufwand an Zeit und kognitiven Energien zu bilden (vgl. Downs, 1957; Popkin, 1991). Personalisierung kommt ihnen hier entgegen, da die Entschlüsselung von Persönlichkeitssignalen relativ "kostengünstig" erfolgen kann und zudem aus dem Alltag bestens bekannt ist. Anstelle abstrakter und komplexer Politikzusammenhänge werden in den Medien daher zunehmend einfache und leicht verständliche Imagekomponenten vermittelt (vgl. Holtz-Bacha, 1996, S. 21).

Unschärfen vor allem im Zusammenhang mit der Nutzenbewertung und -maximierung in Rational-Choice-Modellen, der fortschreitenden Lockerung des restriktiven ökonomischen Ausgangsverständnisses (vgl.

Fuchs & Kühnel, 1990) und nicht zuletzt des Rationalitätsbegriffs (vgl. Kuhlmann, 1999) haben allerdings zur Folge, daß mehrere, durchaus unterschiedliche Entscheidungsmodelle unter dem gemeinsamen Dach des Rational Choice abgehandelt werden. In teilweiser Anlehnung an Fuchs & Kühnel (1990) und Lass (1995) können vier Modelle des rationalen Wählers mit je unterschiedlicher Bedeutung von personalisierter Politik ausdifferenziert werden:

(1) Das Modell des *rationalen Issue-Verarbeiters*: Hier wird eine fundierte, sachbezogene (issue-orientierte) Entscheidung auf hohem Informationsniveau angestrebt. Zu diesem Zweck verfolgen die Wähler Informationen über Partei- und Kandidatenpositionen zu den wichtig erscheinenden aktuellen Streitfragen und verarbeiten sie möglichst emotionslos, rational und vollständig (vgl. auch Brosius, 1995, S. 15). Angesichts der Ansprüche erscheinen hohe Kosten subjektiv gerechtfertigt, die allenfalls durch das Verhältnis zwischen Grenznutzen und -kosten weit oben auf der Kostenskala ihr Limit finden. Da die Person der Kandidaten keine Rolle im Entscheidungsprozeß spielt, wird Personalisierung hier auch ohne jede Wirkung auf die Wahlentscheidung bleiben.

(2) Das Modell des *rationalen Image-Verarbeiters* (vgl. Lass, 1995, S. 62): Ausgehend von der subjektiven Überzeugung, daß Politiker eine wichtige Komponente im politischen Prozeß sind, werden hier vor allem Kandidateninformationen, die einen unmittelbaren Bezug zur politischen Arbeit haben, fundiert, rational und möglichst vollständig verarbeitet. Informationen über Leistungen, Kompetenzen und Managementfähigkeiten eines Kandidaten gewinnen so eine überragende Bedeutung für das Wahlverhalten.

(3) Das Modell des *politischen Vereinfachers* (oder auch heuristischen Verarbeiters): Zwar sind die Wähler laut diesem Modell an Sachfragen interessiert und verfügen auch über entsprechende Kenntnisse. In die Wahlentscheidung beziehen sie jedoch Personinformationen in erheblichem Umfang mit ein. Dafür kann es mehrere Gründe geben: Zum einen könnten bezüglich der Realisierungschancen der Nutzenerwartungen Unsicherheiten bestehen, zum anderen manche Issues als zu komplex empfunden werden, und schließlich können personale Aspekte integraler Teil des *politischen* Kalküls sein. *Daneben* sind Ergebnisse aus aktueller Informationsverarbeitung sowie stabilisierte und generalisierte Nutzenerwartungen, wie sie zum Beispiel in Form von Parteibindungen bestehen, ebenfalls von Bedeutung. Personinformationen bilden dabei "shortcuts" oder Heuristiken auf dem Weg zu einer durchaus sachorientierten Wahlentscheidung (vgl. Popkin, 1991). Es müssen allerdings schon unmittelbarere Zusammenhänge zwischen der politischen Programmatik und der Personinformation vorliegen oder konstruierbar sein, also etwa Images von Kompetenz, Integrität oder Führungsstärke. In der Folge könnten Vertrauen bzw.

Glaubwürdigkeit als Ergänzung und teilweises Substitut für Sachinformationen stehen (vgl. Kelman, 1961; Wirth, 1999).

(4) Das letzte Modell entspricht einem *unpolitischen Vereinfacher*: Hier weiß der Wähler bzw. die Wählerin wenig über Sachfragen und Streitpunkte und ist auch wenig an ihnen interessiert. Er/sie ersetzt politische Überlegungen weitgehend durch unpolitische Personbewertungen, um zu einer Wahlentscheidung zu gelangen. Da das politische Wissen gering ist, orientiert er/sie sich an solchen Inhalten, die ihm/ihr aus dem Alltag vertraut sind. Eine wichtige und einfach (weil schematisiert) zu verarbeitende Information sind Charaktereigenschaften und private Aspekte der Kandidaten (Familiäres, Hobbys). Auf diesen Informationen aufbauend sind Sympathie, die wahrgenommene Ähnlichkeit mit dem Ich oder mit dem eigenen Leben und Attraktivität Kriterien für die Wahlentscheidung (vgl. Kelman, 1961; Wirth, 1999). Es liegt auf der Hand, daß in diesem Fall vor allem Personalisierungsaspekte aus dem unpolitischen Privatleben Einfluß auf die Wahlentscheidung nehmen dürften.

Auch wenn die vier Modelle bislang noch nicht in dieser Form überprüft wurden, scheinen empirische Evidenzen am ehesten für das Modell des politischen Vereinfachers zu sprechen.[2] Im folgenden wird keine Wirkungsanalyse vorgestellt. Die Diskussion der Modelle und Wirkungszusammenhänge war dennoch wichtig. Zum einen können so besser relevante Inhaltskategorien entwickelt werden, zum anderen können die Befunde der Inhaltsanalyse besser interpretiert werden.

Zum Konzept der Personalisierung

Nachdem bereits von unterschiedlichen Personalisierungsaspekten die Rede war, ist es nicht verwunderlich, wenn Personalisierung auch unterschiedlich definiert und konzeptualisiert wird. Nach Eilders (1997, S. 302) steigt die Personalisierung mit dem Bedeutungsgrad, den eine Person für ein Ereignis hat bzw. der einer Person für ein Ereignis zugesprochen wird. Holtz-Bacha et al. (1998) betonen darüber hinaus, daß Personalisierung als spezifische Form der Realitätskonstruktion nicht nur in den Medien, sondern auch in der Selbstdarstellung der Politik und in den Vorstellungs- und Interpretationsmustern des Publikums vorzufinden sei. Jakubowski (1998, S. 119) sieht Personalisierung in Anlehnung an Luhmann (1993) als

---

[2] Nach Lass (1995) dominieren zwar Management- und politische Eigenschaften die Vorstellungsbilder, Integritätsvorstellungen üben jedoch stärkeren Einfluß auf die Wahlentscheidungen aus (siehe auch das ‚Kongruenzmodell' bei Lass).

eine von vier Kommunikationsstrategien und unterscheidet dabei Personalisierung von der Image-Konstruktion. Während Personalisierung die
Fokussierung oder Zentrierung einer Kampagne auf die Leistung, Kompetenz und Vertrauenswürdigkeit einer Person bedeutet, meint Image-
Konstruktion die Verstärkung oder gar Konstruktion bestimmter kognitiver und emotiver Strukturen der Kandidaten. Ebenso zur Image-
Konstruktion zählen nach Jakubowski (1998) private Aspekte aus dem
Leben der Kandidaten (z. B. die Frage: "Bart ab oder nicht Bart ab", zu
Scharping im Bundestagswahlkampf 1994). Hier muß angefügt werden,
daß konzeptionell noch zwischen kognitiv-emotiven Persönlichkeitsstrukturen einerseits und gänzlich privaten Inhalten andererseits unterschieden
werden muß. Der instrumentelle Wert der Persönlichkeitsstruktur eines
Kandidaten für die Beurteilung seiner politischen Integrität, seiner
Leistungs- und Durchsetzungskraft ist nämlich deutlich höher als der von
Informationen über Familie und Hobbys. Charaktereigenschaften einer
Person kommen vermutlich auch in politischen Verhandlungen und bei
Führungsfragen zum Vorschein, während die Übertragung privater Lebensaspekte auf die politische Bühne eher selten sein dürfte.

Hier zeigt sich eine auffallende Ähnlichkeit dieser eher auf der Kommunikatorseite angesiedelten Konzepte mit den oben genannten Verarbeitungs- und Vereinfachermodellen: Zielt die Image-Konstruktion auf den
unpolitischen Vereinfacher, so weist die Personalisierungsstrategie auf den
politischen Vereinfacher bzw. heuristischen Verarbeiter. Lass (1995) nimmt
eine etwas andere Aufteilung vor und trennt zwischen wertexpressiven
(rollenfernen) und instrumentellen (rollennahen) Kandidatenvorstellungen. Wertexpressiv oder rollenfern sind demnach Vorstellungen über die
Integrität des Kandidaten. Letztendlich wird dadurch politische Detailkenntnis durch Vertrauen in den Repräsentanten einer Partei oder eines
Programms ersetzt. Instrumentell oder rollennah sind Informationen über
Leistungen, Management und Kompetenzen des Kandidaten, die zu einer
politikbezogenen Beurteilung des Kandidaten führen können. Kindelmann
(1994) kommt nach einer Durchsicht älterer amerikanischer und deutscher
Arbeiten mit zum Teil sehr heterogenen Kategoriensystemen zu folgenden
vier zentralen Persönlichkeitskomponenten: professionelle Kompetenz,
Ausstrahlung, Integrität und sonstige personale Merkmale. Dabei sind mit
Ausstrahlung die medienvermittelten persönlichen Qualitäten oder Eigenheiten wie bescheiden, jugendlich oder patriotisch in den Medien gemeint.

Wie Abbildung 1 zeigt, lassen sich somit insgesamt vier Teilkonzepte
von Personalisierung auf einem Kontinuum von politisch, sachbezogen
oder rollennah bis hin zu unpolitisch, sachfremd und rollenfern unterscheiden: (1) Kompetenz/Management, (2) Integrität, (3) Personqualitäten,
(4) Privates.

Abbildung 1: Übersicht über Teilkonzepte zur Personalisierung

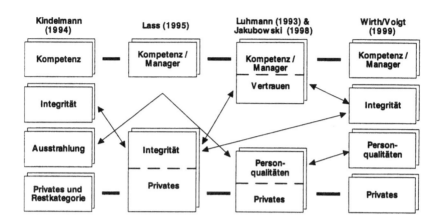

Um das Verhältnis der verschiedenen potentiellen Politikdarstellungen zueinander zu verdeutlichen, soll Personalisierung schließlich mit Hilfe von dichotomen Entscheidungen noch schrittweise von seinen Alternativen abgetrennt werden. Nimmt man einige Vereinfachungen und Generalisierungen in Kauf, dann kann man Personalisierungen verstehen als handlungs- (und nicht systembezogene), akteursseitige (und nicht auf Betroffene bezogene), individuenzentrierte (und nicht auf Kollektive oder Institutionen zentrierte), imagebezogene (und nicht issuebezogene) Informationen in Text und Bild. Im Anschluß daran differenzieren sich die oben erläuterten rollenfernen und rollennahen Teilkonzepte von Personalisierung aus (vgl. Abb. 2).[3]

Verschiedene Autoren setzen mit Personalisierung bereits auf der Ebene der individuen- versus kollektivzentrierten politischen Handlungen an und bezeichnen diese Form der Zentrierung auf politische Akteure als Präsenz. Konkret ist mit Präsenz der zeitliche Umfang des visuellen oder verbalen Auftritts eines Kandidaten gemeint (vgl. z. B. Holtz-Bacha et al., 1998; Schneider et al., 1999). Konzeptionell und operational kann zwischen Personalisierung und Präsenz durchaus unterschieden werden, so daß Präsenz

---

[3] Anzumerken ist, daß die jeweils rechten Äste des Entscheidungsbaums natürlich nur aus Darstellungsgründen enden, konzeptionell jedoch weitergedacht werden müssen. So sind insbesondere Issue-Ebenen auch als Unterkategorien von institutionellem Handeln, von Politikwirkung und sogar gänzlich aus der Systemperspektive vorstellbar. Häufig werden Issues (vor allem in der amerikanischen Forschung) jedoch als Kandidatenpositionen und daher als Unterkategorie von individuellem politischen Handeln verstanden (vgl. Garramone, 1993).

als allgemeinere Überkategorie[4] allenfalls als schwache Form der Personalisierung aufgefaßt werden kann.

Abbildung 2: Personalisierung als Kategorie der Politikdarstellung

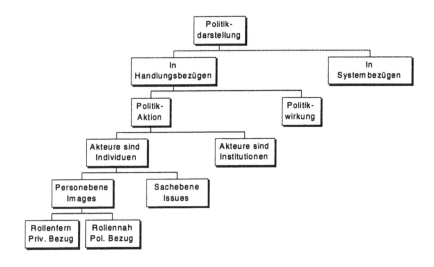

Untersuchungsanlage und Stichprobe

In einer Inhaltsanalyse zum Bundestagswahlkampf 1998 wurden visuelle und verbale Präsenz- und Personalisierungsformen sowie Themen- und Beitragsmerkmale erfaßt. Der Untersuchungszeitraum untergliedert sich in zwei Phasen. In den letzten fünf Wochen vor der Wahl – von den Parteien selbst zur heißen Wahlkampfphase erklärt – wurden durchgängig alle relevanten Formate aufgezeichnet. Phase zwei begann in der 28. Kalenderwoche, also zwölf Wochen vor der Wahl am 27. September. Hier wurde jede zweite Woche in die Stichprobe aufgenommen.[5] Der Wahltag wurde ebenfalls einbezogen. Somit liegt den Analysen in den Wochen 12 bis 6 vor der Wahl eine 50%-ige Stichprobe, in den Wochen 5 bis 1 vor der Wahl (und am Wahltag) eine Vollerhebung zugrunde. Die Auswahl relevanter Beiträge erfolgte in zwei Schritten: Zunächst wurden alle im Untersuchungszeit-

---

[4] Der präsente politische Akteur fungiert als Mittler, als Repräsentant politischer Sachverhalte. Konkret verstehen wir Präsenz als Thematisierung eines politischen Akteurs in visueller oder verbaler Form, z. B. bei einfachen Handlungsbeschreibungen (ohne Betonung einer persönlichen Leistung) und Positionierungen.

[5] Ausgewählt wurde die 6., die 8. die 10. und die 12. Woche vor der Wahl.

raum liegenden Informationssendungen[6] der fünf reichweitenstärksten deutschen Fernsehsender ARD, ZDF, RTL, SAT1, PRO7 aufgezeichnet. Danach wurden in einem zweiten Auswahlschritt *politische* Beiträge gefiltert.[7] Insgesamt wurden 1051 Sendungen mit einer Gesamtsendezeit von 512 Stunden in die Stichprobe aufgenommen. 84 Sendungen enthielten keine politischen Beiträge und wurden nicht weiter beachtet. In den restlichen 967 Sendungen waren 2954 politische Beiträge mit einer Gesamtsendezeit von 136,1 Stunden enthalten, die als Stichprobe im engeren Sinne analysiert wurden.[8]

Ergebnisse

Präsenzzeit und Personalisierung nach Wahlbezug
In 59 Prozent der Beiträge (n=1392 im Wahlkampf und n=352 am Wahltag) wurde inhaltlich ein Bezug zur Wahl hergestellt. Die beiden Spitzenkandidaten Helmut Kohl und Gerhard Schröder waren in wahlrelevanten Sendungen insgesamt 825 Minuten (Helmut Kohl) bzw. 832 Minuten (Gerhard Schröder) präsent, in nicht wahlrelevanten politischen Beiträgen (n=1210) jedoch insgesamt nur 43 bzw. 14 Minuten.[9] Wahlrelevante und nicht wahlrelevante Beiträge weichen sogar noch stärker voneinander ab, wenn man die absoluten und relativen Personalisierungszeiten betrachtet. Zwar ist Bundeskanzler Kohl wohl infolge des Amtsbonus in den nicht wahlkampf-

---

[6] Dazu zählten alle Hauptnachrichtensendungen, Nachrichtenjournale, Morgen- und Mittagsmagazine, nicht tagesaktuelle Informationssendungen und Wahlsondersendungen. Unter der Rubrik Nachrichtenjournale wurden auch die Nachtjournale von ARD, ZDF und RTL eingeordnet. Die Polittalkshows "Talk im Turm" (SAT 1) und "Christiansen" (ARD) wurden neben Politmagazinen wie "Kennzeichen D" oder "Monitor" zu den nicht tagesaktuellen Informationssendungen gerechnet.

[7] Zur Politikdefinition vgl. Bruns & Marcinkowski (1997, S. 81) und Wirth (1998). Mindestens einer der beiden Kriterienkataloge mußte zutreffen.

[8] Auf diese Weise wurden Beiträge in insgesamt 294 Hauptnachrichtensendungen, 116 Morgen- und Mittagsnachrichten, 250 Nachrichten- und Nachtjournalen, 77 nicht tagesaktuellen Informationssendungen, 76 Sondersendungen und 154 Morgen- und Mittagsmagazinsendungen analysiert. Aus technischen Gründen konnten 2,8 Prozent der Sendungen nicht aufgenommen und analysiert werden.

[9] Zu einem Teilbereich der vorliegenden Studie, nämlich zur Präsenz der Spitzenkandidaten in den Hauptnachrichten im Fernsehen liegen mit Krüger & Zapf-Schramm (1999) und Schneider at al. (1999) bereits zwei empirische Analysen vor. Auch wenn Untersuchungszeitraum, Sendungsstichprobe, Politikbegriff und Analyseinstrument (dort eine dichotome, hier eine zeitbezogene Messung) direkte Vergleiche nicht erlauben, konnte mit den vorliegenden Daten die Präsenzanalyse etwa von Schneider et al. relativ gut simuliert werden. Die Ergebnisse für den Teilbereich der Hauptnachrichten stimmen demnach weitestgehend überein.

bezogenen Beiträgen deutlich häufiger präsent (43 gegenüber 14 Minuten)
und auch personalisiert (13 Minuten gegenüber 5 Minuten) als Gerhard
Schröder, das Niveau ist jedoch für beide Kanzlerkandidaten überaus niedrig. Dieser höchst bemerkenswerte Befund zeigt, daß die Fernsehpräsenz
und die Personalisierung nicht nur des Herausforderers, sondern auch des
Bundeskanzlers in Wahlkampfzeiten nahezu ausschließlich in einem Zusammenhang mit dem Wahlkampf stehen oder in einen solchen gebracht
werden. Da sich Präsenz und Personalisierung so eindeutig auf die Beiträge mit Wahl- bzw. Wahlkampfbezug konzentrieren, werden wir im weiteren Verlauf der Auswertungen auf die nichtwahlkampfbezogenen Beiträge
nur noch in Ausnahmefällen eingehen (bei besonders deutlichen strukturellen Unterschieden). Die folgenden Tabellen und Grafiken beziehen sich
also auf die 1392 politischen Beiträge mit Wahl- oder Wahlkampfbezug.

Präsenzzeit nach Sendern und Sendungstypen
Das wichtigste Ergebnis wurde bereits offenbar: Ein Kanzlerbonus ist nicht
erkennbar (Kohl: 825, Schröder 832 Präsenzminuten). Auch prozentual
liegen die Unterschiede lediglich im Zehntelbereich.[10] In den wahl(kampf)-
bezogenen Beiträgen aller untersuchten Sendungstypen trat Helmut Kohl
prozentual gesehen nicht häufiger auf als sein Gegenkandidat. *Absolut* gesehen weisen beide Kandidaten die höchsten Präsenzzeiten in Sondersendungen auf. Kohl und Schröder traten hier zum Teil mehrmals pro Sender
in Exklusivinterviews von 20 bis 45 Minuten Länge auf. *Prozentual* die
höchsten Präsenzwerte erreichten allerdings die Nachrichtensendungen,
gefolgt von den Nachrichtenjournalen. Dies kann wohl vor allem mit Hinblick auf die größere Bedeutung von Nachrichtenfaktoren für diese Sendungstypen erklärt werden. Die Berichterstattung in Nachrichtensendungen erfolgt mehr als in Magazinen und in Sondersendungen nach professionellen Selektionsregeln. Eine Zuspitzung auf die Nachrichtenfaktoren
Macht und Prominenz ist die Folge. Eigentlich müßte sich dies in einer
höheren Präsenz für den amtierenden Bundeskanzler niederschlagen. Er-
staunlicherweise liegt Kohl prozentual gesehen jedoch nicht wesentlich vor
Schröder (Unterschiede nicht signifikant). Möglicherweise zeigt sich hier
eine Neutralisierung des Kanzlerbonus aufgrund einer auf 'fairen' Aus-
gleich bedachten Berichterstattung, die hier dem Herausforderer zugute
kommt (vgl. ähnlich auch Krüger & Zapf-Schramm, 1999).[11] Dies gilt für

---

[10] Die Prozentangaben ergeben sich durch eine Durchschnittsbildung der anteiligen Präsenzzeiten für Kohl und Schröder in den einzelnen Beiträgen. Wegen der unterschiedlichen Bei-
tragslängen lassen sich die Prozentwerte nicht aus den Summen in Minuten errechnen.
[11] Kohl hatte in nicht wahlbezogenen Beiträgen jedoch durchaus einen Kanzlerbonus (siehe
oben).

alle Sender gleichermaßen. Die Präsenzzeiten für Kohl und Schröder liegen (über alle Sendungstypen gerechnet) nie mehr als einen Prozentpunkt auseinander, und die Unterschiede sind in keinem einzigen Fall signifikant. RTL konzentriert seine Wahlberichterstattung mit Abstand am stärksten auf die beiden Kanzlerkandidaten. Jede fünfte Minute entfällt auf die Präsenz von Kohl oder Schröder (Kohl 20,3%, Schröder 19,6%).[12]

Die Präsenz der Kanzlerkandidaten im Zeitverlauf
Zwölf Wochen vor der Wahl ist ein klarer Trend noch nicht zu erkennen. Kohl ist in dieser Zeit nur etwa 10 Minuten länger präsent als Schröder, obwohl dies die letzte Arbeitswoche von Regierung und Parlament vor der Sommerpause ist und so ein deutlicher Kanzlerbonus hätte erwartet werden können. In diesen Wochen macht Schröder mit der Einverleibung des wirtschaftlichen Aufschwungs ("Der Aufschwung ist meiner") auf sich aufmerksam, wodurch ein mutmaßlicher Regierungsbonus offenbar abgeschwächt wurde. Auch *zehn Wochen vor der Wahl*, es war die zweite Woche der Parlamentsferien, findet sich kein statistischer Unterschied in der Präsenz der beiden Kandidaten. Sie sinkt für beide auf den absolut tiefsten Stand der gesamten Stichprobe, was auf eine Aktivitätspause der Kandidaten hinweist. Kohl trat in dieser Woche nur mit einer eintägigen Tour durch die Ostseebäder in Erscheinung. Schröder trat mehrere Tage in Bayern auf. Auch die Medien übten Enthaltsamkeit: Gab es in der zwölften-Woche und dann wieder in der achten Woche vor der Wahl jeweils zwei halbstündige Interviewsendungen mit Kohl und Schröder in ZDF und RTL, so waren in der zehnten Woche keine längeren Sondersendungen plaziert. In der *achten Woche vor der Wahl* dominiert Schröders Präsenz trotz der mit *beiden* Kandidaten geführten Exklusiv-Interviews deutlich (p<.001). Dem SPD-Kandidaten gelang es durch verschiedene von ihm initiierte Ereignisse wie seinem Washington-Besuch, dem Versprechen, die Rentenreform zurückzunehmen und einem Konsensangebot an die Atomwirtschaft, entsprechende Meldungen und Reportagen mit dann zwangsläufig hohen Präsenzanteilen für ihn in den Nachrichtensendungen aller Sender zu plazieren. Zwei Wochen später (in der *6. Woche vor der Wahl*) hielt die Lewinsky-Affäre auch die deutschen Medien in ihrem Bann. Allein am 17. August thematisierten die "Tagesthemen" (ARD) das Clinton-Verhör in fünf Beiträgen. Die Präsenz von Kohl und Schröder sinkt dadurch deutlich ab. *Fünf Wochen vor der Wahl* beherrscht das Thema um Kohls Nachfolge die Medienagenda. Kohl wird prozentual dreimal so häufig präsentiert wie Schröder (p<.001). Die Nachfolgediskussion hat dabei einen ähnlichen Ef-

---

[12] Ein entsprechender F-Test ist hochsignifikant. Im Post-Hoc-Mittelwertstest (LSD) sind die Unterschiede in den Präsenzanteilen von RTL zu allen anderen Sendern signifikant.

fekt wie Schröders Inszenierungsstrategie drei Wochen zuvor. Wie damals Schröder gelingt es diesmal Kohl, seine Präsenz vor allem in den Nachrichtensendungen dramatisch zu steigern.[13] Die Kandidatenpräsenz in den letzten vier Wahlkampfwochen ist vor allem durch Exklusiv-Interviews geprägt. Im Schnitt tritt Kohl 100 Minuten und Schröder 90 Minuten pro Woche in entsprechenden Sendungen auf. Allein in der Wahlwoche stellt sich Kohl 215 Minuten und Schröder 195 Minuten den Fragen der Journalisten. Dennoch geht *drei Wochen vor der Wahl* die Präsenz beider Kandidaten noch einmal zurück. Zum einen geriet Washington mit der Veröffentlichung des Starr-Berichtes erneut in den Medienfokus. Zum anderen beherrschte der bayerische Wahlkampf zur bevorstehenden "Testwahl" die Berichterstattung.

Bis dahin kann die Bilanz der beiden Kandidaten als ausgeglichen betrachtet werden. Sowohl Kohl als auch Schröder dominierten jeweils eine Woche lang signifikant, in allen anderen Wochen läßt sich statistisch kein Unterschied erkennen. In den letzten beiden Wochen steigt interessanterweise Helmut Kohls Präsenz im Vergleich zu Schröder stark an und hält sich bis zum 27. September auf diesem hohen Niveau (p<.05). Erst am Wahltag selbst steht der Wahlsieger Schröder wieder etwas stärker im Rampenlicht. Vermutlich hängt die Entwicklung der letzten beiden Vorwahlwochen mit dem Wahlerfolg der CSU in Bayern zusammen. Nicht nur die CDU, sondern offenbar auch die Medien witterten wie schon 1994 einen sensationellen "last-minute-swing" und inszenierten einen kraftvollen Wahlkampfhöhepunkt. Dafür sprechen jedenfalls die Befunde, wenn man die Präsenzzeiten der letzten beiden Wochen nach Ereignistypen analysiert. Kohl war sowohl in Beiträgen mit politikinszenierten als auch mit medieninszenierten[14] Anlässen dominant präsent. Schröder konnte zuletzt zwar in den mehr von ihm bzw. seinen Wahlkampfbüros beeinflußbaren

---

[13] In beiden Fällen handelt es sich dem Anschein nach tatsächlich um Inszenierungsstrategien (wenn auch in der Nachfolgediskussion nicht von Kohl selbst), da vor allem politinitiierte und mediatisierte Ereignisse in den Nachrichtenberichten hohe Präsenzanteile aufweisen. Da die Sendezeit in den Nachrichten begrenzt ist, erlitt in beiden Fällen die Präsenzzeit des Gegners einen Einbruch. Wie wirkungsvoll diese Strategie sein kann, zeigt folgende Berechnung: Schröder (8. Woche) bzw. Kohl (5. Woche) erzielten in Nachrichtensendungen und Nachrichtenjournalen im Vergleich zum jeweiligen Gegner das Vierfache dessen Präsenzzeit.

[14] Pressekonferenzen, öffentliche Wahlkampfveranstaltungen und Statements wurden als politinitiiert (oder auch -inszeniert) gewertet. Als mediatisiert galten Ereignisse aus dem parlamentarisch-politischen (Bundestagssitzungen) oder parteipolitischen (Parteitage) Alltag, die zwar meist wahlkampfunabhängig stattfinden, deren Ausgestaltung und Performanz aufgrund der voraussehbaren Medienpräsenz jedoch kommunikationsstrategisch geprägt sein dürften. Als medieninszeniert schließlich galten Interviews und mediale Hintergrundberichte (vgl. Schmitt-Beck & Pfetsch, 1994, S. 122).

politikinszenierten, nicht aber in den medieninszenierten Ereignisberichten aufholen.[15] Abbildung 3 stellt die Präsenz der beiden Kandidaten in eher politisch inszenierten Berichten den medieninszenierten Berichten gegenüber.

Abbildung 3: Präsenz von Kohl und Schröder in Abhängigkeit von Ereignistypen

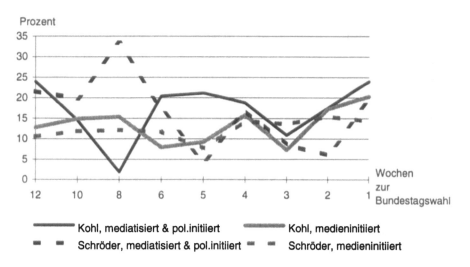

N=1045 Beiträge (nur bei entscheidbarer Zuordnung)

Personalisierung nach Sendern und Sendungstypen

Was in Bezug auf die Präsenzzeit nicht zu erkennen war, wird bei der Personalisierung der Akteure deutlich. Prozentual gesehen ist der Kanzlerbonus über alle Sender hinweg sichtbar: bei ARD, ZDF und Pro 7 ist der Unterschied signifikant, bei SAT1 und RTL zeigt er dieselben Tendenzen. Wie oben erwähnt, wurden in die Analyse nur wahl- oder wahlkampfrelevante Beiträge einbezogen. Der genuine Regierungsbonus ist somit bereits herausgefiltert.[16]

---

[15] In der vorletzten Woche war die politikinszenierte Präsenz signifikant unterschiedlich, in der letzten Woche die medieninszenierte Präsenz.

[16] Betrachtet man die absolute Summe der Personalisierungszeiten, so zeigt sich ein nahezu ausgeglichenes Bild (341 zu 340 Minuten), während sich die Prozentwerte signifikant unterscheiden (21,9% zu 17,9%). Die Diskrepanz ergibt sich aus der unterschiedlichen Berücksichtigung der Beitragszeiten, die in die Durchschnittsbildung der Personalisierungsanteile

Tabelle 1: Personalisierungszeiten von Helmut Kohl und Gerhard Schröder nach Sendungstypen, Sendern, Abstand zur Wahl und Ereignistypen

Wahlrelevante Beiträge	Personalisierung Kohl		Personalisierung Schröder		Diff
n=1392 (Wahlkampf) n=352 (Wahltag)	Zeit in Min (Summe)	%	Zeit in Min (Summe)	%	t-Test zu %
Sendungstypen					
Nachrichten	55	25,2	43	21,2	***
Nachrichtenjournale	51	21,0	37	15,4	***
Magazine etc.	44	19,2	61	20,1	-
Sondersendungen	174	21,3	188	17,4	**
Morgen-/ Mittagsmagazine	18	17,2	12	12,3	(*)
Sender					
ARD	95	17,4	86	14,0	*
ZDF	74	15,2	64	11,6	*
RTL	79	34,1	87	30,4	(*)
SAT 1	70	26,3	88	22,2	(*)
PRO 7	23	24,6	15	15,9	*
Ereignistyp Mediatisiert &					
politinitiiert	73	23,4	55	16,8	***
Medieninitiiert	212	26,9	236	23,1	*
Abstand zur Wahl					
12 Wochen	17	11,0	15	17,3	(*)
10 Wochen	10	16,6	15	31,6	***
8 Wochen	17	17,2	19	14,3	-
6 Wochen	13	16,1	15	14,7	-
5 Wochen	33	34,7	21	13,3	***
4 Wochen	28	25,3	43	17,6	***
3 Wochen	40	13,4	38	16,3	-
2 Wochen	58	25,2	45	19,4	*
1 Woche	68	23,7	53	16,5	***
Wahltag	57	26,2	75	20,8	*
Gesamt	341	21,9	340	17,9	***

Die Prozentangaben sind auf die jeweilige Präsenzzeit des Akteurs bezogen. Der T-Test bezieht sich auf die relativen Unterschiede zwischen den Akteuren. (*)p<.10; *p<.05; **p<.01; ***p<.001.

implizit einfließen, während sie für die Summenbildung der Personalisierungszeiten ohne Belang sind.

Sowohl in Nachrichten als auch in Nachrichtenjournalen wird Kohl signifikant häufiger personalisiert als Schröder.[17] Schröder liegt im Gegensatz dazu bei nicht tagesaktuellen Magazinsendungen (nicht signifikant) und politischen Sondersendungen vorn. Daß nach absoluten Zahlen in Sondersendungen am längsten personalisiert wird, ist wenig verwunderlich. Sie haben in der Regel ausreichend Sendezeit zur Verfügung und stellen oft genug die Kandidaten in die Mitte einer Reportage oder eines Interviews.

Kein Sender personalisiert die Kandidaten (bei konstant gehaltener Präsenz) stärker als RTL (34,3% Kohl, 30,4% Schröder). Mit gehörigem Abstand folgt SAT 1. Pro 7 personalisiert in Bezug auf Schröder auf einem vergleichsweise ähnlich niedrigen Niveau wie die öffentlich-rechtlichen Anstalten.

Personalisierung der Kanzlerkandidaten nach Ereignistypen
Im nächsten Schritt wurde die Personalisierung der beiden Spitzenkandidaten in Abhängigkeit des dominierenden Systemeinflusses analysiert. Mediatisierte und politinitierte Ereignisse sind stärker vom politischen System, medieninitiierte Ereignisse stärker vom Mediensystem beeinflußbar (siehe oben). In beiden Fällen[18] liegt Kohl prozentual gesehen vorn. Bei den politisch beeinflußbaren Ereignisberichten führt der Bundeskanzler auch in absoluten Zahlen. Es festigt sich der Eindruck, daß Kohl Ereignisse, die dem wahlbezogenen politischen Entscheidungsprozeß verpflichtet sind, besser für sich nutzen konnte. Bei den medieninitiierten Beiträgen zieht sich der Trend zugunsten von Kohl übrigens durch alle Anstalten, er erreicht allerdings nur bei Pro 7 Signifikanzniveau (p<.001, ohne Tabelle).

Personalisierung der Kanzlerkandidaten im Zeitverlauf
Die absoluten Zahlen lassen über die Vorwahlwochen einen Trend von deutlich zunehmender Personalisierung erkennen, die Prozentwerte steigen ebenfalls, wenn auch weniger stark. Im einzelnen betrachtet, sind im Verlauf des Wahlkampfs insgesamt drei Phasen der Dominanz eines Kandidaten auszumachen. In *Phase eins*, zwölf bis zehn Wochen vor der Wahl, liegt Schröder deutlich vor Kohl. In Woche 10 wird Schröder pro Beitrag fast doppelt so häufig personalisiert wie sein Konkurrent. Schröder kann durch die Einverleibung des wirtschaftlichen Aufschwungs ("Der Auf-

---

[17] Interessanterweise ist das Personalisierungsniveau bei Nachrichtensendungen höher als bei Nachrichtenjournalen. Das weist darauf hin, daß die Personalisierung häufig bereits Bestandteil des Nachrichtenkerns ist, so daß die längeren Reportagen, Berichte und Interviews in den Nachrichtenjournalen nur noch wenig zur Personalisierung beitragen.
[18] Andere Ereignistypen wie genuine Ereignisse oder selbstreferentielle Medienberichte wurden aus der Betrachtung ausgeklammert.

schwung ist meiner") nicht nur eine vergleichsweise hohe Präsenz vorweisen, sondern auch die auf ihn bezogene Personalisierung steigern. In der Sommerpause des Bundestages wird Schröder somit zum Medienstar. Anschließend egalisieren sich die Werte für Kohl und Schröder. *Phase zwei* beginnt in Woche fünf vor der Wahl. Hier setzt sich Kohl mit 34,7 Prozent zu 13, 3 Prozent erdrutschartig von Schröder ab und kann den Vorsprung bis in die nachfolgende Woche hinein halten. Wie oben zu den Befunden zur Präsenzzeit dargelegt, kann dieses im gesamten Wahlkampf nicht mehr erreichte Personalisierungsniveau am besten mit der Nachfolgediskussion um Kohl erklärt werden, die durch ein Interview Wolfgang Schäubles in dieser Woche losgetreten wurde. Erst mit der Ende der fünften Vorwahlwoche durch die SPD eingeläuteten heißen Wahlkampfphase holt Schröder wieder auf. *Phase drei* beginnt nach der Bayernwahl. Kohl kehrt einen leichten Personalisierungsvorsprung von Schröder um und bleibt bis in die Wahlwoche hinein signifikant vorn. Wie oben bereits beschrieben, wurde scheinbar auch von Medienseite (gerade nach dem Erfolg der CSU in Bayern) die bekannte Kohl'sche Aufholjagd erwartet.

Urheber der Personalisierung
Im folgenden wird zusätzlich nach den Urhebern der Personalisierungen unterschieden. Erfaßt wurde also, ob Helmut Kohl (bzw. Gerhard Schröder) selbst, ein Journalist, ein politischer Gegner oder andere Personen (Experten, Passanten) über Kohl (bzw. Schröder) sprechen. Demnach geht der weitaus größte Anteil der Personalisierung auf die Journalisten zurück. Der Anteil liegt für Kohl und für Schröder nahe beieinander, lediglich in Minuten ausgedrückt wird Kohl etwas häufiger personalisiert als Schröder.

Schröder bringt sich selbst etwas häufiger personalisierend ins Gespräch als Kohl. Umgekehrt wird Kohl von Gegnern etwas häufiger personalisiert als Schröder. Überraschend sind vielleicht weniger die Befunde an sich, sondern daß die Unterschiede nicht größer ausfallen. Aufgrund des Kanzlerbonus hätte man vielleicht erwartet, daß Schröder und seine Parteifreunde das Instrument der Personalisierung wesentlich häufiger einsetzen (müssen) als der Amtsinhaber, um dessen Amtsbonus auszugleichen. Sonstige Akteure wie Experten oder Bürger haben nur einen verschwindend geringen Anteil an der Personalisierung.

Analysiert man die Urheber im Zeitverlauf, so offenbaren sich interessante Einblicke in die Instrumentalisierungsstrategien der beiden Spitzenkandidaten. Demnach begann Schröder zwölf bis zehn Wochen vor der Wahl mit einem erhöhten Einsatz eigenpersonalisierter Statements. Diese Strategie gipfelte in der zehnten Woche mit der Vorstellung seines Erstlingwerkes *"Und weil wir unser Land verbessern ...".* Womöglich als Reaktion auf diese Eigenthematisierung, vielleicht aber auch aufgrund der Nominierung des Kulturschaffenden Naumann, resultiert der extrem hohe Perso-

nalisierungswert der Journalisten, der sich bei Kohl in keiner Weise widerspiegelt (vgl. Abbildung 4). Anschließend sinken Schröders Personalisierungsanteile und erreichen in der fünften Woche vor der Wahl ihren Tief-
punkt. Diese und die darauffolgende Woche "gehören" Kohl. Die Nachfolgediskussion hebt seinen Anteil bei Journalisten auf den Spitzenwert von
22,8 Prozent. Interessanterweise steigen hier die personalisierenden Selbst-
zuschreibungen kaum an. Kohl äußerte sich faktisch nur einmal lakonisch
zum Thema ("Wenn ich sage, ich mache das – dann mache ich das").[19] Politische Freunde, die Kohl über den gesamten Zeitraum quasi überhaupt
nicht personalisieren, melden sich dagegen zur Nachfolgediskussion deutlich zu Wort (6,0% gegenüber weniger als 1% in der restlichen Zeit, ohne
Tabelle). Kohls Vorsprung in den letzten beiden Wochen vor der Wahl
resultiert schließlich hauptsächlich aus Journalistenzuschreibungen (vgl.
Abbildung 4).

Abbildung 4: Personalisierung nach Urhebern: Eigen- vs. journalistische
Fremddarstellung bezogen auf die Präsenz der Kandidaten

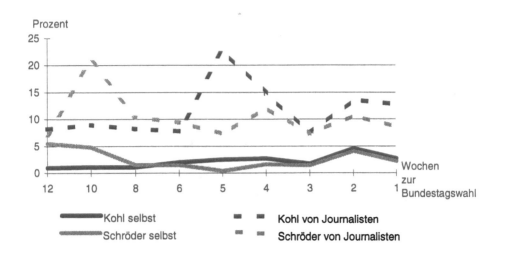

N=1392 Beiträge

---

[19] Helmut Kohl auf einer Pressekonferenz am 27. August 1998 in Bonn zum Thema Kanzler-
nachfolge in der CDU.

Die Sender unterscheiden sich hinsichtlich der Urheber von Personalisierungen insgesamt nur wenig, mit einer allerdings eklatanten Ausnahme:
Bei RTL entfallen bezogen auf die Präsenzzeiten überdurchschnittlich hohe
Werte (25,2% für Kohl und 23,2 % für Schröder) auf Journalistenzuschreibungen (p<.001, ohne Tabelle). Ein Indiz, daß in diesem Sender die repor-
tagehafte Berichterstattung gegenüber Gesprächsformaten überwog. Interessant ist auch, daß SAT 1 im Verhältnis besonders häufig die Gegner
Helmut Kohls zu Wort kommen ließ (ohne Tabelle).

Ergebnisse zu einzelnen Personalisierungsdimensionen
Im theoretischen Teil des Artikels wurde Personalisierung in vier Tei-
laspekte gegliedert, die sich auf einem Kontinuum von rollennahen, instrumentellen bis hin zu rollenfernen, wertexpressiven und privaten Per-
sonalisierungsphänomenen einteilen lassen. Personalisierung wurde in der
vorliegenden Inhaltsanalyse mit insgesamt 94 Kategorien erhoben, die sich
fünf Hauptdimensionen zuordnen lassen. Die Dimensionen "Führungs-
qualität und Managementfähigkeiten" und "Kompetenz" messen rollenna-
he Merkmale[20], die Dimensionen "Integrität", "unspezifische Personenqualitäten" und "Privates" messen zunehmend rollenfernere Merkmale. Füh-
rungsqualität kann mit Attributen wie mächtig und eloquent oder unent-
schlossen und faul etc. beschrieben werden.
   Unter Kompetenz werden vor allem Leistung, Erfahrung und Sach-
kenntnis subsumiert. Integrität wird nicht nur im Sinne von Anstand und
Moral verstanden, sondern umfaßt im weiteren auch Bewertungen zu
Glaubwürdigkeit und Zuverlässigkeit. Zu generellen Personenqualitäten
und Eigenheiten zählen zum Beispiel Umgangsformen, zur Schau getrage-
ne Befindlichkeiten und Emotionen sowie Bemerkungen zur optischen
Erscheinung (dick oder gepflegt).[21] In den fünf Dimensionen wurden insgesamt 2391 Personalisierungseinheiten in der Vorwahlstichprobe gezählt.
Hinzu kommen noch einmal allein 505 Personalisierungen am Wahla-
bend.[22] Bezogen auf 1392 Beiträge im Wahlkampf und 352 Beiträge am

---

[20] Für die weiteren Analysen wurden die Dimensionen "Management" und "Kompetenz"
    zusammengefaßt.
[21] Entscheidend für die Zuordnung in dieser Kategorie war, daß die Merkmale auch im politi-
    schen Alltag in der einen oder anderen Form zum Tragen kommen (können). Als "Privates"
    wurden hingegen ausschließlich Personaspekte gezählt, die im politischen Alltag nicht di-
    rekt wahrnehmbar und ohne gezielte publikatorische Aktivitäten der Öffentlichkeit über-
    haupt nicht bekannt wären (Äußerungen zu Familie, Hobbys, Urlaub, Religion, Schulbil-
    dung etc.). Die Trennlinie zwischen "Personqualitäten/Eigenheiten" und "Privates" verläuft
    damit zwar relativ eindeutig, aber etwas anders als in vergleichbaren Studien.
[22] Im folgenden werden nur noch die Personalisierungen in Wahlkampfbeiträgen betrachtet.
    Auch unspezifische und nicht einzuordnende Personalisierungen werden für diese Aus-
    wertung außer acht gelassen.

Wahltag ergibt dies durchschnittlich 1,7 Personalisierungen pro Beitrag im Wahlkampf und 1,4 am Wahltag.[23] Absolut gesehen dominieren zum einen rollenferne Beschreibungen von personalen Charaktereigenschaften und Befindlichkeiten (n=745, 31,1%), gefolgt von rollennahen Personalisierungen zu Managerfähigkeiten der Kanzlerkandidaten (n=607, 25,4%), zur Integrität (n=397, 16,6%), zu Privatem (n=324, 13,6%) und zur Kompetenz der Kandidaten (n=318, 13,3%). Allerdings sind insbesondere rollenferne Personalisierungen stark auf einige wenige Sendungen konzentriert, was weitere Analysen auf der Basis absoluter Häufigkeiten verzerren würde. Daher wurde für jeden Beitrag dichotom entschieden, ob eine bestimmte Personalisierungsform vorliegt oder nicht. Die folgenden Ergebnisse beziehen sich immer auf den Prozentsatz der Beiträge, die eine Personalisierungskomponente enthalten.

Abbildung 5: Prozent wahlbezogene Beiträge mit unterschiedlichen rollenfernen und rollennahen Personalisierungen

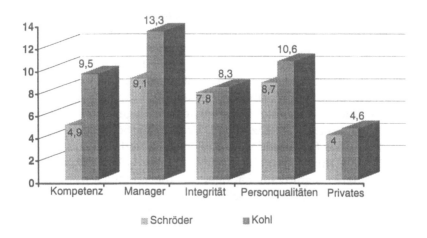

N=1392 Beiträge

Prozentual gesehen weisen die meisten Beiträge Personalisierungen aus der Kategorie der Managementurteile und der personalen Qualitäten auf. In beiden Dimensionen dominieren Bezüge auf Kohl (p<.001, vgl. Abb. 5). Die anderen Kategorien weisen die gleiche Tendenz auf (nicht signifikant).

---

[23] Dabei ist die Verteilung sehr heterogen: Rund 65 Prozent der Beiträge kamen ohne jede Personalisierung aus. Auf die restlichen 35 Prozent der Beiträge verteilt ergab sich damit ein Mittelwert von mehr als fünf Personalisierungen.

Entscheidend bei der Interpretation der Ergebnisse ist jedoch die wertende
Ausrichtung der Personalisierung. Hier zeigt sich, daß die Beiträge über
beide Kandidaten häufiger mit positiven als mit negativen Personalisierungen verknüpft sind.[24] Bei Kohl ist das Übergewicht positiver Personalisierungen sogar hochsignifikant (p<.001). Verrechnet man negative mit
positiven Personalisierungen innerhalb eines Beitrags und negativ dominierte mit positiv dominierten Beiträgen, so ergibt sich folgendes Bild (vgl.
Abbildung 6): Kohl kann in allen Kategorien eine positivere Bilanz für sich
verbuchen. Schröder verzeichnet nicht nur durchgängig schlechtere, sondern in zwei Fällen sogar negative Bilanzen. Freilich ist die "Schieflage"
generell nur schwach ausgeprägt. In weniger als jedem 10. Beitrag findet
sich überhaupt ein positives oder negatives Übergewicht der Personalisierungen zu einem der Kanzlerkandidaten. Am eindeutigsten wurden die
Managerqualitäten beider Kandidaten bewertet: tendenziell fielen solche
Personalisierungen für Kohl *und* für Schröder positiv aus (Unterschied
nicht signifikant).

Personalisierungskomponenten und Wertungsbilanz nach Sendern
Im Sendervergleich bewerten RTL und SAT 1 Schröder und noch deutlicher Kohl überdurchschnittlich positiv (signifikant). In Bezug auf Helmut
Kohl liefert SAT 1 den höchsten Wert. Negative Personalisierungen unterscheiden sich zwischen den Sendern nicht signifikant. In der Wertungsbilanz sind die öffentlich-rechtlichen Sender deutlich ausgewogener bzw.
neutraler als die Privatsender. Die stärkste Schieflage verzeichnet RTL mit
einer positiven Wertungsbilanz von 6,0 Prozent für Schröder und 14,1 Prozent für Kohl. Die Privatsender (vor allem RTL und SAT 1, für Schröder
auch PRO 7) thematisieren die Kompetenz und Managerqualitäten für
beide Kandidaten signifikant häufiger als die öffentlich-rechtlichen Anstalten. Ein ähnliches Bild zeigt sich in Bezug auf Personenqualitäten. Kohl
wird von RTL überdurchschnittlich häufig personalisiert und Schröder von
RTL, SAT 1 und PRO 7. Integritätszuschreibungen werden von keinem der
Sender und für keinen der Kandidaten signifikant häufiger genannt. Private Personalisierungen könnten als RTL-Domäne bezeichnet werden. Für
beide Kandidaten liegt der Kölner Kanal hier überdurchschnittlich hoch.

---

[24] Bei Kohl 17,2 Prozent positive und 12,1 Prozent negative, bei Schröder 13,4 Prozent positive
und 10,1 Prozent negative Personalisierungen. Als positiv wurde z. B. erfolgreich, stark, entschlossen, teamfähig, zuverlässig, integer, eloquent, professionell, intelligent, erfahren, pro-
filiert, fleißig, als negativ in der Regel die jeweiligen Antonyme gewertet. Die Kategorien
Personeigenheiten und Privates wurden aufgrund der erheblichen Interpretationsspielräu-
me nicht nach positiven und negativen Wertungen untergliedert.

Personalisierungskomponenten und Wertungsbilanz im Zeitverlauf
Zwölf Wochen vor der Wahl ist der prozentuale Umfang der Personalisierungskomponenten bei beiden Kandidaten ungefähr gleich stark in den Beiträgen vertreten, bei Kohl ist die Wertungsbilanz jedoch positiv, während sie bei Schröder deutlich im negativen Bereich liegt (vgl. die Abbildungen 7 und 8).[25] Die negativen Werte für den Herausforderer könnten einerseits mit der Diskussion um den von Schröder geholten Schattenminister Stollmann in Verbindung stehen, andererseits war sein Aufschwung-Bonmot zwar medienwirksam, wurde aber auch als realitätsfern gewertet. Kohl erlangte mit der Pressekonferenz kurz vor seinem Urlaub hohe Aufmerksamkeitswerte und einen positiven Medientenor ("Er will's noch mal wissen").

Abbildung 7: Personalisierungskomponenten und Wertungsbilanz im Zeitverlauf für Helmut Kohl

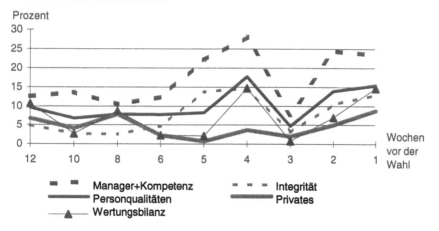

N=1392 Beiträge

In den folgenden vier Wochen bessert sich das Medienimage von Schröder zusehends. Der Herausforderer erreicht Kohls positive Wertungsbilanz und kann seine persönlichen Merkmale (10. und 6. Woche) sowie seine Integrität (8. Woche) ins Spiel bringen. Die Bilanz seiner Integritätsdarstellung liegt in der achten Woche vor der Wahl das einzige Mal über den gesamten Meßzeitraum im positiven Bereich (Kohl erreicht dies mehrfach).

---

[25] Aus Darstellungsgründen ist der Wert für Schröder mit – fünf Prozent in Abb. 8 eingetragen. Der ermittelte Wert liegt jedoch bei -12,6 Prozent.

Abbildung 8: Personalisierungskomponenten und Wertungsbilanz im Zeitverlauf für Gerhard Schröder

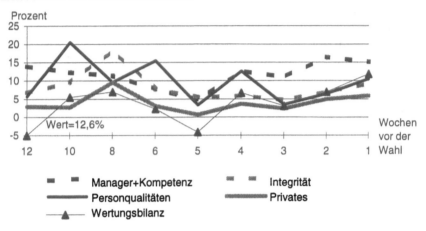

N=1392 Beiträge

Das Blatt wendet sich erst wieder in der fünften Woche. Kohls Fähigkeiten als Manager und seine Kompetenz dominieren die Mediendiskussion um seine Person. Im Gegensatz dazu wird Schröder in der fünften Woche kaum noch personalisiert und seine Wertungsbilanz sinkt zum zweiten Mal in den negativen Bereich. Bemerkenswerterweise ist trotz eines hohen Anteils mit positiven Personalisierungen (27,2%, ohne Abbildung) die Wertungsbilanz für Kohl in der fünften Woche vor der Wahl "nur" ausgeglichen. Scheinbar konnten die positiven Aspekte die im Zusammenhang mit der Nachfolgediskussion stehenden negativen Zuschreibungen lediglich egalisieren, nicht aber umkehren. Möglicherweise wurden aber auch Ablehnungen im Zusammenhang mit der Nachfolgediskussion durch Zustimmungen zu einer in dieser Woche neu gestarteten Kampagne zur Außenpolitik ausgeglichen.

In der vierten Woche werden beide Kandidaten bezogen auf nahezu alle Komponenten stärker personalisiert und können ihre Wertungsbilanz deutlich verbessern. Kohls Managerfähigkeiten und Kompetenzen stehen wie in keiner anderen Woche im Brennpunkt der Berichterstattung: In 14,1 Prozent aller Beiträge finden sich negative, in 23,0 Prozent der Beiträge positive Einschätzungen zu diesen Thema. Insgesamt ist für Kohl vor allem die Kompetenzbilanz, für Schröder (auf niedrigerem Niveau) vor allem die Managerbilanz positiv.

Am Ende der dritten Woche vor der Wahl wurde in Bayern ein neuer Landtag gewählt. Die Berichterstattung ist in dieser Woche über alle Sender hinweg stark auf die Landtagswahl ausgerichtet. Seitens der SPD tritt der Kanzlerkandidat vermehrt auf Wahlkampfveranstaltungen in Bayern auf – während seitens der Union Kohl weitestgehend herausgehalten wird. Es ist daher nicht verwunderlich, wenn für Kohl alle Dimensionen von zum Teil hohem Niveau auf Werte zwischen 0 Prozent und 8 Prozent fallen – um in der Woche nach der Bayernwahl wieder nahe der Ausgangswerte zu landen. Schröders Personalisierungswerte sinken zwar auch, aber nur um vergleichsweise wenige Prozentpunkte, und die Diskussion um seine Managementfähigkeiten und seine Kompetenz erfährt keinen Abbruch.

In den letzten beiden Wochen vor der Wahl verzeichnen die Personalisierungen der beiden Kandidaten eine parallele Entwicklung. Die Wertungsbilanzen steigen kontinuierlich ebenso an wie die Diskussion um Kompetenzen, Integrität, Personqualitäten und Privates. Allerdings kann Kohl seinen Widersacher in allen Dimensionen und in der Wertungsbilanz übertreffen. Der Grund hierfür mag vor allem in der Aufbruchsstimmung der CDU nach der Bayernwahl liegen, die die Sender in der Hoffnung auf einen doch noch spannenden Wahlkampfschluß sowie in Erwartung eines sensationellen Umschwungs in letzter Minute durch eine verstärkte Personalisierung mittrugen. Zum anderen hat die CDU in der letzten Vorwahlwoche verstärkt auf die Wichtigkeit der kommenden EU-Präsidentschaft für Deutschland verwiesen und so den Wahlkampf erneut auf Kohl zugespitzt.

Resümee: 'Fair Play', Nachrichtenwerte und Instrumentalisierung

Gäbe es die oft beschworene Allmacht der Medien, insbesondere des Fernsehens, so wäre Helmut Kohl 1998 Wahlsieger geworden. Nicht bezogen auf die Präsenz der Spitzenkandidaten, aber auf den Umfang der Personalisierung und auf die Wertungsbilanz hatte Kohl die günstigeren Bedingungen im Fernsehen. Seine Eigenschaften und Fähigkeiten insbesondere als Manager und kompetenter Problemlöser wurden häufiger und mit einem positiveren Tenor als bei Schröder thematisiert. Allerdings sind die Bemühungen der Sender um ein 'fair play', um Ausgewogenheit und Neutralität unübersehbar und wohl stärker zu gewichten als der (kleine) mediale Vorsprung Kohls. Wie nach einem geheimen Drehplan konzipiert, so muten die fast identischen Präsenzzeiten und Personalisierungszeiten für die beiden Spitzenkandidaten an.[26] Zumindest bezogen auf Integrität, Personqualitäten und private Aspekte sind die Unterschiede zwischen Kohl

---

[26] Dieser Befund steht im Einklang mit anderen Untersuchungen zur Wahlberichterstattung 1998 (vgl. Krüger & Zapf-Schramm, 1999), aber in deutlichem Widerspruch zu Studien zu den Bundestagswahlen 1990 (vgl. z. B. Kindelmann, 1994) und 1994 (vgl. z. B. Kepplinger & Rettich, 1996), in denen jeweils ein deutlicher Amtsbonus gefunden wurde.

und seinem Herausforderer zu gering, um statistisch als bedeutsam gelten zu können. Die Wertungsbilanz offenbart zwar einen Vorteil für Kohl. Das Wertungsverhältnis zwischen den beiden Kandidaten liegt aber auf einem Niveau, das insgesamt durchaus noch als ausgeglichen bezeichnet werden kann.

War der 1998er Wahlkampf entpolitisiert? Nach den vorliegenden Befunden kann diese Frage allenfalls schwach bejaht werden. Integritätsaspekte und Personqualitäten kamen zwar absolut gesehen häufig vor, gemittelt über alle Beiträge waren jedoch Aussagen zu Managementfähigkeiten der Kandidaten am häufigsten zu finden. Aspekte aus dem Privatleben der Spitzenpolitiker nahmen zu keinem Zeitpunkt im Wahlkampf eine bestimmende Rolle ein. Bedenkt man, daß 65 Prozent der wahlbezogenen Beiträge überhaupt keine Personalisierung enthielten, so kann man danach kaum von einem entpolitisierten Wahlkampf sprechen. Allerdings sind für eine erschöpfende Antwort auch andere, hier nicht untersuchte Parameter zu berücksichtigen, wie zum Beispiel Infotainment oder die Darstellung des Wahlkampfs als spannenden Wettkampf ('horse race'). Bezogen auf die im ersten Teil dieses Artikels formulierten Wahlentscheidungsmodelle ist zu sagen, daß vom Fernsehen wohl am besten der *politische Vereinfacher* bedient wird. Informationen zur Integrität eines Kandidaten und zu rollennahen personalen Aspekten sind leicht zu erhalten, dominieren jedoch nicht die Berichterstattung. Im Umkehrschluß kann gefolgert werden, daß das Gros der Informationen sach- und/oder parteibezogen ist. Hier das genaue Verhältnis zu ermitteln, wäre eine interessante Aufgabe für künftige Studien.

Ein wichtiges Ergebnis der Studie betrifft das Verhältnis zwischen Medien und Politik. Neben dem unverkennbaren Bemühen der Sender um Ausgewogenheit sind die Bestrebungen der Parteien klar zu erkennen, die Medien für die eigene Wahlkampagne arbeiten zu lassen. Der hohe Anteil der Personalisierungen, die auf mediatisierte und politinitiierte Ereignisse zurückzuführen sind, spricht für diese These ebenso wie Befunde, wonach *Journalisten* besonders dann personalisieren, wenn die Parteistrategen entsprechende Ereignisse inszenieren (Buchvorstellung von Schröder, anhaltende Nachfolgediskussion bei Kohl). Die geschickte Instrumentalisierung der Nachrichtenfaktoren garantiert allerdings noch keine positive Presse. So sind, ganz im Sinne der Bemühungen um Ausgewogenheit, alle diese Ereignisse auch von negativen Personalisierungen begleitet. Weder der fulminante und auf Medienpräsenz zielende Einstieg Schröders in die Parlamentspause, noch die Nachfolgediskussion von Kohl sorgten für eine positive Wertungsbilanz. Schröder gewann zwar als 'neuer' Kandidat durchaus die Aufmerksamkeit des Fernsehens, seine Bilanz in dieser Zeit (12. Woche vor der Wahl) war jedoch negativ. Kohl gelang es, mit der Nachfolgediskussion in der fünften und vierten Woche vor der Wahl tatsächlich seine Präsenz und Personalisierung auf Kosten Schröders auszuweiten. Seine Wertungsbilanz hingegen kann in dieser Zeit nur als ausgeglichen bezeichnet werden.

Nach der Bayernwahl, die die Bundesprominenz etwas in den Hintergrund drängte, trafen sich dann die Interessen von SPD, CDU und der Fernsehsender. Der überraschende Ausgang der Bayernwahl und der schrumpfende Abstand zwischen Kohl und Schröder in den Umfragen sorgte für neue Spannung im Wahlkampf. Spannung und Überraschung sind publikumsattraktiv, so daß diese Entwicklung in den letzten Vorwahlwochen auch im Interesse der Medien lag. Den Parteien gelang es, die Präsenz von Kohl und Schröder zu steigern und die Spitzenkandidaten zugleich noch stärker in den Mittelpunkt zu rücken. Die Anteile aller Personalisierungskomponenten für beide Kandidaten stiegen und die Wertungsbilanzen bewegten sich zunehmend im positiven Bereich.

Für das Verhältnis von Politik und Medien gilt offenbar, daß die politikseitige Instrumentalisierung der medialen Selektionsprinzipien zwar weit geht und *quantitativ* gesehen (Präsenzzeit, Personalisierungszeit) auch erfolgreich ist (vgl. Müller, 1999). Die *Bewertung* der Inszenierungsversuche durch die Medien scheint – zumindest in dieser Bundestagswahl – anderen Regeln zu gehorchen. Hier scheinen eine (gesunde) Skepsis der Medien gegenüber den von der Politik inszenierten Ereignissen und eine Neigung zur Ausgewogenheit im Wahlkampf stärkeren Einfluß zu haben.

Literatur

Brosius, H.-B. (1995). *Alltagsrationalität in der Nachrichtenrezeption. Ein Modell zur Wahrnehmung und Verarbeitung von Nachrichteninhalten.* Opladen: Westdeutscher Verlag.

Bruner, J., & Tagiuri, R. (1954). Person perception. In G. Lindzey (Hrsg.), *Handbook of social psychology. Vol. 2.* Reading, MA: Addison-Wesley.

Cantor, N., & Mischel, W. (1969). Prototypes in person perception. In L. Berkowitz (Hrsg.), *Advances in experimental social psychology. Vol. 12.* New York: Academic Press.

Bruns, T., & Marcinkowski, F. (1997). *Politische Information im Fernsehen. Eine Längsschnittstudie zur Veränderung der Politikvermittlung in Nachrichten und politischen Informationssendungen.* Opladen: Leske + Budrich.

Donsbach, W., Brosius H.-B., & Mattenklott, A. (1993). Die zweite Realität. Ein Feldexperiment zur Wahrnehmung einer Wahlkampfveranstaltung durch Teilnehmer und Fernsehzuschauer. In C. Holtz-Bacha & L. L. Kaid (Hrsg.), *Die Massenmedien im Wahlkampf* (S. 104-143). Opladen: Westdeutscher Verlag.

Downs, A. (1957). *An economic theory of democracy.* New York: Harper and Row.

Eilders, C. (1997). *Nachrichtenfaktoren und Rezeption. Eine empirische Analyse zur Auswahl und Verarbeitung politischer Information.* Opladen: Westdeutscher Verlag.

Eilders, C., & Wirth, W. (1999). Die Nachrichtenwertforschung auf dem Weg zum Publikum: Eine experimentelle Überprüfung des Einflusses von Nachrichtenfaktoren bei der Rezeption. *Publizistik, 44,* 35-57.

Fuchs, D., & Kühnel, S. (1994). Wählen als rationales Handeln: Anmerkungen zum Nutzen des Rational-Choice-Ansatzes in der empirischen Wahlforschung. In H.-D. Klingemann & M. Kaase (Hrsg.), *Wahlen und Wähler. Analysen aus Anlaß der Bundestagswahl 1990* (S. 305-364). Opladen: Westdeutscher Verlag.

Garramone, G. M. (1983). Issue versus image orientation and effects of political advertising. *Communication Research, 10,* 59-76.

Holtz-Bacha, C. (1996). Massenmedien und Wahlen. Zum Stand der deutschen Forschung – Befunde und Desiderata. In C. Holtz-Bacha & L. L. Kaid (Hrsg.). *Wahlen und Wahlkampf in den Medien. Untersuchungen aus dem Wahljahr 1994* (S. 9-44). Opladen: Westdeutscher Verlag.

Holtz-Bacha, C., Lessinger, E.-M., & Hettesheimer, M. (1998). Personalisierung als Strategie der Wahlwerbung. In K. Imhof & P. Schulz (Hrsg.), *Die Veröffentlichung des Privaten – Die Privatisierung des Öffentlichen* (S. 240-250). Opladen: Westdeutscher Verlag.

Jakubowski, A. (1998). *Parteienkommunikation in Wahlwerbespots: eine systemtheoretische und inhaltsanalytische Untersuchung von Wahlwerbespots zur Bundestagswahl 1994.* Opladen: Westdeutscher Verlag.

Jarren, O., & Bode, M. (1996). Ereignis- und Medienmanagement politischer Parteien. Kommunikationsstrategien im "Superwahljahr 1994". In Bertelsmann Stiftung (Hrsg.), *Politik überzeugend vermitteln. Wahlkampfstrategien in Deutschland und den USA* (S. 65-114). Gütersloh: Bertelsmann Stiftung.

Kelley, H. H. (1950). The warm-cold variable in first impression of person. *Journal of Personality, 18,* 431-439.

Kelman, H. C. (1961). Processes of opinion change. *Public Opinion Quarterly, 15,* 635-650.

Kepplinger, H. M., & Rettich, M. (1996). Publizistische Schlagseiten. Kohl und Scharping in Presse und Fernsehen. In C. Holtz-Bacha & L. L. Kaid (Hrsg.), *Wahlen und Wahlkampf in den Medien. Untersuchungen aus dem Wahljahr 1994* (S. 80-100). Opladen: Westdeutscher Verlag.

Kindelmann, K. (1994). *Kanzlerkandidaten in den Medien. Eine Analyse des Wahljahres 1990.* Opladen: Westdeutscher Verlag.

Krüger, U. M., & Zapf-Schramm, T. (1999). Fernsehwahlkampf 1998 in Nachrichten und politischen Informationssendungen. Ergebnisse des ARD/ZDF-Wahlmonitors. *Media Perspektiven,* (5) 222-236.

Kuhlmann, C. (1999). *Die öffentliche Begründung politischen Handelns.* Opladen: Westdeutscher Verlag.

Lass, J. (1995). *Vorstellungsbilder über Kanzlerkandidaten. Zur Diskussion um die Personalisierung von Politik.* Wiesbaden: DeutscherUniversitätsVerlag.

Lau, R. R., & Sears, D. O. (Hrsg.) (1986). *Political cognition,* London: Lawrence Erlbaum.

Luhmann, N. (1993). *Soziale Systeme. Grundriß einer allgemeinen Theorie.* Frankfurt a. M.: Suhrkamp.

Miller, A. H., Wattenberg, M. P., & Malanchuk, O. (1986). Schematic assessments of presidental candidates. *American Political Science Review, 80,* 521-540.

Müller, M. G. (1999). Parteienwerbung im Bundestagswahlkampf 1998. *Media Perspektiven,* (5) 251-261.

Popkin, S. L. (1991). *The reasoning voter.* Chicago, IL: University of Chicago Press.

Sarcinelli, U. (Hrsg.) (1987). *Politikvermittlung: Beiträge zur politischen Kommunikationskultur.* Stuttgart: Bonn Aktuell.

Schmitt-Beck, R., & Pfetsch, B. (1994). Politische Akteure und die Medien der Massenkommunikation. Zur Generierung von Öffentlichkeit in Wahlkämpfen. In F. Neidhardt (Hrsg.), *Öffentlichkeit, öffentliche Meinung, soziale Bewegungen.* (= Sonderheft 34 der Kölner Zeitschrift für Soziologie und Sozialpsychologie; S. 106-138). Opladen: Westdeutscher Verlag.

Schneider, M., Schönbach, K., & Semetko, H. A. (1999). Kanzlerkandidaten in den Fernsehnachrichten und in der Wählermeinung. *Media Perspektiven,* (5), 262-269.

Wirth, W. (1998). *Codebuch zu Erfassung von Infotainment im Fernsehen* (DFG Projekt "Infotainment im Fernsehen und seine Auswirkungen auf die Relevanzstrukturen beim Publikum"). Unveröffentlichtes Manuskript.

Wirth, W. (1999). Methodologische und konzeptionelle Aspekte der Glaubwürdigkeitsforschung. In P. Rössler & W. Wirth (Hrsg.), *Glaubwürdigkeit im Internet: Fragestellungen, Modelle, empirische Befunde.* (S. 47-66). München: Reinhard Fischer.

"Herr Bundeskanzler, was machen Sie, wenn Sie nicht mehr Kanzler sind...?"

Eine Inhaltsanalyse journalistischer Fernsehinterviews mit Helmut Kohl und Gerhard Schröder im Vorfeld der Bundestagswahl 1998

Markus Moke
Thorsten Quandt
Christoph Tapper

War das negative Ergebnis der 'Schicksalswahl' 1998 für Helmut Kohl unausweichlich, der Sieg von Gerhard Schröder vorhersehbar – und welche Rolle spielten dabei die Medien? Immer wieder wird von einer Amerikanisierung oder Personalisierung des Wahlkampfes hierzulande gesprochen, auch darüber, wie insbesondere der SPD-Kandidat Schröder durch seinen Umgang mit den Medien davon profitierte. In der öffentlichen Diskussion wird zum Teil der Eindruck erweckt, die Darstellung der Kandidaten insbesondere im Fernsehen habe erheblichen, wenn nicht sogar einen ausschlaggebenden Einfluß auf den Ausgang der Wahl gehabt. Kurz gesagt: Wer im Fernsehen 'gut rüberkommt', der gewinnt auch die Wahl?

Unbestritten ist zumindest die Tatsache, daß das Fernsehen bei der personalen Darstellung der Kandidaten eine sehr wichtige Position einnimmt. Es dient als Plattform für die Darstellung ihrer Programme und Vorstellungen, aber auch ihrer Images, und dies im tatsächlichen Wortsinn. Besonders in den Interviewsendungen vor der Wahl können sich Kanzler und Herausforderer an eine große Öffentlichkeit wenden und durch ihr Auftreten versuchen, Stimmen hinzuzugewinnen.

Allerdings geschieht dies nicht 'ungefiltert', da die interviewenden Journalisten als eine Art "Selbstdarstellungskatalysator für die befragten Politiker" (Tapper, 1998, S. 22) auftreten. Die Fernsehinterviews laufen nach gewissen Regeln ab, in denen den Gesprächspartnern die "komplementären Rollen von Interviewer und Interviewtem" (Holly, 1993b, S. 169) zugewiesen werden, so daß weder Politiker noch Journalist völlig frei agieren können.

Demzufolge ist der Eindruck, den ein Kandidat in den Interviews macht, nicht nur von ihm selbst, sondern auch von seinem Gegenüber und von der Interviewsituation abhängig. Wie die beiden Kontrahenten wirken, ist also keinesfalls nur eine Frage positiver medialer Selbstdarstellung, sondern auch ein Ergebnis der komplexen Interaktion im Gesprächsverlauf, bei der auf beiden Seiten bestimmte Strategien der Gesprächsführung zum Tragen kommen.

Im Rahmen der hier vorliegenden Studie wird der Umgang der Journalisten mit den Spitzenkandidaten Helmut Kohl und Gerhard Schröder mit einer Inhaltsanalyse untersucht. Grundlage sind die Kandidateninterviews in der ARD und im ZDF auf seiten der öffentlich-rechtlichen Rundfunkanstalten sowie in den privaten Sendern SAT.1 und Pro Sieben im Vorfeld der Bundestagswahl 1998. Analog zu einer bereits publizierten Studie über den journalistischen Umgang mit Kanzlerkandidaten zur Bundestagswahl 1994 (vgl. Tapper, 1998) sollen die Darstellung der Spitzenkandidaten und der Umgang mit ihnen analysiert werden. Damit können Unterschiede, aber auch Gemeinsamkeiten zwischen den Interviews aus beiden Wahljahren aufgezeigt werden.

Bisherige Forschung

Ansätze und Untersuchungen zum politischen Interview finden sich in der Kommunikationswissenschaft wie auch in angrenzenden Gebieten in großer Zahl. Die Sichtweisen auf den Gegenstand sind dabei zumeist reduziert auf die sprachlichen Elemente der Dialogsteuerung, wie sie zum Beispiel beim Frage- und Antwortverhalten, beim Ausdruck von Dissens und Konsens oder in Argumentationshandlungen deutlich werden. Diese Ansätze finden sich im deutschen Sprachraum insbesondere im Bereich der Pragmalinguistik (vgl. Berens, 1975; Burger, 1991; Ecker, Landwehr, Settekorn, & Walther, 1977; Hoffmann, 1982; Jucker, 1986; Schwitalla, 1979). Angloamerikanische Studien lassen sich demgegenüber hauptsächlich der 'Conversational Analysis' zuordnen, bei der die Frage im Vordergrund steht, nach welchen Regeln die Interaktion der Gesprächsteilnehmer abläuft und wie es zu Regelverstößen kommt (u. a. Clayman, 1988, 1991, 1992, 1993; Clayman & Whalen, 1988/89; Greatbatch, 1986a, 1986b, 1988; Heritage, 1985; Heritage, Clayman, & Zimmerman, 1988; Heritage & Greatbatch, 1991; Schegloff, 1988/1989; vgl. auch Holly, 1992; 1993a; 1993b, für deutsche politsche Interviews).

Die kommunikations- bzw. politikwissenschaftliche Forschung widmete sich bisher politischen Interviews im Vorfeld von Bundestagswahlen (vgl. Baker, Norpoth, & Schönbach, 1981; Lipp, 1983; Merten, 1991; Schrott, 1990; Weiß, 1976; sowie aus psychologischer Sichtweise Schütz, 1992).

Dabei wurde vornehmlich das Diskussions- und Antwortverhalten der Politiker, nicht jedoch das der Journalisten untersucht. Der Ausgangspunkt dieser Studien ist die Annahme, daß sich hieraus auch Wirkungen auf die Wahlentscheidung der Zuschauer ableiten lassen. Dieser Zusammenhang ist jedoch wissenschaftlich nicht vollständig geklärt.

Studien zum Verhalten der Journalisten sind so gut wie nicht vorhanden. Entsprechende Variablen werden zwar vereinzelt mit erhoben, beziehen sich jedoch fast ausschließlich auf die Struktur und Organisationsebene der Interviews. Vor dem Hintergrund dieser Forschungssituation wurde bereits zum Bundestagswahlkampf 1994 eine Studie durchgeführt, die sich insbesondere dem journalistischen Umgang mit den damaligen Spitzenkandidaten widmete (vgl. Tapper, 1998). Das dort eingesetzte Instrumentarium diente als Grundlage für die hier vorliegende Untersuchung.

Methodisches Vorgehen

Entsprechend der Studie von Tapper (1998) wurden die Sendungen, die im Vorfeld der Wahl ausgestrahlt wurden, inhaltsanalytisch untersucht. Dabei wurden in der Hauptsache folgende Daten erhoben und ausgewertet:

I. Formales
Gesamtgesprächsdauer, Redezeit der Politiker und Journalisten.

II. Themen
Die im Interview behandelten Themen wurden nachträglich zu Kategorien zusammengefaßt. Eine Analyse anhand der Kategorien aus der 94er Studie wurde nicht vorgenommen: Bei einer quasi unbegrenzten Zahl an möglichen Gesprächsthemen ist es sinnvoller, eine Einteilung der Themen ex post durchzuführen.

III. Struktur
1. Gesprächsorganisation: Unterbrechungen/Störungen sowie Nachfragen bei nicht korrekt beantworteten Fragen.
2. Unkooperative Intervieweraussagen: Hierzu wurde ein Kategoriensystem bezüglich der Verwendung von Kritik gegenüber dem Kandidaten entwickelt. Dieses basiert auf dem von Jucker (1986) entwickelten Konzept der sogenannten 'face threatening acts' (FTA), den Ergebnissen Schwitallas (1979) und Erkenntnissen aus der bereits zitierten 94er Studie (vgl. Tapper, 1998).
3. Unterstützende Intervieweraussagen: Dies sind Aussagen der Journalisten, die den Kandidaten in einem positiven Licht darstellen und dessen Selbstdarstellung fördern. Hierunter fallen u.a. Lob, Komplimente, Zustimmung, devote Fragen, Hinweise auf besondere Popularität der Politiker.

Als Untersuchungseinheiten wurden in der vorliegenden Studie die jeweiligen Redebeiträge (Turns) der Interviewpartner gewählt.

Das Untersuchungsmaterial

Analysiert wurden die Interviews mit dem Spitzenkandidaten der CDU, dem damals amtierenden Bundeskanzler Helmut Kohl, und mit dessen SPD-Herausforderer, Gerhard Schröder, in ARD, ZDF, SAT.1 und Pro Sieben:

ARD
"Farbe bekennen. Mit Gerhard Schröder" am 21.9.1998
Beteiligte Journalisten: Volker Herres, Hartmann von der Tann

"Farbe bekennen. Mit Helmut Kohl" am 24.9.1998
Beteiligte Journalisten: Sigmund Gottlieb, Marion von Haaren

ZDF
"Was nun, Herr Schröder?" am 22.9.1998
Beteiligte Journalisten: Thomas Bellut, Klaus Bresser

"Was nun, Herr Kohl?" am 23.9.1998
Beteiligte Journalisten: Thomas Bellut, Klaus Bresser

SAT.1
"Deutschland wählt. Interviews zur Wahl: Gerhard Schröder" am 7.9.1998
Beteiligte Journalisten: Jörg Howe, Hans Schregelmann

"Deutschland wählt. Interviews zur Wahl: Bundeskanzler Helmut Kohl" am 14.9.1998
Beteiligte Journalisten: Jörg Howe, Hans Schregelmann

Pro Sieben
"Die Jahrtausendwahl – Entscheidung '98 mit Gerhard Schröder" am 15.9.1998
Beteiligte Journalisten: Florian Fischer-Fabian, Peter Limbourg

"Die Jahrtausendwahl – Entscheidung ' 98 mit Helmut Kohl" am 21.9.1998
Beteiligte Journalisten: Florian Fischer-Fabian, Peter Limbourg

Die entsprechenden Sendungen auf RTL ('Gefragt: Gerhard Schröder' bzw. 'Gefragt: Helmut Kohl' mit Hans Meiser und Katja Burkard vom 24.9.98 bzw. 25.9.98) wurden von der Analyse ausgeschlossen, da sie nicht dem Typus eines politischen Interviews entsprechen. In Form eines 'Bürgerforums' auf dem Bonner Petersberg agieren Meiser und Burkard als Moderatoren. Die Fragen kommen von Prominenten und aus dem Publikum vor

Ort. Auf diese Situation können die üblicherweise für politische Interviews geltenden Regeln nicht angewandt werden.

Alle analysierten Sendungen folgen dem klassischen Interviewstil: Zwei Journalisten befragen einen Kanzlerkandidaten, ohne daß Publikum anwesend ist. Dieses Schema wird lediglich auf Pro Sieben leicht abgewandelt. Hier werden die politische Laufbahn sowie der persönliche Werdegang der Kanzlerkandidaten nach dem ersten Drittel der Sendung in Form einer Einspielung vorgestellt. Eine ähnliche Zusammenfassung findet sich zwar auch bei SAT.1, allerdings wird hier dieser 'persönliche Steckbrief' zu Beginn jeder Sendung gezeigt. In beiden Pro-Sieben-Interviews kommen zudem bei bestimmten Themen Statistiken als Einblendung zum Einsatz, wobei jedoch keine Unterbrechung des Interviews stattfindet. Als weitere Besonderheit wird in der Kohl-Sendung auf Pro Sieben zum Schluß hin ein Kurz-Interview mit Hannelore Kohl zu einem möglichen Auszug aus dem Kanzlerbungalow eingespielt, wobei die Zuschauer die Reaktionen Kohls auf dieses Interview in einem kleinen Sichtfenster am Fernsehschirm mitverfolgen können. Beim Schröder-Interview hingegen wird ein Ausschnitt aus einer Rede des Alt-Bundeskanzlers Helmut Schmidt gezeigt, der dem SPD-Herausforderer Ratschläge für seinen politischen Werdegang gibt. Zudem werden die Pro-Sieben-Interviews jeweils durch eine Werbepause unterbrochen, stellen also auch in dieser Hinsicht eine Ausnahme dar. Die Interviewsendungen von SAT.1 sind dagegen werbefrei.

Der äußere Rahmen der untersuchten Interviews ist grundsätzlich vergleichbar.[1] Die Interviewpartner sitzen sich an einem Tisch gegenüber, zwei Journalisten auf der einen Seite, der Kandidat auf der anderen.

Untersuchungsergebnisse

Themen
Die thematischen Schwerpunkte von Fernsehinterviews mit Kanzlerkandidaten werden natürlich zu einem Teil von den Journalisten vorgegeben, denn sie sind es, die zumeist mit einleitenden Fragen oder Übergängen die Gespräche lenken. Allerdings sind auch die Journalisten nicht völlig frei in der Wahl ihrer Fragen – sie greifen zumeist das auf, was für das Publikum

[1] Alle Kohl-Interviews fanden im Palais Schaumburg in Bonn statt. Die Interviews mit dem SPD-Spitzenkandidaten Schröder wurden an verschiedenen Orten durchgeführt. Benannt wurden diese allerdings nur in zwei Fällen: Bei der Pro-Sieben-Sendung fand das Interview in Schröders Büro in Hannover statt, die ARD-Sendung wurde aus der niedersächsischen Landesvertretung in Bonn übertragen. Bei den beiden anderen Interviews wurde nicht explizit auf den Ort hingewiesen. Die SAT.1-Sendung wurde in einem Bonner Studio aufgenommen, das ZDF-Interview in einem modern eingerichteten Büro.

auf Basis der aktuellen politischen Situation am interessantesten erscheint. Grund hierfür ist natürlich das Bedürfnis, bestimmten Erwartungen des Publikums zu genügen, also als Sachwalter der Zuschauer und Wähler zu agieren. Und schließlich reagieren Politiker in Interviews nicht nur auf Fragen, sondern sie versuchen, ihre eigenen Themenschwerpunkte und Sichtweisen einfließen zu lassen oder sogar das Gespräch in eine von ihnen gewünschte Richtung zu lenken. Ein Wunsch hierbei ist natürlich auch, den Wähler von den eigenen politischen und persönlichen Qualitäten überzeugen zu können. Einen nicht unerheblichen Einfluß auf den Diskussionsinhalt haben demnach auch bei den Politikern die Erwartungshaltung des Publikums und die aktuell diskutierten politischen Themen. Im ersten Schritt der Inhaltsanalyse wurde deshalb untersucht, welche Themenbereiche besonders ausführlich diskutiert wurden, also bei welchen Themen die jeweiligen Prioritäten lagen (Tabellen 1 und 2).

Tabelle 1: Themen der Kohl-Sendungen (prozentualer Anteil an der Gesamtgesprächsdauer)

Thema	ARD	ZDF	SAT.1	Pro7
Steuerpolitik, Finanzierung der Pläne	17,6	13,6	-	9,1
Wirtschaft	7,7	-	2,0	5,4
Arbeitsmarkt	15,3	2,4	5,8	18,5
Soziales, Kürzung von Leistungen	4,8	18,6	-	9,2
Neue Bundesländer, Aufbau Ost	7,1	-	9,2	8,9
Verkehr	-	2,1	-	-
Inneres	-	4,9	-	-
Außenpolitik	6,2	1,5	19,1	14,6
Koalitionsaussage, Koalitionspartner	10,9	12,6	11,7	-
PDS	-	3,9	4,6	-
Wahlkampf, Wahlchancen, Gerhard Schröder	2,3	12,4	30,6	9,4
Motivation für Kohls erneute Kandidatur, Diskussion um die Nachfolge	8,0	12,9	5,4	17,2
Kohl als Mensch und Politiker, sein Charakter, seine Pläne für die Zeit nach der Politik	8,8	11,5	5,2	5,1
CDU/CSU	4,3	-	6,3	-
Problemlösungskompetenz der Parteien und Unentschlossenheit von Wählern	6,3	3,1	-	-
Moderation	0,6	0,6	0,2	2,6
Gesamt*	100,0	100,1	100,1	100,0

* Abweichungen von 100,0 % ergeben sich durch Rundung der Einzelwerte.

Nach der Auswertung der insgesamt 16.670 Sekunden Gesprächsmaterial
zeigte sich wie erwartet, daß die aktuelle politische Lage eine gewichtige
Rolle spielt. Sowohl in den Sendungen mit Helmut Kohl als auch bei denen
mit Gerhard Schröder liegt ein Schwerpunkt auf der Steuerpolitik und der
Finanzierbarkeit der jeweiligen Wahlprogramme, auf Arbeitsmarktpolitik
sowie Sozialem, wobei hierbei insbesondere die Kürzungen von Leistungen im Vordergrund stehen.

Tabelle 2: Themen der Schröder-Sendungen (prozentualer Anteil an der
Gesamtgesprächsdauer)

Thema	ARD	ZDF	SAT.1	Pro7
Steuerpolitik, Finanzierung der Pläne	14,7	17,8	5,8	2,9
Wirtschaft	-	2,3	-	-
Arbeitsmarkt	9,1	8,2	15,8	5,5
Soziales, Kürzung von Leistungen	7,7	10,3	10,0	16,4
Neue Bundesländer, Aufbau Ost	7,0	-	-	-
Umwelt	-	-	5,1	-
Verkehr	-	1,3	-	6,3
Inneres	-	2,0	-	-
Außenpolitik	9,6	1,8	8,7	-
Koalitionsaussage, Koalitionspartner	13,8	12,6	14,6	-
PDS	3,1	-	12,2	-
Wahlkampf, Wahlchancen, Helmut Kohl	6,3	7,2	5,3	14,9
Schröders Bilanz in Niedersachsen	6,8	9,3	-	22,2
Schröder als Mensch und Politiker, sein Charakter, sein politisches Selbstverständnis	8,8	-	10,6	21,6
Verhältnis Schröder – SPD/Lafontaine	-	9,2	9,7	7,5
Politische Kultur allgemein, Unentschlossenheit von Wählern	7,9	-	-	-
Seiteneinsteiger Stollmann und Naumann	4,1	2,7	2,1	-
Moderation	1,3	1,1	0,2	2,6
Gesamt*	100,2	99,8	100,1	99,9

* Abweichungen von 100,0 % ergeben sich durch Rundung der Einzelwerte.

Lediglich beim SAT.1-Interview mit Kohl spielen diese Themen nur eine untergeordnete Rolle. Hier konzentriert sich ein Großteil der Redezeit auf einige wenige Themen, wobei der Wahlkampf selbst mit 30,6 Prozent der Gesamtgesprächsdauer auffällig ausführlich diskutiert wird. Damit ist die SAT.1-Sendung allerdings eine Ausnahme, denn schon bei der Analyse im Jahr 1994 hat sich gezeigt, daß Steuern, Arbeitsmarkt und Soziales prominente Gesprächsinhalte waren (vgl. Tapper, 1998, S. 26-27). Insbesondere im Wahlkampf sind dies also 'Dauerbrenner', was allerdings nicht verwundert, betreffen sie doch den Wähler direkt.

Eine andere wichtige Rolle in Wahlkämpfen spielt die Koalitionsaussage. Dies zeigt sich auch bei den untersuchten Interviews: Mit Ausnahme der Sendungen auf Pro Sieben wird die Frage zu Koalitionspartnern mit durchweg mehr als 10 Prozent der Redezeit bedacht. Dies gilt für die Interviews mit Kohl ebenso wie für die mit Schröder. Diskutiert wurde im Wahlkampf vor allem die Frage der großen Koalition, die sich auch durch die Schwäche der möglichen kleineren Koalitionspartner stellte. Diese Spekulationen über die Zusammensetzung der kommenden Regierungskoalition gehören zum Wahlkampf ebenso wie zu den Interviewsendungen vor der Wahl: Das Konfliktpotential der verschiedenen Kombinationen und die Spannung über den endgültigen Ausgang sind für die Dramaturgie auf der politischen wie auf der medialen Bühne notwendig.

Der Wahlkampf selbst ist nicht unbedingt ein zentrales Thema in der medialen Darstellung. 1994 zeigte sich, daß der Wahlkampf als solcher kaum in den Interviewsendungen besprochen wurde, die Redezeiten blieben stets unter fünf Prozent, und in drei der damals untersuchten sechs Sendungen fand überhaupt keine Thematisierung statt (vgl. Tapper, 1998, S. 26-27). Anders in der aktuellen Untersuchung: Hier nehmen der Wahlkampf, die Wahlchancen und der jeweilige Gegenkandidat durchaus breiten Raum ein.[2] Insbesondere im SAT.1-Interview ist der Anteil, wie bereits angesprochen, außerordentlich hoch. Doch auch bei anderen Interviews wird recht lange über diesen Themenbereich gesprochen. Einen Grund hierfür kann man in dem ungewissen Ausgang der Wahl vermuten: Ein anscheinend offenes Rennen läßt natürlich auch den Kampf um den Ausgang des Rennens zum Thema werden. Eine andere, damit aber verknüpfte Erklärung bietet die vielzitierte 'Personalisierung' des Wahlkampfs: Das Agieren der Kandidaten im Wahlkampf, ihre Stärken und Schwächen sowie die Einschätzung des Gegenübers spielen eine wichtige Rolle.

---

[2] Zu diesem Themenbereich wird auch der (für die SPD ungünstige) Verlauf der Bayernwahl gezählt, da dieser in der öffentlichen politischen Diskussion als Indikator für die nachfolgende Bundestagswahl gehandelt wurde.

Dies zeigt sich auch bei anderen Themen: Die Persönlichkeit der Politiker, ihre Motivation, ihr Verhältnis zu anderen politischen Akteuren und
auch ihre Pläne für die Zukunft werden häufig thematisiert. Allerdings
muß hier nochmals betont werden, daß es sich um Interviewsendungen
mit Kanzlerkandidaten handelt: Es ist bei einem Interview mit einer einzelnen Person, die aber auch als Repräsentant einer ganzen Partei auftritt,
kaum verwunderlich, daß Kandidat und Parteipolitiker nicht stringent zu
trennen sind. Wenn zum Beispiel beim Interview mit Schröder auf Pro
Sieben in 22,2 Prozent der Gesamtgesprächsdauer über die politische Bilanz Niedersachsens diskutiert wird, so wird diese natürlich auch dem
Ministerpräsidenten Schröder persönlich zugeschrieben.

Bei den eher personenzentrierten Themen ist überdies auffällig, daß
durchgängig in allen Sendern Kohl danach befragt wird, was er im Falle
einer Niederlage tun werde, wie zum Beispiel im ARD-Interview:[3]

[1] [ARD/Kohl]
354 von Haaren: Herr Bundeskanzler, was machen Sie, wenn Sie nicht mehr Kanzler sind?

Ähnliche Spekulationen über eine Niederlage Kohls finden sich in den 94er
Interviews nicht. Hier wurde lediglich über den – zum damaligen Zeitpunkt für 1998 geplanten – Rückzug Kohls aus der Politik diskutiert (vgl.
Tapper, 1998, S. 26-27). Im Vorfeld der Wahl 1994 wurde der Ausgang zugunsten Kohls quasi von den Journalisten vorweggenommen, während
1998 erhebliche Zweifel an einem neuerlichen Sieg Kohls in den Interviews
spürbar sind. Die Erwartung von Sieg oder Niederlage eines Kandidaten
ist also möglicherweise ein wichtiger Einflußfaktor auf die Themensetzung
in den Interviews.

Neben den diskutierten Haupttrends bei den Themen der Interviewsendungen sind noch zwei weitere Detailergebnisse interessant: Das erste betrifft die Außenpolitk, das andere das Fehlen eines Themas, das im 94er
Wahlkampf wichtig war.

Die Außenpolitik ist natürlich immer wieder ein Thema bei Wahl-
kampfinterviews, allerdings wurde es beispielsweise 1994 nur selten und
wenig ausführlich diskutiert. In den hier untersuchten Sendungen allerdings ist es deutlich präsent. Themen sind unter anderem die finanziellen
Hilfen für Rußland und die sich abzeichnende neuerliche Krise auf dem
Balkan. Vielleicht nicht überraschend, aber dennoch bemerkenswert ist die
Behandlung der Clinton-Lewinsky-Affäre und ihrer Auswirkungen auf die

---

[3] Transkriptionszeichen: "[" und "]" kennzeichnen Anfang und Ende simultanen Sprechens;
"="steht für das Fehlen einer Pause; "~" steht für das Abbrechen einer Formulierung. Vorgestellt: Nummer des Turns.

Außenpolitik – ein Thema, welches wohl eher zentral für die öffentliche Diskussion denn für die politisch relevanten Probleme in der Außenpolitik 1998 ist.

Zuletzt soll hier auf ein Thema hingewiesen werden, welches in den untersuchten Sendungen im Gegensatz zu denen des vorangegangenen Bundestagswahlkampfes so gut wie gar nicht auftaucht: das Thema PDS. Es nahm in den Kohl-Interviews der 94er Untersuchung noch den Spitzenplatz ein: "Dies ist eindeutig auch als Erfolg der 'Rote-Socken-Kampagne' der CDU zu sehen, durch die die PDS zum großen Wahlkampfthema gemacht wurde; ein typisches Beispiel der erfolgreichen Übertragung der Parteienagenda auf die Medienagenda." (Tapper, 1998, S. 26) Zwar gab es auch 1998 seitens der CDU Versuche, die PDS zu thematisieren, doch das Thema hatte sich offensichtlich abgenutzt und stieß diesmal auf wenig Resonanz – was sich auch an den Untersuchungsergebnissen ablesen läßt: Lediglich im SAT.1-Interview mit Schröder wird etwas ausführlicher über das Verhältnis der SPD zur PDS diskutiert. Diese 12,2 Prozent Redeanteil stellen allerdings eine absolute Ausnahme dar.

Redeanteile und Sprecherbeiträge

In allen sechs Interviews zeigt die Betrachtung der Redeanteile und Sprecherbeiträge von Politikern und Journalisten, daß es sich um klassische Interviewsituationen handelt, die eine "asymmetrische Verteilung der Sprecherrollen" (Tapper, 1998, S. 27) aufweisen. Das bedeutet, in sämtlichen Sendungen haben durchweg die Spitzenkandidaten deutlich länger das Wort als die fragenden Journalisten (Tabelle 3).

Vergleicht man die beiden befragten Kontrahenten, so ergeben sich nur geringe Unterschiede. Kohls Redezeit liegt mit 75 bis 88 Prozent unwesentlich höher als die Schröders mit 73 bis 83 Prozent. Bei den ARD-Sendungen hat der SPD-Herausforderer sogar einen höheren Gesprächsanteil als Kohl. Ein deutlicher Unterschied zur vorangegangenen Wahl: 1994 konnte Kohl gegenüber seinem damaligen Herausforderer Scharping in allen Sendungen deutlich länger das Wort behalten. Kohls Sprecheranteil lag in den Interviews damals durchschnittlich 1,2 bis 1,4 mal so hoch wie der des SPD-Kandidaten (vgl. Tapper, 1998).

Die Anzahl sowie die durchschnittliche Länge der einzelnen Turns der Kandidaten sind in den ZDF- und SAT 1-Interviews in etwa identisch – Amtsinhaber und Kontrahent reden fast gleich lang und haben gleich viele Redebeiträge. In der Pro-Sieben-Sendung hat Kohl zwar weniger Redebeiträge als Schröder, behält dafür aber länger das Wort.

Tabelle 3: Formale Daten der Sendungen

Sender	Kategorie	Kohl-Sendung			Schröder-Sendung	
ARD	*Redezeit des Politikers*	1996s	(75,3 %)		2108 s	(78,5 %)
	Redezeit der Journalisten	894 s	(33,7 %)		609 s	(22,7 %)
	Gottlieb:	483 s	(18,2 %)	Herres:	323 s	(12,0 %)
	von Haaren:	411 s	(15,5 %)	v.d. Tann:	286 s	(10,7 %)
	Anzahl und durchschnittliche Länge der Turns					
	Kohl:	97	(20,6 s)	Schröder:	49	(43,0 s)
	Gottlieb:	73	(6,6 s)	Herres:	29	(11,1 s)
	von Haaren:	68	(6,0 s)	v.d. Tann:	33	(8,7 s)
ZDF	*Redezeit des Politikers*	1980 s	(78,7 %)		1893 s	(73,4 %)
	Redezeit der Journalisten	591 s	(23,5 %)		745 s	(28,9 %)
	Bellut:	248 s	(9,9 %)		355 s	(13,8 %)
	Bresser:	343 s	(13,6 %)		390 s	(15,1 %)
	Anzahl und durchschnittliche Länge der Turns					
	Politiker:	78	(25,4 s)		79	(24,0 s)
	Bellut:	46	(5,4 s)		52	(6,8 s)
	Bresser:	38	(9,0 s)		44	(8,9 s)
SAT.1	*Redezeit des Politikers*	1471 s	(88,1 %)		1428 s	(83,9 %)
	Redezeit der Journalisten	196 s	(11,7 %)		250 s	(14,7 %)
	Howe:	127 s	(7,6 %)		150 s	(8,8 %)
	Schregelmann:	69 s	(4,1 %)		100 s	(5,9 %)
	Anzahl und durchschnittliche Länge der Turns					
	Politiker:	26	(56,6 s)		27	(52,9 s)
	Howe:	16	(7,9 s)		13	(11,5 s)
	Schregelmann:	12	(5,8 s)		15	(6,7 s)
Pro7	*Redezeit des Politikers*	1051 s	(76,4 %)		1048 s	(70,2 %)
	Redezeit der Journalisten	310 s	(22,5 %)		421 s	(28,2 %)
	Limbourg:	133 s	(9,7 %)		171 s	(11,5 %)
	Fischer-Fabian:	177 s	(12,9 %)		250 s	(16,8 %)
	Anzahl und durchschnittliche Länge der Turns					
	Politiker:	28	(37,5 s)		44	(23,8 s)
	Limbourg:	15	(8,9 s)		20	(8,6 s)
	Fischer-Fabian:	17	(10,4 s)		31	(9,0 s)

Einen Sonderfall stellen erneut die ARD-Sendungen dar. Hier hat Kohl fast doppelt so viele Redebeiträge wie Schröder, jedoch sind diese deutlich kürzer. Der Grund hierfür liegt im Charakter der Interviews: Während Schröder ruhig und ohne bedeutende Störungen seitens der Journalisten seine Statements präsentieren kann, liefert sich Kohl mit den beiden Journalisten Gottlieb und von Haaren zum Teil Rededuelle, so daß das Interview am ehesten als 'Streitgespräch' charakterisiert werden kann. Gottlieb und von Haaren nehmen Kohl 'in die Zange', während dieser verbal ebenso deutlich attackiert, auch weil er sich gegen die Angriffe der beiden wehrt. Die Folge sind viele Unterbrechungen und kurze Turns.

Struktur
(a) Gesprächssteuerung durch Unterbrechungen und Störungen
Häufige Unterbrechungen kennzeichnen die Interviews mit Helmut Kohl: Im Vergleich zu seinem Herausforderer ergreift der CDU-Politiker in allen Sendungen öfter das Wort, obgleich die ihn interviewenden Journalisten noch sprechen (Tabelle 4). Besonders augenscheinlich ist dies im Fall des ARD-Interviews, bei dem seine Turns mit einem Anteil von 64,9 Prozent bereits beginnen, wenn die Journalisten noch reden. Schröder hingegen wartet zumeist die Fragen der Journalisten ab, bevor er mit dem Sprechen beginnt. Lediglich im Pro-Sieben-Interview wird dieses Schema durchbrochen: Hier leitet Schröder sein Rederecht häufiger durch das Unterbrechen der Journalisten ein als Kohl.

Die vielleicht naheliegende Annahme, daß Kandidaten, die häufig unterbrechen, auch selbst – quasi im Gegenzug als Strategie der Gesprächssteuerung – vermehrt unterbrochen werden, läßt sich nicht in jedem Fall bestätigen. Im ARD-Interview wird Kohl von den Journalisten Gottlieb und von Haaren bemerkenswert häufig gestört (78,0 %). Dies entspricht der bereits angesprochenen Art des Interviews – alle Beteiligten unterbrechen sich gegenseitig und versuchen, das Rederecht an sich zu ziehen. Das Verhalten der Journalisten, welches ihm wenig Platz für längere Statements gibt, wird von Kohl ganz explizit kritisiert. Er begründet seine Kritik damit, daß ihm keine Zeit gegeben wird, Antworten zu formulieren[4]:

[2] [ARD/Kohl]
317 Gottlieb: ...viele sagen, Sie hätte der Instinkt äh für Macht, wofür Sie ja Jahrzehnte eigentlich bekannt waren, äh verlassen, und zwar einmal ging das schon los, Sie haben immer auf Lafontaine gesetzt als Ihr Herausforderer, dann kam Schröder, und Sie haben Schäuble zu früh genannt als einen potentiellen Nachfolger, und dies wurde Ihnen ja von Schäuble selber als Fehler sozusagen angelastet. Äh hat sich das alte Schlachtroß Helmut Kohl hier zum ersten Mal in seiner politischen [äh Karriere wirklich fundamental getäuscht?

---

[4] Hierzu muß angemerkt werden, daß Kohl in der ARD häufiger die Fragen der Journalisten beantwortet als sein Herausforderer Schröder, der erheblich weniger von den Journalisten gestört wird (vgl. Abschnitt 4.3.2). Es ist daher anzunehmen, daß sich Kohls Kritik auch darauf bezieht, daß ihm nicht die Gelegenheit gegeben wird, die Antworten zu geben, die er gerne geben möchte.

318 Kohl: Der hat sich schon~ das alte Schlacht~] das alte Schlachtroß hat sich in
                   seinem Leben mehr~ ehm mehr als einmal getäuscht. Ich kenne keinen le-
                   benden Politiker, der in Deutschland mehr wichtige Entscheidungen tref-
                   fen mußte von Amts we[gen~

319 Gottlieb: Was] war Ihr größter Fehler, [den Sie in den 16 Jahren gemacht haben?

320a Kohl: Und, ähm, jetzt lassen Sie~. Jetzt las]sen Sie mal Ihre Fragen erst beant-
                   worten. Denn hier entsteht ja der Eindruck, als hätten Sie Fragen und ich
                   keine Antworten. Das ist falsch. Sie müssen schon Ihre Fragen stellen, und
                   ich beantworte sie. Da ist also erstens, natürlich habe ich Fehler gemacht.
                   Ich kann auch gleich darüber reden, welche...

Tabelle 4: Unterbrechungen und Störungen

Sender	Unterbrechung	Kohl-Sendung			Schröder-Sendung	
		Anzahl/ 5 min[1]	*Anteil an Turns (%)[2]*		*Anzahl/ 5 min[1]*	*Anteil an Turns (%)[2]*
ARD	*durch den Politiker*	7,1	64,9		1,9	34,7
	durch die Journalisten	12,4	78,0		2,8	40,3
	Gottlieb:	6,7	80,8	Herres:	1,1	34,5
	von Haaren:	5,8	75,0	v.d. Tann:	1,7	45,5
ZDF	*durch den Politiker*	4,9	52,6		2,9	31,6
	durch die Journalisten	4,3	42,9		7,2	64,4
	Bellut:	2,6	47,8		3,5	57,7
	Bresser:	1,7	36,8		3,7	72,7
SAT.1	*durch den Politiker*	2,0	42,3		0,9	18,5
	durch die Journalisten	0,9	17,9		0,7	14,3
	Howe:	0,2	6,3		0,0	0,0
	Schregelmann:	0,7	33,3		0,7	26,7
Pro7	*durch den Politiker*	2,2	35,7		4,0	45,5
	durch die Journalisten	0,7	9,4		3,8	37,3
	Limbourg:	0,4	13,3		1,2	30,0
	Fischer-Fabian:	0,2	5,9		2,6	41,9

1: Anzahl pro 5 min der Gesamtredezeit
2: Anteil an den Turns der einzelnen Sprecher

Die ARD-Sendungen sind aber auch in dieser Hinsicht eine Ausnahme: Bei
seinen Interviews im ZDF und auf Pro Sieben wird Schröder wesentlich
häufiger unterbrochen als Kohl. Über die Gründe hierfür läßt sich spekulieren. Ausschließen kann man aber, daß die Journalisten ihn unterbrechen
müssen, weil er zu ausgiebig von seinem Rederecht Gebrauch macht.
Schröder spricht nämlich (mit Ausnahme des ARD-Interviews) durchschnittlich nicht länger als Kohl. Auf Pro Sieben sind seine Redeanteile
sogar – wie bereits besprochen – deutlich kürzer als die von Kohl. Die
SAT.1-Sendungen sind schließlich die ausgeglichensten, zumindest was die
Unterbrechungen durch die Journalisten angeht. Beide Kandidaten werden
gleich häufig – bzw. selten – gestört. Besonders (un-)auffällig ist dabei der

Journalist Howe: Er übt sich in absoluter Zurückhaltung; seine Rate an Störungen erreicht bei Schröder bemerkenswerte 0,0 Prozent.

(b) Nachfragen bei ungenauen Antworten

Politiker tendieren bei Interviews dazu, genaue Antworten zu umgehen. Aus verschiedenen Gründen wollen oder können sie sich nicht festlegen, unter anderem deshalb, weil sie sonst Gefahr laufen würden, bestimmte Wählergruppen zu verstimmen. Dies bestätigen auch die Untersuchungsergebnisse (Tabelle 5): Im Durchschnitt gibt Kohl nur in knapp der Hälfte der Fälle eine genaue Antwort, bei Schröder sind es einige Prozentpunkte mehr. Diese Ergebnisse korrespondieren mit den Befunden aus der 94er Studie. Im Schnitt antwortete Kohl damals in rund 44 Prozent der Fälle korrekt. Der Herausforderer Rudolf Scharping beantwortete seinerzeit in rund 55 Prozent der Fälle die Fragen der Journalisten (vgl. Tapper, 1998).

Tabelle 5: Genauigkeit der Antworten der Politiker (Anteile in Prozent)

Sender/Politiker	genaue Antwort	eher ungenaue Antwort	Nichtbeantwortung
ARD			
Kohl:	42,7	18,8	38,5
Schröder:	39,6	18,9	41,5
ZDF			
Kohl:	50,0	15,4	34,6
Schröder:	52,4	19,0	28,6
SAT.1			
Kohl:	52,0	24,0	24,0
Schröder:	69,2	23,1	7,7
Pro7			
Kohl:	46,2	19,2	34,6
Schröder:	62,2	21,6	16,2

Durch die Neigung der Politiker zu ungenauen Antworten sind die Journalisten natürlich gezwungen, nachzuhaken und die Politiker nochmals deutlich darauf hinzuweisen, daß diese versucht haben, eine Frage zu umgehen. Allerdings ist der Anteil der Nachfragen bei unpräzisen oder fehlenden Antworten sehr unterschiedlich – ein Ergebnis, das sich auch schon bei der Untersuchung der 94er Sendungen gezeigt hat (vgl. Tapper, 1998). Die Gründe für die zum Teil eklatanten Differenzen sind vermutlich auf mehrere Faktoren zurückzuführen. Zunächst natürlich auf die Persönlichkeit und das Selbstverständnis der Journalisten: Während sich einige der Journalisten im Feld offensichtlich als 'kritische Nachfrager' verstehen, sind andere eher darum bemüht, das Gespräch in einer weiterhin freundlichen Atmosphäre verlaufen zu lassen, obwohl sich diverse Möglichkeiten für

Nachfragen bieten. Aber auch das Verhältnis der Journalisten zum Kandidaten mag hier eine Rolle spielen – möglicherweise gibt es persönliche wie politische Differenzen oder Übereinstimmungen. Und schließlich ist auch die Kombination der Akteure nicht unwichtig – weist beispielsweise einer der Journalisten besonders häufig auf unpräzise Antworten hin, besteht für den anderen seltener die Notwendigkeit zu Nachfragen.

Tabelle 6: Nachfragen bei ungenauer oder fehlender Antwort (Angaben in Prozent)

Sendung	Anteil der Nachfragen (Anzahl der Turns in Klammern)	Anteile der einzelnen Journalisten an den Nachfragen	
ARD			
Kohl:	67,3 (37)	Gottlieb:	37,8
		von Haaren:	62,2
Schröder:	62,5 (29)	Herres:	60,0
		von der Tann:	40,0
ZDF			
Kohl:	51,3 (29)	Bellut:	70,0
		Bresser:	30,0
Schröder:	60,0 (24)	Bellut:	61,5
		Bresser:	38,5
SAT.1			
Kohl:	33,3 (4)	Howe:	50,0
		Schregelmann:	50,0
Schröder:	25,0 (2)	Howe:	0,0
		Schregelmann:	100,0
Pro7			
Kohl:	28,6 (4)	Limbourg:	50,0
		Fischer-Fabian:	50,0
Schröder:	71,4 (10)	Limbourg:	50,0
		Fischer-Fabian:	50,0

Betrachtet man den Anteil der Nachfragen in den verschiedenen Sendungen im Detail, so fallen einige Werte besonders ins Auge (Tabelle 6): Während in den ARD- und ZDF-Sendungen jeweils in über 50 Prozent der Fälle auf eine ungenaue oder fehlende Antwort eine Nachfrage der Journalisten folgt, bleiben unpräzise oder fehlende Antworten in den SAT.1-Interviews in der Mehrzahl der Fälle ungeahndet. Dies ist um so bemerkenswerter, als die Politiker in beiden SAT.1-Sendungen – wie bereits besprochen – über 80 Prozent der Redezeit für sich verbuchen können und im Durchschnitt pro Turn mehr als 50 Sekunden sprechen. Das heißt, die Journalisten räumen einerseits den Politikern die Möglichkeit ein, sehr ausführlich ihre Statements dem Fernsehzuschauer vorzutragen, andererseits schreiten sie aber auch dann nur selten ein, wenn diese Statements nichts oder nur sehr wenig mit der Frage zu tun haben.

Die Pro-Sieben-Sendungen sind besonders interessant: Während das Gespräch mit Helmut Kohl bezüglich des (fehlenden) Nachhakens mit dem 'Schmusekurs' der SAT.1-Interviews vergleichbar ist, sieht es bei der Sendung mit Gerhard Schröder ganz anders aus: Hier wird konsequent bei fast jeder unpräzisen Antwort interveniert. Der Anteil der Nachfragen ist sogar höher als beim ARD-Interview mit Kohl, welches bereits an anderer Stelle als ausgesprochenes 'Streitgespräch' charakterisiert wurde. Daß die beiden Pro-Sieben-Journalisten Limbourg und Fischer-Fabian bei Schröder kaum eine ungenaue oder fehlende Antwort durchgehen lassen, ist umso verwunderlicher, wenn man bedenkt, daß dieselben Journalisten auch das Kohl-Interview geführt haben. Möglicherweise spielen hier sowohl persönliche als auch politische Sympathie und Antipathie eine Rolle – über die Gründe für das unterschiedliche Verhalten in den zwei Interviews kann letztlich nur spekuliert werden.

(c)   Unkooperative Intervieweräußerungen

Der 'dramaturgische' Rahmen politischer Interviews vor den Wahlen sieht normalerweise kritische Nachfragen von Journalisten vor. Obwohl die Politiker natürlich versuchen, ihr eigenes Interesse an einer positiven Darstellung der eigenen Person und Politik durchzusetzen, sind die Interviewsendungen meist keine reine Plattform für Selbstdarstellungen. Vermutlich würde dies weder dem Selbstverständnis der interviewenden Journalisten noch den Erwartungen des Publikums entsprechen. Vielmehr werden im Regelfall politische Programme und Personen auf ihre Schwachstellen hin überprüft – auch wenn dies des öfteren angezweifelt wird, insbesondere im Rahmen von Diskussionen über eine 'Amerikanisierung' des Wahlkampfs und einen damit verbundenen Verfall des politischen Fernsehjournalismus. Verschiedene Arbeiten zu Fernsehinterviews aus den letzten beiden Jahrzehnten zeigen jedoch einhellig, daß Interviewer kritische Äußerungen und verschiedene andere Strategien einsetzen, um ihr Gegenüber in eine defensive Position zu bringen (vgl. Jucker, 1986; Schwitalla, 1979; Tapper, 1998). Die Unterschiede zwischen den einzelnen Sendungen können allerdings sehr groß sein, u.a. auch in Abhängigkeit vom befragten Kandidaten. In der Untersuchung zur Wahl 1994 zeigte sich ein recht eindeutiges Ergebnis: Bundeskanzler Helmut Kohl wurde deutlich weniger häufig durch unkooperative Äußerungen der Interviewer in Bedrängnis gebracht als der Herausforderer Rudolf Scharping (vgl. Tapper, 1998, S. 31-32).

Die aktuelle Untersuchung erbringt hier gänzlich andere Ergebnisse (Tabelle 7): Die beiden Kandidaten werden ähnlich häufig mittels unkooperativer Äußerungen in Bedrängnis gebracht. Bei Kohl liegt die Dichte sogar etwas höher als bei seinem Kontrahenten.

Tabelle 7: Mittlere Anzahl von unkooperativen Intervieweräußerungen

Sendung	Journalist	Mittelwert pro 1 min der Gesamtredezeit	Mittelwert pro 1 min der Redezeit des Journalisten
ARD/Kohl		2,5	7,4
	Gottlieb:	1,3	7,2
	von Haaren:	1,2	7,6
ARD/Schröder		1,1	4,7
	Herres:	0,5	4,3
	von der Tann:	0,6	5,2
ZDF/Kohl		1,1	4,7
	Bellut:	0,6	6,3
	Bresser:	0,5	3,5
ZDF/Schröder		1,4	4,8
	Bellut:	0,9	6,6
	Bresser:	0,5	3,2
SAT.1/Kohl		0,5	4,6
	Howe:	0,1	1,9
	Schregelmann:	0,4	9,6
SAT.1/Schröder		0,5	3,6
	Howe:	0,3	3,2
	Schregelmann:	0,2	4,2
Pro7/Kohl		1,0	4,6
	Limbourg:	0,5	5,4
	Fischer-Fabian:	0,5	4,1
Pro7/Schröder		1,7	6,0
	Limbourg:	0,7	6,0
	Fischer-Fabian:	1,0	6,0

Allerdings muß man sich hier die Ergebnisse im Detail anschauen, denn es ergibt sich kein einheitliches Bild. Insbesondere die beiden SAT.1-Sendungen weisen außergewöhnlich niedrige Werte bei unkooperativen Fragen und Aussagen auf, die von keiner Sendung im 94er und 98er Wahlkampf unterboten werden. Kurz gesagt: Die SAT.1-Interviewer fahren auch hier einen außerordentlichen 'Schmusekurs'. Dies liegt nicht primär darin begründet, daß die Aussagen der Journalisten Howe und Schregelmann völlig kritiklos sind. Betrachtet man die Zahl der unkooperativen Äußerungen pro Minute Redezeit der SAT.1-Journalisten, so wird zwar klar, daß auch dieser Wert im Schnitt sehr niedrig liegt, doch sind die Abweichungen zu den anderen Interviewern nicht wirklich gravierend. Deutlicher wirkt sich die niedrige Gesamtredezeit der SAT.1-Journalisten aus: Sie sagen einfach so wenig, daß im Verhältnis zu den Statements der Politiker Kritik durch Journalisten kaum stattfindet. Beim SAT.1-Interview mit Kohl wird dies überdeutlich: Der Journalist Schregelmann scheint mit 9,6 unkooperativen Äußerungen pro Minute äußerst kritikfreudig zu sein, liegt er doch mit diesem Wert eindeutig an der Spitze des Feldes. Allerdings spricht er in der gesamten Sendung nur 69 Sekunden lang: Er ist also äußerst unkooperativ, das aber insgesamt nur eine gute Minute lang. Sein Journalisten-Kollege Howe ist zwar im Gegensatz zu Schregelmann etwas gesprächsfreudiger, dafür sind dessen Aussagen im Kohl-Interview die kritiklosesten in allen Sendungen der 98er Untersuchung.

Ein ganz anderes Bild ergibt sich bei der ARD-Sendung mit Helmut Kohl: Hier finden sich so viele unkooperative Äußerungen wie in keinem anderen Interview aus den beiden Wahljahren 1994 und 1998. Zum Teil handelt es sich dabei um sehr deutliche Kritik. So entbrennt beispielsweise anhand der Frage nach einer großen Koalition eine Diskussion, in deren Verlauf von Haaren die Regierung Kohl scharf angreift:

[3] [ARD/Kohl]

287b von Haaren: [...] Wie wollen Sie denn die große Steuerreform, wie wollen Sie die Rentenreform, wo Sie die Tarifparteien dazu brauchen, Sie brauchen die alten Leute, Sie brauchen die Lohnempfänger, Sie brauchen doch im Grunde genommen eine breite Mehrheit, um diese großen Reformprojekte fürs nächste Jahrtausend vorzubereiten.[Wie soll] denn=

289 Kohl: Also.

287c von Haaren: =das mit einer schwachbrüstigen Regierung passieren?

290a Kohl: Ja, wieso sollte die schwachbrüstig sein? [Eben haben Sie mir doch die ganze Zeit gesagt, 16 Jahre] sei lang.=In=

291 von Haaren: So wie' s aussieht, sieht es doch~ läuft es doch so.

290b Kohl: =diesen Zei~ in Jahren ist mehr [in Deutschland geschehen] als=

292 von Haaren: Ja, Sie haben ja auch nichts~

290c Kohl: =je in der Zeit da~ zuvor.

293 von Haaren: Aber Sie haben es doch nicht entscheiden können in den letzten vier Jahren.

294 Kohl: Ja, das ist aber doch nicht wahr. [Wir haben~ äh wir sind ein]zig hängengeblieben in zwei Feldern. An der Steuerreform, da bleiben wir nicht hängen, das habe ich Ihnen klar gesagt.

295 von Haaren: Das ist doch ein Zeichen der Schwäche.

Wenig später bezieht von Haaren sogar mehr oder weniger offen Stellung gegen die CDU, als sie eine wesentliche Leistung der großen Koalition in den 60er Jahren in folgendem Umstand sieht:

[4] [ARD/Kohl]
313 von Haaren: ...es war die Vorbereitung auf eine neue Regierung hin.

314 Kohl: Ja, das ist das, was Sie wollen. Das ist das erste wirklich ehrliche Wort. Die große Koalition damals war eine Vorbereitung auf die Ablösung der CDU/CSU. Das ist Ihr Ziel...

Unkooperative Äußerungen müssen allerdings nicht unbedingt offene Kritik sein. Fast schon kurios mutet beispielsweise die Aufforderung an Schröder im Pro-Sieben-Interview an, ein Gedicht Rilkes zu zitieren. Vorgeblich wird ihm hier die Möglichkeit eröffnet, sich als Literat und Freund der Kunst zu beweisen, doch durch Wortwahl und Tonfall wird Schröder klar gemacht, daß es sich eher um einen Versuch handelt, ihn in eine peinliche, vielleicht sogar lächerliche Position zu bringen.[5] Schröder scheint zunächst aus dem Konzept gebracht zu sein, tappt dann jedoch nicht in diese 'Falle':

[5] [Pro Sieben/Schröder]
105 Fischer-Fabian: Herr Schröder, wir wollen schließen mit etwas~ äh, wo Sie so richtig brillieren können.

106 Schröder: Ja.

107 Fischer-Fabian: Wir haben in der FAZ nachlesen können, daß Sie ein großer Freund und Verehrer von Rainer Maria Rilke sind. Können Sie uns zum Schluß vielleicht eine kleine Kostprobe aus seinem Werk [geben?

108a Schröder: Ich könn]te~ äh ich könnte Ihnen ein Gedicht äh äh f~ äh aufsagen, und [zwar heißt]~ äh ja nein danke, ich denke=

109 Fischer-Fabian: Es ist Ihre Bühne.

108b Schröder: =nicht, daß~ äh äh daß das~ äh äh daß das hier angemach~ äh angemessen ist im Rahmen einer politischen Sendung, aber vielleicht äh kennen Sie den Panther. [Äh] und äh ich finde, daß=

---

[5] Anzumerken gilt, daß das Pro-Sieben- Interview an zweiter Stelle der 98er Sendungen steht, wenn es um die Anzahl unkooperativer Äußerungen geht – das Vorgehen Fischer-Fabians kann im Kontext dieses Interviews kaum als Unterstützung Schröders mißverstanden werden.

110 Fischer-Fabian: Sicher.

108c Schröder: =das eines der schönsten und vielleicht auch wahrhaftigsten Stücke Lyrik
ist, die ich so kenne, den kann ich auch auswendig. Aber keine Kostprobe.
Vielleicht mache ich das mal in ´ner Unterhaltungssendung. Was halten
Sie davon?

Betrachtet man die in den Interviews eingesetzten Typen von Kritik, zeichnen sich deutlich einige Schwerpunkte ab, wobei Unterschiede in Abhängigkeit von den Kandidaten zu erkennen sind (Tabelle 8). Auch im 98er Wahlkampf zeigt sich, wie schon 1994, daß sich ein großer Teil der Kritik an Kohl auf negative Folgen seiner bisherigen Politik bezieht. Dies ist nicht weiter verwunderlich: Ein amtierender Regierungschef, insbesondere wenn er schon 16 Jahre im Amt ist, bietet hier natürlich viel Angriffsfläche.

Tabelle 8: Zusammensetzung der unkooperativen Äußerungen der Journalisten in den acht Sendungen (in Prozent)

Kategorie	ARD		ZDF		SAT.1		Pro 7	
	Kohl	Schröder	Kohl	Schröder	Kohl	Schröder	Kohl	Schröder
Hinweis auf Interview-Regelverstoß	6,4	4,2	2,2	3,3	-	-	-	2,4
Kritik an Qualitäten des Politikers	7,3	12,5	6,5	10,0	20,0	13,4	12,5	33,4
Hinweis auf mangelnde Popularität	0,9	-	-	-	-	-	4,2	-
Hinweis auf geringe Wahlchance	0,9	8,3	15,2	5,0	6,7	-	12,5	7,1
Kritik am Zustand der Partei	5,5	-	6,5	6,7	6,7	6,7	4,2	7,1
Aufforderung zu übermäßiger Kritik am Gegner	-	-	-	-	-	6,7	-	-
Aufforderung zur Kritik am Koalitionspartner	0,9	4,2	8,7	3,3	20,0	13,3	-	4,8
Aufforderung zu Kritik an Mitstreitern	0,9	4,2	8,7	6,7	-	26,7	8,3	-

Fortsetzung Tab. 8	ARD		ZDF		SAT.1		Pro 7	
Kategorie	Kohl	Schrö-der	Kohl	Schrö-der	Kohl	Schrö-der	Kohl	Schrö-der
Aufforderung zu übermäßiger Kritik an Sonstigen	0,9	-	-	-	-	-	4,2	-
Kritik an Wahlprogramm/Koalitionsplänen	12,7	35,4	2,2	35,0	-	26,7	8,3	16,7
Hinweis auf neg. Folgen bisheriger Politik	26,4	6,3	19,6	8,3	6,7	-	29,2	9,5
Kritik an sonst. politischen Handlungen	4,5	10,4	17,4	8,3	26,7	-	4,2	2,4
Kritik an persönlichen Handlungen	2,7	-	2,2	-	6,7	-	12,5	-
Persönl. Einschätzungen/ Argumentationsweisen des Politikers widersprechen	30,0	14,6	10,9	13,3	6,7	6,7	-	16,7
Gesamt	100,0	100,0	100,0	100,0	100,0	100,0	100,0	100,0

Interessant ist der Schwerpunkt unkooperativer Äußerungen in den Schröder-Interviews: Ebenso wie bei Scharping 1994 werden vor allem das Wahlprogramm und die Koalitionspläne kritisiert. Dies ist einerseits natürlich erklärbar aus der Oppositionsrolle, denn mangels konkreter Regierungsarbeit und damit verbunden auch mangels irgendwelcher Auswirkungen bisheriger Politik können die Journalisten lediglich die Absichtserklärungen der Oppositions-Parteien und -Kandidaten abstrafen. In seiner Deutlichkeit verwundert das Ergebnis aber schon: Zumindest auf Basis der These von einer Personalisierung des Wahlkampfes hätte man erwarten können, daß eher 'Köpfe' als 'Konzepte' im Vordergrund der Sendungen stehen. Doch obwohl die SPD 1994 viel deutlicher als 1998 einen Themenwahlkampf führte, zeigt sich insgesamt keine gravierende Verschiebung bei der Kritik an Programm und Koalitionsplänen. Möglicherweise ist dies auch ein Hinweis darauf, daß der vielbeschworenen Personalisierung Grenzen gesetzt sind, u.a. durch die Rolle der Kandidaten: Sie sind und bleiben eben politische Akteure, die vorwiegend mit ihrer Partei und deren Programm in Verbindung gebracht werden, auch wenn während des Wahlkampfes versucht wird, die Persönlichkeit und den Charakter der Kandidaten stärker zu betonen.

Diese Eigenschaften der beiden Kontrahenten spielen zu einem gewissen Teil bei der Kritik an den Qualitäten der Politiker eine Rolle. Insbesondere im Pro-Sieben-Interview wird Schröder in diesem Bereich sehr häufig zugesetzt, doch auch Kohl wird hiervon nicht verschont, wenn auch die Zahl solcher Äußerungen insgesamt geringer ist als bei dem SPD-Kandidaten.

Schließlich bildet einen letzten Schwerpunkt die Kritik an persönlichen Einschätzungen und Argumentationsweisen der Politiker. Hier läßt sich weniger ein Unterschied zwischen den Politikern als zwischen den Sendern feststellen, denn diese Art unkooperativer Äußerungen kommt besonders häufig bei den öffentlich-rechtlichen Sendern zum Einsatz. Vor allem der hohe Anteil im Kohl-Interview in der ARD macht auch hier den besonderen Streitgesprächs-Charakter dieser Sendung deutlich. Auf seiten der Privatsender bildet lediglich das Interview mit Schröder bei Pro Sieben eine Ausnahme. Auffällig ist, daß die öffentlich-rechtlichen Sendungen und das Pro-Sieben-Interview auch insgesamt gesehen besonders viele kritische Äußerungen aufweisen. Da eine hohe Zahl an unkooperativen Äußerungen in der Regel ein Hinweis auf ein kontroverses Gespräch ist, kann man vermuten, daß die Journalisten Widerspruch als ein Mittel zur Gesprächssteuerung bei schwierigen Interviews benutzen: Sie weisen darauf hin, daß der Kandidat Fehler macht, schreiten sofort ein, behalten recht. Die persönliche Motivation für ein solches Vorgehen mag verschieden sein: Während der eine Interviewer sich vielleicht als besonders 'kritischer' Journalist sieht, hat der andere möglicherweise das Bedürfnis, stets das Heft in der Hand zu behalten.

(d) Unterstützende Intervieweräußerungen

In der öffentlichen Diskussion und selbst in Fachmagazinen wird häufig bemängelt, daß Journalisten in Fernsehsendungen zur Wahl Hofberichterstattung betreiben oder gar zu Steigbügelhaltern der Politiker werden. Bemäkelt werden Kritiklosigkeit und Lobhudelei zugunsten der Kandidaten. So charakterisiert der 'journalist' die Berichte und Interviews zur Wahl 1998 folgendermaßen: "Die TV-Sendungen zur Wahl haben sich zu braven Schmuseveranstaltungen entwickelt. Statt die Parteienvertreter ins kritische Kreuzverhör zu nehmen, agieren Journalisten als leidenschaftslose Stichwortgeber." (Düperthal, 1998, S. 61) Die Überschrift des Artikels faßt die allgemeinen Vorwürfe gegenüber den Journalisten prägnant in zwei Worte: Typisch sei "Devotes Anbiedern" (Düperthal, 1998, S. 61).

Indes läßt sich dieser Eindruck zumindest für die untersuchten Interviews nicht bestätigen. Die Zahl unterstützender Intervieweraussagen ist verschwindend gering. In allen analysierten Sendungen des Jahres 1998 zusammen tauchen lediglich 13 solcher Turns auf. Sie spielen damit so gut wie keine Rolle – ein Ergebnis, das bereits anhand der 94er Interviews gezeigt werden konnte (vgl. Tapper, 1998, S. 33-35). Zudem werden die wenigen unterstützenden Aussagen der Interviewer oftmals durch direkt folgende Anmerkungen ins Gegenteil verkehrt. Ein deutliches Beispiel hierzu findet sich gleich zu Beginn des ARD-Interviews mit Gerhard Schröder:

[6] [ARD/Schröder]

1 Herres:	...Bei dieser Wahl ist es spannender als je zuvor. Schafft es die SPD, den Sprung von den Oppositionsbänken auf die Regierungsbank. =Schafft sie ihn. =Gelingt es ihr, den seit 16 Jahren regierenden Bundeskanzler zu Fall zu bringen. Der Mann, der es schaffen kann, ist heute Gast unserer Sendung, hier in der niedersächsischen Landesvertretung in Bonn, bekennt Gerhard Schröder Farbe. Herr Ministerpräsident, Sie kennen die Baustelle des Bundeskanzleramtes in Berlin, Sie kennen die Pläne für den Bau, wie gefällt Ihnen der.
2 Schröder:	Ich glaube, Herr Schultes hat eine gute Arbeit abgeliefert, das ist der Architekt, und äh ich habe ihn besucht, die Pläne mir angeschaut, man kann noch nicht so sehr viel sehen, was da entsteht, aber das ist ein gutes Stück Architektur.

Bis hierhin scheint Herres die guten Wahlchancen und die Popularität des Kandidaten zu betonen. Mit dem Hinweis auf das neue Bundeskanzleramt deutet der Journalist darauf hin, daß Schröder gute Chancen hat, dort einzuziehen – und der SPD-Politiker sieht das wohl auch so. Doch die direkt folgende Reaktion von der Tanns verkehrt das für Schröder positive Bild sofort ins Gegenteil:

[7] [ARD/Schröder]

3 von der Tann:	Herr Schröder. Traut man allerdings allerletzten Umfragen, dann haben sich Ihre Chancen, da einzuziehen, dramatisch verringert. Haben Sie Fehler im Wahlkampf gemacht, oder waren die anderen besser oder so gut?

Eine ganz ähnliche Taktik kommt im ZDF-Interview mit Schröder zum Einsatz. Der SPD-Kandidat und damalige Ministerpräsident Niedersachsens spricht über die seiner Meinung nach positive Bilanz in seinem Bundesland, woraufhin er von Bresser scheinbar in dieser Bewertung bestätigt wird:

[8] [ZDF/Schröder]

12a Bresser:	Also im ersten Quartal dieses Jahres lief es tatsächlich mit dem Wirtschaftswachstum in Ihrem Land ganz [gut, nur Jahre vorher] und Sie sind=
13 Schröder:	Ja ich arbeite dafür, daß das so bleibt.

Doch schon im weiteren Verlauf desselben Turns verkehrt der Journalist das Lob in offene Kritik:

[9] [ZDF/Schröder]

12b Bresser:	=acht Jahre an der Regierung. Jahre vorher ging es schlecht, `97 noch lag das Land Niedersachsen von den 16 Ländern auf dem vierzehnten Platz. =Also ganz hinten im Wirtschaftswachstum.

Zwei Beispiele für Stichwortfragen, die es dem Politiker erleichtern, sich vom Gegner abzugrenzen, finden sich lediglich bei Jörg Howe in den SAT.1-Interviews:

[10] [SAT.1/Schröder]

7 Howe:	Sie haben das Stichwort genannt, Große Koalition, in der Union heißt es mal, man will auf gar keinen Fall 'ne große Koalition, dann heißt es, man könne sich dieses oder jenes, vielleicht sogar eine Tolerierung einer SPD-Minderheitsregierung vorstellen, nehmen Sie diese Planspiele eigentlich ernst?
8 Schröder:	Nein, nehme ich nicht ernst...

[11] [SAT.1/Kohl]

34a Howe:	Herr Bundeskanzler, Herr Schröder hat im Interview mit SAT 1, mit uns ähm sich erneut von einer Zusammenarbeit mit der PDS auf Bundesebene [distan]ziert=
35 Kohl:	Hmm.
34b Howe:	=im Gegensatz zu Teilen seiner Partei, die es ja praktiziert, nehmen Sie ihm das eigentlich ab?
36 Kohl:	Nein ((lachend)), überhaupt nicht. Wissen Sie, da ist nichts abzunehmen...

Von diesen Ausnahmen abgesehen, bestätigen die Art und Weise des Einsatzes unterstützender Intervieweraussagen und deren geringe Zahl also kaum die These vom Journalisten als devot fragendem Stichwortgeber. Natürlich darf man solch einen Eindruck bei Experten und vielleicht auch beim Publikum nicht einfach ignorieren – die Gründe liegen aber nicht bei unterwürfigen Nachfragen und Statements, sondern vermutlich bei anderen, zuvor genannten Punkten, wie zum Beispiel der mangelnden Aktivität der Interviewer. Einen Einfluß könnten auch nonverbale Eindrücke haben – Mimik und Gestik spielen sicherlich eine Rolle, wurden allerdings in der vorliegenden Untersuchung nicht analysiert.

5. Zusammenfassung

Diskussionsthemen und Gesprächsstrategien stehen im Mittelpunkt der hier vorliegenden Untersuchung von acht Fernsehinterviews mit Kanzlerkandidaten im Vorfeld der Bundestagswahl 1998. Dabei zeigen sich einerseits deutliche Unterschiede zwischen den einzelnen Sendungen, andererseits aber auch Regelhaftigkeiten, denen alle Interviews zu unterliegen scheinen: Offenbar gibt es zu einem gewissen Grad Gestaltungsfreiheit für die beteiligten Journalisten und Politiker, die jedoch durch den Rahmen der Gesetzmäßigkeiten politischer Fernsehinterviews begrenzt ist. Insbesondere durch den Vergleich mit einer Analyse der Kandidateninterviews aus dem Wahljahr 1994, die auf demselben Untersuchungsdesign beruht, lassen sich Ähnlichkeiten und Differenzen zwischen einzelnen Sendungen in Abhängigkeit von den beteiligten Journalisten, von den befragten Politikern und auch den Rahmenbedingungen des jeweiligen Wahlkampfes identifizieren.

Auf der thematischen Ebene zeigt sich eine Übereinstimmung bei einigen 'Dauerbrennern', die offensichtlich zentral für Bundestagswahlkämpfe sind. Steuerpolitik, Finanzierung der Pläne, Arbeitsmarkt, Soziales und Kürzungen von Leistungen nehmen stets eine prominente Rolle in den Interviews ein. Auch die Koalitionsaussagen der jeweiligen Parteien sind in fast allen Fällen von Interesse. Auffällige Unterschiede zwischen den einzelnen Interviews zeigen sich bei der Behandlung des Wahlkampfes selbst: Während er 1994 kaum ein Thema war, wird 1998 des öfteren darüber gesprochen. Da der Ausgang der Wahl 1998 zum Zeitpunkt der Interviews scheinbar noch offen ist, rückt das Agieren im Wahlkampf selbst in den Fokus.

Die veränderten Chancen im Verhältnis zur vorhergehenden Wahl wirken sich auch auf andere Themen aus: So wird Kohl beispielsweise immer wieder gefragt, was er denn im Falle einer Niederlage tun werde. Dieselbe Frage war vier Jahre zuvor kein Thema – und wäre vermutlich von Kohl gar nicht akzeptiert worden.

Doch nicht nur in Hinblick auf die Themen haben sich Veränderungen gegenüber 1994 ergeben: Während Scharping damals noch deutlich weniger Redeanteil als Kohl hatte, sind die Unterschiede zwischen Schröder und dem CDU-Politiker geringer. Zudem wird Kohl im 98er Wahlkampf etwas häufiger durch unkooperative Äußerungen angegriffen als Schröder – hier hat sich das Ergebnis aus dem vorherigen Wahlkampf sogar umgekehrt, bei dem Scharping insgesamt deutlich kritischer interviewt wurde. Kohls damalige Strategie, möglichst lange zu sprechen, wodurch den Journalisten – zumindest auf die Sprechzeit bezogen – die Möglichkeiten zur Kritik beschnitten wurden, geht 1998 nicht immer auf: In dem äußerst kritischen Interview in der ARD wird Kohl beständig unterbrochen, und die Journalisten verhindern durch konsequentes Stören längere Monologe Kohls. Insgesamt gesehen sprechen die Politiker jeweils ähnlich lange, werden auch ähnlich häufig unterbrochen und kritisiert. Ein eklatanter Unterschied zwischen den beiden Kandidaten, wie er vier Jahre zuvor herrschte, ist nicht zu erkennen, ebensowenig wie ein 'Kanzlerbonus' für den Amtsinhaber – der Herausforderer ist Kohl in fast allen Werten ebenbürtig.

Interessant ist hierbei natürlich, worauf dieser Wandel in der Behandlung der Kandidaten zurückzuführen ist. Die veränderte politische Lage, die jeweiligen Kandidaten und deren Verhalten, aber auch die beteiligten Journalisten tragen sicherlich hierzu bei. Schröder geht beispielsweise mit Medien anders – und zumindest unter Berücksichtigung der vorliegenden Untersuchung auch souveräner – um als Scharping, und Kohls Regierung ist 1998 deutlich angeschlagen. Während 1994 relativ klar war, daß Scharpings Chancen gering waren, ist das Rennen vier Jahre später offen. Hier stellt sich auch die Frage, ob die Erwartung von Sieg oder Niederlage nicht auch einen Einfluß auf kooperatives oder konfrontatives Verhalten der Journalisten gegenüber den Politikern hat: Führt die Vermutung, daß ein Kandidat gute Wahlchancen hat, zu devoteren Fragen, während man den angenommenen Verlierer eher als eine Art 'leichte Beute' mit vielen Angriffspunkten in die Zange nimmt? Konkret: Wird Schröder weniger hart angegangen als Scharping, weil seine Chancen besser sind? Führen Kohls gesunkene Wahlchancen (im Vergleich zur vorangegangenen Wahl) auch zu den kritischeren Nachfragen? Auf Basis der vorliegenden Untersuchung kann man hierüber nur spekulieren, doch das zum Teil harte Vorgehen gegenüber Kohl legt zumindest die Vermutung nahe, daß die Journalisten 1998 weniger Bedenken haben, ihn anzugreifen. Im Gegenzug scheinen die Interviewer vor Schröder deutlich mehr 'Respekt' zu haben als vor Scharping.

Im ARD-Interview wird Kohl von den beiden Journalisten Gottlieb und von Haaren quasi ins Kreuzverhör genommen, während Schröder in der ARD-Sendung entspannt sich selbst und sein Programm vorstellen kann. Hierzu muß allerdings angemerkt werden, daß bei den beiden Sendungen unterschiedliche Journalisten als Interviewer auftreten (bei Schröder sind dies Herres und von der Tann) – anders als bei den anderen Sendern, die jedesmal dieselben Akteure ins Rennen schicken. Die jeweiligen Interviews auf SAT.1 bzw. im ZDF ähneln sich deshalb auch in ihrem Charakter (selbst wenn es die üblichen Schwankungen bei einzelnen Details gibt). Während sich die ZDF-Sendungen im Rahmen üblicher journalistischer Fernsehinterviews bewegen, scheinen die SAT.1-Sendungen nur den Rahmen für die Selbstdarstellung der Kandidaten zu bieten. Der Schwerpunkt der Redeanteile bei Kandidateninterviews liegt zwar immer recht deutlich beim Politiker, doch sind die Beiträge der Journalisten bei den SAT.1-Sendungen quantitativ kaum noch der Rede wert. Zudem gibt es so gut wie keine kritischen Nachfragen – den Politikern wird von den Interviewern Howe und Schregelmann also jede Möglichkeit gegeben, sich ohne große 'Gegenwehr' zu präsentieren. Immerhin ist dieser 'Schmusekurs' unabhängig vom Kandidaten.

Ähnliches kann man von den Pro-Sieben-Interviews nicht behaupten: Hier hat Helmut Kohl ein leichteres Spiel als Schröder. Der CDU-Politiker wird deutlich weniger häufig unterbrochen und mittels unkooperativer Äußerungen angegriffen. Zudem haken die Journalisten bei ungenauen oder fehlenden Antworten Kohls viel seltener nach, was auch deshalb verwundert, weil Schröder genauere Antworten gibt. Limbourg und Fischer-Fabian behandeln Schröder ganz offensichtlich anders als Kohl – ob unbewußt oder geplant. Dieses Interview bleibt damit allerdings eine Ausnahme, was insbesondere bemerkenswert ist, wenn man bedenkt, daß Scharping 1994 durchgängig und deutlich schlechter abgeschnitten hat als Kohl (vgl. Tapper, 1998).

Insgesamt gesehen hat also keiner der Kandidaten bei den Interviews der 98er Wahl ein 'leichteres Spiel' – Abweichungen bei einzelnen Sendungen halten sich die Waage, das Pendel schlägt in keine Richtung aus. Somit mag zwar der Ausgang der Wahl anhand der Interviews in deren Vorfeld nicht voraussagbar gewesen sein, doch das spannende Rennen zeichnete sich darin deutlich ab.

Literatur

Baker, K. L., Norpoth, H., & Schönbach, K. (1981). Die Fernsehdebatten der Spitzenkandidaten vor den Bundestagswahlen 1972 und 1976. Form, Inhalt und das Urteil des Publikums. *Publizistik, 29*, 530-544.

Berens, F.-J. (1975). *Analyse des Sprachverhaltens im Redekonstellationstyp "Interview". Eine empirische Untersuchung.* München: Hueber.

Brown, P., & Levinson, S. (1978). Universals in language usage. Politeness phenomena. In E. N. Goody (Hrsg.), *Questions and politeness. Strategies in social interaction* (S. 56-289, 296-310). Cambridge: Cambridge University Press.

Burger, H. (1991). *Das Gespräch in den Massenmedien.* Berlin: de Gruyter.

Clayman, S. E. (1988). Displaying neutrality in television news interviews. *Social Problems, 35*, 474-492.

Clayman, S. E. (1991). News interview openings. Aspects of sequential organization. In P. Scannell (Hrsg.), *Broadcast talk* (S. 48-75). London: Sage.

Clayman, S. E. (1992). Footing in the achievement of neutrality. The case of news interview discourse. In P. Drew & J. Heritage (Hrsg.), *Talk at work* (S. 163-198). Cambridge: Cambridge University Press.

Clayman, S. E. (1993). Reformulating the question. A device for answering/ not answering questions in news interviews and press conferences. *Text, 13*, 159-188.

Clayman, S. E., & Whalen, J. (1988/1989). When the medium becomes the message. The case of the Rather-Bush encounter. *Research on Language and Social Interaction, 22,* 241-272.

Düperthal, G. (1998, September). Devotes Anbiedern. *journalist,* S. 61-62, 79-80.

Ecker, H.-P., Landwehr, J., Settekorn, W., & Walther, J. (1977). *Textform Interview. Darstellung und Analyse eines Kommunikationsmodells.* Düsseldorf: Schwann.

Goffman, E. (1967). *Interaction ritual. Essays on face to face behavior.* Garden City, NJ: Doubleday Anchor.

Greatbatch, D. (1986a). Aspects of topical organization in news interviews. The use of agenda-shifting procedures by interviewees. *Media, Culture and Society, 8,* 441-455.

Greatbatch, D. (1986b). Some standard uses of supplementary questions in news interviews. In J. Wilson & B. K. Crow (Hrsg.), *Belfast working papers in language and linguistics* (Bd. 8, S. 86-123). Jordanstown: University of Ulster.

Greatbatch, D. (1988). A turn-taking system for British news interviews. *Language in Society, 17,* 401-430.

Heritage, J. (1985). Analyzing news interviews. Aspects of the production of talk for an overhearing audience. In T. A. van Dijk (Hrsg.), *Handbook of discourse analysis. Discourse and dialogue* (S. 95-117). London: Academic Press.

Heritage, J. C., Clayman, S. E., & Zimmerman, D. H. (1988). Discourse and message analysis. The micro-structure of mass media messages. In R. P. Hawkins, J. Wiemann & S. Pingree (Hrsg.), *Advancing communication science. Merging mass and interpersonal processes* (S. 77-109). Newbury Park, CA: Sage.

Heritage, J., & Greatbatch, D. (1991). On the institutional character of institutional talk. The case of news interviews. In D. Boden & D. H. Zimmerman (Hrsg.), *Talk and social structure. Studies in ethnomethodology and conversation analysis* (S. 93-137). Cambridge: Polity Press.

Hoffmann, R.-R. (1982). *Politische Fernsehinterviews. Eine empirische Analyse sprachlichen Handelns.* Tübingen: Niemeyer.

Holly, W. (1993b). Zur Inszenierung von Konfrontation in politischen Fernsehinterviews. In A. Grewenig (Hrsg.), *Inszenierte Information. Politik und strategische Kommunikation in den Medien* (S. 164-197). Opladen: Westdeutscher Verlag.

Jucker, A. H. (1986). *News interviews. A pragmalinguistic analysis.* Amsterdam: John Benjamins.

Leech, G. N. (1983). *Principles of pragmatics*. London: Longman.

Lipp, M. (1983). Journalistische Wahlkampfvermittlung. Eine Analyse der politischen Diskussionssendungen im Fernsehen. In W. Schulz & K. Schönbach (Hrsg.), *Massenmedien und Wahlen* (S. 238-259). München: Ölschläger.

Merten, K. (1991). Django und Jesus. Verbal-nonverbales Verhalten der Kanzlerkandidaten Kohl und Rau im Bundestagswahlkampf 1987. In M. Opp de Hipt & E. Latniak (Hrsg.), *Sprache statt Politik? Politikwissenschaftliche Semantik- und Rhetorikforschung* (S. 188-210). Opladen: Westdeutscher Verlag.

Schegloff, E. A. (1988/1989). From interview to confrontation. Observations of the Bush/Rather encounter. *Research on Language and Social Interaction, 22*, 215-240.

Schrott, P. (1990). Wahlkampfdebatten im Fernsehen von 1972 bis 1987. Politikerstrategien und Wählerreaktion. In M. Kaase & H.-D. Klingemann (Hrsg.), *Wahlen und Wähler. Analysen aus Anlaß der Bundestagswahl 1987* (S. 647-674). Opladen: Westdeutscher Verlag.

Schütz, A. (1992). *Selbstdarstellung von Politikern*. Weinheim: Deutscher Studien Verlag.

Schwitalla, J. (1979). *Dialogsteuerung in Interviews*. München: Hueber.

Tapper, C. (1998). "Herr Bundeskanzler, wir bedanken uns sehr herzlich...". Zum journalistischen Umgang mit Helmut Kohl und Rudolf Scharping im Bundestagswahlkampf 1994. *Publizistik, 43*, 22-39.

Weiß, H.-J. (1976). *Wahlkampf im Fernsehen. Untersuchung zur Rolle der großen Fernsehdebatten im Bundestagswahlkampf 1972*. Berlin: Spiess.

"Nun zum Sport ..." und andere kurzfristige Effekte von Fernsehnachrichten auf die Wahlabsicht im Bundestagswahlkampf 1998

Eine zeitreihenanalytische Untersuchung

Reimar Zeh
Lutz M. Hagen

Wahlabsichten – geprägt vor dem Wahlkampf

Die Wahlabsicht für eine der beiden großen Parteien scheint sich bei den letzten Bundestagswahlen stets lange vor der heißen Wahlkampfphase relativ stabil herausgebildet zu haben. Im Aggregat der potentiellen Wähler traten die stärksten Veränderungen bis ungefähr ein halbes Jahr vor dem Wahltermin ein. In den letzten vier Monaten vor der Entscheidung sind nur geringfügige Veränderungen im Aggregat feststellbar, die Abstände zwischen den Parteien variieren daher nur geringfügig. Kindelmann (1994) hat dies für die Bundestagswahl im Jahr 1990 ausführlich dargelegt. Für die Jahre 1994 und 1998 belegt das Politbarometer den gleichen Sachverhalt. Allerdings verringerte sich der Abstand zwischen Union und SPD von August auf September 1998 noch deutlich (Abbildung 1). In den ungewichteten Ergebnissen des durch forsa erhobenen Politikbus, auf den wir unsere Untersuchung der heißen Wahlkampfphase stützen, ist diese Tendenz dagegen kaum sichtbar (vgl. Abbildung 3).

Die Präferenz für einen der Spitzenkandidaten als Kanzler verläuft ähnlich. Tendenziell fanden bei den vergangenen drei Wahlen die entscheidenden Meinungsveränderungen aber noch früher statt. Im Gegensatz zur Wahlabsicht blieb die Rangfolge der Kandidaten in den Meinungsumfragen spätestens ab dem fünften Monat vor der Wahl stets unverändert, und die Abstände waren deutlicher als bei der Wahlabsicht (vgl. Schulz, 1997, S. 208-209).

Abbildung 1: Wahlabsicht vor den Bundestagswahlen 1994 und 1998

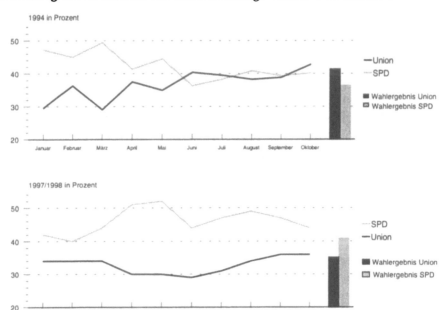

Quelle: Forschungsgruppe Wahlen e.V., Politbarometer, monatliche Befragung von 1.250 Wahlberechtigten: "Wenn am nächsten Sonntag Bundestagswahl wäre, welche Partei würden Sie wählen?"
* Mittelwert dreier Vorwahlbefragungen in wöchentlichem Abstand

Entsprechend dem klassischen Modell der Wahlkampfwirkungen von Lazarsfeld, Berelson und Gaudet (1944) kann man vermuten: Konversionseffekte der Kampagnen und der Medienberichterstattung sind in der heißen Wahlkampfphase eher schwach ausgeprägt, Verstärkungs- und Aktivierungseffekte sind angesichts der Entwicklungen im Aggregat eher wahrscheinlich. Wenn die Abstände allerdings knapp sind, können bereits geringfügige Effekte über die spätere Regierung entscheiden – so geschehen im Jahr 1994, als die Union erst im letzten Moment endgültig an der SPD vorbeizog.

Auch wenn die Entwicklungen der Bevölkerungsmeinung, das Wahlergebnis schon Monate vor der Wahl präjudizieren: Der Schwerpunkt der Kampagnen und der Berichterstattung fällt bei Bundestagswahlkämpfen in den Zeitraum der letzten fünf bis sechs Wochen vor der Wahl, der mit den Auftaktveranstaltungen der Parteien und der Ausstrahlung von Wahlwerbespots im Fernsehen beginnt.

Fernsehen – das wichtigste Medium der Kampagne

Den Kampagnenmachern gilt das Fernsehen als das wichtigste, ja das wahlentscheidende Medium (Radunski, 1996, S. 36). In erster Linie wird es bei der Imagekampagne für die Spitzenkandidaten eingesetzt, um ein breites Massenpublikum zu erreichen, während andere Medien vor allem zur Ansprache spezieller Zielgruppen dienen. Fernsehen eignet sich besonders gut zur Personalisierung der Kampagne und bietet auch gute Möglichkeiten für das Ereignis- und Themenmanagement. Seine stark durch die Nachrichtenfaktoren Personalisierung, Negativismus, Frequenz und Visualität bestimmte Logik ist besonders gut kalkulierbar (Schulz, 1997, S. 185,189). Zugleich wird Fernsehen von Befragten als wichtigste Informationsquelle genannt, gefolgt von Pressemedien; erst auf weiteren Plätzen rangieren Wahlwerbung und persönliche Gespräche (vgl. Schulz & Blumler, 1994, S. 212; Semetko & Schönbach, 1994, S. 73-78). Das Erscheinungsbild der Politiker im Fernsehen prägt die Einstellung der Zuschauer und ihre Wahlabsichten (Frey 1993; Kepplinger, Brosius & Dahlem, 1994, S. 143; Kepplinger, Dahlem & Brosius, 1993, S. 181).

"Aus den Analysen der Fernsehpräsenz bei Bundestagswahlen kann man daher mit einiger Wahrscheinlichkeit den Wahlerfolg der konkurrierenden Spitzenkandidaten vorhersagen", so Schulz (1997, S. 216). "Fernsehpräsenz und Telegenität erwachsen zur entscheidenden Machtressource politischer Führung" (Jarren & Bode, 1996, S. 110). Daher läßt sich die Amerikanisierung bzw. Modernisierung der Kampagnen als ein Reziprozitätseffekt des Fernsehens deuten (Schulz, 1997, S. 189; vgl. Holtz-Bacha, 1996, S. 11-13). Das wichtigste Ziel der redaktionellen Medienkampagnen bzw. des Ereignismanagements der Parteien sind die Nachrichtensendungen im Fernsehen, schließlich vermag die Medienkampagne durch sie die meisten Wähler zu erreichen (Holtz-Bacha, 1996, S. 26; Schmitt-Beck & Pfetsch, 1994, S. 112). Ein Novum im Wahljahr 1998 mag die Effekte der Fernsehberichterstattung verstärkt haben: Erstmals in der Geschichte von Bundestagswahlkämpfen wurden in der heißen Wahlkampfphase tägliche Prognosen über die Wahlabsicht der Bundesbürger über ein Massenmedium in der Öffentlichkeit verbreitet. Der private Sender RTL veröffentlichte in seiner Nachrichtensendung RTL-Aktuell ab dem 26. August bis zum 26. September, dem Tag vor der Wahl, Vorhersagen auf der Basis einer Umfrage des forsa Instituts.[1] Werktäglich wurden im Politik-Bus von forsa telefonisch ca. 500 Personen befragt, die repräsentativ für die bundesdeut-

---

[1] Wir bedanken uns bei forsa für die Befragungsdaten aus der 32. bis 39. Kalenderwoche 1998, die diesen Beitrag ermöglicht haben.

sche Bevölkerung ab 18 Jahren waren. Gefragt wurde unter anderem nach der Kanzlerpräferenz und nach der Wahlabsicht, wenn am kommenden Sonntag Bundestagswahl wäre. Die veröffentlichten Prognosen basierten auf einer Modellrechnung, die neben den genannten Indikatoren der aktuellen Stimmung langfristige Indikatoren wie zum Beispiel Angaben zum Verhalten bei der letzten Wahl umfaßte.

Geht man von Modellen aus, wonach Teile der Wählerschaft ihre Wahlabsicht an die (vermeintliche) Mehrheit anpassen (Schweigespirale, Bandwagon-Effekt), dann könnte die Veröffentlichung von Wahlprognosen den Vorsprung der Führenden stärken. Nun wurden seit den fünfziger Jahren Prognosen vor Bundestagswahlen veröffentlicht und könnten die Wahlabsichten in der Endphase des Wahlkampfes stabilisiert haben. Doch mit täglicher statt etwa wöchentlicher Verbreitung steigt die Reichweite von Prognosen in der Bevölkerung erheblich und damit ihr Einfluß auf die Wahrnehmung des Wahlkampfes. Insofern wäre der dauerhafte Übergang zu täglichen Prognosen ein weiterer Aspekt der zunehmenden Betonung des Wettkampfes durch die Wahlberichterstattung (vgl. Brettschneider, 1993).

Fernsehnachrichten – ein Modell kurzfristiger Effekte

Wenn das Wirkungspotential von Fernsehnachrichten generell zwar stark ist, aber wahlrelevante Einstellungen in den letzten Wochen vor der Wahl, auf die sich die Kampagnen konzentrieren, nur wenig veränderlich sind – welche Effekte kann dann die Fernsehberichterstattung in dieser Phase noch auf die Wähler haben? Um Antworten hierauf zu finden, untersuchen wir im folgenden Zusammenhänge, die in der heißen Wahlkampfphase zwischen der Berichterstattung in den fünf wichtigsten deutschen Nachrichtensendungen, der Wahlabsicht und anderen wahlbezogenen Einstellungen auftreten. Dabei gehen wir zunächst von dem in Abbildung 2 dargestellten Wirkungsmodell aus.

In Anlehnung an das sozialpsychologische Standardmodell zur Erklärung des Wählerverhaltens (Campbell et al., 1960) wird die Wahlabsicht auf drei individuelle Faktoren zurückgeführt: die langfristige Identifikation mit einer oder mehreren Parteien, die Einstellung zu den Spitzenkandidaten und die Einschätzung der themenspezifischen Problemlösungskompetenz der Parteien, die sog. Issue-Kompetenz. Die Parteiidentifikation wird in unserem Modell kurzfristig, das heißt im Rahmen der heißen Wahlkampfphase, als konstant angesehen. Sie kann in diesem Zeitraum zwar die Wahlabsicht stabilisieren und die Wahrnehmung von Kandidaten und Parteien steuern, sie selbst kann aber nicht verändert werden.

Dagegen dürften sowohl Kandidatenimages als auch Zuschreibungen von Issue-Kompetenz kurzfristig variieren. Sie reagieren auf Einflüsse wie zum Beispiel die Fernsehnachrichten während der heißen Wahlkampfphase und sind zugleich von der Parteiidentifikation bestimmt. Alle drei Typen von Einstellungen beeinflussen die Wahlabsicht. Da in den letzten Jahrzehnten ein kontinuierlicher Anstieg des Anteils von Personen ohne Parteibindung zu beobachten ist, verliert dieser Faktor ohnehin an Einfluß auf die Wahlabsicht (Schulz, 1997, S. 193-198). Im gleichen Maße nimmt der Einfluß situativer Faktoren zu. Folglich deutet einiges darauf hin, daß insbesondere das Kandidatenimage, in zweiter Linie auch die Issue-Kompetenz inzwischen am einflußreichsten sind (Schulz, 1997, S. 199-217). Auch gibt es klare empirische Belege für die weithin vertretene These, die Kandidatenorientierung sei bei der Wahl im Jahr 1998 von "herausragender Bedeutung gewesen" (Gabriel & Brettschneider, 1998, S. 32).

Abbildung 2: Kurzfristige Einflüsse der Berichterstattung auf wahlrelevante Einstellungen

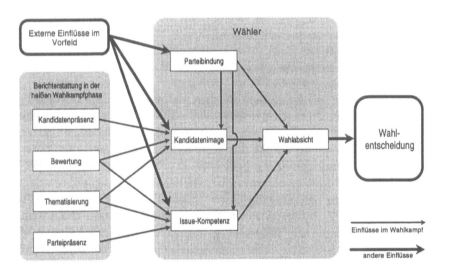

Die Wahlabsicht muß natürlich nicht mit dem tatsächlichen Wahlverhalten identisch sein (vgl. Holtz-Bacha, 1996, S. 32-33).[2] Allerdings zeigen
die Umfragen bei den vergangenen Wahlkämpfen (Abbildung 1), daß die
reine Kumulation der unterschiedlichen Wahlabsichten unmittelbar vor
der Wahl eine ungefähre Prognose des Ergebnisses für die beiden großen
Parteien ermöglichte. Die spätere Regierungspartei lag in den Umfragen
vorne. Wie oben bereits angesprochen, vermag die Fernsehberichterstattung kurzfristig veränderbare wahlrelevante Einstellungen in besonderem
Maße zu beeinflussen. Als wichtigste Merkmale der Berichterstattung enthält das Modell die Präsenz der Parteien, Kandidaten und Themen (die
Häufigkeit, Dauer und Intensität ihres Auftretens) sowie deren Bewertungen.

Die Wirkung von Bewertungen kann darauf beruhen, daß sie relativ direkt ein bestimmtes Wahlverhalten nahelegen, also als Handlungsemp-
fehlung verstanden werden können. Ferner können Bewertungen durch
die Häufigkeit ihres Auftretens einen Eindruck vom Meinungsklima erwecken, der Kandidaten als Sieger oder Verlierer erscheinen läßt und somit
Bandwagon- oder Schweigespiralen-Effekte auslöst. Während im ersten
Fall die Absicht, auf der Seite des Siegers zu stehen, ein entsprechendes
Verhalten verursacht, löst im zweiten Fall Isolationsfurcht einen komplexeren Prozeß aus, der jedoch zu ähnlichen Wirkungen von Bewertungen in
der Berichterstattung führt (Noelle-Neumann, 1983). Daher sprechen wir
im folgenden vereinfachend nur noch von Bandwagon-Effekten, wenn es
um derlei Wirkungen geht.

Bewertungen wirken außerdem durch einen Vorgang, der Priming genannt wird. Er ist zugleich der wesentliche Effekt der Präsenz von Themen,
Kandidaten und Parteien: Die medieninduzierte Aktivierung affektiver wie
kognitiver Konstrukte erhöht die Wahrscheinlichkeit, mit der diese Konstrukte die Meinungsbildung beeinflussen (Price & Tewksbury, 1997). So
steigt mit der Auffälligkeit eines Themas dessen Wichtigkeitseinschätzung
– Agenda Setting ist daher ein Unterfall des Priming-Phänomens (Price &
Tewksbury, 1997, S. 180). Gleichzeitig verbessert sich aber mit zunehmender Thematisierung die Beurteilung von Politikern oder Parteien, denen
Kompetenz zu dem entsprechenden Issue zugeschrieben wird (Iyengar &

---

[2] Dies ist offenkundig, sofern die Wahlabsicht im Zeitverlauf schwankt. Ferner verursachen
Befragungseffekte und die spezifische Situation bei der Stimmabgabe systematische Unterschiede zwischen bekundeter Absicht und schließlichem Verhalten. Daher gewichten die
meisten Institute, die Prognosen veröffentlichen, Antworten auf die Sonntagsfrage mit län-
gerfristigen Indikatoren des Wahlverhaltens (s. o.).

Kinder, 1987). Denn je wichtiger ein Thema ist, desto stärker fällt auch die entsprechende Kompetenz ins Gewicht.

Mit der Präsenz von Politikern oder Parteien kann ebenfalls die Einschätzung ihrer Wichtigkeit zunehmen, und dadurch kann die Wahlabsicht beeinflußt werden. Die Präsenz von Akteuren modifiziert darüber hinaus die Wirkung von Thematisierung und Bewertungen: Die Effektivität, mit der politische Akteure eigene Themen und Bewertungen über die Medien verbreiten, steigt, je präsenter sie in der Berichterstattung sind (vgl. Hagen, 1992).

Ein zusätzlicher Wirkungsmechanismus könnte darin vermutet werden, daß die schiere Häufigkeit der Wahrnehmung von Akteuren durch Gewöhnung und zunehmende Vertrautheit deren Image beim Publikum verbessert. Ein solcher Popularitätseffekt läßt sich etwa aus regelmäßigen Befragungen zur Bekanntheit und Beliebtheit von Politikern ablesen, die cum grano salis eine positive Korrelation beider Größen belegen. Daraus kann man allerdings auch schließen, daß solche Popularitätseffekte bei weithin bekannten Politikern und Parteien bei kurzfristiger Betrachtung kaum eine Rolle spielen.

Auch bezüglich der anderen Wirkungsmechanismen kann vermutet werden, daß bei kurzfristiger Betrachtung Medien-Effekte um so stärker sein werden, je weniger Erfahrung mit Akteuren und Themen besteht. Diese Annahme führt in der Agenda-Setting-Theorie zur Einteilung von Themen hinsichtlich ihrer Aufdringlichkeit: Je stärker ein Thema vom Publikum unvermittelt erfahren wird, je aufdringlicher es also ist, desto geringer ist das Wirkungspotential der Thematisierung durch die Medien (Zucker, 1978, S. 239). Analog hierzu dürften kurzfristige Effekte auf Einstellungen um so stärker ausfallen, je weniger stark Bewertungs- oder Priming-Effekte im Vorfeld des Untersuchungszeitraumes waren.

Das skizzierte individualpsychologische Modell läßt sich auf der Basis unserer Daten nur eingeschränkt überprüfen. Es erfüllt in erster Linie eine explorative und interpretative Funktion. Für die meisten seiner psychologischen Konstrukte finden sich in unseren Befragungsdaten zwar grobe Indikatoren. Doch da die forsa-Umfrage weder ein Panel ist, noch detaillierte Fragen zur Mediennutzung umfaßt, können Effekte im folgenden nur auf dem Wege der Aggregatanalyse untersucht werden. Der Inhalt der Medien wird also, wie beim klassischen ökologischen Ansatz in der Wahlforschung, als ein Bestandteil der Umwelt des Elektorats behandelt, der auf dieses in seiner Gesamtheit einwirkt (vgl. dazu Bürklin & Klein, 1998, S. 27). Nur diese ökologischen Einflüsse auf die kumulierten wahlrelevanten Einstellungen können hier in ihrer Stärke und statistischen Signifikanz aufgezeigt werden. Sie ermöglichen zwar plausible Hypothesen über das individuelle Verhalten zumindest größerer Teile des Aggregats, bedürfen aber bezüglich der Individualebene der Bestätigung durch andere Untersuchungen. Keinesfalls ist von den Effekten im Aggregat darauf zu schließen, daß entsprechende Effekte bei *allen* ihm angehörenden Personen auftreten.

Wahlrelevante Einstellungen – Eigengesetzlichkeiten und Zusammenhänge

Betrachten wir zunächst, wie die wahlrelevanten Einstellungen aus unserem Modell sich in den letzten acht Wochen vor der Wahl entwickelt haben. Zwar begann der heiße Wahlkampf mit der Auftaktveranstaltung der SPD am 22. August erst fünf Wochen vor der Wahl, doch ein etwas längerer Zeitraum ist durch unsere Untersuchungsverfahren geboten.[3]

Im forsa-Politikbus wurden drei Fragen zur Wahl gestellt. Die erste fragt direkt nach der Wahlabsicht. Die zweite nach der Kanzlerpräferenz, die als zusammenfassender Indikator für das Image des jeweils genannten Kandidaten aufgefaßt werden kann. Die dritte Frage gilt einem Vergleich der generellen Kompetenz der Parteien; sie läßt sich als summarischer Indikator für die zugeschriebene Issue-Kompetenz verstehen (Frageformulierungen vgl. Abbildung 3).

Die meisten Verläufe in Abbildung 3 zeigen keine Entwicklungen im Trend. Bei der Präferenz für Kohl deutet sich eine leichte Verbesserung in den beiden Wochen vor der Wahl an. Doch lediglich die komparative Beurteilung der Kompetenz der Union zeigt deutlich eine dauerhafte Verschiebung des Niveaus, das am Ende des Wahlkampfes um knapp zehn Prozentpunkte höher liegt als eingangs. Ohne äußere Einflüsse zu berücksichtigen, könnte man dies so interpretieren, daß sich die Wähler mit nahendem Wahltag intensiver mit der bevorstehenden Entscheidung befaßten. Dadurch kristallisierte sich bei einem Teil die Ansicht heraus, die Union sei besser als die SPD in der Lage, die anstehenden Probleme zu lösen. Einen ähnlichen Effekt belegt Scherer (1997, S. 116, 182) für die Entscheidung, im Jahr 1987 an der Volkszählung teilzunehmen. Da sich die Union vom Stimmungstief mit Ursprung im Frühjahr auch zu Beginn des heißen Wahlkampfs noch nicht erholt hatte, dürfte der Anteil von Wählern, die die Union zwar schlecht einschätzten, aber gleichzeitig aktivierbare Prädispo-

---

[3] Da die forsa-Umfrage nur werktäglich (Mo.-Fr.) stattfand, ergäben sich bei fünf Wochen nur 25 Meßpunkte. Für die im folgenden angewandten Verfahren der Zeitreihenanalyse (ARIMA-Modellierung) werden 50 oder mehr Meßpunkte empfohlen (Bortz, 1984, S. 447). Indem wir die Untersuchung mit dem 3. August beginnen, erreichen wir einen vertretbaren Wert von 40 Meßpunkten. Für Abbildungen wurden die Werte an Samstagen und Sonntagen aus den gemessenen Verläufen interpoliert. Alle Berechnungen beruhen dagegen ausschließlich auf den Messungen an den Werktagen.

sitionen für dieses Lager besaßen, relativ hoch gewesen sein. Zusätzlich könnte ein Bandwagon-Effekt eingetreten sein.

Trends wie dieser können genau wie andere systematische Veränderungen von Zeitreihen als Eigengesetzlichkeiten interpretiert werden. Sie liefern Erkenntnisse über eventuelle selbstverstärkende Tendenzen sowie über Art und Umfang der Stabilität bzw. Volatilität der Einstellungen während des Wahlkampfes. So ist die Stationarität (das Fehlen eines Trends) aller Zeitreihen bis auf die Kompetenzeinschätzung bezüglich der Union ein weiterer Beleg dafür, daß im Laufe des Wahlkampfes im Aggregat keine nachhaltigen Veränderungen eintraten. Die Niveaus, die sich vor dem Wahlkampf langfristig etabliert hatten, blieben bestehen.

Abbildung 3: Entwicklung von Einstellungen zu Kandidaten und Parteien

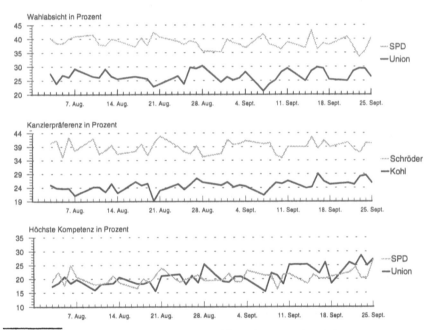

Quelle: forsa-Politikbus, insgesamt 19.329 Wahlberechtigte werktäglich; Samstage, Sonntage interpoliert. Wahlabsicht: "Und welche Partei würden Sie wählen, wenn am näcshsten Sonntag Bundestagswahl wäre?" Kanzlerpräferenz: "Wenn Sie den Bundeskanzler selbst wählen könnten: Für wen würden Sie sich entscheiden?" Issue-Kompetenz: "Welche Partei wird denn Ihrer Meinung nach am besten mit den Problemen in der Bundesrepublik fertig?"

Die meisten der hier betrachteten Verläufe sind nicht nur ohne Trend, sie enthalten auch keine anderen systematischen Effekte.[4] Sie schwanken also bei isolierter Betrachtung rein zufällig um einen konstanten Mittelwert. Alle Einstellungen zur SPD und ihrem Kanzlerkandidaten sowie die Kanzlerpräferenz für Helmut Kohl haben sich im Laufe des Wahlkampfes weder in eine bestimmte Richtung dauerhaft verändert, noch haben Veränderungen von einem auf den anderen Tag einen Effekt über diesen Tag hinaus gehabt. Das gleiche gilt für die täglichen Veränderungen der Differenzen zwischen beiden Lagern, also für den Saldo aus der Kanzlerpräferenz für Schröder und der Präferenz für Kohl, den Saldo aus der Kompetenzeinschätzung bezüglich der SPD und der Union und den Saldo aus der Wahlabsicht für SPD und Union. Auch sie können als eine Reihe von Zufallsschwankungen (sog. Random Shocks) angesehen werden. Dies schließt nicht aus, daß diese Veränderungen medieninduziert waren, es deutet aber darauf hin, daß keine Medienwirkung über den Tag hinaus stattgefunden hat. Ausnahmen sind die Einschätzungen der Issue-Kompetenz und die Wahlabsicht für die Union. In beiden Fällen beeinflußte ein Wert vom Vortag den nachfolgenden Wert signifikant.[5] Offenbar waren die Einstellungen zur Union kurzfristig stabiler als die Einstellungen zur SPD.

Wenn man die Zusammenhänge betrachtet, sollten solche Effekte von Eigengesetzlichkeiten aus Zeitreihen entfernt werden, da sie den Blick auf kausale Beziehungen zu anderen Zeitreihen verschleiern. Zwar ist es nicht ausgeschlossen, daß beispielsweise auch der positive Trend der Issue-Kompetenz der Union durch die Medien beeinflußt wurde. Doch sind Korrelationen zwischen Zeitreihen, die nur aus Zufallseffekten bestehen, we-

---

[4] Bei der Analyse von Zeitreihen nach dem ARIMA-Modell werden neben Trends (sog. integrierte Effekte – I) zwei weitere Eigengesetzlichkeiten unterschieden: autoregressive Anteile (AR) und gleitende Durchschnitte (Moving Averages – MA); zur grundsätzlichen Darstellung vgl. Box & Jenkins (1976). Im ersten Fall ist jeder Wert der Zeitreihe das Resultat aus einem oder mehreren vorausgegangenen Werten und einem zufälligen Einfluß (Random Shock) zum gegenwärtigen Zeitpunkt. Im zweiten Fall hängt der gegenwärtige Wert außer vom gegenwärtigen Zufallsschock nur von zufälligen Einflüssen an Vortagen ab, die eine bestimmte Zeit lang wirksam bleiben (Harvey, 1995, S. 129-163).

[5] Die Issue-Kompetenz wird neben dem Trend einen Moving-Average-Effekt beeinflußt (Regressionskoeffizient .89). Das heißt Effekte, die bei isolierter Betrachtung der Zeitreihe als zufällig erscheinen, wirkten auch am folgenden Tag noch stark nach, aber ausschließlich am folgenden Tag. Die Wahlabsicht zugunsten der Union enthält dagegen einen autoregressiven Anteil erster Ordnung, das heißt der gesamte Wert vom Vortag beeinflußt den aktuellen Wert. Da der Wert vom Vortag wiederum auf gleiche Weise vom Wert des vorangegangenen Tages abhängt, haben alle vergangenen Tage einen Einfluß, der um so schwächer wird, je länger sie zurückliegen. Da der Regressionskoeffizient in diesem Fall mit .35 relativ niedrig liegt, schwinden die Einflüsse eines Wertes auf seine Nachfolger aber rasch mit fortschreitender Zeit.

sentlich besser geeignet, um kausale Beziehungen zwischen Zeitreihen aufzudecken, als Korrelationen von unbereinigten Reihen. Deren Eigengesetzlichkeiten können Scheinkorrelationen verursachen. Da die zufälligen Komponenten jene Teile von Zeitreihen sind, die nicht aus der eigenen Vergangenheit erklärt werden können, führen ihre zeitversetzten Korrelationen (Kreuzkorrelationen) zu Informationen über den Verlauf der Kausalität zwischen mehreren Zeitreihen (Harvey, 1994, S. 312). Das skizzierte Verfahren ist ein relativ harter Indikator für Kausalität. Während es von einigen Autoren kritisiert wird, weil es dazu tendiere, Scheinunabhängigkeiten zu diagnostizieren, scheint die Gefahr gering zu sein, damit Scheinkorrelationen zu diagnostizieren (Kirchgässner, 1981, S. 145).

Um die Zusammenhänge zwischen den bislang diskutierten Einstellungsverläufen untereinander und mit der Berichterstattung zu untersuchen, wurden in den beiden betreffenden Fällen alle Zeitreiheneffekte beseitigt. Nach dieser Bereinigung bestehen beide Reihen ebenfalls ausschließlich aus Zufallsschwankungen.

Tabelle 1: Zeitliche Zusammenhänge zwischen Kanzlerpräferenz, Wahlabsicht und Problemkompetenz

Lead-Variable	Lag-Variable				
	Kanzlerpräferenz Schröder				
Wahlabsicht SPD	-.12	-.13	.55	-.09	-.14
Kompetenz SPD	-.13	-.17	.51	-.17	.15
	Kanzlerpräferenz Kohl				
Wahlabsicht Union	-.10	.09	.46	.43	-.06
Kompetenz Union	.00	.03	.29	.20	.17
	Wahlabsicht SPD				
Kompetenz SPD:	-.33	-.09	.26	-.16	-.15
	Wahlabsicht Union				
Kompetenz Union:	.18	-.01	.44	.05	.18
Lag in Tagen:	-2	-1	0	1	2

Die Wahlabsicht pro Union wurde um eine Autokorrelation erster Ordnung bereinigt (ARIMA-Modell: 1 0 0), die Problemlösungskompetenz Union um einen Trend- und einen Moving-Average-Effekt erster Ordnung (ARIMA-Modell: 0 1 1). Fett markierte Koeffizienten sind signifikant.

Wie die Kreuzkorrelationen zeigen, treten die stärksten positiven Zusammenhänge zwischen den verschiedenen Einstellungen immer zeitgleich auf. Das heißt, sofern sich bezüglich einer Partei die Absicht, diese zu wählen, die Präferenz für ihren Kanzlerkandidaten oder die Einschätzung ihrer Problemlösungsfähigkeit ändert, geschieht dies von einem Tag auf den anderen simultan. Damit lassen sich ohne weiteres die kausalen Abhängigkeiten zwischen diesen Einstellungen nicht ausmachen, wie wir sie in unserem Modell angenommen hatten. Dieser Befund wird durch andere Analysen bestätigt (Gabriel & Brettschneider, 1998, insbes. S. 28-29). Sofern Einstellungsänderungen erfolgen, sind diese konsistent.

Allein die Einstellung zu Helmut Kohl zeigt ein anderes Muster. Während es keinen signifikanten Zusammenhang zwischen der Präferenz für ihn und der Kompetenzeinschätzung für seine Partei gibt, beeinflußt die Wahlabsicht für die Union vom Vortag die Präferenz für ihn. Dies läßt sich kausal interpretieren: Wer sich dafür entschieden hat, die Union zu wählen, paßt anschließend die Einschätzung ihres Kandidaten an seine Entscheidung an.

Daß die Einschätzung der Kompetenz der Union nicht mit der Kanzlerpräferenz für Helmut Kohl zusammenhängt, dagegen die Präferenz für Kohl von der Absicht abhängt, die Union zu wählen, daß außerdem der Zusammenhang zwischen der Einschätzung Kohls und den Einstellungen zu seiner Partei deutlich schwächer ausfällt als bei Gerhard Schröder, läßt sich als Bestätigung für die häufig vertretene These sehen, die mehrheitliche Entscheidung im Jahr 1998 sei eine Abwahl Helmut Kohls gewesen. Bei dieser Wahl ging es nicht um einen grundsätzlichen Politikwechsel. Dies zeigt sich auch in den geringen Unterschieden zwischen beiden Parteien hinsichtlich der Issue-Kompetenz (Abbildung 3), die gegen Ende eher zugunsten der Union ausfallen. "Da die Union den Wählern keinen anderen Kandidaten als Kohl angeboten hat, haben die Wähler Schröder die Macht übereignet" (Jung & Roth, 1998, S. 18; vgl. auch Gabriel & Brettschneider, 1998, S. 32; Rattinger & Maier, 1998).

Die Präferenz für den Kandidaten der SPD korreliert dagegen zeitgleich hoch und signifikant mit der Wahlabsicht für seine Partei, nur etwas schwächer mit der Kompetenzeinschätzung bezüglich seiner Partei. Daß in der Tat die Einschätzung Schröders die Wahlabsicht und Kompetenzeinschätzung bezüglich der SPD beeinflußt hat, darf vermutet werden. Denn im Gegensatz zur Union ist der Zusammenhang zwischen den Präferenzen für die SPD und ihren Spitzenkandidaten weitaus stärker als der Zusammenhang zwischen der Kompetenzeinschätzung bezüglich der Partei und der Wahlabsicht. Daß die Wahlabsicht pro SPD mit einem Lag von zwei

Tagen der Einschätzung ihrer Issue-Kompetenz signifikant negativ vorausläuft, ist nicht plausibel und als Zufall zu interpretieren.[6]

Wie Tabelle 2 zeigt, bestehen plausiblerweise jeweils meist negative Zusammenhänge zwischen Einstellungen zu den Konkurrenten um den Wahlsieg bzw. um die Kanzlerschaft. Allerdings sind diese Zusammenhänge nur gering und nicht signifikant. Offenbar kam es in der betrachteten Phase nur in geringerem Umfang zu direkten Konversionen, zu unmittelbaren Wählerwanderungen zwischen SPD und Union. Besonders die Veränderungen der Präferenz für einen der Kandidaten gehen wohl vorwiegend von Personen aus, die in das oder aus dem Lager der Unentschiedenen wechselten.

Tabelle 2: Zeitliche Zusammenhänge zwischen Einstellungen zu den konkurrierenden Lagern

Lead-Variable	Lag-Variable				
	Wahlabsicht SPD				
Wahlabsicht Union	.15	-.15	-.28	-.22	.02
	Kanzlerpräferenz Schröder				
Kanzlerpräferenz Kohl	-.01	-.05	-.09	-.10	.10
	Kompetenz SPD				
Kompetenz Union	-.03	**.38**	.05	.06	**.32**
Lag in Tagen	-2	-1	0	1	2

Die Wahlabsicht pro Union wurde um eine Autokorrelation erster Ordnung bereinigt (ARIMA-Modell: 1 0 0), die Problemlösungskompetenz Union um einen Trend- und einen Moving-Average-Effekt erster Ordnung (ARIMA-Modell: 0 1 1). Fett markierte Koeffizienten sind signifikant.

Die Problemlösungskompetenz weist zwei zeitversetzte signifikante positive Korrelationen auf. Dies könnte man als Ping-Pong-Effekt zwischen den Kampagnen interpretieren: Gelingt es einer Partei, bei einem Teil des Elektorats durch ein Thema Kompetenz zu kommunizieren, so könnte ein Aufgreifen des Themas durch die andere Partei zeitversetzt den gleichen Effekt haben.

---

[6] Auf dem 5-Prozent-Niveau ist im Durchschnitt einer aus 20 Koeffizienten zufällig signifikant. In einer Tabelle mit 25 Koeffizienten beträgt die Wahrscheinlichkeit, mindestens einen zufällig signifikanten Wert zu erhalten, also 72 Prozent ($1-0{,}95^{25}$).

Es läßt sich zusammenfassen, daß die wahlrelevanten Einstellungen im Untersuchungszeitraum fast keine systematischen Veränderungen zeigen. Einstellungsniveaus, die vorher erreicht waren, blieben in den letzten zwei Monaten vor der Wahl stabil. Kampagnen und Medien hatten in der Wahlkampfphase also im wesentlichen ganz kurzfristige Effekte, die kaum über den Tag hinausgingen. Wahlabsicht, Kanzlerpräferenz und Kompetenzeinschätzung schwankten überwiegend nach dem Muster eines Zufallsprozesses, und sie hingen innerhalb der beiden Lager von SPD und Union jeweils eng zusammen.

Allerdings ergeben sich starke Anhaltspunkte dafür, daß die Wahlabsicht im wesentlichen durch das Kandidatenimage geprägt wurde, in schwächerem Maße durch die Kompetenzeinschätzung für die Parteien. Rückwirkungen von der Wahlabsicht auf diese beiden theoretisch vorgelagerten Konstrukte werden von den Daten ebenso nahegelegt wie wechselseitige Ausstrahlungen (Halo-Effekte) zwischen Kanzlerpräferenz und Problemlösungskompetenz. Einstellungen zu einem Lager hängen dagegen kaum mit Einstellungen zum konkurrierenden Lager zusammen.

Die Anhänger von Union und SPD standen sich also in den letzten acht Wochen vor der Wahl als relativ stabile Blöcke gegenüber, zwischen denen direkte Austausche vermutlich allenfalls in geringem Umfang stattfanden. Ob die aufgezeigten Veränderungen durch die Medienberichterstattung bedingt waren, soll im folgenden geklärt werden.

Fernsehnachrichten – Verläufe vor der Wahl

Wir haben mittels einer quantitativen Inhaltsanalyse die Hauptabendnachrichten der fünf reichweitenstärksten Vollprogramme während der letzten acht Wochen vor dem Wahltag untersucht (01.08.1998 - 26.09.1998). Wie Tabelle 3 zeigt, hatten alle Sendungen im Beobachtungszeitraum zusammengenommen eine Bruttoreichweite von knapp 27 Prozent in der Bevölkerung ab 14 Jahre. Natürlich decken diese Sendungen die wahlrelevanten Inhalte des deutschen Fernsehens nicht vollständig ab. Insbesondere ist die deutsche Wahlberichterstattung im internationalen Vergleich durch viele Wahlsondersendungen gekennzeichnet (Weiß, 1982). Doch kommt den untersuchten Nachrichten neben ihren – auch im Vergleich zu Wahlsondersendungen – herausragenden Reichweiten auch deswegen besondere Bedeutung zu, weil sie den Anspruch haben, das Wichtigste vom Tage zusammenzufassen. Vorgänge mit hohem Nachrichtenwert, über die in anderen Sendungen berichtet wird, seien es Wahlsondersendungen, Magazine oder Shows, kommen daher häufig auch in den Hauptnachrichtensendungen vor. Was Thematisierungseffekte betrifft, so gibt es keinen Anlaß anzunehmen, diese seien auf die Berichterstattung über Wahlkampf, Parteien oder Kandidaten beschränkt. Dies ist ein weiterer Grund dafür, den Nachrichtensendungen einen hohen Stellenwert beizumessen. Es ist außerdem ein Grund dafür, die Sendungen komplett auszuwerten, anstatt, wie bei Inhaltsanalysen der Wahlberichterstattung üblich, nur Beiträge mit Bezug zu Kandidaten, Parteien oder Wahlkampf zu untersuchen.

Tabelle 3: Untersuchte Sendungen

| Sendung | Reichweite und Marktanteil* | | | Zahl der |
	RW (Mio.)	RW(%)	Marktanteil	Beiträge
Tagesschau 20:00 (ARD)	6,3	10,1	27,4	785
heute 19:00 (ZDF)	4,4	7,0	25,4	863
RTL-Aktuell 18:45	3,6	5,8	23,1	972
SAT.1 News 18:30 (17:30)	1,4	2,3	10,5	719
Pro7-Nachrichten 19:30	1,0	1,6	5,9	598
Summe	16,7	26,8	92,3	3.937

*GfK-Wochenbericht, 1.8.-26.9.1998 (durchschnittliche Werte in der Bevölkerung ab 14 Jahre)

Es wurden Indikatoren für alle vier Merkmale festgehalten, die entsprechend unserem in Abbildung 2 dargestellten Modell wahlrelevante Einstellungen beeinflussen können. Die Präsenz von Kandidaten, Parteien und Themen wurde nominalskaliert codiert. Das gleiche gilt für explizite verbale positive Bewertungen und negative Bewertungen jeweils bezüglich der beiden Spitzenkandidaten und ihrer Parteien. Bewertungen wurden nur bei solchen Beiträgen codiert, die einen der beiden Spitzenkandidaten entweder im Text erwähnten oder im Bild zeigten. Bewertungen wurden zudem nur während der letzten Phase des Wahlkampfes, das heißt ab fünf Wochen vor der Wahl codiert.[7]

---

[7] Die Präsenzcodierungen waren Bestandteil einer groben Voranalyse des Materials. Sie wurden keinerlei direkten Reliabilititätstests unterzogen, da die Ausprägungen der Merkmale einfach sind. Auch erforderte die Codierung des Vorkommens von Politikern, Parteien und Themen keine Abwägung zwischen Alternativen, da jede Ausprägung nominal erfaßt wurde. Die Validität der Vorcodierungen wird durch den Vergleich mit einer anschließenden detaillierten Codierung von Wahlkampfbeiträgen bestätigt, deren Ergebnisse hier zwar nicht behandelt werden, für die aber Reliabilitätstests durchgeführt wurden. So betrug die Übereinstimmung bei der Codierung von Spitzenkandidaten zwischen Vorcodierung und Detailanalyse für die beiden Spitzenkandidaten .94, für die beiden wichtigsten Parteien .91 und die Themen .78. Die Bewertungen wurden im Laufe der Vorcodierung im Wortlaut durch die Codierer notiert und vom Untersuchungsleiter ordinal eingestuft, weswegen hierfür kein Reliabilitätswert angegeben werden kann.

Tabelle 4: Codierte Merkmale mit Ausprägungen

Merkmal	Ausprägungen
Präsenz von Spitzenpolitikern im Text/Bild	Fischer; Gerhard; Gysi; Kinkel; Kohl; Lafontaine; Schäuble; Schröder; Stoiber; Trittin; Waigel
Präsenz von Parteien im Text/ Bild	CDU; CSU; SPD; B'90/GRÜNE; FDP; PDS
Präsenz von Themen im Text	Wahlen/Wahlkampf; Ostdeutschland; Militär/Krieg/ Abrüstung; Terror; Flüchtlinge/Asyl; Wirtschaft/ Finanzen; Soziales; Gesundheit; Umwelt; Energie; Kriminalität; Innenpolitik sonst; Außenpolitik sonst; Sport; Vermischtes
Bewertungen	bzgl. Kohl, Schröder, SPD, Union

Die Verläufe der Nachrichtenpräsenz der Spitzenkandidaten und ihrer Parteien zeigen einige Regelmäßigkeiten (Abbildung 4). Ein Präsenzbonus für die Regierungspartei und ihren Kandidaten ist feststellbar, fällt aber deutlich schwächer aus als bei vergangenen Wahlen (Hagen, Zeh & Berens, 1998, S. 229-232). Die Berichterstattung erreicht zum Zeitpunkt der bayerischen Landtagswahl am 13. September einen einsamen Höhepunkt. Die Berichterstattung über die Union bleibt im Anschluß an dieses Ereignis auf erhöhtem Niveau. Beiträge über beide Kandidaten nehmen zu nach den Auftaktveranstaltungen der SPD am 22. August und der CDU am 23. August. Klare Trends sind gleichwohl bei keinem der Verläufe festzustellen.

Abbildung 4: Berichterstattungsumfang aller Sendungen über Kandidaten und Parteien

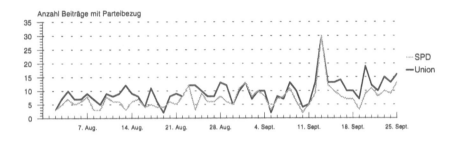

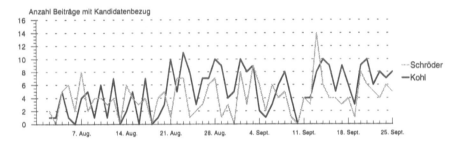

Kumulierte Werte von: Tagesschau 20:00 (ARD), heute 19:00 (ZDF), RTL-Aktuell 18:45, SAT.1 News 18:30 (17:30), Pro7-Nachrichten 19:30

Während die Anzahl der Beiträge mit Bezug zu Schröder keine signifikanten Zeitreiheneffekte aufweist, ist in den drei anderen Fällen die Intensität der Berichterstattung um so höher, je höher sie am Vortag war. Diese und einige andere Intensitätsverläufe von Nachrichteninhalten, die wir nicht eingehend darstellen, wurden für die folgenden Kausalanalysen um Zeitreiheneffekte bereinigt.[8]

---

[8] Präsenzverläufe, die einen autoregressiven Effekt erster Ordnung enthalten (ARIMA-Modell 1 0 0): Politiker: Kohl; Schäuble; Stoiber. Parteien: CDU/CSU; SPD; B'90/GRÜNE; FDP; PDS. Themen: Terror; Flüchtlinge/Asyl; Wirtschaft/Finanzen; Umwelt; Innenpolitik sonst; Außenpolitik. Die übrigen Verläufe sind frei von Zeitreiheneffekten.

Tabelle 5: Zeitreiheneffekte bezüglich Merkmalsverläufen in der Berichterstattung

ARIMA-Modell	Verläufe
Keine Zeitreiheneffekte	Präsenz von Politikern: Fischer; Gerhard; Gysi; Kinkel; Lafontaine; Schröder; Trittin; Waigel
	Präsenz von Themen: Wahlen/Wahlkampf; Ostdeutschland; Militär/Krieg/ Abrüstung; Soziales; Gesundheit; Energie; Kriminalität; Sport; Vermischtes
	Bewertungen: bzgl. Kohl, Schröder, SPD, Union
Autoregression (1 0 0)	Präsenz von Politikern: Kohl; Schäuble; Stoiber
	Präsenz von Parteien: CDU/CSU; SPD; B'90/ GRÜNE; FDP; PDS
	Präsenz von Themen: Terror; Flüchtlinge/Asyl; Wirtschaft/Finanzen; Umwelt; Innenpolitik sonst; Außenpolitik sonst

Effekte der Berichterstattung

Die Zusammenhänge zwischen Berichterstattung und wahlrelevanten Einstellungen werden zunächst bivariat untersucht. Als abhängige Variable wird jeweils die Differenz zwischen den beiden Lagern betrachtet, also der Saldo aus der Kanzlerpräferenz für Schröder und der Präferenz für Kohl, der Saldo aus der Kompetenzeinschätzung bezüglich der SPD und der Union und der Saldo aus der Wahlabsicht für SPD und Union. Positive Werte zeigen somit einen Vorsprung der SPD und ihres Kandidaten an, negative Werte einen Vorsprung des Unionslagers. Alle drei Zeitreihen sind frei von autogenen Zeitreiheneffekten.

Zeitgleiche Korrelationen zwischen der Berichterstattung und den Umfrageergebnissen lassen sich als Wirkung der Berichterstattung interpretieren, denn forsa hat täglich im Zeitraum von 17.00 bis 21.00 Uhr erhoben – also wurde ein großer Teil der Befragten während der und nach den untersuchten Sendungen interviewt. Zudem hängen die Inhalte der Hauptabendnachrichten vermutlich stark mit denen anderer Rundfunksendungen zusammen, die am selben Tag liefen. Ebenso plausibel ist es, wenn die Berichterstattung den Einstellungen um ein oder zwei Tage vorausläuft. Schließlich wurde ein Teil der Befragten vor den Abendnachrichtensendungen interviewt und war demnach noch auf dem Stande von gestern. Außerdem können zeitversetzte Effekte dadurch bedingt sein, daß die Inhalte von Printmedien oder persönlichen Gesprächen mit der Fernsehberichterstattung vom Vortag zusammenhängt. Wenn umgekehrt die Berichterstattung den Einstellungsveränderungen in der Bevölkerung folgen würde, könnte dies als Reverse Agenda-Setting, als Anpassung an die öffentliche Meinung interpretiert werden. Dies kommt aber nur bei einem einzigen Merkmal vor.[9]

Sieben Berichterstattungsmerkmale korrelieren signifikant und zeitgleich mit den Einstellungen (Tabelle 6). Nur bei zwei Berichterstattungsmerkmalen ist ein zeitversetzter Zusammenhang festzustellen. Er tritt in beiden Fällen zusätzlich zur zeitgleichen, stärkeren Korrelation auf und ist ein Beleg für die Wirkung der Berichterstattung auf wahlrelevante Einstellungen. Wie Tabelle 6 zeigt, gehen Einflüsse auf Einstellungen vor allem von der Nachrichtenpräsenz solcher Politiker aus, die nicht Spitzenkandidaten sind, daneben von der Präsenz von Helmut Kohl und von zwei Themen. Weder die Präsenz einer der Parteien noch die von Kanzlerkandidat Schröder hat einen Effekt. Dasselbe gilt für die Bewertungen bezüglich der Spitzenkandidaten und ihrer Parteien.

Auf Kompetenzeinschätzung und Wahlabsicht wirken jeweils fünf Merkmale der Berichterstattung. Durch multiple Regressionen wurden diese Einflüsse wechselseitig gegeneinander kontrolliert. Einige Berichterstattungsmerkmale verlieren durch diese Kontrolle ihren signifikanten Einfluß. Sie werden durch wirkungsstärkere Merkmale verdrängt, mit deren einzelnem oder kombiniertem Auftreten sie korrelieren. Für Politiker und Themen, die auch im multivariaten Modell signifikant wirken, wurden Beta-Werte berechnet. Diese Werte beziffern den partiellen Einfluß eines Merkmals im Verhältnis zu den anderen signifikanten Merkmalen mit einem Wert zwischen -1 und +1 (Tabelle 6). Die erklärten Varianzen geben an, zu welchem Anteil die Schwankung eines Einstellungssaldos durch die Summe der Einflüsse erklärt werden kann.[10]

---

[9] Die Häufigkeit von Beiträgen mit dem Thema "Terror" korreliert mit einem Tag Verspätung mit dem Saldo der Kanzlerpräferenz und der Parteikompetenz, was sich aber nicht sinnvoll erklären läßt.

[10] In diese Regressionen gingen zunächst alle Variablen ein, die bivariat betrachtet einen signifikanten Einfluß hatten. Mit den Variablen, die bei dieser multivariaten Kontrolle einen signifikanten Einfluß behielten, wurden in einem zweiten Schritt jeweils eine weitere multiple Regression auf Kompetenzeinschätzung und Wahlabsicht gerechnet. Kollinearität der unabhängigen Variablen tritt bei beiden multiplen Regressionen praktisch nicht auf. Dies

Tabelle 6: Zeitgleich signifikante bivariate Zusammenhänge zwischen Einstellungen bzw. Wahlabsicht (jeweils zugunsten der SPD) und der Präsenz von Personen und Themen in Nachrichten (Pearsons r)

	Kanzlerpräferenz	Parteikompetenz	Wahlabsicht
Personen			
Kohl		-.35	
Stoiber		-.36	-.32
Gerhard		-.37	
Waigel		-.34	-.33
Lafontaine			.44
Themen			
Neue Länder	.34		.40
Sport		.33	.50

Den geringsten Einfluß hatte die Medienberichterstattung auf die Kanzlerpräferenz. Die Schwankungen der Kanzlerpräferenz im Untersuchungszeitraum sind offenbar zu einem Großteil zufällig oder durch andere als die von uns berücksichtigten Faktoren beeinflußt. Als einziger Aspekt der Berichterstattung hatte das Thema 'Neue Bundesländer' einen Einfluß auf die Kanzlerpräferenz. Es scheint dem Kanzler der Einheit geschadet und seinem Herausforderer genutzt zu haben. Wir interpretieren dies als einen Priming-Effekt: Je intensiver über die neuen Länder berichtet wurde, desto stärker dürften negative Einstellungen zu Kohl vor allem bei Bürgern im Osten der Republik aktualisiert worden sein. Dessen Versprechen, nach der Wiedervereinigung die neuen Bundesländer binnen kurzem in wirtschaftlich "blühende Landschaften" zu verwandeln (vgl. o. V., 1994, S. 1), dürfte in vielen Fällen angesichts der realen Entwicklung zu Enttäuschungen und einem anhaltenden Imageverlust geführt haben. Schließlich waren die Stimmenverluste der Union im Osten bei der Wahl 1998 deutlich höher als im Westen Deutschlands, die Zugewinne der SPD dagegen stärker (Arzheimer & Falter, 1998, S. 35).

Bei multivariater Kontrolle bleiben nur die Häufigkeiten von Beiträgen, in denen Edmund Stoiber bzw. das Thema Sport auftreten, als signifikante Einflußfaktoren auf die Kompetenzeinschätzung bestehen. Wie sich der Effekt der Sportberichterstattung erklären läßt, das wollen wir später eingehend diskutieren. Bei Edmund Stoiber war eindeutig der Kontext der

kommt darin zum Ausdruck, daß bei keiner Variablen das Toleranz-Maß unter .94 liegt. Der Durbin-Watson-Test zeigt, daß die Autokorrelation der Residuen im vernachlässigbaren Bereich liegt (1,9 - 2,1).

bayerischen Landtagswahl entscheidend, in dem er in den untersuchten Fernsehnachrichten ganz überwiegend auftrat – zunächst auf einem CSU-Parteitag, dann als strahlender Wahlsieger der bayerischen Landtagswahl. Entgegen vielen Erwartungen und anfänglichen Prognosen gewann die CSU eine absolute Mehrheit, während die bayerische SPD, die von Schröder durch etliche Auftritte im Landtagswahlkampf unterstützt worden war, erhebliche Stimmenverluste erlitt. Der Erfolg der CSU wurde in Wahlanalysen eng mit der Person Stoibers und seiner dem Urteil der Wähler nach hohen Sachkompetenz assoziiert (Baratta, 1998, S. 248). Es ist daher einleuchtend, wenn sich Stoibers Fernsehauftritte positiv auf die Issue-Kompetenz der Union auswirkten. Die "Steilvorlage aus München" zwei Wochen vor der Bundestagswahl mag wohl auch die Siegeserwartungen im Unionslager genährt und somit Bandwagon-Effekte in Richtung der Union ausgelöst haben; der Zusammenhang zwischen Stoibers Präsenz und der Wahlabsicht legt dies nahe.

Mit einer Ausnahme wirken nur solche Berichterstattungsaspekte auf die Wahlabsicht, die auch die Kanzlerpräferenz oder den Kompetenzvergleich beeinflussen. Die Ausnahme bildet das Auftreten Oskar Lafontaines, mit dem sich die Wahlabsichten zugunsten der SPD verschoben. Lafontaine wurde als Parteivorsitzendem nicht nur wesentlicher Anteil an den Erfolgen der SPD in den Meinungsumfragen und später bei der Wahl zugeschrieben. Komplementär zu Schröder fungierte er auch als Garant einer traditionellen SPD-Politik und minderte vermutlich die teils abschreckende Wirkung des Kanzlerkandidaten auf jene SPD-Sympathisanten, die von der Orientierung hin zur Neuen Mitte nicht überzeugt waren. Dieses Image sowie seine Stellung als wichtigster Mann im Schattenkabinett Schröders und seine vermeintlich dominante Stellung in einer zukünftigen SPD-Regierung prägten die Berichterstattung über ihn während des Wahlkampfes.

Insgesamt wird gut die Hälfte der Varianz der Wahlabsicht durch die hier betrachteten Aspekte der Fernsehnachrichten erklärt. Daß die meisten dieser Faktoren auch einen Einfluß auf Kanzlerpräferenz oder Issue-Kompetenz haben, liegt nahe, da wie oben gezeigt die drei wahlrelevanten Einstellungen eng miteinander zusammenhängen. Die Effekte der Nachrichten auf die Wahlabsicht dürften teilweise mittelbar über Kompetenzeinschätzung und Kandidatenpräferenz erfolgen. Wie wir gezeigt haben, muß man aber entgegen den ursprünglichen Annahmen des theoriegeleiteten Modells von bidirektionalen Wechselwirkungen zwischen allen drei Einstellungen ausgehen. Die genauen Wirkungspfade der Faktoren aus der Berichterstattung könnten daher nur mit einem nicht-rekursiven Pfadmodell ermittelt werden. Dieser Weg soll weiterführenden Analysen vorbehalten sein.

Tatsächlich korrelieren Kanzlerpräferenz, Kompetenzvergleich und Wahlabsicht im Untersuchungszeitraum so stark, daß wir sie statt dessen zu einer einzigen abhängigen Variablen zusammenfassen können, wir nennen sie "Lagerpräferenz". Sie ist ein summarischer Indikator der Präferenz für eines der beiden großen Lager, die um die Regierung konkurrierten [11] Auch die Lagerpräferenz ist frei von autogenen Zeitreiheneffekten.

Tabelle 7: Zeitgleiche Einflüsse von Berichterstattungsinhalten[a] auf die Lagerpräferenz[b] (Korrelation und Regressionsanalyse)

	Lagerpräferenz SPD	
	bivariat (Pearsons r)	multivariat (Beta-Werte)
Stoiber	-.38*	-.40**
Waigel	-.35*	
Neue Länder	-.36*	.28*
Sport	.42*	.41**
R^2 (korrigiert)[c]		.38**

* signifikant (p< 0.05), **hochsignifikant (p< 0.01)
   a: Häufigkeit von Beiträgen mit Bezug zu Person oder Thema
   b: Summe der Salden von Kanzlerpräferenz, Kompetenzvergleich und Wahlabsicht (jeweils zugunsten der SPD).
   c: Korrigiert bezüglich der Anzahl unabhängiger Variablen, die in die Regression eingehen

Tabelle 7 verzeichnet Einflüsse auf die Lagerpräferenz, die analog zum bisherigen Vorgehen erst durch Korrelationen, anschließend durch multivariate Regressionen bestimmt wurden.[12] Wie zu erwarten war, beeinflussen die Präsenz Stoibers und die des Themas "Neue Bundesländer" auch den summarischen Präferenzvorsprung der SPD vor der Union. Die Präsenz von Waigel verliert ihren Einfluß abermals bei multivariater Kontrolle, da seine Präsenz mit der Stoibers korreliert. Die Thematisierung von Ereignissen aus der Rubrik Sport wird auch durch diese Analyse als einflußreichster Aspekt der Berichterstattung bestätigt.

---

[11] In einer Faktorenanalyse laden alle drei Variablen hoch auf denselben Faktor "Lagerpräferenz". Er erklärt 74% der Varianz dieser Variablen und korreliert mit einem Pearsons r von .99 mit der Summenskala. Für die Summenskala erhält man ein Cronbach's α von .83, was eine zufriedenstellende Reliabilität einer Skala anzeigt (Wittenberg, 1991, S. 160).

[12] Kollinearität der unabhängigen Variablen tritt im abschließenden multivariaten Regressionsmodell praktisch nicht auf, wie Toleranzwerte von mindestens .97 belegen. Die Autokorrelation der Residuen liegt gerade noch im akzeptablen Bereich (Durbin-Watson-Test: 1,6).

Sport – ein wahlentscheidendes Thema?

Warum sollte die Thematisierung von vordergründig unpolitischen
Sportereignissen bei einem Teil der Wahlberechtigten dazu beigetragen
haben, die SPD im Vergleich zur Union als die kompetentere Alternative
einzuschätzen, und in diesem Sinne auch die Wahlabsicht beeinflußt haben? Wir sind der Ansicht, daß es sich hierbei nicht um eine Scheinkorrela-
tion handelt, sondern um einen mittelbaren Effekt der Sportberichterstattung handelt, der über das politische Klima erfolgte.

Betrachtet man den Thematisierungsverlauf von Sport in den Hauptabendnachrichten, dominieren zwei Sportarten: Fußball und Formel 1 (Abbildung 5). In den acht Wochen vor der Wahl fanden vier Formel-1-Rennen
statt, die Bundesligasaison 98/99 begann am 14. August, der DFB-Pokal
zwei Wochen später. Neben diesen Wettbewerben, die sich in den Spitzen
am Wochenende niederschlagen, sind die Rücktritte einiger Leistungsträ-
ger der deutschen Fußballnationalmannschaft Anlaß für Höhepunkte in
der Berichterstattung, allen voran der überraschende Rücktritt von Bundestrainer Hans-Hubert Vogts am 7. August 1998 – eine Spätfolge des Aus-
scheidens im Viertelfinale der Fußballweltmeisterschaft im Sommer sowie
der daran anschließenden teils harschen öffentlichen Kritik an Vogts.

Abbildung 5: Ereignisverlauf, Sport und Wahlabsicht

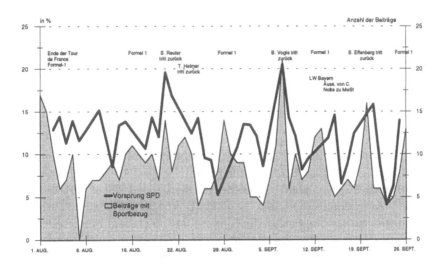

Wahlabsicht: "Und welche Partei würden Sie wählen, wenn am nächsten Sonntag Bundestagswahl wäre?" forsa-Politikbus: 19.329 Wahlberechtigte
Sportberichte: 3.937 Beiträge in den Hauptabendnachrichten vom 1.8.1998 - 26.9.1998

Die zeitliche Entwicklung des Vorsprungs der SPD in der Wahlabsicht läuft teilweise parallel mit dem vorgestellten Thematisierungsverlauf. Formel-1-Ereignisse sowie die vereinsbezogene Bundesligaberichterstattung finden nicht dieselbe Entsprechung im Verlauf der Wahlabsichtskurve. Offenbar sind es gerade die negativen Meldungen im Zusammenhang mit dem DFB, die die Umfrageergebnisse zuungunsten der Union und zugunsten der SPD beeinflussen. Beide Zeitreihen erreichen ihren Höhepunkt am Tag des Rücktritts des Bundestrainers. Ob nun ein Bundesligaverein gewinnt oder verliert, mag je nach Vereinsvorliebe eine gute oder schlechte Botschaft sein, die Nationalmannschaft jedoch tangiert die ganze Nation. Laut GfK sahen 22 Millionen Fernsehzuschauer (ab 14) das letzte Weltmeisterschaftsspiel der Deutschen – eine Gruppe, halb so groß wie die der Wahlberechtigten. Sie sah nicht nur den Kanzler im Publikum, sie sah ihn auch in der anschließenden Pressekonferenz, umrahmt von Trainer Vogts und DFB-Präsident Egidius Braun (Abbildung 6).

Abbildung 6: Sport und Politik im Fernsehen

Quelle: PRO7 Nachrichten vom 7. September 1998. Die Sequenz stammt aus der Pressekonferenz nach dem WM-Spiel Deutschland-Kroatien (0:3).

Bereits im Wahljahr 1994 war Fußball ein Wahlkampfthema gewesen: Rudolf Scharping soll laut BILD-Zeitung vom 17. Mai 1994 Berti Vogts als "Auslaufmodell – wie Kohl" bezeichnet haben. Kohl selbst nutzte – wie 1994 die WM in den USA – auch die Fußball WM 98 in Frankreich, um sich demonstrativ hinter Vogts und die Mannschaft zu stellen. Medienwirksam besuchte er das deutsche Quartier in Nizza. Bei diesem Anlaß bezeichnete er gegenüber dem ARD-Hörfunk sein Verhältnis zum Bundestrainer als herzlich und äußerte sich zu den Chancen der deutschen Elf: "[...] in der klaren Erkenntnis, wir können nur gemeinsam gewinnen."[13] Die offenen und wechselseitigen Sympathiebekundungen von Kohl und Vogts sind dem Fußballvolk wohl nicht entgangen. Die Intensität der Sportberichterstattung korreliert signifikant negativ (r= -.34) mit der Präferenz für Kohl als Kanzler.[14]

"Ob der Kanzler noch zu retten ist, wird nicht zuletzt auf dem Fußballplatz entschieden", prophezeite Dirk Kurbjuweit in der ZEIT (Kurbjuweit, 1998, S. 3), als die deutsche Mannschaft noch um den Weltmeistertitel spielte, und zog Parallelen zwischen National- und Regierungsmannschaft, Kanzler und Trainer:

> "Nichts Neues, keine Überraschungen, ein Kader der Defensive, des Abwartens. Das ist doch wohl auch Ausdruck einer erstarrten Republik, von Reformstau und Verzagtheit? ... Kohl und Vogts sind Anachronismus. Ihre Welten, sagt der Medienphilosoph Norbert Bolz, 'existieren nur noch als Medieninszenierungen'. Aber Bundeskanzler und Bundestrainer passen nicht hinein, bleiben ewig verstockt. ... Ihre Nachfolger könnten sich das nicht mehr leisten."

Und in der Tat wurde diesmal nicht "nach lauem Kick auf wundersame Weise doch gewonnen" (Kurbjuweit, 1998, S. 3). Nach dem vorzeitigen Ausscheiden fand Kohl abermals Lob für Mannschaft und Trainer, während sich Gerhard Schröder in der 'tageszeitung' dagegen wandte, "Sport und Politik zu vermischen". Der Vorstandssprecher der Grünen, Jürgen Trittin, orakelte an selber Stelle, daß unter einer rot-grünen Regierung die Nationalmannschaft "[...] wie heute die Niederländer, in einer Kombination aus Kraft und Technik [...]" spielen würde und fügte an: "Vogts ist besser als Kohl. Aber es wird Helmut Kohl im September genauso ergehen wie Berti Vogts am Samstag" (Voges, 1998, S. 1).

Erfolge im Sport "stärken das allgemeine Wohlbefinden, was hauptsächlich den Regierenden zu Gute kommt", meint der Geschäftsführer von infratest-dimap (Grüter, 1998). Umgekehrt – so ließe sich schlußfolgern – müßten herbe Niederlagen im Sport das 'allgemeine Wohlbefinden' und das Regierungsimage dann negativ beeinflussen. Theoretisch läßt sich dieses Phänomen mit dem allgemeinen Priming-Modell von Price & Tewksbury (1997, insbes. S. 185-188) erklären, das auf der Vorstellung einer konnektionistischen Verwobenheit kognitiver und affektiver Prozesse basiert. Gefühle oder Vorstellungen, die aktiviert werden, strahlen demnach auf andere Konstrukte aus, mit denen sie durch vorausgegangene Ak-

---

[13] http://www.ardwm98.de/planer/tage/rams/kohl.ram (26.04.1999).
[14] Da die Zeitreihen der Präferenzen für Kohl und Schröder nicht komplementär sind, wirkt sich diese Korrelation auf den Saldo nicht mehr aus. Neben Kohl und Schröder konnten sich die Befragten auch für Wolfgang Schäuble und 'keinen der Kandidaten' entscheiden.

tivierungen in einem assoziativen Netzwerk verbunden sind, und beeinflussen dadurch die Meinungsbildung. Sofern also Mißerfolge von sportli-
chen Vertretern einer Nation die Stimmungslage in Teilen der Bevölkerung
beeinträchtigen, kann dies auf die Beurteilung der politischen Vertreter
ausstrahlen. Wenn eine Assoziation zwischen dem deutschen Fußball und
der deutschen Regierung existierte, erstaunt es nicht, daß sie durch die
Ereignisse im unmittelbaren Vorfeld der Bundestagswahl im Jahr 1998
aktiviert wurde und sich ungünstig für Kohl auswirkte.

Fazit

Der Vorsprung, den die SPD bzw. ihr Spitzenkandidat eingangs der heißen
Wahlkampfphase gegenüber der Union und deren Spitzenkandidaten er-
reicht hatte, blieb vom Niveau her bis zum Wahltag weitgehend bestehen.
Issue-Kompetenz von SPD und Union zeigten eine schwache Entwicklung
zugunsten der Union. Doch auch in diesem Fall ging der größte Teil der
Varianz wie bei den beiden anderen Einstellungen auf kurzfristige, nicht
systematische Schwankungen zurück. Inwiefern die hohe Stabilität aller
Einstellungen auch auf einem bestärkenden Effekt der Fernsehnachrichten
beruht, ließ sich durch unsere Untersuchung nicht klären – hierzu wären
Paneldaten erforderlich. Daß die Berichterstattung auf diese Weise gewirkt
hat, ist angesichts ihrer Ursächlichkeit für kurzfristige Einstellungsveränderungen im Aggregat allerdings plausibel.

Die kurzfristigen Schwankungen der wahlrelevanten Einstellungen lassen sich nämlich zum Teil mit einem tagesaktuellen Einfluß der fünf wichtigsten deutschen Fernsehnachrichtensendungen erklären – bei der
Wahlabsicht ist es der größte Teil. Dabei zeigten weder explizite Bewertungen noch die Nachrichtenpräsenz der großen Parteien einen Effekt. Auch
die Präsenz der beiden Konkurrenten um die Kanzlerschaft und die Thematisierung zentraler Wahlkampfthemen wie Arbeitslosigkeit und Wirtschaft gingen nicht mit kurzfristigen Veränderungen wahlrelevanter Einstellungen einher. Vermutlich waren die Einstellungen in dieser Hinsicht
so gefestigt, war die Meinungsbildung soweit abgeschlossen, daß die Berichterstattung während des Wahlkampfes keine Rolle mehr spielte.

Während die Spitzenkandidaten schon lange vor der heißen Wahlkampfphase im Zentrum der Aufmerksamkeit stehen, ist es plausibel, daß
wichtige Personen aus ihrer Mannschaft bzw. aus ihrem Umfeld kurz vor
der Wahl erhöhte Beachtung erfahren und die Urteilsbildung beeinflussen.
So bewirkte sowohl die Nachrichtenpräsenz des bayerischen Ministerpräsidenten Edmund Stoiber als auch die des saarländischen Ministerpräsidenten und SPD-Vorsitzenden Oskar Lafontaine eine Veränderung der
Wahlabsicht zugunsten ihres jeweiligen Lagers. Beide spielten aufgrund

besonderer Konstellationen in der Wahlkampfphase eine zentrale Rolle. Bei Stoiber hing dies mit der Bayernwahl zusammen, bei Lafontaine mit seiner Stellung als zukünftigem Superminister und Gegengewicht zu Schröder. Die Intensität der Berichterstattung zeigte nur bei einem einzigen Wahlkampfthema Wirkung: der Entwicklung in den neuen Bundesländern. Von ihrer Thematisierung profitierte die SPD – vermutlich auch deshalb, weil das Thema bei Teilen der Bevölkerung Prognosen von Helmut Kohl in Erinnerung rief, die durch die reale Entwicklung enttäuscht worden waren. Doch der stärkste Einfluß auf die Wahlabsicht ging vom Thema Sport aus. Offensichtlich strahlte die Wirkung von Ereignissen, die dazu angetan waren, den Nationalstolz zu schmälern, negativ auf das allgemeine Stimmungsklima aus, was sich wiederum auf die Einschätzung der Regierung und die Wahlabsicht übertrug. Die Öffentlichkeitswirkung von Kohls zurückliegenden Auftritten im Umfeld der Fußballnationalmannschaft – einschließlich wechselseitiger Sympathiebekundungen zwischen ihm und dem während des Wahlkampfes zurückgetretenen Bundestrainer – dürfte diesen Effekt verstärkt haben.

Die Bedeutung des Themas Sport für die Wahlabsicht mag aufgrund der Ereigniskonstellation eine Besonderheit des Wahlkampfes im Jahr 1998 gewesen sein. Die Bedeutung der allgemeinen Stimmung ist es vermutlich nicht. Unsere Ergebnisse legen nahe, daß sie zu den wichtigsten situativen Einflüssen auf die Wahl gehört.

Literatur

Arzheimer, K., & Falter J. W. (1998). "Annäherung durch Wandel"? Das Wahlverhalten bei der Bundestagswahl 1998 in Ost-West-Perspektive. *Aus Politik und Zeitgeschichte – Beilage zur Wochenzeitung Das Parlament*, (B 52), 33-44.

Baratta, M. (Hrsg.) (1998). *Fischer Weltalmanach. Zahlen, Daten, Fakten.* Frankfurt a. M.: Fischer Taschenbuch Verlag.

Bortz, J. (1984). *Lehrbuch der empirischen Forschung für Sozialwissenschaftler.* Berlin: Springer.

Box, G. E. P., & Jenkins, G. M. (1976). *Time series analysis. Forecasting and control* (rev. ed.). San Francisco, CA: Holden-Day.

Brettschneider, F. (1998). Kohl oder Schröder: Determinanten der Kanzlerpräferenz gleich Determinanten der Wahlpräferenz. *Zeitschrift für Parlamentsfragen, 29*, 401-421.

Bürklin, W., & Klein, M. (1998). *Wahlen und Wählerverhalten. Eine Einführung* (2. Auflage). Opladen: Leske und Budrich.

Campbell, A., Converse, P., Miller, W., & Stokes, D. (1960). *The American voter*. New York: Wiley.

Frey, S. (1993). *Medienwirkungen nonverbaler Kommunikation im interkulturellen Vergleich: Eine Untersuchung zur visuellen Präsentation politischer Funktionsträger in Nachrichtensendungen aus der Bundesrepublik, Frankreich und den USA*. Schlußbericht an die DfG o.O. (Mskr.).

Gabriel, O. W., & Brettschneider, F. (1998). Die Bundestagswahl 1998: Ein Plebiszit gegen Kohl. *Aus Politik und Zeitgeschichte – Beilage zur Wochenzeitung Das Parlament*, (B 52), 20-32.

Grüter, M. (1998, 23. Mai). Wahlkämpfer in Bonn machen zur Fußball-WM Pause. *Neue Presse Hannover*, o. S.

Hagen, L. M. (1992). Die opportunen Zeugen. Konstruktionsmechanismen von Bias in der Volkszählungsberichterstattung von FAZ, FR, SZ, taz und Welt. *Publizistik, 41*, 444-460.

Hagen, L. M., Zeh, R., & Berens, H. (1998). Kanzler und Kontrahent. Öffentlich-rechtliche und private Fernsehnachrichten über Spitzenkandidaten im Bundestagswahlkampf 1994. In M. Meckel & K. Kamps (Hrsg.), *Fernsehnachrichten. Prozesse, Strukturen, Funktionen* (S. 225-238). Opladen: Westdeutscher Verlag.

Harvey, A. C. (1994). *Ökonometrische Analyse von Zeitreihen* (2. Auflage). München: Oldenbourg.

Harvey, A. C. (1995). *Zeitreihenmodelle* (2. Auflage). München: Oldenbourg.

Holtz-Bacha, C. (1996). Massenmedien und Wahlen. Zum Stand der deutschen Forschung – Befunde und Desiderata. In C. Holtz-Bacha & L. L. Kaid (Hrsg.), *Wahlen und Wahlkampf in den Medien. Untersuchungen aus dem Wahljahr 1994* (S. 9-44). Opladen: Westdeutscher Verlag.

Iyengar, S., & Kinder, D. (1987). *News that matters. Television and the American opinion*. Chicago, IL: University of Chicago Press.

Jarren, O., & Bode, M. (1996). Ereignis- und Medienmanagement politischer Parteien. Kommunikationsstrategien im "Superwahljahr 1994". In Bertelsmann Stiftung (Hrsg.), *Politik überzeugend vermitteln* (S. 65-114). Gütersloh: Bertelsmann Stiftung.

Jung, M., & Roth, D. (1998). Wer zu spät geht, den bestraft der Wähler. Eine Analyse zur Bundestagswahl 1998. *Aus Politik und Zeitgeschichte – Beilage zur Wochenzeitung Das Parlament*, (B 52), 3-19.

Kepplinger, H. M., Brosius H.-B., & Dahlem, S. (1994). *Wie das Fernsehen die Wahlen beeinflußt. Theoretische Modelle und empirische Analysen*. München: R. Fischer.

Kepplinger, H. M., Dahlem, S., & Brosius, H.-B. (1993). Helmut Kohl und Oskar Lafontaine im Fernsehen. Quellen der Wahrnehmung ihres Charakters und ihrer Kompetenz. In C. Holtz-Bacha & L. L. Kaid (Hrsg.), *Die Massenmedien im Wahlkampf. Untersuchungen aus dem Wahljahr 1990* (S. 144-184). Opladen: Westdeutscher Verlag.

Kindelmann, K. (1994). *Kanzlerkandidaten in den Medien. Eine Analyse des Wahljahres 1990.* Opladen: Westdeutscher Verlag.

Kirchgässner, G. (1981). *Einige neuere statistische Verfahren zur Erfassung kausaler Beziehungen zwischen Zeitreihen. Darstellung und Kritik.* Göttingen: Vandenhoeck & Ruprecht.

Kurbjuweit, D. (1998, 4. Juni). Immer feste druff. Wie der Fußball, so die Politik: In Deutschland dominieren die Vorstopper. Eine Spielanalyse zur WM. *Die Zeit,* S. 3.

Lazarsfeld, P. F., Berelson, B., & Gaudet, H. (1944). *The people's choice. How the voter makes up his mind in a presidential campaign.* New York: Duell, Sloane and Pearce.

Noelle-Neumann, E. (1993). Massenmedien und Meinungsklima im Wahlkampf. In W. Schulz & K. Schönbach (Hrsg.), *Massenmedien und Wahlen* (S. 377-405). München: Ölschläger.

o.V. (1994, 16. September). Blühende Landschaften oder dröhnende Selbstzufriedenheit? *Frankfurter Allgemeine Zeitung.* S. 1.

Price, V., & Tewksbury, D. (1997). News values and public opinion. A theoretical acount of media priming and framing. In G. Barnett & J. Boster (Hrsg.), *Progress in the communication sciences* (S. 173-213). Norwood, NJ: Ablex.

Radunski, P. (1996). Politisches Kommunikationsmanagement. Die Amerikanisierung der Wahlkämpfe. In Bertelsmann Stiftung (Hrsg.), *Politik überzeugend vermitteln* (S. 33-52). Gütersloh: Bertelsmann Stiftung.

Rattinger, H., & Maier, J. (1998). Der Einfluß der Wirtschaftslage auf die Wahlentscheidung bei den Bundestagswahlen 1994 und 1998. *Aus Politik und Zeitgeschichte – Beilage zur Wochenzeitung Das Parlament,* (B 18), S. 45-54.

Scherer, H. (1997). *Medienrealität und Rezipientenhandeln.* Wiesbaden: DeutscherUniversitätsVerlag.

Schmitt-Beck, R., & Pfetsch, B. (1994). Politische Akteure und die Medien der Massenkommunikation. Zur Generierung von Öffentlichkeit in Wahlkämpfen. In F. Neidhardt (Hrsg.), *Öffentlichkeit, öffentliche Meinung, soziale Bewegungen* (Sonderband 34 der Kölner Zeitschrift für Soziologie und Sozialpsychologie, S. 106-138). Opladen: Westdeutscher Verlag.

Schulz, W. (1997). *Politische Kommunikation. Theoretische Ansätze und Ergebnisse empirischer Forschung.* Opladen: Westdeutscher Verlag.

Schulz, W., & Blumler J. G. (1994). Die Bedeutung von Kampagnen für das Europa-Engagement der Bürger. Eine Mehr-Ebenen-Analyse. In O. Niedermayer & H. Schmitt (Hrsg.), *Wahlen und europäische Einigung* (S. 199-223). Opladen: Westdeutscher Verlag.

Semetko, H., & Schönbach, K. (1994). *Germany's 'unity election'. Voters and the media.* Cresskill, NJ: Hampton Press.

Voges, J. (1998, 6. Juli). Opposition fordert nach WM-Aus neue Mannschaft. *die tageszeitung*, S. 1.

Weiß, H.-J. (1982). Die Wahlkampfberichterstattung und -kommentierung von Fernsehen und Tagespresse zum Bundestagswahlkampf 1980. *Media Perspektiven*, 263-275.

Wittenberg, R. (1990). *Grundlagen computergestützter Datenanalyse.* Stuttgart: G. Fischer.

Zucker, H. G. (1978). The variable nature of news media influence. In B. D. Ruben (Hrsg.), *Communication yearbook 2* (S. 225-240). New Brunswick, NJ: Transactions.

Die Arbeit am Image. Kanzlerkandidaten in der Wahlwerbung

Die Rezeption der Fernsehspots von SPD und CDU

Lynda Lee Kaid
John C. Tedesco

Seit der ersten Bundestagswahl im wiedervereinigten Deutschland 1990 haben die Wahlwerbespots der Parteien im Fernsehen auch hier zunehmend Interesse gefunden. Zum einen spielt das Fernsehen eine entscheidende Rolle dabei, wie Wähler Informationen über Parteien und Kandidaten erlangen. Zum anderen hat die Forschung festgestellt, daß Wahlwerbespots die Wahrnehmung von Kandidaten beeinflussen und daß sich diese je nach Geschlecht oder Region (Ostdeutschland versus Westdeutschland) unterscheidet.

Die Rolle von Wahlwerbespots bei früheren deutschen Wahlen

Die meisten Studien über Medien und Wahlen in Deutschland haben sich auf die Analyse der Nachrichtenberichterstattung konzentriert. Mehrmals hat sich dabei gezeigt, daß Wahlen keine besondere Aufmerksamkeit in den Medien finden. Das bestätigten Semetko und Schoenbach (1994a) sogar für die erste gesamtdeutsche Wahl 1990. Solche Ergebnisse verleiten zu der Annahme, daß das fehlende Informationsangebot über Wahlen in den Nachrichtensendungen dazu beiträgt, daß Wahlwerbespots als Informationsquelle zunehmend an Bedeutung gewinnen.

Bei den Studien, die sich mit der Bedeutung von Parteienspots im deutschen Wahlkampf befassen, lassen sich zwei Kategorien unterscheiden: Zum einen Inhaltsanalysen und zum anderen Studien, die die Wirkungen der Spots untersuchen. Inhaltsanalysen haben sich unter anderem mit den Argumentationstechniken der Wahlwerbespots (Wachtel, 1988), mit ihren Themen (Semetko & Schönbach, 1994b) und mit ihren Strategien (Jakubowski, 1998) beschäftigt. Andere Studien haben nach einer systematischen Inhaltsanalyse der Wahlwerbespots von 1990 und 1994 herausgefunden, daß sie häufig eher image- als themenorientiert sind und daß sie zur Ansprache der Wählerschaft vorrangig emotionale Appelle einsetzen (Holtz-Bacha, Kaid & Johnston, 1994; Kaid & Holtz-Bacha, 1995).

Wirkungsstudien der deutschen Wahlwerbespots haben noch interessantere Befunde erbracht. Holtz-Bacha (1990) hat zum Beispiel festgestellt, daß Wahlwerbespots eine der wichtigsten Informationsquellen für die deutschen Wähler bei der Wahl zum Europäischen Parlament 1989 waren. Kaid und Holtz-Bacha (Holtz-Bacha & Kaid, 1993a; Kaid & Holtz-Bacha 1993a, 1993b) haben in einer von ihnen durchgeführten experimentellen Studie während des Bundestagswahlkampfes 1990 festgestellt, daß das Ansehen von Wahlwerbespots einen Effekt auf die Einschätzung der Kanzlerkandidaten Helmut Kohl und Oskar Lafontaine hatte. Zusätzlich ergab diese Studie, daß sich die Reaktionen der Wähler aufgrund von Geschlecht und Region (Ostdeutschland versus Westdeutschland) unterschieden. Dieses Ergebnis wurde in einer ähnlichen Studie zur Bundestagswahl 1994 bestätigt. In den 1994 durchgeführten Experimenten zeigte sich, daß die Rezeption von Wahlwerbespots die Einschätzung von Helmut Kohl nicht wesentlich beeinflußte, aber zu einem positiveren Eindruck von Rudolf Scharping führte. Auch hier ergaben sich wieder Unterschiede bezüglich Geschlecht und regionaler Herkunft der Wähler. Die Tatsache, daß die Wähler aus den neuen Bundesländern sich in ihrer Reaktion von den westdeutschen Befragten unterschieden, kann wohl zum Teil auf die unterschiedliche politische Sozialisation zurückgeführt werden (Holtz-Bacha, im Druck). Die abweichenden Reaktionen der ostdeutschen Wählerinnen und Wähler auf die Wahlwerbung lassen sich mit den Unterschieden im politischen System sowie in der Mediennutzung begründen (Bergem, 1993; Schmitt-Beck, 1994).

Die hier beschriebene Untersuchung[1] zur Bundestagswahl 1998 versucht, die früheren Studien fortzuführen, indem die Reaktionen auf die Wahlwerbespots der beiden großen Parteien analysiert werden. Dabei werden zwei Methoden kombiniert eingesetzt. Erstens soll auf der Basis eines traditionellen Experiments gezeigt werden, wie bei den Wählern das Anschauen von Wahlwerbespots die Einschätzung der Kanzlerkandidaten der beiden großen Parteien beeinflußt. Zweitens soll unter Verwendung kontinuierlicher computergestützter Messungen untersucht werden, welche Elemente der Wahlwerbespots positive oder negative Reaktionen während des Zuschauens auslösen.

---

[1] Die Autoren bedanken sich für vielfältige Unterstützung: Bei den Experimenten halfen Eva-Maria Lessinger und Markus Moke (Bochum), Karl Tasche und Tilo Förster (Dresden), Merle Hettesheimer, Torsten Hofmann und Frank Luschnat (Mainz). Verschlüsselung und Dateneingabe übernahmen Torsten Hofmann und Heiko Schmitt (Mainz). Die Analyse leistete Chasu An (Norman, Oklahoma). Die Übersetzung des englischen Textes ins Deutsche erledigte Gita Amin (Mainz). Für die Transkription der Spots sorgte Anita Heil (Mainz).

Zur Methode

Die Experimente wurden in der Woche vor dem 27. September 1998, dem Tag der Bundestagswahl, durchgeführt. Die 207 Probanden waren Studierende an Universitäten in drei verschiedenen Städten. In Westdeutschland nahmen insgesamt 158 Studenten teil, davon 111 von der Johannes Gutenberg-Universität in Mainz und 47 von der Ruhr-Universität Bochum. In Ostdeutschland nahmen 49 Studenten der Technischen Universität Dresden teil. Unter den Teilnehmern der Experimente waren 119 Männer (58%) und 88 Frauen (42%). Etwa ein Viertel der Befragten (26%) identifizierte sich mit der CDU, ein weiteres Viertel jeweils mit der SPD und den Grünen (je 24%). Die übrigen neigten kleineren Parteien zu, darunter sieben Prozent zur FDP und fünf Prozent zur PDS.

Das Experiment basierte auf einem Vorher-Nachher-Design, bei dem die Probanden zu Beginn einen Fragebogen ausfüllten und nach dem Ansehen von CDU- und SPD-Wahlwerbespots einen weiteren Fragebogen beantworteten. Zwischen den Befragungen wurden den Studierenden vier Parteienspots gezeigt, jeweils zwei von CDU und SPD. Eine Transkription dieser Spots ist im Anhang beigefügt. Für jede Partei wurde ein Wahlwerbespot von 90 Sekunden Länge gezeigt, der für die Ausstrahlung im öffentlich-rechtlichen Fernsehen produziert worden war[2] und für den die Parteien kostenlos Sendezeit zur Verfügung gestellt bekamen. Der zweite Spot war ein kürzerer Spot (CDU 30 bzw. SPD 45 Sek.), der im privatkommerziellen Fernsehen gesendet wurde. In den Spots wurden hauptsächlich die Leistungen der jeweiligen Partei hervorgehoben, wobei aber auch die Spitzenkandidaten Helmut Kohl und Gerhard Schröder eine wichtige Rolle spielten. In der Reihenfolge wechselten jeweils die Spots von CDU und SPD.

Die Pretest-Befragung ermittelte sozio-demographische Merkmale, politisches Interesse, Variablen zur Mediennutzung und enthielt eine Thermometerskala sowie ein semantisches Differential zur Einschätzung der beiden Kanzlerkandidaten. Die Posttest-Befragung wiederholte das semantische Differential und das Thermometer für jeden Kandidaten. Offene Fragen erhoben außerdem die Erinnerung an Themen, Images und Bildelemente, andere Fragen bezogen sich auf die emotionalen und kognitiven Reaktionen zu den Spots.

---

[2] Bei der SPD wurde ein Spot verwendet, den die Partei für die Ausstrahlung bei ARD und ZDF vorbereitet hatte, dann jedoch nicht zum Einsatz brachte. Eine kürzere Version dieses Spots lief dann aber im Privatfernsehen.

Das semantische Differential zur Beurteilung der Images der Kandidaten bestand aus zwölf Sets bipolarer Adjektive, wie zum Beispiel qualifiziert – unqualifiziert, die jeweils auf einer siebenstufigen Skala bewertet wurden (siehe unten, Tabelle 1). Dieses semantische Differential basierte auf früher verwendeten Skalen zur Messung von Kandidatenimages (Kaid, 1995) und war bereits erfolgreich in Studien zu den Wahlen von 1990 und 1994 eingesetzt worden (Holtz-Bacha & Kaid, 1993a, 1993b; Kaid & Holtz-Bacha, 1993a; Kaid, 1997). Trotz der Problematik bei der Übertragung solcher Skalen in andere Sprachen und Kulturen konnten akzeptable Reliabilitätskoeffizienten für das semantische Differential erreicht werden. Cronbachs Alpha betrug für Kohl .75/.86 und .83/.88 für Schröder (Pretest/Posttest).

Der zweite Teil der Untersuchung, die kontinuierliche Messung von Reaktionen auf die Spots per Computer, wurde nur bei den 111 Probanden des Mainzer Experiments durchgeführt. Diese Untersuchungspersonen beteiligten sich auch an der beschriebenen Vorher-Nachher-Befragung. Während sie sich die vier Wahlwerbespots ansahen, bedienten sie einen mit dem Rechner verbundenen Drehregler mit einer Skala von negativ (1) bis positiv (7), der die Bewertungen der Spots von Sekunde zu Sekunde erfaßte. Diese Bewertungen wurden von einem Computer registriert und gleichzeitig auf einem Videoband mit den Spots festgehalten. Auf diese Weise läßt sich die Zuschauerreaktion während des gesamten Verlaufs eines Spots feststellen. Diese Technik ermöglicht auch den Vergleich verschiedener sozio-demographischer Gruppen unter den Zuschauern (männlich versus weiblich oder pro Regierung versus pro Opposition). Mit diesem Verfahren besteht die Möglichkeit, genau die verbalen und visuellen Elemente eines Spots zu bestimmen, die positive oder negative Reaktionen bei den Zuschauerinnen und Zuschauern auslösen.

Die Methode der kontinuierlichen Messung von Reaktionen per Computer wird bereits seit Jahren in der US-amerikanischen Forschung eingesetzt, um die Effektivität von Radio- und Fernsehprogrammen sowie von Werbung zu bestimmen (Thorson & Reeves, 1985). Die hier genutzte Vorgehensweise bezieht sich auf einfachere Instrumente, die vor mehr als fünfzig Jahren von Lazarsfeld entwickelt wurden (vgl. Levy, 1982). Diese Messung von Moment zu Moment bietet einen Einblick in die semantischen Prozesse von Fernsehrezipienten (Biocca, 1991b, S. 79). Ähnliche Geräte, sogenannte "perception analyzer", wurden von politischen Beratern verwendet, um die spontanen Reaktionen von Rezipienten auf Kampagnenmaterial zu prüfen (Malone, 1988, S. 34).

Die hier vorgelegte Studie aus dem Bundestagswahlkampf 1998 untersuchte die Publikumsreaktionen beim Vorführen der Spots. Besondere Aufmerksamkeit galt dabei möglichen Unterschieden in den Reaktionen von Frauen und Männern bzw. Anhängern der Regierungskoalition oder der Oppositionsparteien.

Ergebnisse

Die Experimente haben zu interessanten Ergebnissen geführt. Wie bereits in den Studien von 1990 und 1994 hat sich auch hier gezeigt, daß das Anschauen von Wahlwerbespots die Wahrnehmung der Kanzlerkandidaten beeinflussen kann.

Wirkung der Wahlwerbespots auf das Image von Kohl und Schröder
Um den Einfluß von Wahlwerbespots auf das Image der Kandidaten zu beurteilen, wurden die Mittelwerte der bipolaren semantischen Differentiale und die Mittelwerte der Thermometerskalen für Kohl und Schröder ermittelt. Anzumerken ist, daß sich in den Pretest-Messungen des semantischen Differentials von Kohl und Schröder keine signifikanten Unterschiede bei den Befragten ergaben (t(202) = -1.345, p = .18). Das gleiche galt auch für die Angaben auf der Thermometerskala (t(200) = -.97, p = .34). Nach dem Anschauen der Spots gab es jedoch auf beiden Skalen eine signifikante Zunahme bei der Image-Einschätzung von Schröder (Schaubild 1). Der Mittelwert des semantischen Differentials erhöhte sich von 4.45 im Pretest auf 4.68 im Posttest (t(206) = -7.38, p < .001). Der Mittelwert auf dem Thermometer erhöhte sich für Schröder von 46.38 im Pretest auf 50.35 im Posttest (t(206) = -4.62, p < .001). Trotz der Imageverbesserung für Schröder auf beiden Skalen hatten die Wahlwerbespots jedoch keinen signifikanten Effekt auf die Imageeinschätzung von Kohl. Kohls Pretest- sowie Posttest-Mittelwerte auf dem semantischen Differential fielen gleich aus (4.32), während der Mittelwert beim Thermometer einen leichten, aber nicht signifikanten Rückgang von 43.40 auf 42.34 verzeichnete.

Schaubild 1: Vorher- und Nachher-Bewertungen auf dem semantischen Differential und der Thermometerskala

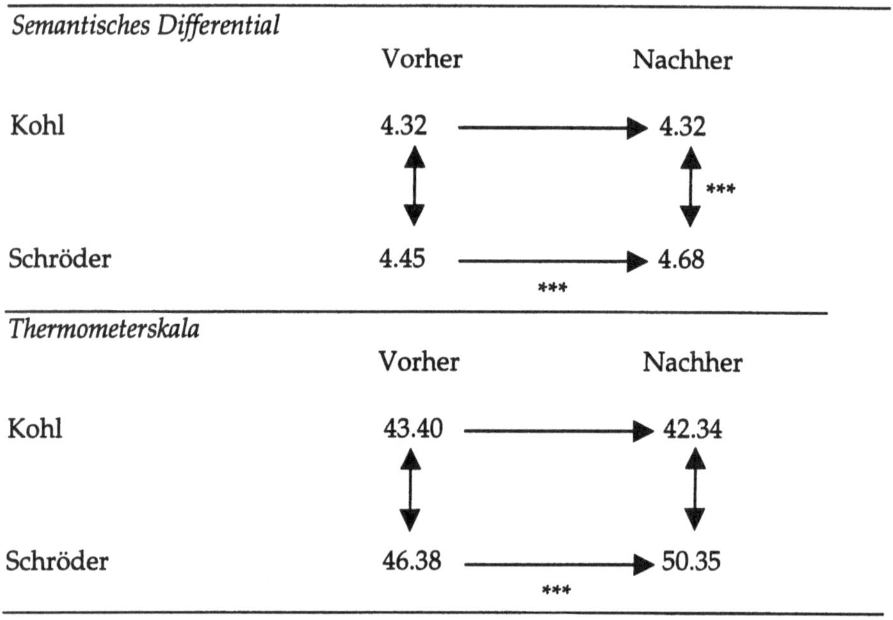

Semantisches Differential

	Vorher	Nachher
Kohl	4.32 ⟶	4.32
	↕	↕ ***
Schröder	4.45 ⟶ ***	4.68

Thermometerskala

	Vorher	Nachher
Kohl	43.40 ⟶	42.34
	↕	↕
Schröder	46.38 ⟶ ***	50.35

(***) p < .001

Vergleicht man die einzelnen Attribute des semantischen Differentials von Pretest zu Posttest, so ergibt sich ein interessantes Resultat (Tabelle 1). Schröders Posttest-Wert erhöhte sich bei neun von zwölf Eigenschaften. Nach Betrachtung der Wahlwerbespots beurteilten die Befragten Schröder als qualifizierter, weltoffener, ehrlicher, glaubwürdiger, attraktiver, freundlicher, ernsthafter, ruhiger und weniger aggressiv. Interessanterweise verbesserte sich Kohls Image-Wertung im Posttest signifikant nur bei einem Attribut, während sich die Bewertung bei drei Merkmalen signifikant verschlechterte. Nach Betrachtung der Wahlwerbespots empfanden die Befragten Kohl als freundlicher, aber weniger glaubwürdig, weniger attraktiv und weniger ernsthaft.

Tabelle 1: Die Images von Kohl und Schröder vor und nach der Vorführung der Parteienspots (Mittelwerte)

| | Schröder | | Kohl | |
	Vorher	Nachher	Vorher	Nachher
Qualifiziert	4.23	4.53***	4.72	4.63
Weltoffen	4.68	4.92**	4.29	4.44
Ehrlich	3.71	4.13***	3.78	3.86
Glaubwürdig	3.92	4.22**	4.05	3.78*
Erfolgreich	4.62	4.72	5.03	4.97
Attraktiv	4.50	4.71**	2.91	2.67*
Freundlich	4.80	4.98*	3.93	4.24***
Ernsthaft	4.69	4.98***	5.49	5.19***
Ruhig	4.34	4.76***	4.17	4.33
Nicht aggressiv	4.26	4.68***	4.21	4.37
Stark	4.68	4.64	4.83	4.82
Aktiv	4.99	4.91	4.39	4.52
Mittelwert aller Skalen	4.45	4.68***	4.32	4.32

* $p < .05$
** $p < .01$
*** $p < .001$

Da frühere Untersuchungen gezeigt hatten, daß es Unterschiede in der Kandidateneinschätzung aufgrund von Geschlecht und nach regionaler Herkunft (Ost – West) gab, wurde die Stichprobe in entsprechende Gruppen unterteilt, um zu prüfen, ob diese Unterschiede sich weiterhin nachweisen lassen.

Schaubild 2 zeigt die geschlechtsspezifischen Ergebnisse der beiden Image-Bewertungen von Kohl und Schröder. Die Resultate ergeben eine überwältigende Bestätigung für die Annahme, daß weibliche Probanden Schröder nach den Wahlwerbespots stärker favorisierten. Der Mittelwert des semantischen Differentials erhöhte sich bei Frauen von 4.31 auf 4.58 ($t(87) = -7.12$, $p < .001$). Schaubild 3 zeigt bei den Frauen auch eine signifikante Zunahme auf der Thermometerskala für Schröder; nämlich einen Anstieg von 42.24 auf 46.49 ($t(87) = -3.21$, $p < .01$). Ebenso deutlich ist das Ergebnis für Kohl, den Frauen wesentlich niedriger auf dem Thermometer einschätzten. Trotz geringfügiger Zuwächse bei den Posttest-Wertungen für Kohl auf dem semantischen Differential (von 4.34 auf 4.38) gab es bei der Thermometerskala den einzigen signifikanten Rückgang in der Bewertung von Kohl durch die weiblichen Befragten, nämlich von 45.64 auf 43.48 ($t(87) = 1.95$, $p < .05$).

Die männlichen Teilnehmer gaben sehr ähnliche Bewertungen nach der Betrachtung der Parteienspots ab. Wie auch bei den Frauen erhöhte sich bei ihnen die Bewertung von Schröder sowohl auf dem semantischen Differential von 4.55 auf 4.75 ($\underline{t}$(118) = -4.30, $\underline{p}$ < .001) als auch auf dem Thermometer von 49.38 auf 53.06 ($\underline{t}$(118) = -3.30, $\underline{p}$ < .01). Wie Schaubild 2 zeigt, hatten die Wahlwerbespots bei den männlichen Teilnehmern keinen signifikanten Einfluß auf die Einschätzung von Kohl.

Schaubild 2: Die Bewertung der Kandidaten durch Frauen und Männer

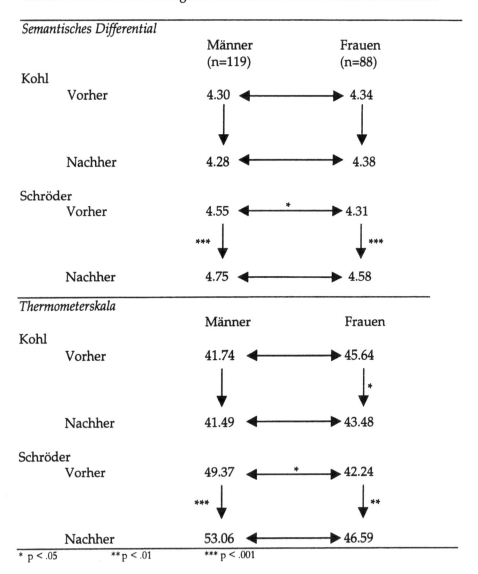

Über die Veränderungen der Image-Wertungen von Frauen und Männern hinaus erlaubt Schaubild 3 auch einen Vergleich *zwischen* den Geschlechtern. Im semantischen Differential wie auch beim Thermometer bewerteten Frauen Kohl im Pretest sowie im Posttest besser als Männer, die Unterschiede in der Bewertung sind jedoch nicht signifikant. Außerdem beurteilten Frauen Schröder schlechter als Männer. Im semantischen Differential und beim Thermometer waren die Bewertungen für Schröder bei den Männern vor dem Ansehen der Spots signifikant besser als bei den Frauen. Beim semantischen Differential betrugen die Werte 4.55 zu 4.31 ($t(206) = 2.14$, $p < .05$), und beim Thermometer 49.37 zu 42.24 ($t(206) = 2.15$, $p < .05$). Trotz der Unterschiede zwischen Männern und Frauen bei den Pretests für Schröder zeigten die Nachher-Messungen auf beiden Skalen für beide Kandidaten keine signifikanten Unterschiede. Beim Thermometer war der Unterschied im Posttest beinahe signifikant ($t(207) = 1.87$, $p = .06$). Das heißt, männliche und weibliche Probanden glichen sich nach dem Anschauen der Spots in ihrem Urteil über Schröder an.

Sind Ost und West immer noch politisch unterschiedlich?
Untersuchungen zu den Wahlwerbespots 1990 und 1994 hatten Unterschiede in den Reaktionen je nach Herkunft aus den alten oder neuen Bundesländern erbracht. Wie auch bei der Unterscheidung der Geschlechter wurden in der Analyse die Imagebewertungen für Kohl und Schröder vor und nach dem Ansehen der Spots nach regionalen Subgruppen verglichen. Wie in der Analyse für Frauen und Männer werden hier zuerst die Ergebnisse für die beiden Gruppen präsentiert, gefolgt vom Vergleich zwischen den Gruppen.

Die in Schaubild 3 aufgeführten Ergebnisse zeigen, daß Unterschiede, die sich in früheren Untersuchungen zwischen Ost und West ergeben hatten, an Bedeutung verloren haben. Im Pretest unterschieden sich Ost und West weder im semantischen Differential noch beim Thermometer signifikant in ihrer Einschätzung von Kohl und Schröder. Nach dem Ansehen der Wahlwerbespots verbesserte sich jedoch die Image-Bewertung von Schröder bei den Befragten aus dem Osten nach dem semantischen Differential von 4.57 auf 4.92 ($t(48) = -5.86$, $p < .001$). Auch die Einschätzung auf dem Thermometer erhöhte sich deutlich von 45.00 auf 48.50 ($t(48) = -1.86$, $p = .07$), der Unterschied war jedoch nicht ganz signifikant. Die Einschätzung von Kohl blieb auf beiden Skalen relativ konstant. Wie Schaubild 3 zeigt, erhöhten sich die Werte für Kohl im semantischen Differential nur leicht (von 4.32 auf 4.36), während die Einschätzung nach der Thermometerskala leicht zurückging (von 38.46 auf 38.30).

Schaubild 3: Die Bewertung der Kandidaten in den alten und in den neuen
Bundesländern

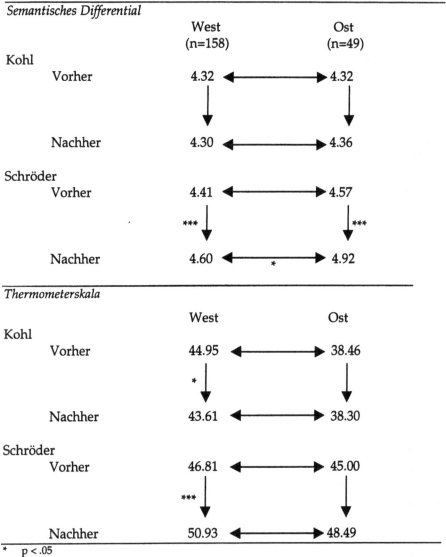

Semantisches Differential

		West (n=158)	Ost (n=49)
Kohl			
	Vorher	4.32	4.32
	Nachher	4.30	4.36
Schröder			
	Vorher	4.41	4.57
	Nachher	4.60	4.92

Thermometerskala

		West	Ost
Kohl			
	Vorher	44.95	38.46
	Nachher	43.61	38.30
Schröder			
	Vorher	46.81	45.00
	Nachher	50.93	48.49

*   p < .05
*** p < .001

Ähnlich wie die Probanden aus dem Osten äußerten sich die Untersuchungsteilnehmer aus dem Westen nach Betrachtung der Wahlwerbespots
positiver über Schröder. Im Westen ist die Imageverbesserung bei Schröder
jedoch statistisch signifikant. Die Werte des semantischen Differentials

erhöhten sich für Schröder von 4.41 auf 4.60 ($\underline{t}$(157) = -5.37, $\underline{p}$ = .001), und die Einstufung auf dem Thermometer brachte eine Verbesserung von 46.81 auf 50.93 ($\underline{t}$(157) = -4.26, $\underline{p}$ < .001). Der vielleicht interessanteste Aspekt der Image-Bewertung bei westdeutschen Studenten ist das signifikant niedrigere Ergebnis für Kohl auf dem Thermometer nach der Vorführung der Spots (44.95 auf 43.61 ($\underline{t}$(157) = 2.18, $\underline{p}$ < .05). Die Bewertung für Kohl nach dem semantischen Differential verschlechterte sich mit dem Ansehen der Spots allerdings nur von 4.32 auf 4.30 und damit statistisch unbedeutend.

Für den Vergleich zwischen Ost- und Westdeutschland wurden die Pretest- und Posttest-Ergebnisse für beide Imagemessungen nebeneinander gehalten. Interessanterweise ergab sich nur ein signifikanter Unterschied. Schröders Imagebewertung nach dem semantischen Differential lag bei den Teilnehmern aus dem Osten höher (4.92 gegenüber 4.60; $\underline{t}$(206) = -2.19, $\underline{p}$ < .05). Obwohl der Unterschied eine wesentlich bessere Bewertung von Schröder auf seiten der ostdeutschen Probanden zeigt, muß betont werden, daß beide Imageeinstufungen die höchsten Werte auf dem semantischen Differential überhaupt darstellen. Das heißt, der Unterschied zwischen Ost und West, der sich hier zeigt, bezeichnet viel mehr einen Unterschied in der Stärke der Unterstützung von Gerhard Schröder als einen Unterschied in der Bewertungsrichtung.

Ergebnisse der kontinuierlichen Bewertung
Wie schon beschrieben, wurde bei den 111 Probanden aus Mainz auch die Reaktion auf die Wahlwerbespots mit Hilfe von Geräten ermittelt, die eine kontinuierliche Messung erlauben. Die Zeiger konnten auf einer Skala von 1 bis 7 bewegt werden. Der Ausgangspunkt zu Beginn eines jeden Spots war für jeden Teilnehmer die Ziffer 4 (neutral). Die Probanden wurden angewiesen, bei jeder positiven Reaktion den Wert zu erhöhen (5, 6, 7) und bei jedem negativen Empfinden den Wert zu verringern (3, 2, 1). Jeweils am Ende der Spots wurde der Zeiger zum Mittelwert zurückgestellt. Die Transkripte der vier Wahlwerbespots, die auch für das beschriebene Experiment verwendet wurden, befinden sich im Anhang dieses Beitrages. Die ersten beiden Spots, die von SPD und CDU im öffentlich-rechtlichen Fernsehen ausgestrahlt wurden, haben eine Länge von 90 Sekunden. Obwohl die Parteien in beiden Filmen versuchen, sich als zukunftsorientiert, modern und dynamisch zu präsentieren, zeigen die Spots auffällige Unterschiede. Der von der CDU verwendete Spot ähnelt inhaltlich und stilistisch dem Spot, den die Partei 1994 im öffentlich-rechtlichen Fernsehen ausstrahlen ließ (vgl. Kaid, 1996). Mit dem Slogan "Weltklasse für Deutschland" und zahlreichen Bildern von Helmut Kohl versucht der Spot, die Zukunftsorientierung der Partei mit ihrem Spitzenkandidaten zu verknüpfen, indem betont wird: "Nur der Bundeskanzler und die CDU garantieren die führende Position Deutschlands. Mit unseren Freunden in der Welt

baut er ein stabiles Fundament für eine sichere Zukunft." Eine Frau drückt ihr Vertrauen darauf aus, daß Helmut Kohl den Euro stabil macht. Zu Bildern von Kohl mit Soldaten wird die wichtige Rolle der Bundeswehr betont. Danach wendet sich der Spot traditionellen CDU-Werten zu, die sich auf Familie und Kinder sowie technischen Fortschritt beziehen. Das Ende des Spots stellt Helmut Kohl als denjenigen heraus, der geeignet ist, Deutschland ins 21. Jahrhundert zu führen. Mit einer Mischung aus schneller Schnittfolge, Musik, emotionalen Bildern, politischen Versprechungen und Testimonials von Bürgerinnen und Bürgern ist der Spot in jeder Hinsicht ein typisches Beispiel für Parteienwerbung.

Der längere SPD-Spot hingegen verwendet kein gesprochenes Wort. Der Spot besteht ausnahmslos aus Bildern, Musik und gelegentlich eingeblendetem Text. Auch hier gibt es viel Bewegung, allerdings gibt es keine zusammenhängende Geschichte. Es handelt sich lediglich um eine Aneinanderreihung von Bildern, die Menschen in verschiedenen Berufen, verschiedene Technologien und emotionale Bilder mit ganz gewöhnlichen Menschen (jung und alt) zeigen. Im Verlauf des Spots verkündet die erste Worteinblendung "Deutschland braucht neue Arbeitsplätze", dann "Deutschland braucht Innovationen" und "Deutschland braucht soziale Gerechtigkeit", und er endet mit dem Aufruf "Deutschland braucht einen politischen Wechsel". Erst danach wird Gerhard Schröder gezeigt, beim Gehen, Schreiben und auch mit einem Blick in die Kamera, aber er spricht nicht.

Die Reaktionen auf diese beiden Spots sind in den Schaubildern 4 (CDU) und 5 (SPD) dargestellt. Sie fallen deutlich zugunsten des SPD-Spots aus. Schaubild 4 zeigt, daß der Durchschnittswert aller 111 Teilnehmer beim CDU-Spot nie über den Mittelpunkt 4.00 hinaus stieg. Gleich zu Beginn des Spots sank die Kurve sogar auf 2.94 und erhöhte sich erst mit der Erwähnung von Adenauer, Erhard und der Stabilisierung der D-Mark auf einen Wert von 3.22. Bilder von Kohl mit Soldaten und die Rede von Hilfsbereitschaft verursachten einen erneuten deutlichen Rückgang auf den niedrigsten Wert von 2.51. Bilder von Familien und von Kindern brachten die Wertung wieder hoch auf 3.14, wohingegen die Aussage, die CDU habe Reformen zugunsten der älteren Menschen durchgeführt, die Bewertung auf 2.60 fallen ließ. Das Versprechen, Multimedia und neue Technologien zu fördern, fand Anklang und ließ die Werte wieder auf 3.51 steigen. Die Werte am Ende des Spots waren dann wieder etwas niedriger.

Schaubild 4: CDU-Spot "Weltklasse für Deutschland"

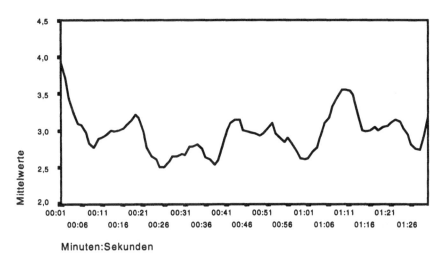

Minuten:Sekunden

Der SPD-Spot zeigt demgegenüber ein komplett anderes und sehr viel positiveres Reaktionsmuster. Wie in Schaubild 5 zu sehen ist, stieg die Wertung für diesen Spot sofort über den Ausgangspunkt von 4.00 an. Mit geringfügigen Schwankungen setzte sich diese positive Tendenz in den ersten 45 Sekunden fort, in denen der Bedarf nach Hochtechnologie, Arbeitsplätzen und Innovationen betont wird. Die höchste Wertung wurde etwa nach der Hälfte des Spots (42-45 Sek.) erreicht. Hier wurde zu sozialen Themen und Familienthemen gewechselt, unterstrichen durch Bilder von Kindern, Tieren, jungen Liebespaaren und Menschen in ihrer Freizeit. Die Konzentration emotionaler Bilder und die Bilder von Kindern lösten aber offensichtlich negative Reaktionen aus, denn in den folgenden 10-25 Sekunden sanken die Werte und mit dem Auftritt von SPD-Kanzlerkandidat Gerhard Schröder fielen sie sogar drastisch ab. Aus welchem Grund auch immer, Schröder wurde von den Untersuchungsteilnehmern nicht gut angenommen: Der Spot erreichte die schlechteste Bewertung während des Schröder-Auftritts. Mit 3.58 lag der Wert zum ersten und einzigen Mal während des Spots unter dem Ausgangspunkt.

Schaubild 5: SPD-Spot "Deutschland"

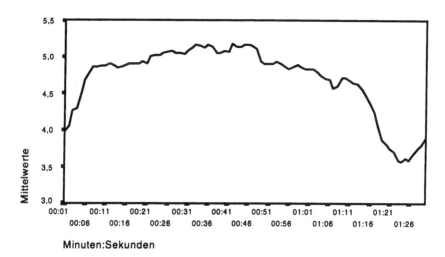

Minuten:Sekunden

Die kürzeren Wahlwerbespots der beiden Parteien konzentrieren sich ausschließlich auf die jeweiligen Kanzlerkandidaten. Die Reaktionen auf diese Spots untermauern die bessere Kandidaten-Wertung für Gerhard Schröder. Der CDU-Spot ähnelte im Stil dem längeren SPD-Spot, da auch hier nur Bilder und Musik ohne gesprochenen Text verwendet wurden. Der Spot zeigt das Gesicht Helmut Kohls aus verschiedenen Perspektiven und in verschiedenen Posen, in Schwarzweiß oder in Farbe, lächelnd oder ernst. In der Mitte des Spots sind Bilder einer Mutter mit Tochter eingefügt, anschließend kehrt er zu Helmut Kohl zurück. Der Spot endet mit dem wiederkehrenden CDU-Slogan "Weltklasse für Deutschland". Daß die CDU für diesen 30-Sekunden-Spot Sendezeit bei den privaten Fernsehanbietern einkaufte, war – soweit dies aus den Reaktionen der Untersuchungsteilnehmer abzulesen ist – eine unnütze Investition (vgl. Schaubild 6). Die negativen Reaktionen waren in diesem Fall noch ausgeprägter als bei dem längeren Spot. Bereits in den ersten zehn Sekunden war eine negative Reaktion zu erkennen, da die Teilnehmer die Bewertung auf 3.2 drückten. Die Einstufung erhöhte sich dann etwas und schwankte bei der Einblendung von Mutter und Tochter bei 3.3 bis 3.4; sie fiel wieder, als Kohl auf dem Bildschirm erschien. Die Reaktionen auf diesen CDU-Spot können nur so interpretiert werden, daß Helmut Kohl negativ bewertet wurde und die CDU, indem sie ihn hier zum alleinigen Thema machte, an Unterstützung nur verlieren konnte.

Schaubild 6: CDU-Spot "Kanzler" (Privatfernsehen)

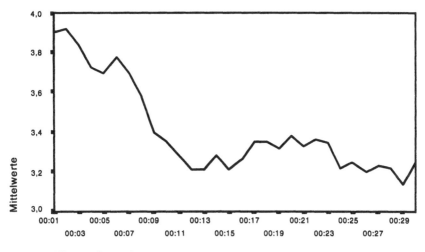

Minuten:Sekunden

In der Analyse des kürzeren SPD-Spots (45 Sekunden, in der Darstellung auf 30 Sekunden komprimiert; vgl. Schaubild 7) zeigt sich, daß die Probanden beim ersten Anblick von Schröder ihre Regler zunächst zwar herunterdrehten, aber dann doch schnell zum Zuhören verleitet wurden. Nach den ersten zehn Sekunden, als Schröder verkündet "Die Förderung von Kindern und Jugendlichen gehört zu den wichtigsten Aufgaben", erhöhte sich die Wertung nämlich wieder weit über den Ausgangspunkt hinaus auf 4.78 bis 4.82. Weitere positive Reaktionen gab es auf seine Erwähnung von "Innovationen" und "neuen Technologien" (4.86). Dagegen verringerte sich die Wertung bei der Erwähnung von Arbeitsplatzbeschaffung. Dies könnte allerdings auch darin begründet sein, daß die Bekämpfung von Arbeitslosigkeit zu den allgemein üblichen Wahlkampfversprechen ohne substantiellen Unterbau gehört. Die Reaktionen auf den SPD-Spot verbesserten sich zum Ende hin, verzeichneten jedoch wieder einen Rückgang mit Schröders letztem Statement.

Schaubild 7: SPD-Spot "Kandidat" (Privatfernsehen)

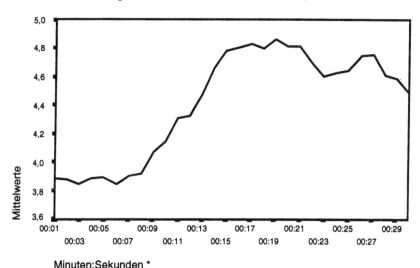

Minuten:Sekunden *

---

* Der Spot hat eine Länge von 45 Sekunden. Die Daten wurden hier auf eine Länge von 30 Sekunden komprimiert, um den Vergleich zum CDU-Spot zu erleichtern.

Beide SPD-Wahlwerbespots schnitten deutlich besser ab als die CDU-Spots. Die Konzentration der CDU auf die Person von Helmut Kohl entpuppte sich als Fehler, wenigstens bei den jungen Wählerinnen und Wählern, die durch die Untersuchungsteilnehmer repräsentiert werden. Dies verdeutlicht die kontinuierliche Erfassung der Reaktionen noch mehr als das traditionelle Experiment. Besonders in den kürzeren Spots wird der Kontrast zwischen Kohl und Schröder in der Imageeinschätzung hervorgehoben.

Diskussion

Wie in den früheren Studien zur Rezeption von Wahlwerbung zeigt sich auch in dieser Untersuchung, daß das Ansehen von Parteienspots das Image von nur einem Kandidaten verbessert. In diesem Fall zeigen die Ergebnisse des semantischen Differentials sowie des Thermometers zur Kandidatenbewertung, daß die Fernsehspots im Bundestagswahlkampf 1998 zur Imageverbesserung von Gerhard Schröder beitragen konnten. Die Imagewerte von Helmut Kohl dagegen zeigten keinerlei Verbesserung, jedoch zum größten Teil auch keine Verschlechterung. Die Auswertung der bipolaren Adjektive aus dem semantischen Differential verdeutlicht noch einmal, daß Schröders Anziehungskraft sich auf alle Bereiche der Imageeinschätzung auswirkte. Darüber hinaus wurde deutlich, daß Kohls Image hier in einigen Bereichen erhebliche Einbußen erlitt.

Offensichtlich ist auch, daß sowohl Männer als auch Frauen Schröder nach dem Ansehen der Wahlwerbespots wesentlich positiver einschätzten. Trotz der Unterschiede in den Pretest-Ergebnissen für Schröder gibt es bei den Posttest-Einschätzungen auf beiden Image-Skalen keine signifikanten Unterschiede. Dennoch zeigt die Posttest-Image-Einschätzung erhebliche geschlechtsspezifische Differenzen.

Es ist deutlich, daß Frauen und Männer ein unterschiedliches Image von Schröder haben. Die SPD-Spots und Schröders Auftritte mögen dazu beigetragen haben, die Unterschiede in den Einschätzungen einzuebnen. Die Vermutung, daß sich im Laufe der Zeit die Bewertungen in Ostdeutschland und Westdeutschland angleichen würden, wurde bestätigt. Von acht nach Region unterteilten Pretest- und Posttest-Image-Vergleichen ergab nur einer einen signifikanten Unterschied: Im semantischen Differential wurde Schröder von ostdeutschen Teilnehmern wesentlich besser beurteilt als von den westdeutschen Probanden. Wie bereits bei der Erläuterung zu den Meßergebnissen erwähnt, scheint dieser Unterschied eher auf der Stärke der politischen Überzeugung als auf Unterschieden in der Bewertungsrichtung zu beruhen, da Schröders Posttest-Einschätzung nach dem semantischen Differential in beiden Regionen die höchsten Werte hatte. Die kontinuierliche Messung der Reaktionen bekräftigt dieses Ergebnis.

Im Vergleich aller vier Wahlwerbespots bevorzugten die Teilnehmer durchweg die SPD-Spots vor den CDU-Spots. Diese Reaktion war besonders ausgeprägt hinsichtlich der jeweiligen Kanzlerkandidaten. Die Probanden empfanden die Informationen, die sich hauptsächlich auf die Person von Helmut Kohl bezogen, in keiner Weise als ansprechend. Daher blieben die Werte bei den Stellen im Spot, die Kohl zum Mittelpunkt hatten, weit unter dem neutralen Ausgangspunkt. Schröder dagegen erfuhr zunächst in dem längeren Spot Ablehnung, erzielte jedoch wesentlich höhere Werte mit dem Spot, der ihn in den Mittelpunkt stellte.

Die computerunterstützte Messung zeigt deutlich, daß die CDU-Wahlwerbespots mit der inhaltlichen Konzentration auf die Person von Helmut Kohl ihr Ziel verfehlt haben. Die Reaktionen auf die Spots spiegeln allerdings auch eine allgemein positive Wahrnehmung von Bildern mit Kindern und Familien sowie dem Aufruf zu Innovationen und neuen Technologien. Diese Erkenntnis läßt auf eine interessante Wertvorstellung von jungen deutschen Wählerinnen und Wählern schließen. Die Parteien wären nicht schlecht beraten, der Dualität von Familienwerten und der positiven Haltung zu neuer Technologie und Multimedia Beachtung zu schenken.

Anhang

CDU-Wahlwerbespot (90 Sekunden) "Weltklasse für Deutschland"

Bild	Ton
Schwarz-rot-gold Weltkugel, Deutschlandkarte Brandenburger Tor Winkende Menschen *Einblendung:* "CDU" Kohl und Clinton Kohl und Frau Silhouette New York Börse Asien Euro-Scheine	*Sprecher:* "Wählen Sie Weltklasse für Deutschland. Nur der Bundeskanzler und die CDU garantieren die führende Position Deutschlands. Mit unseren Freunden in der Welt baut er ein stabiles Fundament für eine sichere Zukunft. Wettbewerb – weltweit. Gerade Deutschland braucht den Euro. Wir machen ihn stark."
	Frau: "Adenauer und Erhard haben die D-Mark hart gemacht. Ich hab' das Vertrauen, daß Helmut Kohl den Euro genauso stabil macht."
Kohl mit Soldaten Soldaten Bilder von der Oderflut Helfende Soldaten und Kohl	*Sprecher:* "Mit der Bundeswehr konnten sich die Linken noch nie anfreunden. Dabei sichert sie den Frieden und hilft, wo es Probleme gibt. Dafür hat der Kanzler gesorgt. Das ist typisch Helmut Kohl."
Kohl mit Bürger(inne)n	*Kohl:* "Ich bin deswegen gekommen, um Euch zu helfen, gell."
Junge Familie mit zwei kleinen Kindern vor See	*Sprecher:* "Die Familie steht im Mittelpunkt christlich-demokratischer Politik."
Mutter und Sohn im Bild *Bild im Bild:* alte und junge Hand	*Frau:* "Für uns und die Kinder ist die CDU die Partei der Familie."
Kind spielt mit Wasser Kohl mit Polizist(inn)en *Einblendung:* "Weltklasse für Deutschland" Polizeiauto Mutter und Tochter	*Sprecher:* "Nur die CDU schützt die Bürger konsequent mit einer gut ausgerüsteten Polizei und wirksameren Gesetzen."
Mann im Bild *Bild im Bild:* alter Mann und kleines Kind	*Mann:* "Pflegeversicherung und Rentenreform. Die CDU kümmert sich um die Altersversorgung."
Kohl vor Arbeitern *Einblendung:* "Weltklasse für Deutschland" Kohl mit Schutzhelm und Arbeitern Kohl bei Grundsteinlegung Unternehmensanlage Technologieunternehmen innen	*Sprecher:* "Bundeskanzler Helmut Kohl legt die Grundsteine für moderne Arbeitsplätze. Multimedia und Biotechnologie bieten neue Chancen."
Junge Frau im Bild *Bild im Bild:* Frau vor Mikroskop	*Frau:* "Im 21. Jahrhundert, da will ich einen sicheren Beruf mit Zukunft."

Kohl mit Schutzhelm und Arbeitern
Kohl mit Musikkapelle
Kohl und Frau
Startknüppel Flugzeug
Starten des Flugzeug
Einblendung: "CDU, Weltklasse für
   Deutschland", Telephonnummer und
   Email-Adresse

Sprecher: "Die erfolgreiche CDU-Politik bringt den Aufschwung jetzt richtig in Fahrt. Mit Helmut Kohl startet Deutschland erfolgreich in das 21. Jahrhundert. Sein Kurs bringt uns sicher in die Welt von morgen. Wählen Sie Weltklasse für Deutschland. Wählen Sie CDU und Helmut Kohl."

SPD-Wahlwerbespot (90 Sekunden) "Deutschland"

Bild	Ton
Einblendung (weiße Schrift auf schwarzem Grund): "Deutschland braucht neue Arbeitsplätze"	Musik (bis zum Ende des Spots)

Arbeiter mit Schutzhelmen

Arbeiter mit Schutzmantel
   Funken

Lastwagen auf Brücke

Medizinisches Personal

Frau mit Handy

Feld mit Landwirtschaftsmaschine

Bauer auf Feld

Bäcker beim Backen

Frau beim Brotwiegen

Einblendung (weiße Schrift auf schwarzem Grund): "Deutschland braucht Innovationen"
ICE

Beleuchtete Straße

Pharmabetrieb

Schriftzug (quer im Bild): "Global"

Börse

Schachspiel

Parkende (neue) Autos auf
   Werksgelände
Kreisdiagramm

Schriftzug: "change"

Rosa Wolken

Windenergieanlage

Tastatur eines Computers

Computerbildschirm mit Simulation

Brodelnde Flüssigkeit (rot)

Chemiker im Schutzanzug

Formel auf Papierserviette

Ziffern

Lufthansa-Flugzeug

Vogelschwarm am Himmel

Schwebender Astronaut

Einblendung (weiße Schrift auf schwarzem Grund): "Deutschland braucht soziale Gerechtigkeit"

Erwachsenenhand und Kinderhand greifen ineinander

Mutter mit Kindern, die Tiere in den Armen halten

Junge Menschen küssen sich

Teich

Angler

Pusteblumen

Junges Paar

Junges Paar umarmt sich

Mutter mit Kind

Sich öffnende rosa Rose

Kinder in Klassenzimmer

Kinder beim Radschlagen

Mädchen

Junge und Mädchen am Computer

Mädchen mit Seifenblasen

Einblendung (weiße Schrift auf schwarzem Grund): "Deutschland braucht einen politischen Wechsel"

Schröder-Silhouette (Gegenlicht) in einem Zimmer
Krawatte, Hemdkragen u. Jackett

Füllerfeder beginnt Namen Gerhard Schröder zu schreiben
Blick über die Schulter von Schröder, der einen Brief unterschreibt

Schröder am Schreibtisch (Blick zur Kamera) vor großem roten Bild
Großaufnahme Gesicht Schröder

SPD-Logo, (Untertitel:) "Wir sind bereit"   Musik endet mit Paukenschlag

CDU-Wahlwerbespot (30 Sekunden) "Kandidat"

Bild	Ton
Schwarz-weiß: Hände *Einblendung* (unten rechts): "die Zukunft" Gesicht Helmut Kohl, auf Hand gestützt	Musik mit Anklängen der Nationalhymne (bis zum Ende des Spots)

Gesicht Helmut Kohl, auf Hand gestützt, Finger am Mund

Einblendung unten (rechts):
  "die Sicherheit"

Rechtes Profil Kohl (mit Brille)

Einblendung (unten rechts):
  "der Aufschwung"

Linkes Profil Kohl (mit Brille)

Einblendung (unten rechts):
  "die Verantwortung"

In Farbe:
  Tochter auf den Schultern der Mutter
  mit aneinandergeschmiegten Köpfen

Gesicht des Mädchens

Einblendung (unten rechts):
  "das Vertrauen"

Schwarz-weiß:
Gesicht Helmut Kohl (ohne Brille), auf
  Faust gestützt, lächelnd

Einblendung (unten rechts):
  "der Kanzler"

Farbiges Bild: Helmut Kohl (ohne Brille)
  vor Menschenmenge, hinten links:
  Deutschlandfahne

Untertitel: "Weltklasse für Deutschland"

SPD-Wahlwerbespot (45 Sekunden) "Kandidat"

Bild	Ton
Meer im Morgenlicht Gras und Beine Schröder *Einblendung*: "Visionen" Watt im Gegenlicht, Schröder von fern	*Schröder*: "Als Kanzlerkandidat wird man immer wieder gefragt, warum machst Du eigentlich Politik? Für mich ist Politik viel mehr als ein Job. Mein Antrieb sind die persönlichen Visionen. Die Förderung von Kindern und Jugendlichen gehört zu den wichtigsten Aufgaben. Genauso wie der Erhalt einer intakten Umwelt.
Einblendung: "Innovationen" Beine Schröder auf Strand Watt, Schröder von fern *Einblendung*: "Arbeit" Strand und Meer, Schröder von fern Kamerafahrt übers Wasser Schröder auf Strand Großaufnahme Schröder SPD-Logo, (Untertitel:) "Wir sind bereit"	Innovationen, neue Technologien und Existenzgründungen müssen wieder eine Chance haben. Nur so können neue Arbeitsplätze entstehen. Ich möchte den Menschen eine Perspektive geben. Sie sollen sich auf morgen freuen können. Dafür werde ich mich einsetzen."

Literatur

Bergem, W. (1993). *Tradition und Transformation. Zur politischen Kultur in Deutschland*. Opladen: Westdeutscher Verlag.

Biocca, F. (1991a). Models of a successful and an unsuccessful ad: An exploratory analysis. In F. Biocca (Hrsg.), *Television and political advertising, Vol. 1* (S. 91-122). Hillsdale, NJ: Lawrence Erlbaum.

Biocca, F. (1991b). Viewers' mental models of political messages: Toward a theory of the semantic processing of television. In F. Biocca (Hrsg.), *Television and political advertising, Vol. 1* (S. 27-89). Hillsdale, NJ: Lawrence Erlbaum.

Bystrom, D., Roper, C., Gobetz, R., Massey, T., & Beall, C. (1991). The effects of a televised gubernatorial debate. *Political Communivation Review, 16*, 57-80.

Holtz-Bacha, C. (1990). Nur bei den Wasserwerken Effekte? Eine Studie zur parteipolitischen Spot-Werbung vor Europawahlen. *medium, 20*, 50-53.

Holtz-Bacha, C. (im Druck). Political advertising in East Germany. In L. L. Kaid (Hrsg.), *Television and politicians in evolving European democracies*. Commack, NJ: NOVA-Science Publishers.

Holtz-Bacha, C., & Kaid, L. L. (1993a). Die Beurteilung von Wahlspots im Fernsehen. Ein Experiment mit Teilnehmern in den alten und neuen Bundesländern. In C. Holtz-Bacha & L. L. Kaid (Hrsg.), *Die Massenmedien im Wahlkampf. Untersuchungen aus dem Wahljahr 1990* (S. 185-207). Opladen: Westdeutscher Verlag.

Holtz-Bacha, C., & Kaid, L. L. (1993b). Wahlspots im Fernsehen. Eine Analyse der Parteienwerbung zur Bundestagswahl 1990. In C. Holtz-Bacha & L. L. Kaid (Hrsg.), *Die Massenmedien im Wahlkampf. Untersuchungen aus dem Wahljahr 1990* (S. 46-71). Opladen: Westdeutscher Verlag.

Holtz-Bacha, C., & Kaid, L. L. (1995). Television spots in German national elections: Content and effects. In L. L. Kaid & C. Holtz-Bacha (Hrsg.), *Political advertising in Western democracies: Parties and candidates on television* (S. 61-88). Thousand Oaks, CA: Sage.

Holtz-Bacha, C., Kaid, L. L., & Johnston, A. (1994). Political television advertising in Western democracies: A comparison of campaign broadcasts in the U.S., Germany, and France. *Political Communication, 11*, 67-80.

Jakubowski, A. (1998). *Parteienkommunikation in Wahlwerbespots. Eine systemtheoretische und inhaltsanalytische Untersuchung zur Bundestagswahl 1994.* Opladen: Westdeutscher Verlag.

Kaid, L. L. (1995). Measuring candidate images with semantic differentials. In K. Hacker (Hrsg.), *Candidate images in presidential election campaigns* (S. 131-134). New York: Praeger.

Kaid, L. L. (1996). "Und dann, auf der Wahlparty..." Reaktionen auf Wahlwerbespots: Computergestützte Messungen. In C. Holtz-Bacha & L. L. Kaid (Hrsg.), *Wahlen und Wahlkampf in den Medien. Untersuchungen aus dem Wahljahr 1994* (S. 208-224). Opladen: Westdeutscher Verlag.

Kaid, L. L. (1997, Oktober). Televised political advertising: A comparison of styles and effects. Paper presented at the Images of Politics Conference, Netherlands National Audio-Visual Archive, Amsterdam, Niederlande.

Kaid, L. L. & Holtz-Bacha, C. (1993a). Audience reactions to televised political programs: An experimental study of the 1990 German national election. *European Journal of Communication, 8*, 77-99.

Kaid, L. L., & Holtz-Bacha, C. (1993b). Der Einfluß von Wahlspots auf die Wahrnehmung der Spitzenkandidaten. In C. Holtz-Bacha & L. L. Kaid (Hrsg.), *Die Medien im Wahlkampf. Untersuchungen aus dem Wahljahr 1990* (S. 185-207). Opladen: Westdeutscher Verlag.

Kaid, L. L., & Holtz-Bacha, C. (Hrsg.) (1995). *Political advertising in Western democracies.* Newbury Park, CA: Sage.

Levy, M. R. (1982). The Lazarsfeld-Stanton program analyzer: A historical note. *Journal of Communication, 30*(4), 30-38.

Malone, M. (1988). The evolution of electronic data collection: the perception analyzer. In J. Swerlow (Hrsg.), *Media technology and the vote: A source book* (S. 31-36). Boulder, CO: Westview Press.

Schmitt-Beck, R. (1994). Vermittlungsumwelten westdeutscher und ostdeutscher Wähler: Interpersonale Kommunikation, Massenkommunikation und Parteipräferenzen vor der Bundestagswahl 1990. In H. Rattinger, O. W. Gabriel & W. Jagodzinski (Hrsg.), *Wahlen und politische Einstellungen im vereinigten Deutschland* (S. 189-234). Frankfurt a. M.: Peter Lang.

Semetko, H. A., & Schoenbach, K. (1994a). *Germany's "Unity Election": Voters and the media.* Cresskill, NJ: Hampton Press.

Semetko, H. A., & Schoenbach, K. (1994b). Red socks, hotheads, and Helmut vs. the "Troika": Party advertising in the 1994 German Bundestag election campaign. *Political Communication Report, 5*(3), 4, 7.

Steeper, F. T. (1978). Public response to Gerald Ford's statements on Eastern Europe in the second debate. In G. F. Bishop, R. G. Meadow & M. Jackson-Beeck (Hrsg.), *The presidential debates: Media, electoral, and policy perspectives* (S. 81-101). New York: Praeger.

Thorson, E., & Reeves, B. (1985). Effects of over-time measures of viewer liking and activity during programs and commercials on memory for commercials. In R. Lutz (Hrsg.), *Advances in consumer research XIII* (S. 549-553). New York: Association for Consumer Research.

Wachtel, M. (1988). *Die Darstellung von Vertrauenswürdigkeit in Wahlwerbespots: Eine argumentationsanalytische und semiotische Untersuchung zum Bundestagswahlkampf 1987.* Tübingen: Max Niemeyer.

"Ohne uns schnappt jeder Kanzler über..."

Eine Studie zur Rezeption von Plakatwahlwerbung im Bundestagswahlkampf 1998

Eva-Maria Lessinger
Markus Moke

Spätestens als Helmut Kohls entschlossenes Konterfei ganze Hausfassaden ausfüllte und Gerhard Schröders lächelnde Denkerpose auf meterhohen Großflächen verkündete: "Ich bin bereit", als der tägliche Weg zum Bäcker plötzlich von unzähligen Stelltafeln mit dem knallbunten "Ü" der Grünen gesäumt war und an jeder dritten Ampel die vier magischen Buchstaben "*Geil*" mit dem Zusatz PDS ins Auge fielen, wußte jeder Bürger, was die FDP-Plakate verbalisierten: "*Es ist Ihre Wahl.*" Wahlplakate – und das unterscheidet sie von allen anderen Formen politischer Werbung wie Anzeigen, Hörfunk- oder Fernsehspots – tauchen dort auf, wo sich jeder bewegen muß: im öffentlichen Raum. Ihre flächendeckende Omnipräsenz ist denn auch gleichsam ihre wichtigste Funktion (vgl. Bethscheider, 1987, S. 64; Wangen, 1983, S. 242). "Das Plakat ist für das Publikum das Wahlkampfmedium schlechthin. Wenn Plakate kleben, dann ist Wahlzeit", konstatiert der ehemalige Wahlkampfmanager Radunski (1980, S. 111). Und mehr noch: Nicht zu plakatieren bedeute für eine große Partei die Selbstaufgabe.

Obgleich nach den Ergebnissen einer repräsentativen Bevölkerungsumfrage im Vorfeld der Bundestagswahl 1994 die Plakate von allen Werbemitteln in der Tat die höchste Beachtung erzielten (vgl. Schulz, 1998, S. 383), wird bereits seit den 70er Jahren die Agonie dieses Mediums diagnostiziert. "Die große Zeit der politischen Plakate ist vorbei. Zwar werden heute mehr Plakate angeschlagen als je zuvor, aber sie haben nicht mehr die Funktion der primären Ansprache an 'die Öffentlichkeit'. Die hat das Fernsehen übernommen" (Arnold, 1979, Vorwort). Die Tatsache, daß im Wahljahr 1972 auch in der Bundesrepublik der Fernsehwahlkampf Einzug hielt und fortan dominierte (vgl. Schulz, 1994, S. 318), mag dazu geführt haben, daß das politische Papierplakat als unzeitgemäßer Anachronismus empfunden wurde.

Entsprechend selten sind die Wahlplakate der Bundesrepublik Deutschland denn auch bisher wissenschaftlich, respektive empirisch, untersucht worden. Publikationen zur Theorie und Geschichte des politischen

Plakats konzentrieren sich primär auf die Zeit bis zum Ende des Zweiten Weltkrieges (vgl. z. B. Hagen, 1978; Kämpfer, 1985; Wasmund, 1986). Da dem Medium "publizistische, ästhetische und politische Dimensionen" (Bohrmann, 1984b, S. 7) inhärent sind, verfolgt die Forschung zudem heterogene Ansätze. Sie erstrecken sich von künstlerisch-ästhetischen Überlegungen (vgl. z. B. Malhorta, 1984) und motivgeschichtlichen Beschreibungen (vgl. z. B. Arnold, 1979; Langguth, 1995; Staeck & Karst, 1973) über grundsätzliche Betrachtungen (vgl. z. B Bohrmann, 1984a; Horvat-Pintaric, 1975; Hundhausen, 1975; Ronneberger, 1975;) bis hin zu linguistisch-semiotischen Analysen (vgl. z. B. Baumhauer, 1996; Müller, 1978; Queré 1991). Explizit im Kontext moderner Wahlkämpfe werden Inhalt und Wirkung von Wahlplakaten bislang kaum untersucht (vgl. zum Beispiel Brosius, Holicki & Hartmann, 1987; Müller, 1996, 1997a, 1997b).

Zwar läßt sich die Geschichte des politischen Plakates, verstanden als öffentlicher Anschlag, bis zum Altertum zurückverfolgen, doch erst mit der drucktechnischen Entwicklung der Farblithographie Ende des 19. Jahrhunderts gelangt es zur vollen Entfaltung (vgl. Hagen, 1978, S. 415-416). Wahlplakate für Parteien sind demnach eine spezifische Form des politischen Plakates, deren massenhafte Verbreitung in Deutschland als Novum der Weimarer Republik gilt (vgl. Langguth, 1995, S. 8; Malhotra, 1988, S. 15-18). Entworfen wurden die Wahlplakate zu dieser Zeit von Künstlern, wobei die Gestaltung, so Hagen (1978, S. 420-423), im wesentlichen zwei polare Stereotype aufwies: die "negativen Plakat-Stereotypen", die 'Bolschewiken', 'Kapitalisten' und 'Feindspione' mit Angstsymbolen ausstatteten, und die "positiven Plakat-Stereotypen", die idealisierte Typen wie 'den Soldaten' oder 'Führerpersönlichkeiten' visualisierten. Solche ideologischen Topoi zierten selbst noch die Wahlplakate der 50er Jahre (vgl. Hagen, 1978, S. 421, 423). Wenn heute nahezu übereinstimmend konstatiert wird, daß sich die Plakate aller Parteien nur mehr an den "globalen Sympathien des Wählers" orientieren und somit "austauschbar", also letztlich inhaltsleer sind (Langguth, 1995, S. 11; vgl. zum Beispiel auch Hagen, 1978, S. 425; Hönemann & Moors, 1994, S. 38; Queré, 1991, S. 85), so verweist dieser Wandel darauf, daß Wahlplakate inhaltlich und ästhetisch immer auch ein Indikator politischer Kultur sind (vgl. Rohe, 1990).

Mit der Professionalisierung der Wahlkampagnen, die Radunski (1980, S. 44) nach der "Kampagne in den Massenmedien", der "Werbekampagne" und der "Parteien- oder Mobilisierungskampagne" systematisiert, modifizierte sich auch die Funktion der Wahlplakate. So entwickelte sich das Medium zu einer ambivalenten Kommunikationsform: Als Bestandteil der nicht-mediatisierten Wahlkampfkommunikation (vgl. Paletz & Vinson, 1994) bestimmen einzig die Parteien selbst über Form und Inhalt ihrer Wahlplakate. Potentiell könnten die Parteien Wahlplakate somit dazu nutzen, ihre konkreten politischen Ziele – unbeeinflußt durch das Mediensystem – zu vermitteln. Als Teil der Werbekampagne allerdings wird diese persuasive Kommunikationsform seit Beginn der 70er Jahre von professionellen Werbeagenturen entworfen (vgl. Langguth, 1995, S. 9), und das – wie bei jeder Form politischer Werbung – gemäß jenen Kriterien, die für die Wirtschaftswerbung gelten (vgl. z. B. Abromeit, 1972). Denn Ziel jeder politischen Werbekampagne ist eindeutig die Maximierung von Wählerstimmen (vgl. Wangen, 1983, S. 236). Auch Bündnis 90/Die Grünen ließen 1998 ihre Wahlplakate von der Düsseldorfer Profi-Agentur Schirner gestalten – die "wie von Hand gemalten Plakate" der 80er Jahre sind längst Makulatur (Kluth & Reinold, 1998, S. 16).

Analog zum ambivalenten Charakter des Kommunikats muß auch zwischen politischen und werblichen Funktionen des Wahlplakates unterschieden werden. Politisch erfüllen Wahlplakate vor allem eine Integrations- und Identifikationsfunktion für die Parteianhänger und eine Polarisationsfunktion für die politischen Gegner (vgl. Ronneberger, 1975, S. 125). Plakate dienen somit "weniger der Überzeugung als der Verstärkung" (Radunski, 1980, S. 112). Als Werbeträger hingegen fungieren sie zunächst als "Produktpräsentation" (Wangen, 1983, S. 242). Entscheidend ist dabei die spezifische Rezeptionssituation: Denn erstens wird (Wahl)Werbung nicht 'freiwillig' wahrgenommen, und zweitens sind Wahlplakate auf eine kurzfristige Wahrnehmung angelegt. Die Plakate der Parteien sollen daher primär "Stimmung" machen, "Atmosphäre" vermitteln, kurzum durch Slogan, Symbole oder Personen "Signale" geben (Radunski, 1980, S. 111).

Immer vorausgesetzt, daß sich die Werbepraxis an Wirkungsabsichten und nicht an empirisch nachgewiesenen Medienwirkungen orientiert, folgt die Werbegestaltung zumeist der sogenannten AIDA-Regel, nach der die Werbung zunächst Aufmerksamkeit erregen muß (Attention), um dadurch Interesse zu wecken (Interest), auf das dann ein Bedürfnis (Desire) und schließlich eine Handlung (Action) folgt (vgl. Moser, 1990, S. 51). Ob einem Wahlplakat die Aktivierung nun gelingt oder nicht, hängt im wesentlichen von seiner optischen Gestaltung ab. Dabei dominieren bislang vier Plakattypen – das Spitzenpolitikerplakat, das Sloganplakat, das Kandidatenplakat und das PlakatPlakat –, deren Komposition auf den Elementen Bild, Farbe und Schrift basiert (vgl. Langguth, 1995, S. 13).

Reine Textplakate haben sich, so Radunski (1980, S. 111), in der Wahlkampfpraxis nicht bewährt, denn das Primat der Wahlplakate liegt eindeutig im Bereich der visuellen Kommunikation. "Plakate wirken nicht durch Worte oder Botschaften, die sie übermitteln: Plakate können auch eine hohe emotionale und assoziative Wirkung haben. Sie sprechen nicht nur den Verstand an, sondern auch die Gefühle des Betrachters. Bestimmte Botschaften können – visuell verpackt – auch ohne Worte ihren Empfänger erreichen." (SPD-Wahlkampfhandbuch 1990, S. 103, zit. nach Hönemann & Moors, 1994, S. 37). Diese Einschätzung korrespondiert mit jener der Werbepsychologie, wonach sich vor allem emotionalisierende Bilder als Aktivierungstechnik eignen. Abstrakte Informationen werden häufig durch Bildassoziationen, -analogien und -metaphern vermittelt mit dem Ziel, eine primär affektive Rezeption zu initiieren (vgl. Kroeber-Riel, 1993).

Nicht mehr künstlerische Imagination, sondern werbestrategische Bildstereotype prägen demnach die Plakatgestaltung von heute. Doch auch diese sind kulturell codiert. So definiert Müller (1996, S. 232-233) Wahlplakate als "visuelle Werbemittel in einem politischen Konkurrenzkampf mit sozial eingeübten Ritualen, Traditionen und kulturspezifischen Eigenheiten", die sich dadurch besonders auszeichnen, daß sie "gefühls- und verstandesmäßige Ebenen verwischen".

Welche Wirkungen Wahlplakate nun tatsächlich beim Rezipienten hervorrufen, ist indessen bislang kaum erforscht. Eine Wirkungsstudie liefern Brosius, Holicki und Hartmann (1987) mit ihrer Untersuchung zum Einfluß gestalterischer Merkmale von Wahlplakaten auf die Personenwahrnehmung und Kompetenzzuschreibung. Ihr Forschungsinteresse bezieht sich dabei in erster Linie auf die Bewertung von dargestellten Politikern, nicht jedoch auf Themenplakate.

Methode

Die folgenden Ergebnisse stammen aus einer explorativen Studie zur Rezeption von Wahlwerbeplakaten politischer Parteien, die eine Woche vor der Bundestagswahl 1998 mit insgesamt 72 Studierenden aus drei verschiedenen Studiengängen an der Ruhr-Universität Bochum durchgeführt wurde. In Anbetracht der Forschungslage versteht sich diese Studie allerdings in erster Linie als Ansatz für nachfolgende Untersuchungen.

Um eine systematische Auswahl des Untersuchungsmaterials treffen zu können, beschränkte sich die Studie auf Wahlplakate jener Parteien, die seit Bestehen der Bundesrepublik mindestens einmal im Deutschen Bundestag vertreten waren, das heißt auf Plakate von CDU, CSU, SPD, FDP, Bündnis 90/Die Grünen und PDS. Ausgehend von der Überlegung, daß bei einer Präsentation von "Köpfe-Plakaten" die Gefahr besteht, daß die Versuchspersonen die jeweiligen (Spitzen)Kandidaten und nicht das Plakat selbst bewerten, wurden bewußt nur Themenplakate präsentiert. Aus dem Gesamtbestand der vorhandenen Themenplakate wurde per Zufallsauswahl von jeder dieser sechs Parteien jeweils ein Plakat ausgewählt.

Die Durchführung des Experiments erfolgte in drei Schritten und basierte entsprechend auf einem dreiteiligen Fragebogen: Um soziodemographische Strukturdaten zu erheben und zu ermitteln, ob und wenn ja, welche Wahlplakate die Versuchsteilnehmer bereits im Alltag wahrgenommen hatten, sollte vor der Präsentation des Untersuchungsmaterials der erste

Teil des Fragebogens ausgefüllt werden. Erfaßt wurden zunächst Geschlecht, Alter und die Parteipräferenz der Teilnehmer. Im Anschluß wurde erhoben, von welchen Parteien die Untersuchungspersonen während des Wahlkampfes bereits Plakate gesehen hatten, welche Plakatthemen in Erinnerung geblieben und welche Gestaltungsmerkmale aufgefallen waren. Diese drei Fragen wurden offen gestellt, wobei Mehrfachantworten zugelassen waren, die nachträglich codiert wurden.

Ziel des zweiten Teils der Studie war es, die Rezeption jedes der sechs Wahlplakate einzeln zu untersuchen. Zu diesem Zweck wurde den Teilnehmern das erste Wahlplakat 30 Sekunden lang präsentiert. Daraufhin sollten die Probanden einen kurzen Fragenkatalog beantworten. Es folgte die Präsentation des zweiten Plakates, das wiederum anhand der gleichen Fragenkonstellation bewertet werden sollte. Die Bewertungen der restlichen vier Plakate wurden in identischer Weise erhoben. Um zu vermeiden, daß sich potentielle Gewöhnungseffekte auf die Wahrnehmung bestimmter Parteiplakate auswirkten, wurden die Wahlplakate in allen drei Versuchsgruppen in unterschiedlicher Reihenfolge präsentiert.

Nach jeder Plakatpräsentation sollten die Versuchspersonen zunächst anhand einer Thermometerskala ihre generelle Sympathie gegenüber dem jeweils präsentierten Wahlplakat zwischen 0 und 100 Grad einschätzen (vgl. Holtz-Bacha & Kaid, 1996). Danach wurden die Teilnehmer gebeten, die ihrer Ansicht nach zentrale Aussage des Plakates zu notieren. Es folgte die Frage, ob sich die Probanden durch das jeweilige Plakat emotional positiv, negativ oder gar nicht angesprochen fühlten. Um präziser zu erfahren, welche Plakatmerkmale besondere Aufmerksamkeit erregten, wurden die Teilnehmer gebeten, zu vermerken, ob ihnen an dem Plakat etwas besonders gut gefiel. Analog wurde in einer weiteren Frage ermittelt, welche Merkmale überhaupt nicht gefielen. Auch diese beiden Fragen wurden offen gestellt, wobei wiederum Mehrfachantworten zugelassen waren, die nachträglich codiert wurden.

Im dritten Schritt der Untersuchung sollten die Versuchspersonen schließlich alle sechs präsentierten Wahlplakate anhand von zwei Kriterien vergleichen. Zum einen sollten sie persönlich einschätzen, welches der gezeigten Plakate den höchsten Informationsgehalt, und zum anderen, welches ihrer Ansicht nach die beste Gestaltung aufwies. Am Ende dieses dritten und letzten Teils des Fragebogens sollten die Teilnehmer selbst das Wirkungspotential von Wahlplakaten einschätzen. Daher wurde erstens gefragt, ob die Probanden glaubten, daß Wahlplakate andere Personen in ihrer Wahlentscheidung beeinflussen könnten, und zweitens, ob ihre eigene Stimmabgabe durch Plakatwerbung beeinflußt werden könnte.

Ergebnisse

Das Durchschnittsalter der Versuchsteilnehmer lag bei 20.5 Jahren. Deutlich mehr als die Hälfte, etwa 64 Prozent der Studierenden, bevorzugte eine rot-grüne Regierungskoalition, während sich lediglich 25 Prozent für die damals noch amtierende Koalition aus CDU/CSU und der FDP aussprachen. Rund sechs Prozent der Untersuchungspersonen waren weder für die eine noch für die andere Koalitionskonstellation, und nur vier Prozent bevorzugten die PDS.

Alle Teilnehmer hatten während des Wahlkampfes bereits Wahlplakate im Alltag wahrgenommen. Dabei erinnerten sich alle Versuchspersonen an Plakate der CDU. Fast ebenso vielen, nämlich 97 Prozent, waren Plakate der SPD aufgefallen. An dritter Stelle folgten die Plakate der Bündnisgrünen, die rund 76 Prozent der Studierenden gesehen hatten, knapp gefolgt von jenen der FDP mit 71 Prozent. Plakate der PDS wurden mit 43 Prozent deutlich seltener wahrgenommen. Insgesamt zeigen diese Befunde, daß die Plakatkampagnen der großen Parteien von allen Versuchspersonen deutlich häufiger wahrgenommen wurden als die der kleineren Parteien. Andererseits aber fällt der relativ hohe Prozentsatz an Nennungen rechtsextremer Parteien auf. Gut die Hälfte aller Untersuchungspersonen hatten ein Plakat der DVU bemerkt und immerhin fast 42 Prozent ein Plakat der Republikaner.

Grundsätzlich stellt sich die Frage, inwiefern Wahlplakate – als ein Instrument politischer Werbung – jene Themen darstellen, die auch von den Wählern als wichtig erachtet werden. Daher sollten die Versuchsteilnehmer zunächst angeben, welche politischen Themen für sie persönlich derzeit besonders relevant waren.

Tabelle 1: Subjektive Bedeutung politischer Themen

Thema	Nennungen insgesamt	Antworten % (N= 162)	Befragte % (N=72)
Arbeitslosigkeit	57	35,2	79,2
Wirtschafts- u. Finanzpolitik	34	21,0	47,2
Sozialpolitik	29	17,9	40,3
Umweltpolitik	24	14,8	33,3
Innenpolitik	13	8,0	18,1
Demokratische und soziokulturelle Werte	5	3,1	6,9
Summe	162	100,0	225,0

Die Frage lautete: "Welche politischen Themen halten Sie persönlich derzeit für besonders wichtig?" (Mehrfachantworten möglich)

Ein Blick auf Tabelle 1 zeigt zunächst, welche Themen die Teilnehmer persönlich als wichtig erachteten. Vermutlich angesichts der angespannten Situation auf dem Arbeitsmarkt beschäftigte mit rund 79 Prozent die meisten Befragten vor allem das Problem der Arbeitslosigkeit und Beschäftigungspolitik. Auch die Wirtschafts- und Finanzpolitik war für 47 Prozent der Befragten ein prominentes Thema. Von etwa 40 bzw. 33 Prozent der Teilnehmer wurden sozial- und umweltpolitische Probleme genannt. Ein deutliches Gefälle in der Beurteilung zeigte sich zwischen den klassischen Politikfeldern auf der einen und demokratischen und soziokulturellen Werten, wie Zukunftsperspektiven oder Lebensformen, auf der anderen Seite. Lediglich sieben Prozent der Befragten erachteten solche als relevant.

Um zu ermitteln, inwieweit die Themenagenda der Versuchspersonen mit jener der Wahlplakate korrespondiert, sollten die Teilnehmer wiedergeben, welche Themen ihnen von den bereits im Alltag wahrgenommenen Plakaten in Erinnerung geblieben waren (Tabelle 2).

Tabelle 2: Themen der wahrgenommenen Plakate

Thema	Nennungen insgesamt	Anworten % (N= 162)	Befragte % (N= 72)
Arbeitslosigkeit	29	16,3	42,6
Innenpolitik	28	15,7	41,2
Sozialpolitik	25	14,0	36,8
Wirtschafts- und Finanzpolitik	17	9,6	25,0
Umweltpolitik	17	9,6	25,0
Kandidat	15	8,4	22,1
Demokratische und soziokulturelle Werte	13	7,3	19,1
Außen- und Verteidigungspolitik	9	5,1	13,2
Wahl	9	5,1	13,2
Angriff auf den politischen Gegner	4	2,2	5,9
Kein Thema erkennbar	12	6,7	17,6
Summe	178	100,0	261,8

Die Frage lautete: "Welche Themen wurden in den Plakaten angesprochen?" (Mehrfachantworten möglich)

Starke Übereinstimmungen bezüglich der Rangplätze zeigen sich vor allem bei den Themen Arbeitslosigkeit (Platz 1), Sozialpolitik (Platz 3) und Umweltpolitik (Platz 4). Die von den Versuchspersonen als sehr wichtig erachtete Wirtschafts- und Finanzpolitik (Platz 2) findet sich auf der Themenagenda der Plakate erst auf Platz 4. Andererseits betonen die Plakate innenpolitische Themen (Platz 2), während die Teilnehmer dieses Politikfeld erst an fünfter Stelle nannten. Typische Wahlkampfthemen der Plakatagenda wie Angriff auf den politischen Gegner, Kandidatenpräsentation und die Wahl als solche, spiegeln sich überhaupt nicht in den Themenwichtigkeiten der Untersuchungspersonen.

Gefragt nach den Auffälligkeiten jener Plakate, die die Versuchspersonen im Wahlkampf bereits wahrgenommen hatten, ließen sich die Mehrfachantworten, wie Tabelle 3 verdeutlicht, auf eine verbale und eine visuelle Dimension reduzieren, wobei letztere eindeutig die größte Aufmerksamkeit erzielte. So nannten 98 Prozent der Teilnehmer visuelle Motive, wie zum Beispiel die Gesichter von Politikern ebenso wie von Alltagsmenschen, Landschaftsaufnahmen, Bauwerke und vor allem Parteilogos. Slogans oder längere politische Textaussagen fanden lediglich 30 Prozent der Untersuchungspersonen bemerkenswert.

Tabelle 3: Plakatmerkmale

Dimension	Nennungen insgesamt	Antworten % (N= 162)	Befragte % (N= 72)
Verbal	19	23,8	30,6
Visuell	61	76,3	98,4
Summe	80	100,0	129,0

Die Frage lautete: "Was ist Ihnen besonders an den Plakaten aufgefallen?" (Mehrfachantworten möglich)

Resultate der Einzelbewertungen

Eine wesentliche Funktion von Plakaten besteht darin, daß ihre Aussage vom Rezipienten möglichst unmittelbar erfaßt werden soll. Daher erscheint es sinnvoll, die Beschreibung der in der Untersuchung präsentierten Plakate direkt in Relation zu jenen Antworten zu setzen, die die Probanden auf die offene Frage nach den wichtigsten Aussagen gaben, wobei die zugelassenen Mehrfachnennungen nachträglich codiert wurden.

CDU
Das Wahlplakat der CDU ist in zwei Bereiche geteilt. In der oberen Hälfte liest man in schwarzen Druckbuchstaben auf weißem Untergrund den Slogan "Blühende Landschaften wählen!", kombiniert mit dem Parteilogo. Die untere Bildhälfte wird von vier gleich großen Fotografien dominiert, auf denen die Seebrücke von Ahlbeck, der Leipziger Bahnhof, der Markt-

platz von Wismar und das Heizkraftwerk Schwarze Pumpe abgebildet sind. Im Bildmittelpunkt befindet sich eine Rosenblüte.

Obgleich das CDU-Plakat weder Wirtschafts- noch Sozialpolitik explizit thematisiert, wurde dieses Thema am häufigsten mit dem Plakat assoziiert, und zwar von rund 34 Prozent der Befragten. Da das Thema 'Ostdeutschland' den zweiten Rangplatz einnimmt, konnotierte offenbar ebenfalls ein Drittel der Probanden die 'Blühenden Landschaften' direkt mit den neuen Bundesländern. Darüber hinaus betrachtete ein Viertel der Versuchspersonen den Slogan selbst als wichtige Aussage.

SPD
Im Unterschied zu allen anderen gezeigten Plakaten besteht der Hintergrund des SPD-Plakates aus einer einzigen Fotografie. Gezeigt wird die Unterwasseraufnahme eines Verbandes eng beieinander schwimmender Delphine, wobei alle weiteren Plakat-Elemente (Slogan und Logo) in die Blauschattierungen des Wassers integriert sind. Auch dieses Plakat ist – ähnlich wie das der CDU – in zwei Hälften geteilt. Im oberen Bildbereich steht in weißen Druckbuchstaben der Slogan "Sie sehen: Wer intelligent ist, hält an einem guten Sozialsystem fest", wobei der Begriff Sozialsystem fett gedruckt ist. Die untere Bildhälfte wird vollkommen von den Delphinen beherrscht und durch das rote Parteilogo mit dem Zusatz "Wir sind bereit" ergänzt.

Betrachtet man die Antworten der Versuchsteilnehmer auf die offene Frage nach der Aussage dieses Plakates, so zeigt sich, daß 81 Prozent der Probanden aus der Kombination des Schlagwortes "Sozialsystem", dem Motiv des Delphinverbandes und dem Parteilogo die sachpolitische Aussage generierten, nur die SPD könne ein gerechtes Sozialsystem verwirklichen. Die am zweithäufigsten genannte Aussage ist der Begriff 'Intelligenz', der allerdings nur von rund 22 Prozent der Teilnehmer notiert wurde. Rund 19 Prozent der Teilnehmer interpretierten das Plakat schlicht als Wahlaufruf für die SPD.

CSU
Gänzlich auf Fotos verzichtet das Textplakat der CSU. Statt dessen werden auf weißem Hintergrund Aussagen des politischen Gegners präsentiert. In der oberen Plakathälfte sieht der Betrachter zunächst die Aussage "Wer Rot wählt, bekommt Die Grünen", wobei das Wort "Rot" in roter Schrift und der Parteiname "Die Grünen" in grünen Lettern gedruckt ist.

In der unteren Bildhälfte werden die politischen Forderungen des Gegners aufgezählt: "Benzin 5,- DM/Liter", "Tempolimit auf Autobahnen 100" sowie "Flugreisen nur alle fünf Jahre". Alle drei Punkte werden durch einen kleinen rot-grünen Pfeil, der symbolträchtig nach unten gerichtet ist, markiert. Zusätzlich wird die Aussage über das Tempolimit durch die Darstellung des Verkehrsschildes "Tempo 100 km/h" verstärkt. Am unteren Bildrand befindet sich das CSU-Logo, kombiniert mit dem Aufruf "Sie haben die Wahl!".

Hier interpretierten die Befragten die Aussage des Plakates ebenfalls assoziativ. Während das Plakat lediglich eine der möglichen Koalitionskonstellationen benennt und politische Forderungen des Gegners auflistet, also Ziele, die Anhänger einer rot-grünen Koalition durchaus befürworten könnten, bewertete dennoch fast die Hälfte der Befragten die Plakataussage als bedrohlichen Angstappell. Dies erstaunt vor allem vor dem Hintergrund, daß die Mehrheit der Versuchspersonen ihre politische Präferenz bei einem rot-grünen Bündnis verortete. Während der Slogan "Wer Rot wählt, bekommt Die Grünen" lediglich eine Aussage ist, interpretierten immerhin 71 Prozent der Teilnehmer dies als Aufforderung, und zwar zum Boykott einer rot-grünen Koalition.

FDP
Eine klare Zweiteilung zeigt auch das Wahlplakat der FDP. In der oberen Hälfte steht auf blauem Untergrund in gelber Schrift der Slogan "Es ist Ihr Leben", wobei das Personalpronomen "Ihr" kursiv ist. Rechts neben dem Slogan befindet sich das FDP-Logo in Verbindung mit der Aussage "Es ist Ihre Wahl". Die untere Plakathälfte zeigt die leicht unscharfe Fotografie eines lachenden Frauenmundes.

In ähnlicher Weise wie bei der Bildmetapher des SPD-Plakates operiert das Plakat der FDP mit einer Bildanalogie, die von 61 Prozent der Rezipienten wahrgenommen wurde. So entfielen die meisten Antworten auf die Kategorie demokratische und soziokulturelle Werte, das heißt die Teilnehmer verstanden die Wahl als eine "Entscheidung für das ganze Leben", als "Aufruf zu Eigenverantwortung" und Forderung nach einer "eigenen Meinung". Diese Ergebnisse zeigen, daß die vom Plakat intendierte persönliche Adressierung des Wählers auch als wesentliche Plakataussage empfunden wurde. Obwohl sich das Plakat explizit lediglich auf eine grundsätzliche Wahlbeteiligung bezieht, wertete immerhin ein Drittel der Probanden das Plakat als konkrete Aufforderung, ausschließlich die FDP zu wählen.

Bündnis 90 / Die Grünen
Die Grünen stellten auf ihrem Plakat eine schematische Deutschland-Karte dar. Am oberen Rand ist in roter Schrift der Slogan "Atomtransporte vor unserer Haustür" zu lesen, wobei das Wort "Atomtransporte" fett gedruckt ist. Unterlegt ist dieser Schriftzug mit dem Zeichen für radioaktive Strahlung. In die Landkarte sind das Streckennetz der Atomtransporte, die Ballungsgebiete, durch die die Transporte führen, sowie die Endlager eingezeichnet. Im unteren Drittel des Plakates ist rechts eine detaillierte Zei-

chenlegende abgedruckt. In der gleichen Typografie wie der Slogan am oberen Bildrand, befindet sich am unteren Rand der Karte das Statement "Atomausstieg. Nur mit uns", wobei das Wort "Atomausstieg" in Korrespondenz zum Begriff "Atomtransporte" ebenfalls fett gedruckt ist. Knapp darüber ist das Parteilogo mit dem Zusatz "Grün ist der Wechsel" plaziert.

Obgleich die komplexe grafische Darstellung der Landkarte das Plakat dominiert, beschränkte sich das Interpretationsspektrum der Rezipienten auf das Schlagwort "Atomausstieg", das von 97 Prozent der Befragten als wesentliche Aussage klassifiziert wurde. Die aufwendig visualisierte persönliche Adressierung des Rezipienten wurde hingegen nur von 20 Prozent als wichtiges Plakatthema klassifiziert.

PDS

Im Falle der PDS wurde ein reines Slogan-Plakat präsentiert. Über das gesamte Plakat verteilt, steht in schwarzen Druckbuchstaben auf weißem Hintergrund der Slogan: "Ohne uns schnappt jeder Kanzler über". Darunter befindet sich das Parteilogo.

Das Interpretationsspektrum beim PDS-Plakat beschränkte sich auf die am häufigsten genannte Aussage, daß mit der PDS kein Kanzler unkontrolliert agieren könne. Das zumindest meinten 66 Prozent der Befragten. Abgesehen von dieser politischen Funktion betrachteten 32 Prozent der Probanden die Plakataussage indessen als reine Imagewerbung, die über die Ebene "reiner Wichtigtuerei" einer Partei nicht hinausgehe. Diese Interpretation wurde am zweithäufigsten genannt.

Betrachtet man die einzelnen Relationen zwischen Plakataussage und rezipierter Aussage im Vergleich, so lassen sich im wesentlichen zwei Gruppen bilden. Während die Versuchsteilnehmer bei den Plakaten der CDU, SPD und CSU mit den explizit im Plakat dargestellten Aussagen darüber hinausgehende Meta-Aussagen konnotierten, beschränkte sich bei den Plakaten der FDP, der Grünen sowie der PDS die Wahrnehmung in erster Linie auf die präsentierten Schlagworte. Aufgrund dieses Befundes könnte man vermuten, daß das größere Assoziationsspektrum bei den Plakaten von CDU, SPD und CSU auch darauf zurückzuführen ist, daß die Rezeption dieser Wahlplakate stark durch die ohnehin in der politischen Kultur etablierten Partei*images* gefiltert wird.

Zu Beginn jeder Einzelpräsentation wurden die Versuchspersonen gebeten, auf einer Thermometerskala zwischen 0 und 100 Grad eine Gesamtbewertung des jeweiligen Plakates zu geben. Die Mittelwerte in Schaubild 1 zeigen, daß die Plakate von vier Parteien einen Sympathiewert unter 50 Grad aufweisen. Als einziges Plakat sticht nur das der SPD hervor, das den Versuchsteilnehmern mit über 65 Grad am sympathischsten erschien.

Schaubild 1: Gesamtbewertung der Plakate

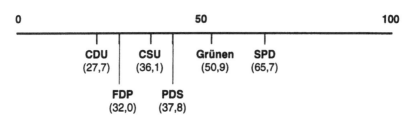

Wahlplakate als visuelle Kommunikationsmittel sollen auch an die Emotionen der Rezipienten appellieren. Auf die Frage, ob das jeweilige Plakat positive, negative oder gar keine Gefühle hervorrief, äußerte die Hälfte der Befragten, daß die Plakate der CDU, FDP und PDS bei ihnen weder positive noch negative Gefühle auslösten. Diese Plakate erzeugten demnach relativ starke Indifferenz.

Deutlich anders präsentieren sich die Befunde beim Wahlplakat der SPD. Hier attestierten 75 Prozent der Befragten, daß diese Werbung sie emotional positiv anspreche. Nur rund 3 Prozent reagierten emotional negativ auf das Plakat, und 22 Prozent berührte das SPD-Plakat gar nicht.

Eindeutig negative emotionale Reaktionen rief das CSU-Plakat hervor. So empfanden es fast 69 Prozent der Untersuchungspersonen negativ, rund 10 Prozent stellten für sich gar keine emotionale Reaktion fest, und 22 Prozent fühlten sich durch das Plakat in positiver Weise berührt.

Die Befunde zum Wahlplakat der Grünen zeigen eine Besonderheit: Jeweils rund ein Drittel der Versuchspersonen empfand das Plakat entweder negativ oder fühlte sich in keiner Weise emotional angesprochen. Etwa 39 Prozent gaben an, das Plakat habe bei ihnen positive Gefühle geweckt.

Insgesamt zeigen die Ergebnisse, daß die Rezipienten ihre emotionale Reaktion je nach Plakat durchaus unterschiedlich beschreiben. Ob die positiven emotionalen Reaktionen beim SPD-Plakat auf das Bildmotiv der vorbeiziehenden Delphine bzw. die negativen Gefühle beim CSU-Plakat auf die verbale Attacke gegen den politischen Gegner zurückzuführen sind, kann freilich aus diesen Ergebnissen nicht abgeleitet werden.

Positive Resonanz

Wenn Plakate im wesentlichen Aufmerksamkeit erzeugen sollen, so ist von besonderem Interesse, welche Plakatmerkmale die Versuchspersonen besonders positiv bewerteten. Dies wurde anhand einer offenen Frage erhoben. Dabei waren Mehrfachantworten zugelassen, die in der nachträglichen Codierung zu folgenden Oberkategorien zusammengefaßt werden konnten: Inhalt der Aussage, Art der Argumentation und Gestaltung.

Vergleicht man zunächst, wie viele Versuchspersonen sich überhaupt in irgendeiner Weise positiv zu den jeweiligen Plakaten äußerten, so ergibt sich die in Tabelle 4 dargestellte Rangfolge.

Tabelle 4: Positive Resonanz auf die Plakate

Plakat	Befragte mit positiven Äußerungen	
	Anzahl	Anteil in %
SPD	63	87,5
Bündnis '90/ Die Grünen	58	80,6
FDP	48	66,7
CDU	38	52,8
PDS	34	47,2
CSU	29	40,3

Es wird ersichtlich, daß sich zu den Plakaten von immerhin vier Parteien (SPD, Grüne, FDP und CDU) jeweils über 50 Prozent der Versuchspersonen überhaupt positiv äußerten. Im Falle des SPD- und des Grünen-Plakates waren dies sogar über 80 Prozent. Der Rest der Teilnehmer gab auf diese Frage überhaupt keine Antwort.

Um nun dieses erste Ergebnis spezifischer beschreiben zu können, werden im folgenden nur die Fälle untersucht, in denen die Versuchspersonen den verschiedenen Plakaten überhaupt positive Attribute zuordneten. Eine Betrachtung der drei Oberkategorien – Inhalt der Aussage, Art der Argumentation und Gestaltung – zeigt, daß sich die meisten positiven Bewertungen bei den Plakaten von SPD, CDU, FDP und PDS auf die Dimension der Gestaltung bezogen. So schätzten beim SPD-Plakat 93 Prozent der Befragten, beim CDU- und beim FDP-Wahlplakat jeweils 81 Prozent und beim PDS-Plakat immerhin 52 Prozent die Gestaltung positiv ein. Beim Plakat der CSU und jenem der Grünen rief indessen am häufigsten die Art der Argumentation, und zwar bei 72 respektive 77 Prozent der Versuchsteilnehmer, positive Resonanz hervor. Betrachtet man genauer, welche Gestaltungselemente den Versuchspersonen im einzelnen besonders zusagten, so zeigt sich, daß bei den Plakaten von SPD, CDU und FDP das Motiv am besten ankam, während beim PDS-Plakat den Probanden das

Layout gefiel. Bei den Wahlplakaten, die durch ihr Motiv besonders auf-
fielen, handelt es sich um die einzigen drei Plakate, die Fotografien präsentieren, während die anderen drei gezeigten Plakate nur aus grafischen
Komponenten bestehen. Bei aller Vorsicht könnte man aus diesen Befunden schließen, daß Fotografien auf Plakaten tendenziell mehr Aufmerksamkeit und eine positivere Resonanz hervorrufen.

Zwar bewerteten die Teilnehmer sowohl beim CSU- als auch beim Grü-
nen-Plakat die Art der Argumentation am positivsten, dies jedoch aus nahezu diametralen Gründen: Denn während die Negativattacke der CSU als
"amüsant-ironisch" interpretiert wurde, fühlten sich die Probanden beim
Plakat der Grünen "sachpolitisch informiert". Offensichtlich reichen demnach Darstellungsmittel wie Karten oder Info-Grafiken aus, um beim Rezipienten den Eindruck zu erzeugen, er werde sachlich informiert (Schaubild
2).

Schaubild 2: Positive Bewertung der Plakate

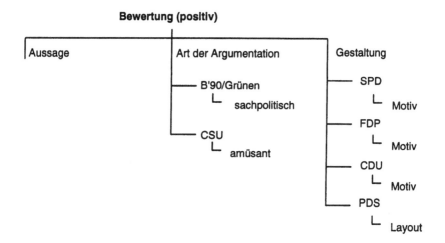

Negative Resonanz

Analog zur Untersuchung der positiven Resonanz wurde gefragt, was den
Teilnehmern an den einzelnen Wahlplakaten überhaupt nicht gefiel. In
bezug auf die Häufigkeit, mit der überhaupt pro Plakat auf die Frage nach
der negativen Resonanz geantwortet wurde, ergibt sich die in Tabelle 5
dargestellte Rangfolge.

Tabelle 5: Negative Resonanz auf die Plakate

Plakat	Befragte mit negativen Äußerungen	
	Anzahl	Anteile in %
CDU	63	87,5
CSU	60	83,3
FDP	52	72,2
PDS	50	69,4
Bündnis 90/ Die Grüne	44	61,1
SPD	30	41,7

Die Tabelle zeigt, daß sich im Vergleich zur positiven Resonanz hier die Rangfolge verändert. Nahmen die Plakate von SPD und Bündnis 90/Die Grünen bei der positiven Bewertung Platz 1 und Platz 2 ein, so äußerten sich die wenigsten Versuchsteilnehmer über diese beiden Plakate auch in negativer Weise. Allerdings entspricht nur in diesen beiden Fällen die häufigere positivere Bewertung auch einer geringeren Negativbewertung. Das heißt, es machten etwa 88 Prozent der Befragten positive Aussagen über das SPD-Plakat, aber nur 42 Prozent negative Äußerungen. Ein ähnliches Bild entsteht bei dem Plakat der Grünen, zu dem 80 Prozent der Teilnehmer positive, jedoch nur 61 Prozent negative Attribute notierten. Bei den übrigen Wahlplakaten lagen die Prozentzahlen der negativen Resonanz zumeist deutlich über jenen der positiven Bewertung. Insgesamt läßt sich daher feststellen, daß die Versuchsteilnehmer generell eher geneigt waren, negative Urteile abzugeben. Spitzenreiter bei den Negativbewertungen waren die Plakate der CDU und der CSU, an denen rund 88 bzw. 83 Prozent der Teilnehmer negative Attribute feststellten.

Analog zur positiven Resonanz werden auch hier im folgenden nur die Fälle berücksichtigt, in denen überhaupt negative Plakatmerkmale genannt wurden. Auch diese Mehrfachantworten konnten zu den drei Oberkategorien Inhalt der Aussage, Art der Argumentation und Gestaltung zusammengefaßt werden. Bei fünf Plakaten bezog sich die Kritik der Teilnehmer am häufigsten auf den Inhalt der sprachlichen Aussage. Im Falle des CSU-Plakates waren dies 88 Prozent der Befragten, bei der PDS 72 Prozent, bei der FDP 71 Prozent, bei der SPD 66 Prozent und bei der CDU 50 Prozent. Beim Plakat der Grünen hingegen wurde die visuelle Gestaltung am stärk-

sten negativ bewertet, und zwar von 75 Prozent der Befragten. Dies erstaunt besonders vor dem Hintergrund, daß sich die Probanden von diesem Plakat höchst informiert fühlten.

In der Gruppe derjenigen Plakate, deren Aussage kritisiert wurde, bezog sich die negative Bewertung beim CDU-, beim CSU- und beim SPD-
Plakat auf den politischen Inhalt der Aussage, während beim FDP- und
PDS-Plakat bemängelt wurde, daß überhaupt gar keine Aussage vorhanden sei. An der Gestaltung des Grünen-Plakates mißfiel das unübersichtli-
che Layout (Schaubild 3).

Schaubild 3: Negative Bewertung der Plakate

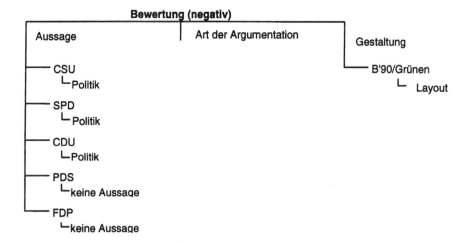

Vergleicht man die positiven und negativen Aussagen zu den einzelnen
Plakaten, kann man zusammenfassend feststellen: Sofern Plakate positiv
bewertet werden, scheint dies in erster Linie Resultat der Bildmotive und
Fotografien zu sein. Werden Plakate hingegen negativ bewertet, so scheint
dies tendenziell daran zu liegen, daß den Rezipienten die jeweilige politische Aussage zusagt bzw. nicht zusagt.

Nach der Präsentation der einzelnen Wahlplakate sollten die Versuchsteilnehmer zusammenfassend bewerten, welches der gezeigten Wahlplakate ihrer Ansicht nach den höchsten Informationsgehalt aufwies. Rund 76
Prozent, das heißt drei Viertel der Versuchsteilnehmer, sprachen dem
Wahlplakat von Bündnis 90/Die Grünen den höchsten Informationsgehalt
zu. Dies entspricht auch den Befunden der Einzelbewertung, wonach sich
die Versuchsteilnehmer durch dieses Plakat sachpolitisch informiert fühlten. Auf Platz 2 folgten die Wahlplakate von CSU und SPD – dies allerdings mit erheblichem Abstand. Denn diesen Plakaten wiesen nur je knapp

sieben Prozent den höchsten Informationsgehalt zu. Rund sechs Prozent der Untersuchungspersonen vertraten die Ansicht, das CDU-Plakat habe den höchsten Informationsgehalt. Die Plakate von FDP und PDS bilden mit jeweils rund ein Prozent das Schlußlicht in diesem Vergleich.

Ebenso deutliche Befunde ergab die Frage nach der besten grafischen Darstellung. Auch hier gaben mit rund 74 Prozent drei Viertel der Teilnehmer an, daß ihnen die grafische Umsetzung des SPD-Plakates am besten gefallen habe. Wiederum mit großem Abstand lag an zweiter Stelle das Plakat von Bündnis 90/Die Grünen (10 %), knapp gefolgt vom Wahlplakat der Liberalen (8 %). Die Gestaltung der Plakate von CDU und CSU bewerteten hingegen rund drei Prozent der Teilnehmer als besonders gelungen. Den letzten Platz belegt auch in diesem Vergleich das Wahlplakat der PDS (1 %).

Obgleich Parteien während des Wahlkampfes primär Plakate 'kleben', um öffentliche Präsenz zu zeigen und Aufmerksamkeit zu erregen, stellt sich die Frage, ob politische Plakate auch einen Einfluß auf die Wahlentscheidung der Bürger ausüben. Aus diesem Grund wurden die Versuchsteilnehmer zunächst gefragt, ob sie persönlich glaubten, daß andere Personen durch Wahlplakate in ihrer Wahlentscheidung beeinflußt werden könnten. Das Ergebnis zeigt, daß rund drei Viertel (75 Prozent) der Versuchsteilnehmer durchaus der Ansicht waren, Wahlplakate könnten einen Einfluß auf die Wahlentscheidung anderer haben. Gegen eine solche Wirkung sprach sich gut ein Drittel, nämlich rund 24 Prozent der Befragten, aus. Sie meinten, daß Wahlplakate keinen Einfluß auf die Stimmabgabe ausüben würden.

Aus der Wirkungsforschung ist die verbreitete Überzeugung bekannt, Massenmedien würden auf andere Personen einen größeren Einfluß ausüben als auf die eigene Person. Um diesen sogenannten Third-Person-Effekt zu testen, wurden die Probanden außerdem gefragt, ob sie persönlich glaubten, Wahlplakate hätten einen Einfluß auf ihre eigene Wahlentscheidung. Auch hier zeigt sich ein eindeutiger Trend in der Bewertung. So vertraten rund 70 Prozent der Befragten die Meinung, politische Plakate hätten überhaupt keinen Einfluß auf ihre persönliche Wahlentscheidung. Ein Drittel der Teilnehmer räumte einen potentiellen Einfluß der Wahlplakate auf die eigene Stimmabgabe ein. Damit stützen auch die Befunde dieser Studie die dem Third-Person-Effekt zugrunde liegende Annahme.

Resümee

Die Ergebnisse der vorliegenden Studie verdeutlichen, daß Wahlplakate keineswegs ein anachronistisches Medium der Wahlwerbung sind, sondern daß sie ihre wichtigste Funktion im Sinne des Wahlkampfmanagements, nämlich Aufmerksamkeit zu erzeugen, durchaus erfüllen. Alle Versuchsteilnehmer hatten vor dem Experiment bereits Wahlplakate wahrgenommen, und ebenso viele konnten sich an Plakate der beiden großen Volksparteien CDU und SPD erinnern. Unter den kleineren Parteien, deren Plakate tendenziell seltener bemerkt wurden, fiel aber der relativ hohe Grad an Aufmerksamkeit auf, den die Wahlplakate rechtsextremer Parteien wie DVU und Republikaner erzielen konnten.

Eine zweite wesentliche Schlußfolgerung, die man aus den präsentierten Ergebnissen ziehen kann, ist, daß die visuelle Ebene – und hierbei vor allem das Bildmotiv – nicht nur größere, sondern auch positivere Aufmerksamkeit beim Rezipienten hervorruft. So waren den Teilnehmern an jenen Plakaten, die sie bereits während des Wahlkampfes im Alltag gesehen hatten, besonders die visuellen Komponenten aufgefallen. Gestützt wird die Annahme vom Primat des Visuellen bei der Rezeption von Wahlplakaten auch durch die Befunde der Einzelpräsentationen, das heißt, wurden die Plakate von den Versuchsteilnehmern positiv bewertet, so ließ sich dies in erster Linie auf die Gestaltung zurückführen. Besonders positive Resonanz erzielten dabei jene Plakate, auf denen Fotografien abgebildet waren – allen voran das Plakat der Sozialdemokraten. Auf die abschließende Frage, welches der sechs gezeigten Plakate die beste Gestaltung aufwies, votierten drei Viertel für das SPD-Plakat. Darüber hinaus löste das SPD-Plakat die stärksten positiven Emotionen aus. Dieser Befund bestätigt Radunskis Annahme, daß Bildplakate besser ankommen als reine Textplakate.

Diese Befunde korrespondieren auch mit den Ergebnissen der negativen Einzelbewertungen. So bezog sich die von den Teilnehmern geäußerte Kritik an den präsentierten Wahlplakaten in fünf Fällen auf den politischen Gehalt der transportierten Aussage. Lediglich an dem Plakat der Grünen wurde die Gestaltung, genauer das Layout, bemängelt. Andererseits wurde aber genau diesem Plakat im abschließenden Vergleich mit Abstand der höchste Informationsgehalt attestiert.

Betrachtet man die Plakate danach, über welche Themen sie die Öffentlichkeit informieren, läßt sich feststellen, daß Wahlplakate nur bedingt die Themenagenda der Rezipienten widerspiegeln. Nur zwei Themen, die den Versuchspersonen besonders wichtig waren – Arbeitslosigkeit und Sozialpolitik –, fanden diese auch in den bereits vor dem Experiment rezipierten Plakaten wieder. Andererseits zeigen die Befunde der Einzelbewertungen auch, daß die Rezipienten mit den Plakaten durchaus Aussagen assoziierten, die darin nicht explizit vorhanden waren. So ergibt der Vergleich zwischen Plakatbeschreibung und jenen Aussagen, die die Teilnehmer als wesentliche beschrieben, daß zumindest die Rezeption der Plakate von CDU, SPD und CSU stark durch die etablierten Parteiimages gefiltert sein könnte.

"Wahlplakate wirken grundsätzlich auf andere, aber nicht auf mich." So könnte man auch in dieser Studie die Ergebnisse zur Überprüfung des sog.

Third-Person-Effekts beschreiben. Denn während drei Viertel der Teilnehmer der Ansicht waren, Wahlplakate würden die Wahlentscheidung anderer beeinflussen, verneinten beinahe ebenso viele Teilnehmer einen Einfluß auf die eigene Stimmabgabe.

Literatur

Abromeit, H. (1972). *Das Politische in der Werbung. Wahlwerbung und Wirtschaftswerbung in der Bundesrepublik.* Opladen: Westdeutscher Verlag.

Arnold, F. (Hrsg.) (1979). *Anschläge. Politische Plakate in Deutschland 1900-1970.* Frankfurt: Büchergilde Gutenberg.

Baumhauer, O. A. (1996). Das Bild als politisches Zeichen. *Publizistik, 31,* 35-51.

Bethscheider, M. (1987). *Wahlkampfführung und politische Weltbilder. Eine systematische Analyse des Wahlkampfes der Bundestagsparteien in den Bundestagswahlkämpfen 1976 und 1980.* Frankfurt a. M.: Peter Lang.

Bohrmann, H. (Hrsg.) (1984a). *Politische Plakate.* Dortmund: Harenberg.

Bohrmann, H. (1984b). Vorwort. In H. Bohrmann (Hrsg.), *Politische Plakate* (S. 7-9). Dortmund: Harenberg.

Brosius, H.-B., Holicki, S., & Hartmann, T. (1987). Einfluß der Gestaltungsmerkmale von Wahlplakaten auf Personenwahrnehmung und Kompetenzzuschreibung. *Publizistik, 32,* 338-353.

Hagen, M. (1978). Das politische Plakat als zeitgeschichtliche Quelle. *Geschichte und Gesellschaft, 4,* 412-436.

Hagen, M. (1984). Werbung und Angriff – Politische Plakate im Wandel von hundert Jahren. In H. Bohrmann (Hrsg.), *Politische Plakate* (S. 49-69). Dortmund: Harenberg.

Hönemann, S., & Moors, M. (1994). *Wer die Wahl hat... Bundestagswahlkämpfe seit 1957. Muster der politischen Auseinandersetzung.* Marburg: Schüren.

Horvat-Pintaric, V. (1975). Das politische Plakat. In pro plakat e.V. (Hrsg.), *Politische Kommunikation durch das Plakat* (S. 45-96). Bonn: Hohwacht.

Hundhausen, F. (1975). Über das politische Plakat. In pro plakat e.V. (Hrsg.), *Politische Kommunikation durch das Plakat* (S. 11-44). Bonn: Hohwacht.

Kämpfer, F. (1985). *'Der rote Keil'. Das politische Plakat. Theorie und Geschichte.* Berlin: Mann.

Kluth, A., & Reinold, M. (1998). Hauen und Stechen. *PR-Magazin, 29*(7), 12-17.

Kroeber-Riel, W. (1993). *Bildkommunikation. Imagerystrategien für die Werbung.* München: Vahlen.

Langguth, G. (Hrsg.) (1995). *Politik und Plakat. Fünfzig Jahre Plakatgeschichte am Beispiel der CDU.* Bonn: Bouvier.

Malhotra, R. (1984). Künstler und politisches Plakat. In H. Bohrmann (Hrsg.), *Politische Plakate* (S. 11-48). Dortmund: Harenberg.

Malhotra, R. (Bearb.) (1988). *Politische Plakate 1914-1945.* (hrsg. v. Museum für Kunst und Gewerbe Hamburg). Hamburg: Hartung.

Moser, K. (1990). *Werbepsychologie. Eine Einführung.* München: Psychologie Verlags-Union.

Müller, G. (1978). *Das Wahlplakat. Pragmatische Untersuchung zur Sprache in der Politik am Beispiel von Wahlplakaten aus der Weimarer Republik und der Bundesrepublik.* Tübingen: Niemeyer.

Müller, M. G. (1996). Das visuelle Votum. Politische Bildstrategien im amerikanischen Präsidentschaftswahlkampf. In O. Jarren, H. Schatz & H. Weßler (Hrsg.), *Medien und politischer Prozeß. Politische Öffentlichkeit und massenmediale Politikvermittlung im Wandel* (S. 231-250). Opladen: Westdeutscher Verlag.

Müller, M. G. (1997a). *Politische Bildstrategien im amerikanischen Präsidentschaftswahlkampf 1828–1996.* Berlin: Akademie Verlag.

Müller, M. G. (1997b). Visuelle Wahlkampfkommunikation – Vom Wahlplakat zum Werbespot. Eine Typologie der Bildstrategien im amerikanischen Präsidentschaftswahlkampf. *Publizistik, 42,* 205-228.

Paletz, D. L., & Vinson, C. D. (1994). Mediatisierung von Wahlkampagnen. *Media Perspektiven, (7),* 362-368

Queré, H. (1991). French political advertising. A semiological analysis of campaign plakats. In L. L. Kaid, J. Gerstlé & K. R. Sanders (Hrsg.), *Mediated politics in two cultures. Presidential campaigning in the U.S. and France* (S. 85-98). New York: Praeger.

Radunski, P. (1980). *Wahlkämpfe. Moderne Wahlkampfführung als politische Kommunikation.* München: Olzog.

Rohe, K. (1990). Politische Kultur und ihre Anlayse. Probleme und Perspektiven in der Politischen Kulturforschung. *Historische Zeitschrift, 250,* 321-346.

Ronneberger, F. (1975). Leistungen und Fehlleistungen der Massenkommunikation, insbesondere bei politischen Plakaten. In pro plakat e.V. (Hrsg.), *Politische Kommunikation durch das Plakat* (S. 97-126). Bonn: Hohwacht.

Schulz, W. (1994). Wird die Wahl im Fernsehen entschieden? *Media Perspektiven, (7),* 318-327.

Schulz, W. (1998). Wahlkampf unter Vielkanalbedingungen. *Media Perspektiven*, (8), 378-391.

Staeck, K., & Karst, I. (Hrsg.) (1973). *Plakate abreißen verboten! Politische Plakate im Bundestagswahlkampf 1972*. Göttingen: Steidl.

Wangen, E. (1983). *Polit-Marketing. Das Marketing-Management der politischen Parteien*. Opladen: Westdeutscher Verlag.

Wasmund, K. (1986). *Politische Plakate aus dem Nachkriegsdeutschland. Zwischen Kapitulation und Staatsgründung 1945-1949*. Frankfurt a. M.: Fischer Taschenbuch Verlag.

Verzeichnis der Autorinnen und Autoren

Esser, Frank (Jg. 1966), Dr. phil., Wissenschaftlicher Assistent am Institut für Publizistik der Johannes Gutenberg-Universität Mainz. Magisterstudium der Publizistikwissenschaft in Mainz und Diplomstudiengang der Journalistik in London. Anschließend wissenschaftlicher Mitarbeiter an den Universitäten Mannheim und München. Schwerpunkte in Forschung und Lehre: Journalismus im internationalen Vergleich, Medien und Fremdenfeindlichkeit, Medienwirkungsforschung, Skandale.

Gellner, Winand (Jg. 1955), Dr. phil. habil., Promotion und 1994 Habilitation im Fach Politikwissenschaft an der Universität Trier, wissenschaftlicher Mitarbeiter (1981), Assistent (1991) und Hochschuldozent (1994) an der Universität Trier. 1995-97 Lehrstuhlvertreter an der Universität Passau, seit 1997 Inhaber des Lehrstuhls. Seit 1994 Gastprofessor am John Dolibois European Center der Miami University (Ohio). Forschungsschwerpunkte: Medien und Politik; Vergleichende Politikwissenschaft, insbesondere westliche Demokratien, Politikberatung, Parteien, Internet.

Hagen, Lutz (Jg. 1962), Dr. rer. pol., studierte Betriebswirtschaftslehre in Saarbrücken und Nürnberg. Promotion über Informationsqualität von Nachrichten (1994). Seither wissenschaftlicher Assistent bei Winfried Schulz am Lehrstuhl für Kommunikations- und Politikwissenschaft der Friedrich-Alexander-Universität Erlangen-Nürnberg. Schwerpunkte in Forschung und Lehre: Nachrichtentheorie und –forschung, insbesondere Rezeption und Produktion von Wahl- und Informationskampagnen, internationale Nachrichtenflüsse und Agenturwesen; Online-Kommunikation, insbesondere Rezeption und Einsatz für politische Zwecke; Wirtschaftskommunikation und Medienökonomie, insbesondere Wirkung der Wirtschaftsberichterstattung, Erfolgsfaktoren und Wirkungskontrolle von Öffentlichkeitsarbeit; Empirische Kommunikationsforschung, insbesondere Meßtheorie und Analyse von Medienqualität, Theorien und Methoden der Inhaltsanalyse.

Holtz-Bacha, Christina (Jg. 1953), Dr. phil., studierte Publizistik, Politikwissenschaft und Soziologie in Münster und Bonn. Promotion 1978; 1981-1991 wissenschaftliche Mitarbeiterin und Akademische Rätin am Institut für Kommunikationswissenschaft an der Universität München; 1986 Gastprofessorin an der University of Minnesota in Minneapolis/USA; 1991-1995 Professorin an der Universität Bochum; seit 1995 Professorin am Institut für Publizistik der Johannes Gutenberg-Universität Mainz. Schwerpunkte in Forschung und Lehre: Politische Kommunikation, Medienstruktur.

Kaid, Lynda Lee (Jg. 1948), George Lynn Cross Professor am Department of Communication an der University of Oklahoma/USA und Direktorin des Political Communication Center und des Political Commercial Archive. Ihre Forschungsschwerpunkte umfassen politische Werbung, die Nachrichtenberichterstattung über politische Ereignisse sowie politische Kommunikation in den westeuropäischen Ländern.

Kamps, Klaus (Jg. 1965), Dr. phil., Wissenschaftlicher Assistent am Sozialwissenschaftlichen Institut der Heinrich-Heine-Universität Düsseldorf. Studium der Politikwissenschaft, Neuere Geschichte und Medienwissenschaft in Düsseldorf, DeKalb (USA), Christchurch (Neuseeland). Promotion 1997 über Politik in Fernsehnachrichten. Schwerpunkte in Forschung und Lehre: Politische Kommunikation, Medienpolitik, Politische Theorie.

Kepplinger, Hans Mathias (Jg. 1943), Dr. phil., Studium der Politikwissenschaft, Publizistik und Geschichte in Mainz, München und Berlin. Promotion 1970 und Habilitation für Publizistik 1977 in Mainz. Von 1978 bis 1982 Heisenberg-Stipendiat der Deutschen Forschungsgemeinschaft. Seit 1982 Professor für Publizistik- und Kommunikationswissenschaft am Institut für Publizistik der Johannes Gutenberg-Universität Mainz. Von 1983 bis 1989, von 1992 bis 1994 und von 1996 bis 1998 geschäftsführender Leiter des Instituts für Publizistik. Forschungsschwerpunkte: Politische Kommunikation, Risikokommunikation, Kommunikatorforschung, Wirkung der Massenmedien.

Lessinger, Eva-Maria (Jg. 1964), M.A., Studium der Publizistik- und Kommunikationswissenschaft, der allgemeinen und vergleichenden Literaturwissenschaft und der Kunstgeschichte an der Ruhr-Universität Bochum; Volontariat im Bereich Presse- und Öffentlichkeitsarbeit; seit 1983 freie journalistische Tätigkeit bei verschiedenen Tageszeitungen, Publikumszeitschriften und beim Hörfunk. Doktorandin an der Universität Bochum. Forschungsschwerpunkt: Politische Kommunikation.

Maurer, Marcus (Jg. 1969), M.A., Studium der Publizistik, Politikwissenschaft und Deutschen Philologie in Münster und Mainz. Seit 1997 Wissenschaftlicher Mitarbeiter am Institut für Publizistik der Johannes Gutenberg-Universität Mainz. Forschungsschwerpunkte: Politische Kommunikation, Wirkung der Massenmedien.

Moke, Markus (Jg. 1968), M.A., Studium der Publizistik, Psychologie und Politikwissenschaft an den Universitäten Bochum, Santiago und Concepción/Chile. Doktorand an der Ruhr-Universität Bochum. Forschungsschwerpunkte: Politische Kommunikation, insbesondere Wahlkampfwerbung in Chile und Lateinamerika; Internationale Kommunikation (Internationaler Informationsfluß).

Quandt, Thorsten (Jg. 1971), M.A., Studium der Publizistik- und Kommunikationswissenschaft, Film- und Fernsehwissenschaft, Sprach- und Kommunikationspsychologie an der Ruhr-Universität Bochum sowie der Media and Cultural Studies an der John Moores University, Liverpool. Nach dem Studium Tätigkeit als freier Hörfunkjournalist. Seit 1998 wissenschaftlicher Mitarbeiter am Institut für Medien- und Kommunikationswissenschaft an der TU Ilmenau. Forschungsschwerpunkte: Internationale Medienkonzerne, Populärkultur.

Reinemann, Carsten (Jg. 1971), M.A., wissenschaftlicher Mitarbeiter am Institut für Publizistik der Johannes Gutenberg-Universität Mainz. Studium der Publizistikwissenschaft, Politikwissenschaft und Psychologie in Mainz. Anschließend wissenschaftlicher Projektmitarbeiter an der Universität Leipzig. Forschungsschwerpunkte: Politische Kommunikation, Agenda-Setting.

Strohmeier, Gerd Andreas (Jg. 1957), M.A., Ausbildung zum Industriekaufmann, Redaktionsvolontariat beim Hörfunk, Studium der Politikwissenschaft, Psychologie und Soziologie an der Universität Passau, Hochbegabten-Stipendium der Hanns-Seidel-Stiftung (Schwerpunkt: Journalistische Nachwuchsförderung), Magisterarbeit zum Thema Politische Kommunikation im Internet, seit 1997 am Lehrstuhl für Politikwissenschaft (Prof. Dr. Winand Gellner) tätig. Arbeitsschwerpunkte: Projekt Offene Kanäle, Pressearbeit, Internet-Projekte; Projektmitarbeiter im Rahmen des Internet-Projekts Wählen Sie Ihre Meinung.

Tapper, Christoph (Jg. 1966), M.A., Studium der Publizistik- und Kommunikationswissenschaft an der Ruhr-Universität Bochum. Seit 1998 wissenschaftlicher Mitarbeiter am Institut für Publizistik- und Kommunikationswissenschaft der Freien Universität Berlin. Forschungsschwerpunkte: Öffentlichkeitsarbeit und Politische Kommunikation.

Tedesco, John C. (Jg. 1967) ist Assistant Professor am Department of Communication Studies an der Virginia Tech University/USA; Ph.D. an der University of Oklahoma in Norman, wo er auch als Research Associate am Political Commercial Archive tätig war. Forschungsschwerpunkte: Politische Werbung, Kampagnenkommunikation, Berichterstattung über politische Ereignisse und politische PR.

Voigt, Ronald (Jg. 1975). Studium der Kommunikations- und Medienwissenschaft, Volkswirtschaft und Soziologie in Leipzig. Abschluß Oktober 1999 mit einer empirischen Arbeit zur Bundestagswahl 1998. Seit Januar 1999 Projektmitarbeiter an der Universität Leipzig, Abteilung empirische Kommunikationsforschung. Forschungsschwerpunkte: Politische Kommunikation, Wahlkampfmanagement.

Wirth, Werner (Jg. 1959), Dr. phil., Studium der Kommunikations-wissenschaft, Psychologie, Statistik und Soziologie in München. 1989 bis 1994 wissenschaftlicher Assistent an der Universität München, seit 1995 an der Universität Leipzig. Forschungsschwerpunkte: Medienwirkungs-, Rezeptions- und Selektionsforschung, empirische Methoden, Medieninhalte, Infotainment im Fernsehen, Internetforschung, Wissenskluftforschung, Nachrichtenwertforschung.

Zeh, Reimar (Jg. 1970) , Diplom-Sozialwirt, studierte an der Friedrich-Alexander-Universität Erlangen-Nürnberg. Wissenschaftlicher Mitarbeiter am Lehrstuhl für Kommmunikations- und Politikwissenschaft an der Friedrich-Alexander-Universität Erlangen-Nürnberg. Schwerpunkte in Forschung und Lehre: Medien und Wahlkampf, Verfahren der Inhaltsanalyse, Mediaforschung und -planung.

Mike Friedrichsen, Stefan Jenzowsky (Hrsg.)
Fernsehwerbung
Theoretische Analysen und empirische Befunde
1999. 409 S. Br. DM 79,00 ISBN 3-531-13367-5

Thorsten Grothe
Restriktionen politischer Steuerung des Rundfunks
Systemtheoretische und handlungstheoretische Analysen
2000. 218 S. Br. DM 49,80 ISBN 3-531-13478-7

Kurt Imhof, Otfried Jarren, Roger Blum (Hrsg.)
**Steuerungs- und Regelungsprobleme in der Informations-
gesellschaft**
1999. 419 S. mit 10Tab. Mediensymposium Luzern, Bd. 5. Br. DM 74,00
ISBN 3-531-13486-8

Christina Holtz-Bacha (Hrsg.)
Wahlkampf in den Medien – Wahlkampf mit den Medien
Ein Reader zum Wahljahr 1998
1999. 265 S. Br. DM 68,00 ISBN 3-531-13419-1

Thomas Meyer, Rüdiger Ontrup, Christian Schicha
Die Inszenierung des Politischen
Zur Theatralität von Mediendiskursen
2000. 337 S. Br. DM 68,00 ISBN 3-531-13433-7

Matthias Rath (Hrsg.)
Medienethik und Medienwirkungsforschung
2000. 175 S. mit 3 Abb. und 11 Tab. Br. DM 49,80
ISBN 3-531-13464-7

Simone Richter
Journalisten zwischen den Fronten
Kriegsberichterstattung am Beispiel Jugoslawien
1999. 277 S. Br. DM 58,00 ISBN 3-531-13423-X

Udo Thiedeke (Hrsg.)
Virtuelle Gruppen
Charakteristika und Problemdimensionen
2000. 451 S. Br. DM 68,00 ISBN 3-531-13372-1

Caja Thimm (Hrsg.)
Soziales im Netz
Sprache, Beziehungen und Kommunikationskulturen im Internet
1999. 321 S. Br. DM 58,00 ISBN 3-531-13400-0

AUS DEM PROGRAMM

Kommunikation

www.westdeutschervlg.de

Erhältlich im Buchhandel oder beim Verlag.
Änderungen vorbehalten. Stand: April 2000.

Abraham-Lincoln-Str.46
65189 Wiesbaden
Tel. 0611. 78 78 - 285
Fax. 06 11. 78 78 - 400

**West-
deutscher
Verlag**